KB120534

브랜디드 콘텐츠

광고 다음의 광고

나남
nanam

나남신서 1876

브랜디드 콘텐츠
광고 다음의 광고

2016년 9월 5일 발행
2016년 9월 5일 1쇄

지은이 • 김운한
발행자 • 趙相浩
발행처 • (주) 나남
주소 • 경기도 파주시 회동길 193
전화 • (031) 955-4601 (代)
FAX • (031) 955-4555
등 록 • 제 1-71호 (1979. 5. 12)
홈페이지 • http://www. nanam. net
전자우편 • post@nanam. net

ISBN 978-89-300-8876-3
ISBN 978-89-300-8001-9 (세트)

나남신서 1876

브랜디드 콘텐츠

광고 다음의 광고

Branded Contents

김운한 지음

나남
nanam

큰 변화를 이기는 힘, 작은 광고

광고가 작아진다. 1백억 광고는 10억짜리 광고 10개로 나뉘고, 소비자 전체를 향하던 광고는 한 사람 한 사람을 찾아 말을 건넨다. '매스'의 광고가 '미니'의 광고로 바뀌었다. 가장 큰 이유는 미디어이다. 디지털미디어가 발달하면서 소비자가 정보를 소비하는 방식이 달라졌다. 소비자가 정보를 생산하고 그 정보를 스스로 찾고 서로 나눈다. 소비자의, 소비자에 의한 정보시대인 것이다. 전통적인 매스미디어의 힘이 약해질 수밖에 없다. 정보의 소비방식 변화현상은 저성장 시대를 맞아 더 큰 목소리를 내게 됐다. 투자 대비 수익(return on investment · ROI)에 대한 광고주의 인식은 더 각박해졌고 전통매체를 통한 브랜딩 투자는 더 축소되었다. '팔지 못하는 광고는 쓰레기이다'라고 한 광고인 클로드 홉킨스의 과격한 수사를 야속해할 수만은 없는 노릇이다.

　더 작아진 광고는 어떤 모습이어야 하며 언제 누구에게 무엇을 말해야 할까? 더 작은 타깃을 더 자주, 더 적은 돈으로 끌어들이고 더 개인적으로, 더 즐거운 방식으로 만나게 하는 브랜디드 콘텐츠(branded contents)가 한 가지 답이다. 바이럴(口傳 · 구전) 영상, 게임, 브랜드 스토리텔링, 아트 컬래버레이션, 공간 마케팅, 앰비언트(ambient) 광고 등 브랜드 콘텐츠는 광고를 뛰어넘는 또 다른 광고이자 현대 마케팅의

5

대안적 해결책이다.

작은 광고는 주로 디지털미디어 플랫폼을 기반에 두고 브랜디드 콘텐츠를 활용한다. 미디어는 작아졌지만 파급효과는 커졌으며, 광고비는 적지만 필요한 고객을 움직이는 힘은 더 크다. 앞으로의 디지털 광고 시대를 이해하고 대비하는 개념이다.

2014년 3월에 출간된 제일기획의 《광고연감》에 따르면 국내 온라인 광고시장은 최근 3년간 50%씩 성장해 지상파TV 광고시장의 1.5배에 달하며, 광고시장 규모도 전체 광고시장 내에서 약 28%를 차지하는 것으로 나타났다. 모바일을 포함한 온라인 광고시장은 10% 이상 성장하며, 모바일 광고시장은 50% 이상 성장할 것으로 전망했다. 그중 54%는 모바일 광고비가 될 것으로 예측했다.

가히 '디지털 빅뱅'이며 '모바일 빅뱅'으로 표현되는 현실임에도 우리 광고회사들의 관련 기술에 대한 투자나 시스템 정비는 매우 부족하다. 업무의 질적 측면에서 개인화된 타깃에 대한 플래닝과 통합적 크리에이티브 기법이 개발되어야 하고, 광고효과 측정체계가 정비되어야 한다. 인력 측면에서는 공학적 기반의 커뮤니케이션 설계가 가능하고 아이디어를 실현할 테크놀로지스트, 디렉터가 더 많이 필요하다.

디지털 기술과 데이터, 시스템

디지털이 중심이 된 시대이자 작은 광고로 요약되는 광고시장의 동인(動因) 몇 가지를 살펴보자.

첫째는 모바일 플랫폼 기술이다.

'모바일 퍼스트'(mobile first) 시대를 넘어 '모바일 온리'(mobile only) 시대를 언급한 에릭 슈미트 구글 이사회 의장의 말은 비단 아시아 태평양 지역만이 아닌 세계의 보편적 현상을 설명하는 말이 됐다. 특히, 우리나라는 국민의 80%가 스마트폰을 사용하는 스마트폰 보급률 전 세계 1위의 나라이다. 스마트폰 보급과 사용이 광고매출과 직결된다고는 할 수 없으나 적어도 광고시장의 성장에 든든한 기반 하나를 갖췄음이다.

한편, 모바일의 마케팅 영향력은 소셜미디어 서비스와 함께한다고 할 수 있다. 〈애드에이지〉(*AD age*)의 조사에 따르면, 마케터와 광고대행사의 모바일, 소셜미디어, 디지털미디어를 이용한 광고비 지출을 늘리겠다는 비율이 각각 전체의 64%, 47%, 51%로 전통매체의 지출비율보다 월등히 높다.

또한 ICT(*information & communication technology*)의 발달과 스마트폰 보급으로 산업, 기술, 서비스 등에서 온·오프라인의 경계가 허물어졌다. 배달 앱 등 이른바 '생활형 플랫폼'으로 성장하는 모바일을 위시해 O2O(*online to offline* 또는 *offline to online*) 커머스, 사물인터넷(*internet of things*·IoT) 마케팅 등 모바일 플랫폼을 기반에 둔 기술이 대표적 예이다. 구글 글라스, 삼성 기어, 소니 스마트 워치, 미스핏샤인(Misfit Shine), 조본업 밴드(Jawbone Up Band) 등 웨어러블 디바이스는 소비자가 쉽게 접할 수 있는 사물인터넷 서비스에 해당한다.

온라인 광고시장 성장률도 미국 등 선진국에 크게 뒤지지 않는다. 디지털 광고회사 메조미디어(MezzoMedia)는 국내 모바일 광고시장이 올해 50% 이상 성장할 것이라는 보고도 내놓았다. 디지털미디어와 관련한 장밋빛 전망은 끝도 없다. 과연 미디어 빅뱅에 이은 '디지털 빅뱅'이라는 단어가 자연스러운 현실이다.

둘째는 콘텐츠 마케팅이다.

디지털미디어 발전과 함께 소비자의 콘텐츠 수요가 증가한다. 남녀노소 모두 앉으나 서나 스마트폰으로 콘텐츠를 소비한다. 콘텐츠 마케팅이란 소비자가 관심을 가질 만한 신뢰성 있는 콘텐츠를 통해 소비자에게 유용한 정보를 제공하고 소비자의 능동성을 자극해 스스로 브랜드를 찾게 만드는 소비자 중심의 마케팅 전략이다.

글로벌 광고대행사 JWT의 크리에이티브 디렉터였던 크레이그 데이비스(Craig Davis)의 말처럼 새로운 시대의 광고는 사람들이 좋아하는 것을 방해하던 존재가 아닌, 사람들이 좋아하는 것 자체가 되어야 한다. 특히, 모바일 콘텐츠 시장의 77%는 게임이다. 향후 PC게임은 모바일 앱 형태로의 변화가 빨라질 것이며 콘텐츠의 강점을 기반으로 둔 큰 시장이 만들어질 것이다. 실제로 적용 측면에서 교육, 의료, 군사 등의 방면에서 활용되는 기능성 게임광고나 게임 속 광고 등이 있다. 앞으로 더욱 다양한 게임광고가 등장할 것이다.

셋째는 커머스의 확산과 광고 플랫폼화이다.

광고주는 새로운 미디어 환경에서 디지털미디어를 상품과 관련된 광고도구로 활용할 뿐만 아니라 브랜드와 기업에 대한 자세한 정보를 제공하는 홍보매체, 직접 판매기능까지 수행하는 마케팅 수단으로 활용한다. 대표적으로 T-커머스로 불리는 방송과 연결된 전자상거래 등 인터넷 기반의 다양한 서비스를 제공해 소비자가 광고를 보고 원하는 제품을 바로 구매할 수 있게 되었다. 특히, O2O 쇼핑이 확산되면서 다양한 온·오프라인 채널에서의 소비자 경험이 통합되며 구매결정에 영향을 미친다.

광고는 이제 인지도 제고나 태도변화라는 전통광고의 역할을 넘어 가격정보 등 구매행동과 같은 보다 직접적 요소와 연관을 맺는다. 지난해 스마트폰으로 금융거래를 하는 국내 이용자 수가 4천만 명을 넘었으며, 2014년 9월 전자상거래 규제완화 이후 간편결제 시장이 더욱 활성화되었다. 해외의 구글월렛과 애플페이, 다음카카오의 '뱅크월렛 카카오' 등과 같은 뱅킹서비스, 이른바 핀테크가 급속히 발전하고 이와 관련된 빅데이터 관련기술을 기반으로 광고매체 운용 등 시장상황이 크게 변화할 것이다.

넷째는 브랜드 저널리즘과 기업 콘텐츠이다.

브랜드 저널리즘이란 기업과 연관된 콘텐츠를 자사의 미디어를 이용해 미디어 형태로 제작 및 배포함으로써 소비자와 소통을 가능하게 하고 기업의 신뢰도를 높이는 활동이다. 이는 브랜디드 콘텐츠처럼 상업적 콘텐츠와 비상업적 콘텐츠의 혼합과 관련된다. 기존 미디어에서의 푸시(push)형 커뮤니케이션이 갖는 한계를 극복하고 소비자가 콘텐츠를 능동적으로 찾아 소비하도록 만들기 위함이다. 네이티브 광고도 같은 맥락에서 대두되었다. 코카콜라의 'Journey', LG전자의 'Social LG전자' 등 디지털 매거진 개념의 웹사이트 혹은 블로그 등 다양한 SNS 채널과 연계한 사용자 참여형의 기업 콘텐츠가 중요한 역할을 한다.

브랜디드 콘텐츠, 미디어 변화를 이기는 아이디어

최근 미디어가 주도하는 광고환경의 변화는 두 가지로 요약된다. 하나는 미디어의 형태나 이용행태가 다양화된 점이고, 다른 하나는 미디어의 영역 자체가 확장되었다는 점이다. 전자의 경우 변화된 미디어에 담길 새로운 콘텐츠가 필요하다. 후자의 경우 미디어 자체가 메시지이며 콘텐츠 역할을 한다. 이른바 미디어 크리에이티브이다. 어느 쪽이든 미디어가 변화할수록 콘텐츠 개발은 필수적이다.

이 책에서는 미디어 변화에 대응하는 핵심을 콘텐츠에 두고, 콘텐츠를 적용한 작은 개념의 광고를 제안한다.

이제 크리에이티브 담당자는 온·오프라인 콘텐츠에 브랜드를 '심는' 방법을 개발하는 데 전력을 기울여야 한다. 특히, SNS와 디지털 사이니지 등 디지털 기술에 기반을 둔 신유형 광고개발과 이를 위한 기술투자가 늘어야 한다. 광고시장에서 큰 먹잇감은 이제 어디에도 없다. 작은 광고가 소비자를 움직이고 수익의 대부분을 안겨주는 '큰 광고'임을 인식해야 한다.

이와 함께 광고회사의 시스템에 혁신이 있어야 한다. 광고회사는 방향성을 재점검하고 아이덴티티 재정립을 통한 이니셔티브를 새롭게 확보해야 한다. 예컨대, ICT를 기반으로 하는 미래지향 산업, 콘텐츠 산업, 문화 산업, 지식기반 산업, 데이터 산업, 소프트웨어 산업, 커뮤니케이션 산업 등을 아우르는 혹은 선택적으로 집중하는 개념의 마케팅 솔루션 회사를 지향해야 할 것이다.

새로운 광고환경에서 광고는 광고 그 이상이 되어야 한다. 광고기획과 제작업무에서 나아가 통합적인 커뮤니케이션 아이디어를 전개해야 한다. 전통적 미디어 운용에서 벗어나 디지털 기술과 데이터를 바탕으로 한 미디어 크리에이티브를 발휘해야 한다. 소비자의 '광고회피' 현상을 극복하기 위해서는 소비자가 스스로 찾고 적극적으로 이용하는 그래서 상호작용적 커뮤니케이션이 이루어질 수 있는 브랜디드 콘텐츠 아이디어가 필요하다.

광고는 상업적 도구이다. 소비자는 필요한 상업적 정보를 스스로 찾기도 한다. 그러나 상업적 도구와 방식에 의한 설득은 원치 않는다. 자신이 원하는 정보만 골라서 볼 수 있는 디지털미디어 영역에서는 더욱 그렇다. 그렇기에 많은 광고가 신뢰를 얻지 못하거나 아예 무시당한다. 광고회피에 대한 해결책은 오늘날 모든 브랜드 커뮤니케이터의 숙제일 것이다. 이 시대 광고가 풀어야 할 광고회피라는 숙제의 해결책을 이 책에서 찾을 수 있기를 바란다.

이 책은 광고를 좀더 영향력 있고 긍정적인 것으로 만들기 위해, 새로운 시대 광고의 확대된 실행방안을 크리에이티브 관점에서 모색해 보고자 했다. 이를 위해, 전통적 광고(advertising)를 '브랜디드 콘텐츠'라는 개념으로 확장하고 실무적 시사점을 제시하고자 한다. 광고를 회피하던 사람이 브랜디드 콘텐츠를 주목하는 이유는 무엇인가? 그 핵심 속성의 하나가 세렌디피티(serendipity)이다. 행운을 발견할 때의 반가움과 즐거움을 브랜디드 콘텐츠를 통해 경험하도록 만들자는 것이다.

이 책의 각 장을 모두 모아 전체적으로 살펴보면 브랜디드 콘텐츠에 대한 소개를 담은 1장과 발상에 관한 2장, 3장에 이어 4장부터 7장까지는 핵심전략으로, 8장부터 14장까지는 실행영역으로 구분할 수 있다. 각 장을 간략히 소개하면 다음과 같다.

제 1장에서는 브랜디드 콘텐츠에 대한 개념을 설명했다. 브랜드에 관한 개론적 차원의 설명과 함께 콘텐츠의 정의와 성격, 활용사례를 소개한다. 커뮤니케이션 영역에 적용된 콘텐츠는 문제해결을 위한 아이디어이며, 이러한 관점에서 다양한 브랜디드 콘텐츠를 소개한다.

제 2장과 제 3장은 문화예술과 인문학적 관점에서 생각해 본 브랜디드 콘텐츠 아이디어 소재를 담았다. 2장에서는 예술과 문화 영역에서 얻을 수 있는 아이디어 소재를 살폈고, 3장에서는 전쟁사를 중심으로 한 역사와 철학, 문학 영역에서 얻을 수 있는 아이디어 소재를 제안했다.

제 4장에서 제 6장까지는 브랜디드 콘텐츠에 관한 3가지 발상전략을 다룬다. 브랜드에 스토리를 넣어 사람들의 관심과 흥미를 유발시키고 판매촉진으로 연결시키는 브랜드 스토리텔링 전략, 브랜드 이미지 구축을 위해 문학, 영화, 회화, 음악, 무용 등 예술작품과 브랜드를 융합하는 아트 컬래버레이션 전략, 독특한 서비스나 이벤트 등을 통해 판매를 촉진하고 브랜드 이미지를 심어주고 소비자를 충성고객으로 만드는 브랜드 경험 전략이 그것이다.

제 7장은 전통적인 마케팅 믹스(4P's) 요인 중 프로모션을 제외한 3P, 즉 제품과 가격, 유통 등 세 요인에서 콘텐츠 요소를 찾았다. 프로모션이 아닌 제품의 기능적 요소와 패키지 등 제품이 곧 콘텐츠가 되고 가격 요소와 유통 아이디어가 하나의 브랜디드 콘텐츠로 기능하는 관점에서 서술했다.

제 8장에서는 브랜디드 콘텐츠를 공간에 적용해 설명했다. 장소나 건축, 공간을 매체로 활용해 브랜드에 관한 체험을 제공하는 공간 마케팅 사례와 발상법을 다룬다. 현대에서 공간은 소비자에게 능동적으로 말을 걸고 관계를 만들어가는 중요한 커뮤니케이션 미디어로 기능한다.

제 9장에서는 스포츠를 통해 제품판매를 촉진하는 스포츠 마케팅 전략을 소개한다. 최근 스포츠는 기업 및 공익적 커뮤니케이션의 중요한 수단으로 활용된다. 이와 함께 스폰서십 개념과 활용에 대해서도 살펴보고자 한다.

제 10장은 OOH(*out of home*) 미디어에서의 브랜디드 콘텐츠 요소를 다룬다. 디지털 네트워크 기술이 접목되어 공간 마케팅, 광고, PR, 도시디자인 요소로 기능하는 디지털 사이니지도 살펴보고자 한다.

제 11장은 온라인 광고를 설명하는 장이다. 온라인 광고는 모바일을 비롯해 인터넷을 매체로 노출되는 모든 광고를 포함하는 개념으로, 타깃지향의 맞춤형 커뮤니케이션과 계량적 효과측정이 쉽다는 장점을 갖는다.

제 12장은 콘텐츠의 주요 영역으로 주목받는 게임을 다룬다. 일반적 게임 속성을 비롯해 최근 공공 커뮤니케이션 또는 소셜 콘텐츠 영역에서 활용성이 높은 게임과 게임화(게이미피케이션) 개념을 설명하고 모바일 앱 등을 이용한 기능성 게임 사례를 중점적으로 살펴본다.

제 13장에서는 영상과 1인 미디어를 다룬다. 최근 영상과 접목한 새로운 커뮤니케이션 채널이 확대되며 대표적인 1인 미디어인 블로그 등이 고객관계관리 전략으로 자주 활용된다.

제 14장에서 다루는 모바일과 소셜미디어는 새로운 사용자 경험을 창출하며 비즈니스의 핵심적 수단으로 주목받는다. 디지털미디어 플랫폼이 확산되는 시대에 온·오프

라인이 다양하게 연계된 O2O 서비스와 사물인터넷이 결합된 커뮤니케이션 사례 및 SNS를 이용한 브랜디드 콘텐츠 사례가 어떻게 운용되는지 살펴보고, 전통적 광고기획 관점과 콘텐츠 기반 커뮤니케이션 기획 시 고려해야 할 점을 제안했다.

각 장은 커뮤니케이션 배경(Why to say)과 내용(What to say), 방법(How to say)의 관점에서 풀었다. 배경은 해당 브랜디드 콘텐츠를 사용해야 하는 목적과 필요성, 내용은 전달해야 할 콘텐츠의 실체와 아이디어 내용, 방법은 콘텐츠를 표현하고 전달하는 방법론을 의미한다.

커뮤니케이션 기획 시 양대 개념이라 할 기획과 제작 개념에 더해 커뮤니케이션을 해야 하는 목적과 필요성, 즉 "Why to say"를 생각해주기 바란다. 매체와 기술이 발달하면서 이용할 수 있는 마케팅 툴은 너무도 많다. 중요한 점은 방향이며 목적하는 바이다. 어떠한 커뮤니케이션 툴을 사용할지를 정하기 전에 어느 방향으로 나아갈지를 정하는 것은 커뮤니케이션 전략의 기본 원칙이다. 디지털 기술이 발달하면서 미디어가 분화되고 미디어 크리에이티브가 강조되는 시대에는 더욱 그렇다. 사용할 무기가 많을수록 최적의 무기를 고르기 어려운 것과 같다. 커뮤니케이션 목적을 알고 방향을 결정할 때 비로소 적절한 커뮤니케이션 콘텐츠를 만들고 툴을 사용할 수 있다. 커뮤니케이션의 효과와 효율은 그런 토대 위에 만들어진다.

광고회피를 넘어 적극적 광고이용을 모색하며

커뮤니케이션 효과와 효율이 중요시되는 시대에 '브랜디드 콘텐츠'는 핵심적 대안이 된다. 브랜디드 콘텐츠란 브랜드가 녹아있는 콘텐츠 혹은 브랜드 자산을 높이기 위해 만들어진 콘텐츠이다. 브랜디드 콘텐츠는 딱딱한 제품설명서가 아니다. 침을 튀기며 홀로 상품을 칭찬하거나 끈질기게 강매하는 뻔뻔한 영업사원도 아니다. 영화처럼 감동을 주고 대중가요처럼 즐거움을 주는 문화상품이다. 그래서 회피의 대상이 아니라 즐기고 유익함을 얻는 대상인 셈이다. 브랜디드 콘텐츠는 새로운 시대의 크리에이티비티(creativity)이며 문제해결을 위한 해결책이다. 광고인 레오버넷(Leo Burnett)은 '크리에이티비티가 사람의 행동을 변화시킨다'고 했다. 이제 브랜디드 콘텐츠에서 사람을 움직이는 크리에이티비티의 역할을 기대한다. 이 책에서는 그 크리에이티비티의 핵심을 세렌디피티(serendipity)로 보았다.

다음 시대의 광고를 브랜디드 콘텐츠로 부르는 데는 이견이 있을지도 모른다. 그러나 무엇이 되었든 광고의 역할은 더욱 커질 것이다. 광고는 제품을 위해, 광고주를 위해 일하는 똑똑한 일꾼이 되고 사람들이 추구하는 문화와 생활, 가치의 기준이 될 것이다. 광고의 효과는 절반이며 나머지 절반은 어느 누구도 알지 못한다는 백여 년 전의 '존 워너메이커'가 한 예언은 틀린 예언이 되었다. 앞으로의 광고는 그 자체로 고객이 원하는 100% 데이터이며 고객을 만나는 100% 시장이 될 것이다. 규모와 단위는 작아졌지만 영향력은 더 커진 광고, 바로 브랜디드 콘텐츠이다.

책을 집필하며 많은 분의 도움을 받았다. 먼저 인터뷰에 응해주시고 자료를 제공해주신 더세컨사이트 김연수 대표님과 제일기획 남승진 국장님, TBWA 박천규 상무님, 부에나비스타 이강호 감독님, KT 손정호 차장님, 차이커뮤니케이션 김연희 상무님, 판도라TV 박명진 팀장님, 한국인터넷광고재단 박상용 팀장님, 귀한 글을 주신 HS애드 황보현 상무님, 상암커뮤니케이션즈 서정근 국장님, CJ파워캐스트 박현 부장님, 애드밀 박계남 상무님, 덴츠 정해원 국장님, 한국옥외광고센터 천용석 사무관님 등 전문가 분께 감사드린다. 저자와 공동으로 저술한 책의 일부를 사용하도록 허락해주신 서울경제경영 김은중 대표님과 심성욱 교수님, 최민욱 교수님, 신일기 교수님 그리고 이현우 교수님과 김현정 교수님, 지준형 교수님 등 학술논문의 공동 저자 분께도 고마움을 느낀다. 제자 강성진과 정성우가 준 자료도 도움이 되었다. 그 외 다수의 책과 논문, 구글과 유튜브 검색자료, TVCF 자료, 애드에이지(AdAge)의 온라인 크리에이티비티 사이트, 〈조선일보〉의 위클리비즈 기사 등에서도 많은 도움을 받았다. 미처 저작권자를 찾지 못한 채 인용한 자료에 대해서는 추후 저작권자가 확인되는 대로 수정하고자 한다. 아울러 책의 교정에 도움을 주고 방향을 점검해준 정차숙 교수님과 김동성 박사님, 김태형 상무님과 한웅현 상무님에게도 고마움을 전하고 싶다. 책을 편집하는 과정에서 많은 오류를 꼼꼼히 고치고 정리해준 나남출판 김민교 선생님과 방순영 이사님께는 감사한 마음보다 미안한 마음이 앞선다. 특히, 허술한 계획만 듣고도 출판을 허락하고 끝까지 지원해주신 나남출판 조상호 회장님께 감사드린다. 최종 인쇄를 넘기는 날까지 긴 시간을 내어 격려해주신 후의를 잊지 못할 것 같다.

책을 쓰며 가장 어려웠던 점은 수많은 개념을 규정하는 일이었다. '브랜디드 콘텐츠'에 대한 확립된 정의나 분류 체계를 어디에서도 확인하기 어려웠기 때문이다. 심지어 '브랜디드 콘텐츠'인지, '브랜디드 콘텐트'인지, '브랜드 콘텐츠'인지조차 통일된 예를 찾을 수 없었음에랴. 그러나 그런 이유로 오히려 힘이 났다. 이 대목은 대놓은 자기광고이지만, 정말 그랬다. 아무도 얘기하지 않았으니 해보자. 광고 다음의 광고를 전망하는 기준이 되는 책, 새로운 광고학을 논하는 시작점이 되는 책을 만들어보자. 그런 각오와 자기충족적 예언의 힘을 믿으며 여기까지 썼다. 사례를 더하고 새로운 현실에 맞춰 바로 잡는 일은 이제부터 해야 할 일이다.

광고 플랫폼이 다양해짐에 따라 콘텐츠 마케팅이 더욱 중요시되는 시대이다. 새로운 커뮤니케이션 환경에 어떻게 대처해야 할지 업계 실무자나 대학 전공자의 고민이 깊다. 이들에게 '브랜디드 콘텐츠', '광고 다음의 광고'를 다룬 이 책이 의미 있는 시사점을 줄 수 있기를 바란다.

2016년 8월

김은한

AOD (*audio on demand*) : 주문형 오디오

AR (*augmented reality*) : 증강현실

ATL (*above the line*) : 매체 거래방식에서 출발한 용어로 현대에는 전통매체와
　디지털매체를 포함한 일반적인 매체 커뮤니케이션의 의미로 확대

BI (*brand identity*) : 브랜드 아이덴티티

BIE (Bureau of International Exposition) : 국제박람회기구

BJ (*broadcasting jockey*) : 방송자키

BLE (*Bluetooth Low Energy*) : 저전력 블루투스

BPL (*Brand PLacement*) : 브랜드 배치

BR (*Blog Relation*) : 마케팅 PR 관점에서 고객과의 소통 및 관계를 중시하는
　블로그 운영 방법

BRQ (*brand relationship quality*) : 브랜드 관계의 질, 브랜드와 소비자 간
　관계의 질을 개념화한 것

BTL (*below the line*) : 이벤트와 세일즈 프로모션, PPL 등을 포함한 대인적,
　비매체 커뮤니케이션

BX (*brand experience*) : 브랜드 경험

CEA (Consumer Electronics Association) : 미국 가전협회

CeBIT (Center for Bureau, Information, Telecommunication) : 정보통신박람회

CES (Consumer Electronics Show) : 전자제품박람회

CRM (*customer relationship management*) : 고객관계관리

CSR (*corporate social responsibility*) : 기업의 사회적 책임

CT (*culture technology*) : 문화기술

CVS (*convenient store*) : 편의점

DA (*display ad*) : 디스플레이 광고

GDN (Google Display Network) : 구글이 운영하는 타기팅 광고

15

ICF (*interactive CF*) : 인터랙티브 영상 광고

ICT (*information & communication technology*) : 정보통신기술

IMC (*integrated marketing communication*) : 통합 마케팅 커뮤니케이션

IoT (*internet of things*) : 사물인터넷

LBS (*location based service*) : 위치기반 서비스

M2M (*machine to machine*) : 사물지능통신

MCN (*multi channel network*) : 다중 채널 네트워크

MICE : 회의 (*meeting*), 포상관광 (*incentives*), 컨벤션 (*convention*), 전시회 (*exhibition*)

MMS (*multimedia messaging service*) : 멀티미디어 메시지 서비스

MoA (*mobile advertising*) : 모바일 동영상 광고

NB (*national brand*) : 제조업체 브랜드

NFC (*near field communication*) : 근거리 무선통신

O2O (*online to offline* 또는 *offline to online*) : 온·오프라인 연계

OOH (*out of home*) : 확대된 개념의 옥외

OSMU (*one source multi use*) : 하나의 콘텐츠를 다양한 방식으로 활용

PB (*private brand*) : 자체 브랜드

PIGI (Projection des Images Geantes Informatisees) : 3차원 영상 프로젝터

PLC (*product life cycle*) : 제품수명주기

POP (*point of purchase*) : 구매시점

POSM (*point of sale material*) : 판매시점

PPL (*product placement*) : 제품배치

QR (*quick response*) : 빠른 응답

RFID (*radio frequency identification*) : 무선인식

RHS (*right hand side*) : 오른쪽, 페이스북에서 운영하는 우측면 광고

RMC (*ready made contents*) : 기성 제작 콘텐츠

ROI (*return on investment*) : 투자 대비 수익

RPF (*rear projection film*) : 후사 투영 필름

RTB (*real time-bidding*) : 실시간 경매방식, 광고주가 입찰을 통해 빈
    인벤토리를 구매하는 방식

SA (*search ad*) : 검색광고

SCC (*seller created contents*) : 판매자 제작 콘텐츠

SMR (Smart Media Rep) : 국내 최초의 민영 미디어렙

SMS (*short message service*) : 단문 메시지 서비스

SNS (*social network service*) : 소셜 네트워크 서비스

SP (*sales promotion*) : 세일즈 프로모션

SPA (*specialty store retailer of private label apparel*) : 제조 회사가 디자인에서
　제작, 유통, 판매까지 도맡는 방식

TPO : 시간 (*time*) , 장소 (*place*) , 상황 (*occasion*)

UCC (*user created contents*) : 사용자 제작 콘텐츠

UGC (*user generated contents*) : 사용자 생성 콘텐츠

UI (*user interface*) : 사용자 인터페이스

UX (*user experience*) : 사용자 경험

VIK (*value in kinds*) : 스포츠 마케팅에서 공식 후원사가 마케팅 권리를
　인정받고 사용하는 대가로 제공하는 현물 및 기타 지원

VR (*virtual reality*) : 가상현실

WAP (*wireless application protocol*) : 무선 응용 프로토콜

WOM (*word of mouth*) : 구전

나남신서 1876

브랜디드 콘텐츠
광고 다음의 광고

차 례

제1장

미디어·브랜드·크리에이티브의 만남

1. 광고에서 콘텐츠로, 표현에서 아이디어로

Why to say

세계 최초의 신문광고가 1525년 독일의 한 팸플릿에 게재된 이래, 광고는 미디어를 비롯한 산업과 사회문화를 움직이는 핵심적 역할을 했다. 새로운 시대를 맞아 광고의 위상이 약화되었다는 의견이 있는가 하면, 마케팅이 있는 한 위상은 변하지 않을 것이라는 의견도 있다. 어느 쪽이든 광고에 대한 재정의가 필요한 시점이다. 디지털미디어 환경 속에서 광고의 형태와 속성이 빠르게 변화하기 때문이다.

새로운 시대 광고의 형태와 역할, 위상에 관한 논의에 어김없이 등장하는 것이 "콘텐츠"이다. "광고를 이기는 콘텐츠", "광고는 이제 콘텐츠가 되어야 한다" 등의 주장이 이어진다. 앞으로 마케팅 커뮤니케이션의 핵심은 콘텐츠의 다양한 역할에 달렸을 것이라는 생각이 든다.

이 장에서는 브랜드 커뮤니케이션 수단이자 개념어로서 '브랜디드 콘텐츠'에 대해 말하고자 한다. 브랜디드 콘텐츠란 브랜드의, 브랜드에 의한 콘텐츠이다.[1] 브랜디드

---

1 브랜디드 콘텐트는 브랜드 콘텐트로도 불릴 수 있으며 이 책에서도 혼용한다. 그러나 국내외 업계

콘텐츠란 기업이 특정 브랜드를 핵심적 구성요소로 삼아 새롭게 제작한 콘텐츠를 말한다. 구체적으로 "브랜드 커뮤니케이션에 사용된 정보적 요소, 즉 영화, 게임, 비디오, 음악, 공연, 방송, 뉴미디어, 출판, 지식정보, 캐릭터 등의 단독 혹은 조합된 내용물"이라 할 수 있다. 브랜디드 콘텐츠는 브랜디드 엔터테인먼트(*branded entertainment*), 애드버테인먼트(*Advertainment*: *advertising + entertainment*), 브랜드 콘텐트(*brand content*) 등으로 다양하게 불린다.

마케팅 책에서 "브랜디드 콘텐트"라는 이름을 사용한 첫 사례는 2001년 BMW의 '단편영화' 시리즈이다. 8분짜리 영화에 제품을 배치한 PPL(*product placement* 또는 *Brand PLacement*로 표현해 BPL) 형식으로 전개된 이 단편영화는 이미 고전이 되었지만, 광고학에서 시사하는 의미가 크다.

우선 광고의 관점을 확대시키는 데 기여했다. 즉, 전통적 광고의 구성요소인 '명시된 광고주'와 '유료', '비대인적 매체'적 특성이 반드시 포함되지는 않는다는 점이다. 이 단편영화에서는 제품이 등장하지만 영화의 줄거리 속에 포함되어 (간접적으로) 노출되므로 광고하는 이(광고주)가 명시되었다고 보기 어렵다. 일반 광고처럼 '유료'의 '비대인적' 커뮤니케이션으로 보기에도 한계가 있다. 비대인적 매체를 이용하지만 광고매체를 구입해[이른바 지불매체(*paid media*)] 노출하기보다 독립적 콘텐츠로 제공되는 경우가 있기 때문이다. BMW 시리즈는 영상으로 구성된 브랜디드 콘텐츠이지만 오프라인에서의 기계나 건축물로 구성된 콘텐츠도 있다.

코카콜라가 2011년 호주와 남미에서 실시한 'Friendship Machine' 캠페인도 좋은 사례이다. '우정의 날'을 기념해 학교에 일반 자판기보다 두 배 큰 3.5m의 자판기를 설치한 것으로, 한 개의 가격으로 2개의 제품을 받을 수 있으나 친구의 도움을 받아야 구입할 수 있도록 자판기의 동전 투입구를 높게 설치했다. 이러한 구입 과정을 통

에서 '브랜디드 콘텐츠'(*branded contents*)가 보편적 용어이므로 이를 주로 사용하고자 한다. 콘텐츠란 용어도 해외 문헌에서는 주로 단수형의 콘텐트가 사용되지만 국내에서는 콘텐츠가 보편적이라 판단해 콘텐츠(*contents*)로 표기한다.

그림 1-1
코카콜라 'Friendship Machine' 캠페인

공익적 메시지를 담은 공익 콘텐츠며
브랜드 이미지를 높이는 효과가 큰
브랜디드 콘텐츠라 할 수 있다.

해 서로의 우정을 돈독히 하고 즐거운 경험을 할 수 있다. 이 캠페인의 공식 이름은
"Happiness Machine Advertising Campaign"이다. 광고라는 이름이 붙어졌지만 제
품판매대를 중심으로 한 이벤트 형식이다. 과연 이러한 것을 광고라 할 수 있을까?

이러한 형식적 논리 외에 브랜디드 콘텐츠 사례들이 담은 속성 자체도 차이가 있
다. 브랜디드 콘텐츠는 주로 '부가가치'가 큰 정보로 구성되어 상업적 속성 이상의 문
화적 가치가 담겼다. 이 책에서도 현대 브랜드 커뮤니케이션을 상업적 활동으로서의
광고 개념에서 확대된 고부가가치를 생산하는 문화적, 가치지향적 개념으로서 파악
하고자 한다. 콘텐츠는 주로 디지털 시대의 창조적 결과물을 일컫는 말이다. 따라서
새로운 미디어 환경에서의 브랜드 커뮤니케이션 활동을 설명하기에도 브랜디드 콘텐
츠라는 용어가 더 적절하다.

광고와 콘텐츠는 창의력과 상상력을 원천으로 하며 경제적 가치를 창출하는 문화
상품이란 점에서 서로 유사한 속성을 갖는다. 반면, 광고와 콘텐츠의 차이점으로는
다음과 같다.

첫째, 광고는 주로 상업적 목적(판매)을 추구하는 반면, 콘텐츠는 보다 포괄적이
며 문화적 목적을 갖는다. 예컨대 콘텐츠의 목적에는 브랜드에 기반을 둔 오락과 놀
이 창조, 문화적 가치의 공유와 참여 등 브랜드 경험(*brand experience* · BX)과 가치를
창조하는 것이 포함된다.

둘째, 광고는 단기적인 반면, 콘텐츠는 장기적으로 진행된다. 콘텐츠는 콘텐츠 자
체의 생명력을 가지므로 마케팅 상황에 의한 영향을 적게 받을 수 있다.

셋째, 광고는 비자발적이고 일방적 속성이 강한 반면, 콘텐츠는 자발적이며 상호작용적 속성이 강하다. 콘텐츠는 주로 비매체(이벤트, 축제) 혹은 디지털미디어에 기반을 둔 커뮤니케이션이 이루어지기 때문에 광고보다 공유, 확산, 재생산 가능성이 크다.

디지털미디어가 핵심인 시대, 광고의 새로운 모습을 이해하기 위해서는 콘텐츠 개념을 이해하고 현업에 적용할 수 있어야 한다.

2. 브랜디드 콘텐츠의 정의   What

콘텐츠(contents)는 'content'의 복수형으로 내용, 내용물, 알맹이 등으로 풀이된다. 미디어가 전달수단이라면 콘텐츠는 그 미디어의 알맹이, 즉 정보에 해당한다. 온라인 백과사전〈위키피디아〉(Wikipedia)에서 콘텐츠는 "언론 및 매체에 의해 제공되는 뉴스 등의 정보와 음악, 영화, 만화, 애니메이션, 게임 등 각종 창작물"로 정의한다. 우리나라의〈콘텐츠산업진흥법〉에 따르면, 콘텐츠란 "부호·문자·도형·색채·음성·음향·이미지 및 영상 등의 자료 또는 정보"로 정의된다. 또한 콘텐츠 산업이란 "경제적 부가가치를 창출하는 콘텐츠 또는 이를 제공하는 서비스(이들의 복합체를 포함한다)의 제작·유통·이용 등과 관련한 산업"으로 정의한다.

최근 들어 콘텐츠는 IT기술 및 디지털미디어 환경에 접어들며 멀티미디어 상품이나 서비스를 지칭하는 내용으로 구체화됨으로써 산업적 의미로 해석된다. 예컨대 콘텐츠는 그 기반 기술과 산업의 영역에 따라 멀티미디어 콘텐츠, 디지털 콘텐츠, 인터넷 콘텐츠, 문화 콘텐츠 등으로 사용한다. 광의에서 보면 콘텐츠는 '대중매체에 담긴 정보서비스 내용물'이라는 통상적 의미에서 크게 바뀌었다고 보기 어렵다. 하지만 콘텐츠의 태생적 배경을 보거나 콘텐츠를 디지털 시대에서 사용되는 개념으로 보면 콘텐츠는 주로 디지털 정보서비스의 성격을 띤다고 할 수 있다.

그동안 콘텐츠는 주로 '문화 콘텐츠' 등의 단어로 문화예술 영역에서 사용되었다. 문화는 예술을 포함하는 상위 개념임에도 우리는 종종 '문화예술'을 하나의 단어처럼 사용한다. 문화는 사람의 정신적·물질적 과정의 산물을 총칭하는 개념으로 예술을 비롯한 사람의 가치와 신념, 의식주, 언어, 풍습, 종교, 학문, 예술, 제도 등이 그 속에 포함된다. 현대 산업사회에서 문화는 (그리고 그 부분집합인 예술까지) 산업이며 산업적 논리에 의해 움직이는 경우가 많다. 음악, 미술, 방송, 영화 등이 이윤창출의 잣대로 평가받기 일쑤이다.

문화 콘텐츠가 그러한데 첨단 산업의 첨병(尖兵)이라 할 광고가 오죽하겠는가. 시장에서의 효과가 광고의 창의성에 대한 평가기준을 압도한다. 커뮤니케이션의 관점보다 마케팅의 관점에서 그 효과를 평가하려 한다. 물론 광고의 목적이 마케팅에 기여하는 데 있음은 부인할 수 없다. 다만, 광고는 문학, 음악, 미술 등 다양한 예술장르를 활용하는 커뮤니케이션 과정이기도 하다. 시장에서의 결과만이 아닌 사람들의 신념과 태도(선호), 가치, 감동 등 내적 측면에서의 영향력을 함께 평가해야 한다.[2]

'브랜디드 콘텐츠'에 관한 정의는 학술적으로 명확히 정립되지는 않았으나 비슷한 의미의 '브랜디드 엔터테인먼트'의 개념을 원용하면 이해가 쉽다. 브랜디드 엔터테인먼트란 광고가 엔터테인먼트 맥락(context)에 통합된 것으로, 영화의 스토리 라인이나 TV 프로그램, 기타 엔터테인먼트 미디어에 브랜드가 삽입된 것이다(Hudson & Hudson, 2006). 브랜디드 콘텐츠는 브랜디드 엔터테인먼트를 포괄하며 콘텐츠 제작사와의 협력(co-operation) 또는 공동창조(co-creation)를 통해 생산된 브랜디드 엔터테인먼트 등 브랜드를 위해 제작된 전반적인 콘텐츠를 의미한다.

요약하면, 브랜디드 콘텐츠란 브랜드를 위한 독창적 콘텐츠나 통합된 콘텐츠 제작물을 말한다. 구체적으로 브랜디드 콘텐츠란 "브랜드 커뮤니케이션에 사용된 정보적 요소, 즉 영화, 게임, 비디오, 음악, 공연, 방송, 뉴미디어, 출판, 지식정보, 캐릭터 등의 단독 혹은 조합된 내용물"이라 할 수 있다. 브랜드 콘텐츠에는 영화나 게임, 비디

---

2 이는 기존에 논의된 "커뮤니케이션 관점에서의 광고효과 측정" 관점과 다르지 않다. 다만, 이 글에서는 주의, 흥미, 기억, 욕구, 행동 등 전통적인 항목 그 이상의 다양한 내적 요소 — 즐거움이나 놀라움, 감정고양 등 — 가 고려되어야 함을 강조하고자 한다.

오 등이 포함된 브랜디드 엔터테인먼트, PPL, 스포츠 마케팅과 스폰서십(sponsorship: 후원), 공간(space) 등을 이용한 경험형 콘텐츠, 그 외 바이럴 영상 등을 이용한 '콘텐츠 광고' 등이 포함될 수 있다. 여기서 콘텐츠 광고(contented advertising)란 광고의 목적과 필요에 따라 콘텐츠가 문화예술 등 다양한 영역에서 컬래버레이션(collaboration: 협업)된 광고를 말한다.

3. 브랜디드 콘텐츠의 발상요소

불황기 마케팅의 최고 덕목은 당연히 효율성이다.[3] 그러나 요즘처럼 '멘탈'이 개입된 불황기라면 효율성의 평가항목이 좀 달라진다. '관계'(relation)와 같은 질적 측면이 중요해진다. 돈이 있어도 고객의 구매량은 늘지 않고 품질이 좋아져도 구매패턴은 변하지 않는 시대이다. 그래서 브랜드 경험, 몰입, 신뢰(trust) 같은 개념이 마케팅의 중요한 성과 지표가 된다. 마케팅 메시지가 임팩트를 갖기 위해서는 먼저 고객의 마음이 열려야 하고(engagement), 신뢰경험이 확보되어야 한다. 미국의 광고연구재단(Advertising Research Foundation · ARF)의 표현을 빌리자면 다음과 같다.

- 인게이지먼트[4] + 신뢰 × 타깃 접촉 = 브랜드 임팩트

아무리 물량을 쏟아도 정보의 방어막을 친 소비자에게는 무용지물이다. 소비자 스스로 찾아 듣는 이야기와 마음을 여는 경험이 먼저여야 한다. 광고(advertising)보다 브랜디드 콘텐츠가 힘을 발휘하는 이유이다.

앞서 살펴보았듯 브랜디드 콘텐츠는 '브랜드에 의해 만들어진 독창적인 콘텐츠 혹

---

3 "3. 브랜디드 콘텐츠의 발상 요소"는 김운한(2012)의 글을 수정했다.

4 인게이지먼트(engagement)는 연대감 혹은 유대감으로 번역하기도 하며 실무에서는 참여의 개념으로 사용하기도 한다.

은 통합 콘텐츠 제작물'로 정의된다. 광고에 적용시켜 설명하자면 '보는 광고'가 아닌 '하는 광고', '즐기는 광고'(advertainment) 라 할 수 있다. 브랜디드 콘텐츠는 사실 새로운 개념은 아니다. 역사적으로 미국 대공황기에 라디오쇼를 'soap opera'로 불렀던 것과 같은 맥락이다. 물론 당시의 PPL적 의미와 달리 현재의 브랜디드 콘텐츠는 적용측면에서 크게 달라졌다. 오프라인의 이벤트를 비롯해 장소 마케팅, 영화, 비디오, 게임, 음악, 온라인 그리고 소셜미디어에 이르기까지 다양하다. 앞으로 이 책에서 다룰 브랜디드 콘텐츠의 발상 요소는 다음과 같다.

1) 브랜드 스토리텔링

요즘 다양한 문화 콘텐츠 분야에서 스토리텔링에 관한 논의가 무성하지만 정작 광고 실무자의 인식과 활용 시스템은 매우 부족해 보인다. 스토리텔링이라면 드라마 광고(dramatised advertising) 같은 광고 표현기법으로 생각하는 경우가 많은데 그렇지 않다. 통합적 마케팅 커뮤니케이션을 위한 마케팅 아이디어로 접근해야 한다. 제품 탄생 스토리나 CEO 스토리만 있는 것이 아니다. 제품수명주기별, 소비자 계층이나 소비상황에 따라 다양한 스토리가 소비될 수 있다. 더욱이 스토리텔링은 디지털미디어 환경에 힘입어 다양한 미디어 콘텐츠를 확대, 재생산하는 재료가 된다.

그림 1-2 비타민워터 Art Lebel 에디션(2013)

'Air & Line'이라는 콘셉트를 기본으로 각 제품의 특징을 Art Label의 이미지로 표현했다.
6종 전체를 일렬로 세우면 하나의 예술이 되는 리미티드 에디션이다. 출처: http://hishersq8.com/

수용자와의 지속적인 상호작용을 통해 의미 있는 스토리의 '주고받음'이 축적되기 위해서는 브랜드의 개발단계에서 성장, 확장에 이르기까지 장기간의 계획과 집행이 있어야 한다. 네티즌 소비자가 작성한 제품의 사용후기와 UGC(*user generated contents*)도 중요한 스토리텔러 역할을 한다.

브랜디드 콘텐츠로서 스토리텔링의 특성은 다음과 같다.

첫째, 모든 콘텐츠가 기반을 두는 기초 콘텐츠로서 활용도가 높다. 둘째, 대체로 광고는 물론 마케팅 전반에 이르기까지 적용범위가 넓고 전파성이 뛰어난다. 셋째, 스토리텔링 참여 시 전문기술 수련이 필요한 예술영역보다 진입장벽이 낮다.

2) 아트 컬래버레이션

경기가 어려울수록 소비자는 무의식적 불안감 때문에 '위험회피형' 구매를 하며 따라서 브랜드 이미지에 더 큰 영향을 받는다. 예술은 브랜드에 대한 신뢰이미지를 높이기 위한 강력한 무기이다. 아트 컬래버레이션(*art collaboration*)이란 브랜드 이미지 구축을 위해 광고와 예술을 결합(사실적 이용, 재가공, 변형)하는 전략을 의미한다(이현우·김운한, 2011).

그림 1-3
유기농마켓체인 트레이더조의 홈페이지(2016)

밸런타인데이에 맞추어 상품을 큐피드의 화살에 비유하는 등 다양한 상품을 스토리텔링으로 소개한다.
출처: www.traderjoes.com

앞서 소개한 BMW의 단편영화 시리즈는 고전적 사례로 영화와 브랜드가 결합한 형태이다. 코카콜라와 캠벨 수프를 소재로 예술 마케팅을 개척한 앤디 워홀을 비롯해 키스 해링, 루이비통 등과 컬래버레이션한 올라푸르 엘리아손(Olafur Eliasson) 등도 유명하다. 이때 컬래버레이션은 단순한 제품 끼워 넣기가 아니라 제품을 기획하는 단계에서부터 실행하는 개념이다.

아트 컬래버레이션은 저작권, 사용료 등 예산부담을 줄여줄 뿐 아니라 아티스트와의 공동 브랜드를 구축해 문화예술품의 대중적 인지도와 상업적 성과를 지속적으로 도모할 수 있는 장점도 있다. 반면, 아트 콘텐츠 원천확보가 부족한 현재 상황을 극복하기 위해 다양한 응용분야에서 원천 콘텐츠를 확보하는 노력이 많아져야 한다. 또한 디지털미디어 플랫폼에서의 OSMU(one source multi use)를 위한 기술이 뒷받침되어야 하며 지식재산권과 관련한 법률적·제도적 장치도 전반적으로 보완되어야 한다.

3) 브랜드 경험

브랜드 경험이란 다양한 브랜드 접촉점을 통해 고객에게 총체적 경험을 제공함으로써 브랜딩을 촉진하는 활동이다. 브랜드 경험에는 이벤트, 프로모션, 그 밖에 브랜딩과 관련한 촉진활동 등을 포함한다. 경험적 요소가 주목받는 데에는 디지털미디어 플랫폼의 확대로 모바일과 온·오프라인을 이용한 크로스오버적 경험이 가능해졌기 때문이다.

미국의 맥주회사 쿠어스(Coors)는 에이전시 BMD(Beattie McGuinness Bungay)와 함께 자사의 맥주 브랜드인 칼링(Carling)의 게임형 광고를 선보였다. 음식 그릇에 부딪히지 않고 맥주를 옮기는 게임으로 휴대폰을 기울이면 맥주도 그에 따라 기우는 앱이다. 이외에 SNS(social network service) 플랫폼을 이용한 디지털 경험 마케팅 사례가 많다. 유니클로 스크린세이버, 구글 지도를 이용한 BMW 게임광고, 오렌지 플레이리스트(Orange Playlist) 등이 있다. 스마트폰 4천만 대 시대를 맞아 다른 미디어와의 연동을 통한 다양한 형태의 행동타깃형 커뮤니케이션은 더욱 증가할 것이다.

표 1-1 기술관점에서 브랜디드 콘텐츠 특성

	전통적 *doing* 기술	브랜디드 콘텐츠 기술
업무영역	비주얼, 카피, 음악 등	경험적 요소가 추가된 콘텐츠와 마케팅 아이디어
업무지향점	표현의 완성도와 차별성	아이디어의 효과성(경험과 확산)
업무 패러다임	제작물 제공 후 업무 완료	콘텐츠의 지속적 발굴, 제안
외부전문가와 협업 속성	수직적 하청관계, 소수의 협업모듈	평등한 협업관계, 다수의 협업모듈
정부 및 공공지원 영역	거래관계 개선	디지털 제작기술 확보, 콘텐츠의 법적 보호

한편, 브랜드 콘텐츠 아이디어를 디지털미디어에 적용해 구현하기 위해 이를 표현하는 디지털 제작기술이 전제되어야 한다. 최근 문화 콘텐츠 영역에서의 문화기술 개념을 근거로 이제 마케팅 영역에서도 브랜디드 콘텐츠 기술(*branded contents technology*) 개념이 적극 연구되어야 한다. 콘텐츠를 발굴하고 제작하는 기술에 대해 광고대행사뿐만 아니라 광고주와 정부의 공동투자와 지원이 필요하다(표 1-1 참조).

마케팅의 석학인 코틀러와 푀르치(Kotler & Pfoertsch)는 앞으로 제품과 관련한 경험을 제공하는 콘텐츠가 중요하며 광고는 하나의 문화 콘텐츠로 발전하리라 예견했다. 실제 방송 및 통신 영역 간의 융복합화가 활발해짐에 따라 기존의 네트워크, 플랫폼 중심의 산업구조가 콘텐츠 중심의 가치사슬(*value chain*)에 따라 재편된다. 디지털미디어가 발전할수록 그에 맞는 콘텐츠 창작의 필요성은 더욱 커질 것이다. 외국의 광고 크리에이티브 업계에서는 브랜디드 콘텐츠와 엔터테인먼트 분야가 중요한 영역으로 자리매김한다.

브랜디드 콘텐츠의 역할은 비단 불황기의 대응전략뿐만이 아니라 새로운 광고시장의 질적 성장 동인으로서도 매우 중요하다. 이 부문에 광고주와 광고회사, 정부 유관기관의 과감하고 지속적인 '컬래버레이션'이 필요하다.

4. 브랜디드 콘텐츠의 유형

1) 인터랙티브 비디오

인터랙티브(*interactive*) 비디오는 '인터랙티브 무비'라고도 하며 소비자와 가상의 공간에서 상호작용이 일어나는 영상 콘텐츠를 말한다. 국내에서는 필립스의 센소터치와 에어 프라이어, 뉴트로지나 맨 등 다양한 인터랙티브 비디오가 등장했다. 필립스의 경우 '필립스 센소터치 3D 론칭 소셜무비 캠페인', '필립스 에어프라이어 소셜무비'를 전개하며 소셜미디어 개념을 적용해 인터랙티브 비디오를 "소셜무비"라는 이름으로 상표권을 확보했다(www.imaso.co.kr). 뉴트로지나 맨의 경우 페이스북(Face Book) 전용 앱을 통해 광고모델로 참여하는 브랜드 스토리를 전개했다. 이외에 '이니스프리 중국 론칭 소셜무비 캠페인', '푸마 핫 슈즈 소셜무비 캠페인' 등이 있다. 인터랙티브 비디오는 가상이기는 하지만 드라마적 상황에 소비자를 직접 참여시켜 즐거운 '브랜드 경험'을 갖게 한다.

이러한 예는 콘텐츠를 통한 "경험(혹은 체험) 마케팅"의 작은 사례에 불과하다. 인터랙티브 비디오는 과거 인터넷 마케팅에서 퀴즈 등 온라인 이벤트를 제공함으로써 소비자의 참여를 유도하고 결과를 확산시켜나가는 것과 크게 다르지 않다. SNS를 이용하는 점만 다를 뿐이다. 이처럼 놀이적 요소(*fun*)를 통해 소비자에게 흥미를 유발시키고 미디어 사용자를 참여시키는 것이 인터랙티브 아이디어의 핵심이다. 여기에 더해, 사용자 경험[5] 요소에 따라 혜택(*benefit*)이 제공된다면 더욱 효과적인 인터랙티브 마케팅 커뮤니케이션이 가능할 것이다.

---

5 사용자 경험(*user experience* · UX)이란 사용자가 어떤 시스템, 제품, 서비스를 직·간접적으로 이용하면서 느끼고 생각하게 되는 지각과 반응, 행동 등 총체적 경험을 말한다(신동희, 2013).

2) 어플리케이션

모바일 어플리케이션(*application*: 어플, 앱)은 모바일 콘텐츠를 스마트폰과 스마트 패드 등 스마트 기기로 이용할 수 있는 소프트웨어이다. 기업의 브랜드 커뮤니케이션을 비롯해 최근 기능성 게임 앱 및 공익적 목적의 소셜(*social*) 커뮤니케이션 영역에서 다양하게 활용된다. 커피티비티의 사례는 일반적인 앱의 한 예이며 세부적인 소셜 콘텐츠의 유형은 뒤에서 별도로 다룬다.

커피티비티(Coffitivity)는 커피와 효율성(*effectivity*)을 뜻하는 두 단어를 합친 말이다. 현대인이 일에 더 집중할 수 있도록 카페에서 자연스럽게 나는 소리를 들려주는 무료 앱이다. 아침 소음, 점심 라운지 소음, 대학 주변 소음 등 3가지 소음이 있다. "일하기 적당한 소음"이라는 앱 아이디어가 소비자의 인사이트를 충족시키며 뜻밖의 즐거움을 준다. '백색소음'을 이용하여 세렌디피티(*serendipity*)를 경험하게 하는 것이다. '소음은 없애야 하는 것'이라는 고정관념을 버림으로서 가능한 아이디어이다. 이처럼 '도움이 되는' 소음을 제공한다는 역설적 아이디어가 뜻밖의 즐거움을 준다.

그림 1-4 소음을 제공하는 소음 앱, 커피티비티

출처: https://coffitivity.com

3) 게임광고

넓은 의미에서 게임광고(advergame)는 디스플레이 광고의 한 형태이지만 PPL 등을 포함하는 콘텐츠적 성격이 강한 데다 최근 그 영역이 광범위하게 확대되어 별도의 영역으로 분류할 수 있다. 게임광고는 크게 게임 밖(out game) 광고와 게임 속(in game) 광고로 나뉜다. 게임 밖 광고는 게임시작 전 게임을 설치하거나 최신패치 시 보이는 광고, 게임 종료 후 팝업창의 형태로 강제 노출되는 광고가 있다. 게임 속 광고는 게임 속의 PPL이나 지도, 스폰서십, 광고주 캐릭터 등의 형태로 나타난다. 게임 속 건물이나 도로, 아이템 캐릭터 등을 이용해 로고 등을 표기하는 식이다. 브랜디드 콘텐츠는 디지털미디어 시대에 진화된 방식의 광고 커뮤니케이션이라 할 수 있다.

4) 블로그 콘텐츠

기업이 운영하는 브랜드블로그, 기타 SNS에 직원이나 일반인이 올린 글이 대표적이다. IT 트렌드를 소개하는 경우가 많지만 게임, 만화(웹툰, 웹코믹스), 음식 등에 관한 글도 많다. 개인의 경험이나 느낌을 토대로 한 글이기 때문에 부담 없이 읽을 수 있으며 기업으로서는 간접적 홍보효과를 얻을 수 있다.

블로그는 주요한 콘텐츠 퍼블리싱 플랫폼이다. 각자가 작성한 콘텐츠를 블로그나 카페, SNS에 게재하면 콘텐츠 확산이 이루어지도록 플랫폼 UI(user interface·사용자 인터페이스)가 구성되었다. 초기의 블로그는 포털사이트가 운영하는 블로그로 검색서비스의 콘텐츠 DB로 활용되며 템플릿이 제한되었다.

그러나 지금은 이용자의 콘텐츠 욕구가 다양해지며 네이버, 다음 등 포털사이트 블로그의 제한된 템플릿보다는 티스토리, 위블(이전, 위드블로그) 등과 같이 자신의 개성을 표출하기 쉬운 개방형 전문블로그를 선호한다.

개인블로그로는 정보통신기술(IT)과 개인적 경험을 담은 조성문의 실리콘밸리 이야기(sungmooncho.com)처럼 유명한 블로그가 많고 만화, 독후감, 게임 등 다양한

그림 1-5 개인블로그 '무적 용팔의 스마트한 게임 세상'

출처: http://blog.naver.com/yspray4u

개인블로그가 생겨난다. 이처럼 블로그 커뮤니케이션은 크게 브랜드블로그와 개인
블로그(전문블로그)로 나눌 수 있다.

5) 온·오프라인 이벤트: 소셜플레이

소셜플레이(*social play*, 사회적 놀이)는 기업이나 기관 등에서 대중을 대상으로 하는
행사이다. 온라인 또는 오프라인을 통해 게임, 이벤트, 강연과 자유대화, 축하공연,
소셜다이닝 등의 형식으로 진행된다. 최근 공익 목적의 '파티'형 멘토링 프로그램도
자주 등장한다. 게임 등을 통해 즐거움을 주면서 기업의 상품홍보나 공익적 메시지
를 자연스럽게 전달할 수 있다. 온라인 소셜플레이 사례로는 〈무한도전〉 멤버가 함
께하는 코크 플레이 앱 등이 있다.

그림 1-6 리바이스의 트위터를 이용한 술래잡기

리바이스의 iSpy 트위터(Twitter) 캠페인은 호주 및 뉴질랜드에서 실시된 소셜플레이 사례이다. 사람들(모델)을 선정한 후 리바이스 청바지를 나눠주고 트위터로 각자의 위치를 '주변 풍경을 이야기한다거나'와 같이 간접적으로 알리도록 했다. 이후 트위터에서 리바이스를 팔로우하는 사람들은 모델의 트윗에서 단서를 찾아 그 모델을 찾아내 "당신이 입은 것이 리바이스인가요?"라고 질문하면 모델이 입던 신제품 리바이스를 그 자리에서 벗어주는 방식이다. 국내에서도 신세계백화점 강남점과 영등포점에서 트위터와 페이스북을 통해 실시한 적이 있다.

iSpy가 성공한 이유로 다음을 들 수 있다. 첫째, 경험적 요소로서 문제풀기를 했다는 점이다. 소비자가 술래잡기라는 문제를 직접 풀도록 했는데 문제풀기 혹은 퀴즈는 사용자에게 재미를 주는 중요한 경험적 요소이다. 둘째는 놀이의 단체성을 들 수 있다. 단체놀이, 즉 소셜플레이는 여러 사람이 경쟁적으로 참여하므로 더 흥미롭다. 붐업과 구전(口傳)에도 유리하다. 셋째, 아이디어의 의외성이다. 길거리에서 옷을 벗는다거나 술래를 찾는다는 것 자체가 신선하다. 넷째, 혜택적 요소가 포함되었다. 신제품이나 경품을 제공하는 것이다.

콘텐츠는 광고물이 아니라 콘텐츠를 만든다는 생각으로 접근해야 한다. 아울러 다양한 미디어도 함께 생각해야 한다. TV, 신문뿐만이 아니라 SNS와 같은 온라인 그리고 길바닥, 전봇대 같은 오프라인 환경 등 다양한 미디어를 적절히 활용해야 한다. 사람들이 서로 이야기를 나누고 전파시키는 매개체로서의 미디어는 무궁무진하다.

5. 소셜 콘텐츠

소셜 콘텐츠는 사회와 환경에 대한 문제해결에 기여하기 위해 소비자와 상호작용하는 아이디어와 활동 등의 콘텐츠를 의미한다. 참여와 개방, 연결, 대화, 커뮤니티 등 소셜미디어의 특성을 기반으로 확산된다. 기업이 주체가 되어 자발적으로 실시하는 기업의 사회적 책임 활동도 소셜 콘텐츠로 볼 수 있다. 또한 스마트폰으로 게임을 즐기며 기부도 할 수 있는 이른바 '퍼네이션'(*funation*: *fun + donation*) 콘텐츠가 최근 크게 증가하는데 이 역시 소셜 콘텐츠의 하나이다.[6] 전통적 자선활동은 물론, 기부나 지역사회 활동을 비즈니스 이익 차원과 결합해 나타나는 경우가 많다. 소셜 콘텐츠의 효과를 단적으로 말하면, 대중을 대상으로 하는 공익적 목적을 띠는 동시에 기업의 이미지 개선이나 제품홍보 측면을 갖는다는 점이다.

1) 소셜 콘텐츠의 정의와 장점

콘텐츠란 문화적 소재가 구체적으로 가공되어 매체에 체화한 무형의 결과물로, 문화적 소재란 우리 일상에 존재하는 모든 것을 의미한다. 구체적 가공이란 기획자의 창의력과 상상력을 통해 제시되는 스토리텔링 방법 등을 뜻한다.

소셜 콘텐츠의 의미는 '소셜미디어 콘텐츠'와 '소셜 목적의 콘텐츠'라는 두 가지 관점에서 생각할 수 있다. 소셜 (미디어) 콘텐츠는 SNS를 통해 유저 스스로 데이터를 쌓거나 유통시키는 것으로 댓글, 퍼가기 등을 통해 공유, 재생산된다. 소셜 (목적의) 콘텐츠는 사회적 문제를 해결하거나 공동체적 가치를 추구하기 위한 공공 커뮤니케이션 콘텐츠를 말한다. 윤리경영 또는 사회공헌에 기여하고자 하는 브랜디드 콘텐츠도 포함한다.

이 책에서 다루고자 하는 소셜 콘텐츠는 후자이다. "사회적, 공익적 가치를 실현하

---

6 기업의 사회적 책임(*corporate social responsibility* · CSR) 활동에서 비즈니스 결합 측면이 좀더 강조된 개념이 대의 마케팅(*cause-related marketing*)이다.

기 위한 목적으로 전개되는 커뮤니케이션 콘텐츠"로 정의될 수 있다. 소셜 크리에이티브라는 용어도 비슷한 맥락을 갖는다. 이른바 '착한 마케팅'도 공익적 가치를 담았다는 점에서 비슷하다. 또한, 스마트폰으로 모바일게임을 즐기며 기부도 할 수 있다는 의미의 '퍼네이션'도 같은 맥락이다.

소셜 콘텐츠가 다루는 주요 주제로는 환경, 건강, 교육, 빈곤, 윤리, 제품안전, 종업원 대우, 사회복지 등이 있다. 커뮤니케이션 툴(표현방식)은 게임(앱, 온라인), 웹툰, 영상, 기부, 기타 이벤트 등이다. 소셜 콘텐츠는 기업 및 제품이 대의와 결합함으로써 다음의 이점을 갖는다.

- 경쟁제품과 차별화
- 고객과 감정적 유대감 형성
- 종업원의 만족과 충성심 유발
- 상품의 가격인상에 대한 수용가능성을 증대
- 호의적 홍보 증가/부정적 기사 대응
- 정부, 공공기관의 불신감소
- 기업명성 및 브랜드 충성도 형성

기업의 관점에서는 비즈니스에 기여하기 위해서도 필요하지만 비즈니스 목적(이윤이나 브랜드 이미지 차별화 등)이 소비자의 반발 없이 여하히 자연스럽게 접목되고 수용되느냐가 중요한 과제일 것이다.

2) 공공 디자인 운동

요즘 '공공 디자인'이라는 말이 자주 사용된다. 공공의 문제해결을 위한 디자인이라는 의미로서 시민사회와 광고대행사가 관련 운동에 적극 참여한다. 디자인의 대상은 '사회문제'이다. 이때 디자인이란 '설계'를 뜻한다. 즉, 공공 디자인은 사회가 직면한 공적 문제를 해결하기 위해 사회환경을 새롭게 변화, 개선시키는 일을 의미한다.

오픈아이디오(openideo.com) 사이트가 좋은 예이다. 디자인 전략회사인 아이디오(IDEO)가 '사회적 선'을 실현하기 위해 운영하는 온라인 커뮤니티로서 온라인을 통해 세계 각지의 사람에게 사회를 더 나은 방향으로 설계(디자인)해나갈 아이디어를 제안하거나 듣는다.

구체적으로, 한 가지 사회적 이슈가 제기되면 이에 대한 의견이나 아이디어를 수집한다(Share your story). 참여자는 자신이 아는 정보나 스토리, 해결 아이디어를 제공하거나 다른 사람의 의견을 피드백한다. 수집된 의견은 "영감 얻기(inspiration) → 개념정립(concepting) → 칭찬(applause) → 정교화(refinement) → 평가(evaluation)"의 5단계로 나누어 구체화하고 발전시켜나간다(openideo.com). 최종적으로 최선의 아이디어를 도출한 후 기업이나 각 사회단체가 자원원조를 제공하고 실행하도록 한다.

예를 들어, "경기침체를 이겨내고 지역과 사회를 다시 활기차게 만들 수 있는 방법은?"에 대한 아이디어로 "인포그래픽을 이용해 사람들을 격려하자", "지역사회의 빈 공간을 게릴라 마케팅 장소로 이용하자" 등의 아이디어가 제안되었다. 제일기획이 CSR 활동의 전략 솔루션을 제공할 목적으로 운영한 '굿 컴퍼니 솔루션 센터'도 이와 같은 맥락이다.

그림 1-7 오픈아이디오 홈페이지

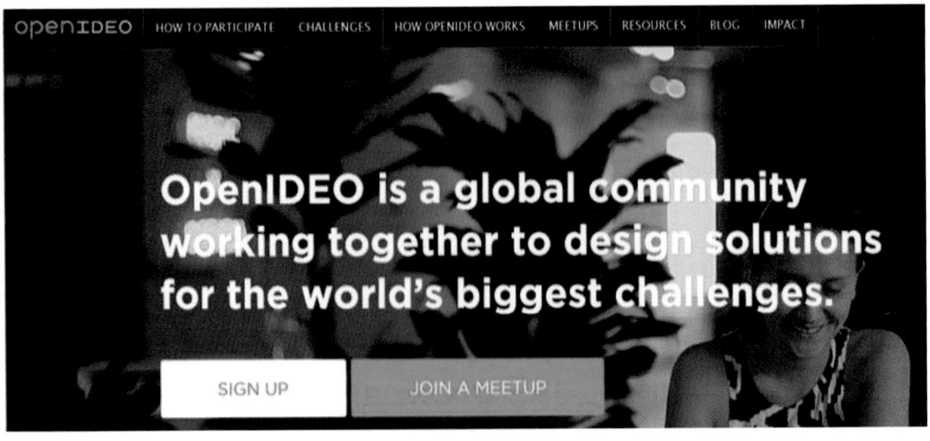

openIDEO   HOW TO PARTICIPATE   CHALLENGES   HOW OPENIDEO WORKS   MEETUPS   RESOURCES   BLOG   IMPACT

OpenIDEO is a global community working together to design solutions for the world's biggest challenges.

SIGN UP   JOIN A MEETUP

오픈아이디오에 소개된 아이디어의 이미지. 출처: openideo.com

3) 소셜 콘텐츠 사례

(1) 빅워크: 기부＋다이어트 앱

모바일 앱 '빅워크'는 대표적인 퍼네이션 사례이다. 빅워크 앱은 걸을 때마다 장애인을 도울 수 있는 기부 앱이다. 앱을 내려받아 작동한 뒤 걸으면 100m당 1원이 기부된다. 모금된 금액은 절단장애인을 위한 의족지원에 사용된다. 전화하면 통화료의 일부를 기부단체에 전달해주는 착한 앱도 있다. 굿네이버스, 기아대책, 청소년폭력예방재단 등 11개 기부단체가 있으며, 울릉도 집짓기, 캄보디아 아동 공공교육지원 등 프로젝트 단위의 후원도 가능하다.

그림 1-8 빅워크 앱

걸음을 걸을 때마다 장애인
기부금이 쌓이는 빅워크 앱.
출처: www.demoday.co.kr

(2) 우정벤치

일명 '우정벤치'도 공익적 목적을 가진 소셜 콘텐츠이다. 다리를 벤치 한가운데만 두어 혼자서 앉을 수 없고 친구와 같이 앉아야 앉을 수 있도록 만들었다. 영국의 목캔디 브랜드 '피셔맨 프랜드'(Fisherman's Friend)가 선보인 착한 아이디어이다. 앞서 소개한 코카콜라의 우정 자판기(Friendship Machine)도 비슷한 내용이다.

그림 1-9 피셔맨의 우정벤치

출처: www.fishermansfriend.com

(3) 폭스바겐 펀 이론 캠페인

펀 이론(Fun Theory)은 특정 이론이 아니라 단순한 캠페인 명칭이다. 펀 이론 캠페인 중 '속도감시 카메라 복권'은 아이디어 발상 시 중요한 시사점을 제공한다. 즉, 공익적 문제일수록 긍정적 시각으로 접근해야 하며 부정적 행동을 고치려 하기 보다는 긍정적 행동을 보상할 필요가 있다는 것이다.

이 아이디어를 디자인한 케빈(Kevin Richardson)은 잡지 인터뷰를 통해 법을 위반하는 사람에게 관심을 가지는 것보다 법을 준수하는 사람에게 관심을 가지는 것이 더욱 효과적이라고 역설했다(www. thestar. com). 이 캠페인은 DDB가 개최한 'Fun Theory Award'에서 1등을 차지했다. 행동주의 심리학에서는 행동을 수정, 변화시키기 위해 행동에 대한 세 가지 처치 방법을 제안한다. 이는 부정적 강화, 긍정적 강화, 처벌이다. 펀 이론은 세 방법 중 긍정적 강화에 해당한다.

(4) 빈 병을 받는 자판기

동전 대신 빈 병을 받는 자판기는 어떤가? 뉴욕 패션주간 미국화학협회(American Chemistry Council)가 "Plastics make it possible" 캠페인의 하나로 빈 병을 넣으면 플라스틱을 재활용해 만든 티셔츠를 주는 자판기를 설치했다. "빈 병도 돈"이라는 딱딱한 얘기를 즐거운 현실로 바꾼 아이디어이다(http://plasticsmakeitpossible. com).

(5) 〈에브리 원〉: 게임 앱

〈에브리 원〉(Every One) 게임은 말라리아의 무서움을 알리고 손쉬운 예방법과 치료 가능한 정보를 공유하고자 국제구호개발 NGO '세이브 더 칠드런'(Save the Children) 에서 제작했다. 게임하는 것만으로 캠페인에 동참할 수 있으며 예방법을 알려주고 실천할 수 있도록 도와준다.

(6) 〈프리라이스〉: 기부 + 교육 앱

쌀을 공짜로 주는 교육용 게임 앱이다. 유엔세계식량계획에서 공동으로 진행하며 퀴즈 하나를 맞힐 때마다 쌀 10톨씩 기부되는 방식이다. 〈프리라이스〉를 통해 450만 명이 하루 동안 먹을 수 있는 쌀알이 모이기도 했다.

그림 1-10 〈프리라이스〉 게임 앱

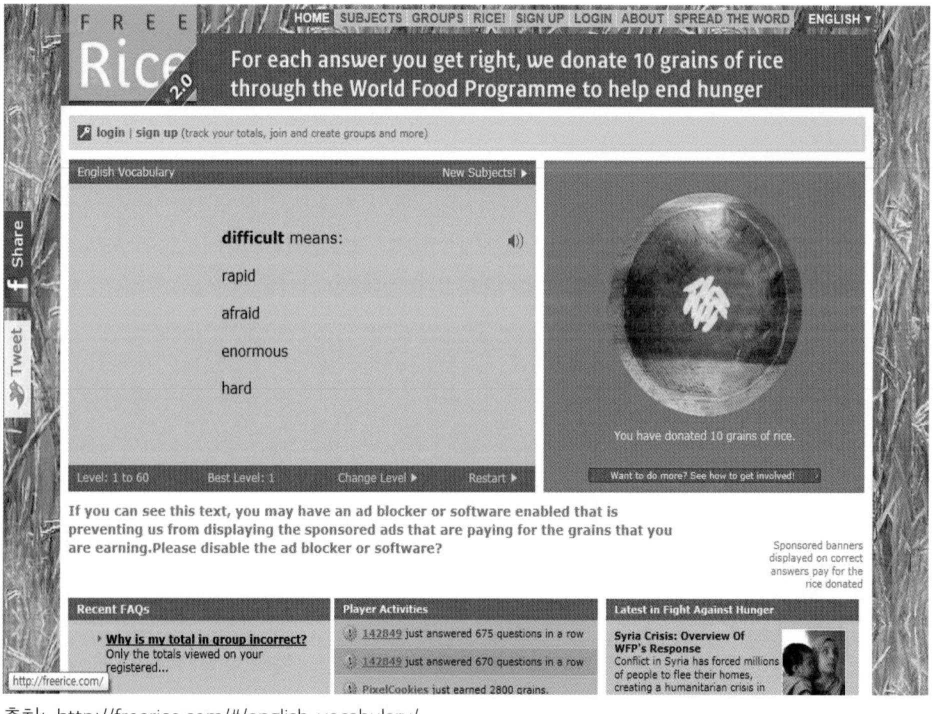

출처: http://freerice.com/#/english-vocabulary/

(7) 금연 홍보용 〈씌가렛뎐〉: 웹툰

네이버 웹툰에 개재된 최초의 공익적 웹툰이다. 담배에 찌든 웹툰 속 캐릭터를 통해 금단현상 등을 사실적이면서 개성 있는 그림체로 표현해 공감을 불러일으키고 재미를 느끼게 한다. 웹툰을 모바일로 볼 수 있어 더 많은 사랑을 받았다.

(8) 〈스프링클〉: 게임 앱

〈스프링클〉(Sprinkle)은 소방차를 조종해 물을 쏴서 불을 끄는 게임으로 불씨가 조금이라도 남으면 불은 다시 커진다. 작은 불씨도 확실히 끄는 것을 강조하고 화재를 진압할 때 물의 중요성을 알 수 있게 하는 일종의 소방관 체험 교육 게임이다.

(9) 〈트리플래닛〉: 웹, 모바일게임 앱

〈트리플래닛〉(Tree planet)은 이른바 소셜 벤처(social venture)로서, 게임에서 가상 나무를 키우면 실제 숲에 옮겨 심는 웹 게임이다. 스폰서를 선택하면 스폰서는 나무 심기나 빈곤 어린이 돕기 등 사회공헌 활동을 대신 실행한다. 사용자에게는 게임이라는 미디어를 통해 재미를 주고 공익활동(환경문제 해결)에 참여하게 하며 기업은 환경과 관련된 CSR 활동으로 자사를 홍보할 수 있다.

이 게임의 장점은 혁신성과 협업 시스템이다. 기업은 조림비용을 제공하며 정부는 조림부지를 협조, NGO단체는 현지 조림활동을 진행한다. 다양한 사람이 함께 참여하는 시스템으로 모바일과 웹에서 게임에 참여할 수 있다. 페이스북과 국내 최대 어린이 포털 주니어네이버에서 진행되며 2016년 12개국에 116개의 숲이 탄생했다. 최근 스토리텔링을 도입해 연예인 이름을 딴 소녀시대 숲, 지드래곤 숲, 폴 매카트니 평화의 숲 등이 만들어지기도 했다.

(10) ING 다이렉트와 유니세프의 〈The monster〉: 영상

이 프로그램은 ING 다이렉트와 유니세프에서 공동으로 제작되었다. 애니메이션으로 제작된 〈The monster〉 영상에서는 아이들이 학교에 가지 못하게 하는 괴물이 나오는데 괴물을 물리치는 방법은 휴대전화 메시지 한 통이면 된다. 메세지당 1. 25달러가 유니세프에 기부되는 방식을 통해 25만 명 정도의 사람이 약 3억 원을 모았다. 많은 사람이 학교에 가지 못하는 아이들을 위해 기부에 동참했다.

(11) 행동수학: 게임 앱

헝그리피쉬는 행동수학(*motion math*)을 게임 형태로 만든 것으로 유료 기능성 학습 앱이다. 두 숫자의 덧셈을 암산해 물고기가 먹을 먹이를 만들어주는 등 4세 이상 교육 대상자의 수준에 맞는 다양한 게임을 통해 재미있게 수학을 공부할 수 있다.

(12) My incredible body: 교육용 앱

인체의 내부를 살펴보고 무슨 일이 일어나는지를 볼 수 있게 해주는 교육용 앱이다. 3D 모형과 애니메이션을 통해 인체 내부 구조를 확인하고 익힐 수 있다.

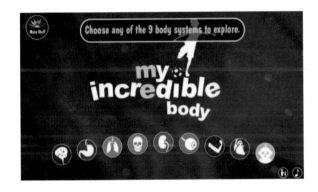

그림 1-11 My incredible body

출처: https://itunes.apple.com

(13) 〈파피홈 우당탕 보호소〉: 게임 앱

게임 속 동물을 보살펴주면 실제 유기동물보호소에 사료가 후원되는 게임 앱이다. 여성에게 꾸준히 인기를 끄는 육성 시뮬레이션 게임 앱이다. 게임을 통해 유기견, 유기 고양이를 구출해 보호소에서 애정을 갖고 간식을 주고 놀아주면 성장해 입양을 보낸다. 장점은 접근성이 쉽고 참여방법이 간편하다는 점이다.

(14) 개불알 지키기 광고: 영상(+SNS)

산림청에서 실시한 야생화 지키기 캠페인으로 광고와 영상을 이용한 소셜 콘텐츠이다. 개불알은 난초과 여러해살이풀 이름이다. 우리 '개불알 지켜주세요', '개불알! 울지 마. 내가 지켜줄게' 등의 버스광고로 시작해 뉴스형태의 네이버 영상 콘텐츠를 통해 개불알꽃을 알렸다. 후에 페이스북과 블로그를 통한 서명운동도 펼쳐졌다.

그림 1-12 뉴스 인터뷰 형식으로 표현한 개불알 지키기 바이럴 영상

(15) 보라감자: 기부 앱

보라감자는 '나를 보라, 눈을 감자'에서 보라와 감자를 합쳐 이름을 만들고 혼자 눈을 감고 명상을 통해 1분에 1원씩 기부가 되는 방식이다. 기부된 적립금은 시각장애인이 세상을 보고 듣고 느끼게 하는 점자, 음성 책, 개안수술 등에 쓰인다. 핵심 아이디어는 명상을 통해 1분에 1원씩 기부하도록 한 점이다. 보라와 감자의 중의적 표현으로 캠페인에 관심을 증대시켰다.

(16) 〈뚜리를 부탁해〉: 게임 앱

네이버의 기부 콩 '해피빈'을 이용해 게임에 물방울을 터치해서 포인트를 모아 물부족 국가에 기부한다. 귀여운 캐릭터를 이용해서 아이도 즐겁게 참여할 수 있다. 핵

심 아이디어는 터치로 물방울을 모으면서 물과 관련된 게임인 것을 알 수 있고 게임의 목적을 한눈에 알 수 있도록 게임에 바로 반영시켜 기부를 유도했다.

(17) 〈인간이 지구를 파괴하는 과정 3분 만에 보기〉: 애니메이션 영상

커츠(Steve Cutts)가 제작한 3분여짜리 단편 애니메이션 영상이다. 원제는 〈How we impact out planet〉으로 2012년 유튜브(Youtube)에 처음 게재했다. 지구 탄생 후 인간이 자행한 환경오염, 생태계 파괴, 동물학대 등의 장면을 만화 애니메이션 기법으로 보여주면서 강렬한 메시지를 전달한다. 애니메이션 내용뿐 아니라 배경음악으로 사용된 그리그(Edvard Grieg)의 〈페르귄트(Peer Gynt) 모음곡〉 1번 4악장 〈산속 마왕의 동굴에서〉(In the hall of the mountain king)이 많은 인기를 끌었다. 사회고발적 메시지를 담은 커츠의 다른 작품은 그의 유튜브 계정과 페이스북에서 볼 수 있다.

그림 1-13 〈인간이 지구를 파괴하는 과정 3분 만에 보기〉

(18) 올웨이즈의 #Like a Girl 캠페인: 브랜디드 콘텐츠

P&G의 생리대 올웨이즈(Always, 국내에서는 '위스퍼'라는 이름으로 출시)의 #Like a Girl 캠페인. 10대 소녀에게 '여자같이'라는 말의 의미를 재해석해 소녀로서의 자신감과 자신의 선택을 지켜갈 것을 주장한다. 공익적 메시지를 통해 잠재고객에게 나의 브랜드라는 인식을 심어주었다. 2015 칸 국제광고제 수상작이다.

그림 1-14 올웨이즈의 #Like a Girl 캠페인

(19) 노에미 협회의 〈The eyes of a child〉 실험영상

프랑스 비영리단체 노에미 협회(Noemi Association)가 만든 캠페인 〈The eyes of a child〉 실험영상은 실험카메라를 사용해 '고정관념과 편견이 없는 아이의 시선으로 장애인을 편견 없이 바라봐 달라'는 내용을 표현했다.

영상에는 부모와 아이가 한 화면을 본다. 장애인과 비장애인이 등장했을 때 아이의 태도는 다르지 않았지만 부모의 태도는 달랐다. 아이는 장애인과 비장애인을 구분하지 못하고 편견 없이 장애인을 바라보며 천진난만하게 표정을 따라하지만 부모는 얼굴을 찌푸린다. 메시지를 강요하지 않지만 돌아서 생각나게 하고 깨닫게 하는 캠페인으로 기존 캠페인과 차별화했다.

그림 1-15 〈The eyes of a child〉 실험영상

(20) 보다폰의 레드 라이트: 모바일 앱

보다폰(Vodafone) 레드 라이트(Red Light)는 가정폭력에 시달리는 터키 여성을 돕기 위한 앱이다. 평소 일반 손전등 앱으로 사용하다 위험에 노출될 경우 스마트폰을 흔들기만 하면 사용자가 사전에 등록한 3명의 지인에게 사용자의 위치 정보를 포함한 구조요청 메시지가 자동으로 전송된다. 일반적인 대중매체를 배제하고 TV쇼나 비키니라벨 등을 통해 여성에게 은밀히 홍보되었다. 칸 국제광고제 미디어 부문에서 그랑프리를 수상했다.

(21) 〈두유노우? 젠틀버스〉: 동영상

온라인 화제영상을 비롯, 버스이용 시 지켜야 하는 버스이용 에티켓과 관련된 사례와 에피소드 등을 소개하는 대중교통 홍보영상이다. 경기·서울의 광역버스(경기

그림 1-16 〈두유노우? 젠틀버스〉

버스) 내 버스광고 G Bus TV와 SNS, 경기넷 홈페이지 등을 통해 볼 수 있다. 귀여운 동물 애니메이션 캐릭터로 친근감을 더해 아이부터 성인까지 쉽게 받아들일 수 있어 공공질서 의식을 함양하고 안전한 버스이용, 대중교통의 활성화와 같은 선진문화를 정착시키기 위한 딱딱한 내용을 쉽고 재미있게 전달한다.

6. 산업으로서의 브랜디드 콘텐츠

1) 콘텐츠 산업

콘텐츠 산업은 '창조산업'(creative industry)의 하나로서 경제적 기여가 클 것이라 기대한다. 창의성에 기반을 둔 1인 창조기업의 창업이 쉬운 데다 신규 유망업종과 직업도 꾸준히 생겨나기 때문이다. 예를 들어, 1인 출판, 3D영상, 소셜 네트워킹, 모바일 게임 등 새로운 업종이 등장하며 최근에는 스마트미디어 산업의 확대와 더불어 스마트폰 애플리케이션 개발자, 증강현실(augmented reality · AR) 엔지니어 등이 각광받으며 3D영상 분야의 기술 감독인 스테레오그래퍼(stereographer) 등과 같은 직종의 수요가 확대된다.

2) 문화기술의 광고 콘텐츠 적용

문화기술(culture technology · CT)은 최근 콘텐츠 산업이 부상하면서 새롭게 대두된 기술 개념이다. 문화기술이란 좁은 의미로는 영화, 애니메이션 등 문화상품의 기획, 제작, 가공, 유통, 소비 등과 이에 관련된 서비스에 필요한 기술을 지칭한다. 넓은 의미로는 이공학적 기술뿐만 아니라 인문사회학, 디자인, 예술 분야의 지식과 감성적 요소를 포함해 인간의 삶의 질을 향상시키는 총체적 기술을 의미한다(문화체육관광부 · 한국콘텐츠진흥원, 2010).

한마디로 문화기술은 문화상품(콘텐츠 혹은 서비스)을 만드는 전 과정, 이를테면 콘텐츠의 기획에서 제작, 가공, 유통 및 소비 과정 전반에 걸쳐 요구되는 지식과 기술이라 할 수 있다. 광고를 하나의 콘텐츠로 간주할 때 광고 콘텐츠의 제작 및 유통에 필요한 지식과 기술도 문화기술의 개념으로 이해할 수 있다. 이러한 문화기술 개념을 광고 콘텐츠에 적용하면 광고 콘텐츠를 기획, 제작하기 위해서는 전문적 지식과 기술이 필요하다고 할 수 있다. 이러한 문화기술을 브랜드 콘텐츠 제작에 적용해 보고자 한다.

브랜디드 콘텐츠 기술에 적용하기 위해서는 콘텐츠의 산업적 특성을 이해할 필요가 있다. 일반적으로 콘텐츠 산업은 '프로젝트형' 제작 시스템의 구조를 가졌다. 즉, 영화나 공연의 완성을 위해 제작자, 감독, 촬영기사, 작곡가, 무대미술가 그리고 연기자와 같은 많은 이질적 성격의 사람들이 일시적으로 모여 프로젝트를 수행하다가 영화의 완성과 함께 해산하는 구조를 가졌다.

광고를 중심으로 한 콘텐츠 산업도 생산구조적 측면에서 보면 이와 비슷하다. 다양한 콘텐츠 영역의 다양한 사람이 하나의 프로젝트를 위해 공동으로 협업하고 프로젝트가 끝나면 해산한다. 다만, 일반적 예술영역과는 달리, 브랜드 콘텐츠 산업은 경쟁관계 속에서 마케팅 목적을 수행해야 하므로 기업(광고주) 정보에 관한 보안 등 거래사의 책임으로부터 상대적으로 덜 자유롭다. 이러한 점에서 창의(창조)에 기반을 둔 광고 콘텐츠 제작기술이 보호받고 적정한 대우를 보장받기 위한 관리 시스템 혹은 기관이 필요하다.

무엇보다 CT처럼 광고 콘텐츠를 제작하는 기술적, 제도적 지원이 필요하다. 게임 제작 과정을 예로 들면, 클라이언트 요구를 시작으로 디자인 콘셉트 과정, 관련 자료 수집 및 문서, 아이디어, 디자인 모티브 수집 및 분석, 시각화, 스토리텔링, 구조도, 프로토타입 제시/수정보완, 제작, 테스트, 이후 사용참여 및 사용자 DB화 등 여러 단계가 연결되었다. 이는 크게 연구개발(디자인 콘셉트 과정, 시각화, 제작)과 제작협업(스토리텔링), 생산협업(게임제작)을 중심으로 된 구조로 요약된다.

3) 아이디어를 내는 집단의 특성

브랜디드 콘텐츠 분야는 창조산업적 특성상 일반 제조기업과 달리 창조(창의)성 제고를 위한 업무환경이 매우 중요하다. 창조산업의 경우 개인의 독특한 능력 이외에도 조직 내 환경과 상호작용 등 업무환경이 직접적 영향을 끼친다. 창조성에 영향을 미치는 환경 요인으로 창조성에 대한 격려, 자율성 혹은 자유(autonomy or freedom), 자원, 압력 등이 있다. 이 중에서 창조성에 대한 격려란 조직이나 관리 차원에서의 격려 및 성과보상 등을 말한다.

또한 자율성은 증대될수록 자원, 즉 예산이나 인력 자원은 풍부할수록 창조성이 증대되는 것으로 나타났다. 특히, 자원 요인은 조직 내 창조성 발휘에 중요한 영향을 미치는데 창조성 발휘를 위한 충분한 시간이나 예산, 인원 지원이 확보될수록 창조적 성과를 기대할 수 있다.

한편, 집단의 창조성에 영향을 미치는 조직 외부요인으로는 조직문화, 위기의식, 업적 위주 보상 시스템 등이 있다. 즉, 창조산업의 성공적 운영을 위해서는 조직 구성원, 미디어 기술, 생산 콘텐츠의 3가지 측면에서 환경적 지원이 뒷받침되어야 한다. 하나의 조직이 창조성을 발휘하는 데에는 조직의 크기나 응집력 등 조직의 성격과 함께 창조성을 발휘하기 위한 자원배분, 보상, 전략, 기술의 활용, 조직문화 등 조직 차원의 여러 요인이 의미 있는 역할을 한다.

4) 브랜디드 콘텐츠와 1인 창조기업의 활용

디지털미디어의 확산에 따라 마케팅 커뮤니케이션 부분 중, 특히 제작 영역에서의 기술의존도가 갈수록 높아진다. 따라서 브랜디드 콘텐츠를 담당할 수 있는 "1인 창조기업"의 역량을 보완하는 것이 중요하며 이를 위해 디지털 부문의 콘텐츠 제작기술 지원(기업) 방안이 마련되어야 한다. 지원기업은 공공기관의 운영기반을 갖되 인력은 젊은 창업 예비자를 중심으로 구성할 수 있다.

콘텐츠 산업은 주로 아웃소싱, 계약, 아이디어의 기획, 개발 및 제작(생산), 납품, 홍보, 판권보호, 판매 및 마케팅 그리고 이를 위한 자본, 회계, 세제 등의 제반 경영 지원 업무로 구성된다. 물론 각 업무주체 간 업무특성을 고려해 협업 시스템이 구축되어야 한다. 특히, 브랜디드 콘텐츠 부문은 아이디어 산업으로서의 전문성이 뛰어난 반면, 최종생산과 경영적 측면은 부족하기가 쉬운 영역이다. 따라서 하부 업무영역별 협업이 매우 유용할 것이다.

브랜드 콘텐츠 제작을 맡을 전문가 집단으로서 1인 창조기업을 상정할 수 있다.

1인 창조기업은 연구개발(콘텐츠 개발) 업무에 집중하되 외부의 생산(콘텐츠 제작 전문기술) 부문과 긴밀한 공조체제를 유지해야 한다. 경영과 판매 부문은 기존의 체제(광고대행사)와 신규기관(경영지원/지도 정부기관)의 지원을 받는 것이 바람직하다.

브랜디드 콘텐츠는 창조산업적 특성으로 인해 법적으로나 행정적으로 보호받고 지원받아야 하며, 각 협력부서(혹은 기관) 간 협업을 위한 구조관계가 중요하다. 현 정부가 신성장 동력으로서 콘텐츠 산업에 주목한다는 점을 고려하면 국가의 정책적 관점에서 영상·광고·콘텐츠 전문인력 양성사업을 담당하는 한국콘텐츠진흥원, 영화진흥위원회, 한국방송광고공사(광고교육원) 등 '공공기관'이 주도하는 인력양성 형태를 갖는 것이 바람직하다. 즉, 정부기관과 콘텐츠 생산주체(광고대행사 및 광고 콘텐츠 분야 1인 창조기업) 관계가 정부 주도의 일방향적 협업관계를 일정기간 구축할 필요가 있다. 이와 관련해 광고 콘텐츠 영역에서 1인 창조기업 육성을 위해서는 높은 수준의 콘텐츠 제작 역량을 갖춘 IT 기업과 지식서비스 업체 간의 협업 시스템을 구축이 시급하다.

5) 브랜디드 콘텐츠의 효과

브랜디드 콘텐츠를 활용함에 가장 큰 문제점은 역시 수익모델이다. 콘텐츠를 포함한 온라인 마케팅 커뮤니케이션에 대해 인기만 있고 이익은 없다는 지적이 많다. 상대적으로 광고효과 모델이 명확히 정해진 온라인에서도 광고효과에 대한 불확실성 때문에 온라인 콘텐츠를 제공하는 것을 망설이는 실정이다.

소셜미디어도 마찬가지이다. 수억의 이용자를 확보하고 다양한 소셜미디어 콘텐츠를 제공하지만 수익모델은 여전히 확립되지 않았다. 전문적 목적을 갖지 않은 이용자를 위해 수많은 무료 사이트와 무료 콘텐츠가 제공되는 실정이다. 만약 매출에 기여하지 못한다면 기업이 무슨 목적으로 무료의 콘텐츠 개발에 예산을 투자하겠는가? 이러한 점에 대해 명확한 해답을 내리기는 어렵다.

이 책은 새로운 미디어 환경에서의 브랜드 커뮤니케이션 요소를 브랜디드 콘텐츠로 개념화하고, 브랜디드 콘텐츠의 발상법을 다룬다. 브랜디드 콘텐츠가 현실적 근거를 갖기 위해서는 효과 매트릭스(ROI matrix)의 구축과 실행방안이 전제되어야 한다. 분명한 것은 브랜디드 콘텐츠의 효과가 전통적 기준으로 평가될 수는 없다는 점이다. 앞에서 언급했듯이 콘텐츠는 오락과 놀이, 문화적 가치의 공유와 확산 등 브랜딩(branding) 이외의 경험(experience) 요소가 포함되었다. 따라서 관계와 경험 등 다양한 질적 요소가 평가항목에 포함되어야 할 것이다.

7. 경험미디어로서 브랜디드 콘텐츠 접근하기　　How to say

브랜디드 콘텐츠의 아이디어 발상을 위해 가장 중요한 두 가지를 꼽으라면 '경험'과 '의미성'이라 할 수 있다. 브랜디드 콘텐츠의 아이디어 발상을 위한 세부적 요소는 다음과 같다.

첫째, 무엇을 경험하게 할 것인가를 생각하라.

경험은 이용자가 콘텐츠를 믿게 하는 힘이다. 이는 곧 진정성을 느끼게 하는 사실 역할을 한다. 단순한 경험으로는 부족하다. 경험은 개인적이되 보편적 의미를 담아야 한다. 공감이 경험을 만든다는 말이다. 특히, 현대 커뮤니케이션에서 중요해진 소셜 콘텐츠에서는 공감되는 경험을 제공해야 한다.

둘째, 의미를 제공하라.

경험은 마음점유율(*mind share*)이 아닌 시간점유율(*time share*), 일상점유율(*life share*)을 높이는 힘이다. 메시지와 기호를 이용해 인지와 설득을 이끌어내는 것만으로는 지속적인 사랑을 받기 어렵다. 브랜드와 관련된 경험을 할 수 있게 해야 한다. 이를 위해 먼저 콘텐츠의 의미가 담겨야 한다. 재미있고 기발한 것에서 그치지 말고 촌철살인의 의미 있는 무엇이 들어가야 한다는 점이다. 유용함과 재미를 줌으로써 참여하고 확산할 수 있도록 하는 것이다.

셋째, 생활을 제안하라.

콘텐츠 기반의 광고 혹은 브랜디드 콘텐츠는 고객의 생활을 돕는 매개체가 되고 삶의 공간 그 자체가 되어야 한다. 이른바 플랫폼 기능이다. 나이키가 '퓨얼밴드'(Fuel Band)라는 손목밴드를 만들어 사람들의 움직임 하나하나를 읽고 이를 데이터로 제시해주는 것이 대표적 예이다. 러닝화라는 제품 자체의 개선이 아니라 러닝화와 관련된 생활(운동, 건강)에 관한 장(場)을 마련해줘 브랜드 경험을 제공하고 장기적으로 고객이 추구하는 가치 있는 생활을 위한 플랫폼 기능을 하는 것이다.

넷째, 소비자가 관계를 맺도록 해야 한다.

꼭 대단한 철학이 아니어도 콘텐츠를 통해 사람들이 고개를 끄덕일 만한 보편적이고 통속적인 의미를 발견할 수 있어야 한다. 공감을 얻는 콘텐츠를 제공하고 상대가 필요한 소식을 전해주는 '관계지향적' 커뮤니케이션이 기획되어야 한다.

다섯째, 착한 커뮤니케이션을 지속하라.

브랜디드 콘텐츠에 기반을 둔 커뮤니케이션에서는 콘텐츠의 진선미(眞善美)가 중요하다. 진선미 중 진(眞)이 먼저이듯 진정성 있는 아이디어가 필요하다. "참되거라 바르거라"의 가르침은 치열한 현대 마케팅 경쟁을 이기는 핵심가치이다. 모두를 위한 착한 아이디어도 중요하다. 공공 디자인, 소셜 콘텐츠가 그러한 의미를 담은 말이다. 커뮤니케이션의 아름다움 역시 진실하고 착한 내면에서 나온다.

마지막으로, 일회적이 아닌 고객 편에 서서 지속적으로 커뮤니케이션해야 한다.

디지털미디어로 빠르게 커뮤니케이션하는 시대, 브랜디드 콘텐츠란 말은 낯설지만 사람을 움직이는 데 정성이 필요한 건 예나 지금이나 다르지 않다.

인게이지먼트(*engagement*)

인게이지먼트에 관한 공식적 정의는 미국의 광고연구재단에 의한 것으로 주변맥락에 의해 강화되어 특정 브랜드의 주장에 기대감을 갖는 것을 말한다. 한마디로 메시지에 대해 사전 관여도를 높이는 것이라 할 수 있다. 광고를 예로 들면, 광고 주변 기사(맥락)가 광고 내용과 관련이 있을 때 그 메시지에 기대감을 갖고 긍정적 영향을 미치는 경우이다. 주로 맥락효과에 뿌리를 둔 개념이나 맥락효과를 포함한 전반적 메시지에 대한 기대감과 관여, 몰입상태를 의미하는 것으로 이해된다. 이 장에서는 몰입 개념으로 사용되었다.

반면 현업에서는 주로 경험적 측면을 가리킨다. 인게이지먼트 개념을 구체화하고 실증적으로 연구한 대표적 학자로는 알렉스 왕(Wang, 2006)을 든다. 그에 따르면 인게이지먼트란 광고와 광고맥락 간의 관련성 정도로서 광고 메시지를 둘러싼 환경의 관련성(*relevance*) 정도에 의해 광고 메시지가 새롭게 제시되는 것으로 정의한다. 인게이지먼트가 유발되기 위해 메시지에 대한 '공감'과 '기대'라는 두 요소가 중요하다. 또한 소비자가 메시지를 만나는 환경, 즉 접점(*contact point*)과의 관련성을 높일 수 있는 커뮤니케이션 아이디어가 필요하다.

인게이지먼트가 광고반응에 영향을 주는 3가지이다(Dahlén, 2005). 첫째는 무드일치-접근(*mood congruency-accessibility*)가설이다. 광고맥락은 특정 무드나 감정을 더 쉽게 일으키고 자극물에 대해서도 비슷한 무드나 감정을 만들어낸다는 것이다. 둘째는 일치성으로 인한 것이다. 매체와 광고 브랜드는 서로 융합해 소비자의 마음속에 서로 비슷한 것으로 느껴지게 한다. 셋째는 맥락이 일으키는 인지적 점화작용 때문이다. 맥락은 관련된 사물의 의미망을 활성화해 광고에 주의를 갖게 하고 광고해석에 영향을 준다.

생각해 볼 문제

1. 생활제안형 아이디어란 무엇이며 어떤 것이 있는지 생각해 보자.

_____

_____

_____

2. 브랜디드 엔터테인먼트는 브랜디드 콘텐츠에 포함되는 개념인가? 엔터테인먼트 속성이란 무엇인
   지 생각해 보자.

_____

_____

_____

3. 공공 디자인 사례를 주위에서 찾아보자.

_____

_____

_____

참고문헌

김운한 (2012). "불황기 마케팅, A(*Advertising*) 보다 BC(*Branded Contents*)가 답이다". 〈HS
　　애드사보〉. 9-10월호. 40-41.

＿＿＿ (2013). "키워드 광고에서의 크리에이티브 인게이지먼트 요인 탐색". 〈광고연구〉, 97호,
　　39-77.

김운한·정차숙·최홍림 (2013). "브랜드 스토리의 허구성 및 품질성이 스토리 몰입, 스토리
　　태도, 브랜드: 소비자 관계에 미치는 영향". 〈홍보학연구〉, 17권 3호, 235-277.

문화체육관광부·한국콘텐츠진흥원 (2010). 《2009 문화기술 연감》. 서울: 문화체육관광부,
　　한국콘텐츠진흥원.

신동희 (2013). 《휴머니타스 테크놀로지》, 서울: 커뮤니케이션북스.

심성욱·김운한 (2012). "1인 창조기업의 광고콘텐츠산업 적용에 관한 연구". 〈광고학연구〉,
　　23권 6호, 53-81.

이현우·김운한 (2011). "제품유형과 결합유형에 따른 아트 컬래버레이션 광고의 양태 분석". 〈광고학연구〉, 22권 3호, 51-73.

Amabile, T. M., Patterson, C., Mueller, J., Wojcik, T., Kramer, S. J., Odomirok, P. W., & Marsh, M. (2001). Academic-practitioner collaboration in management research: A case of cross-profession collaboration. *Academy of Management Journal*, 44(2), 418-431.

Culpepper, M. K. (2010). KEYS to creativity and innovation: An adopt-a-measure examination. The International Center for Studies in Creativity, Buffalo State College. 1-19.

Dahlén, M. (2005). The medium as a contextual cue: Effects of creative media choice. *Journal of Advertising*, 34(3), 89-98.

Hudson, S., & Hudson, D. (2006). Branded entertainment: A new advertising technique or product placement in disguise?. *Journal of Marketing Management*, 22, 489-504.

Wang, A. (2006). Advertising engagement: A driver of message involvement on message effects. *Journal of Advertising Research*, 46(4), 355-368.

Woodman, R. W., Sawyer, J., & Griffin, W. (1993). Toward a theory of organizational creativity. *Academy of Management Review*, 18(2), 293-321.

Bogatin, D. (Nov. 2, 2006). Web 2.0 hype: Popularity without profits. *ZDNet*. URL: http://www.zdnet.com/article/web-2-0-hype-popularity-without-profits/

www.plasticsmakeitpossible.com

제 2 장

문화예술에서 찾는 콘텐츠 아이디어

1. 하이터치 시대의 아이디어 고리

Why to say

현대 마케팅에서 인간의 미묘한 감정을 이해하고 공감을 이끌어내는 하이콘셉트 및 하이터치가 중요시되는 시대이다. 하이콘셉트(high concept) 란 트렌드와 기회를 감지하고 서로 무관해 보이는 아이디어를 결합해 새로운 개념을 창조하는 것을 말한다. 하이터치(high touch) 란 예술적, 감성적 아름다움을 결합해 뛰어난 발명품으로 만드는 능력이다. 하이터치 시대에는 디자인과 스토리, 조화, 공감, 놀이, 의미 등의 요건이 중요하며 단순한 기능 이상의 시각적 아름다움, 좋은 감정을 느낄 수 있는 가치를 주어야 한다.

예를 들어, 광고 속에서 시나 소설, 영화, 회화, 음악, 무용 등 다양한 예술작품을 패러디해 차용하는 예술 마케팅(art marketing), 브랜드 아이덴티티(brand identity · BI) 나 기업이미지에 심미적 요소를 활용하는 미학적 마케팅(marketing aesthetics) 도 그러한 양상을 띤다. 광고와 순수예술, 팝아트(pop art) 등의 예술은 작품 속에 광고 등을 인용하거나 광고적 문법을 차용하는 등의 양상으로 끊임없이 상호작용한다. 광고가 예술의 장르를 표현의 모티프로 채용하는 이른바 예술 마케팅의 1차적 목적은 '끌림'의 창출에 있다(이현우, 2011). 광고의 소재가 된 예술작품은 인쇄 광고의 지면이나 영상 광고의 화면에 머무는 2~3초간의 짧은 시선에도 강렬한 시각적 흡인력을 발휘하며 각인효과를 갖는다.

요약하면, 새로운 시대에는 예술적 요소를 중심으로 다양한 영역을 결합하고 발전시킴으로써 감성 커뮤니케이션을 창출하는 능력이 중요하다. 이러한 관점에서 소비자의 시선을 끌고 감성과 감동을 충족시키는 콘텐츠 아이디어의 고리를 예술 문화적 요소에서 찾고자 한다.

2. 예술, 문화에서의 아이디어   What & How to say

다음은 메이지대학의 교수인 사이토 다카시의 저서 《명화를 결정짓는 다섯 가지 힘》에서 인용한 것이다(齋藤孝, 2009/2010).[1] 그는 예술작품을 결정짓는 중요한 요소의 하나로 아이디어를 꼽았다. 저자의 다섯 가지 기준에 모두 동의하기는 어렵다. 다만, 예술작품이 뛰어난 표현력(기술, 기교) 못지않게 작가의 차별화된 발상이 필요한데 그러한 발상을 '아이디어' 등의 단어로 규정해 표현한 것에 공감이 간다.

그가 말한 아이디어란 한마디로 예상치 못한 놀라움이다. 예컨대, 보는 사람의 생각을 뒤섞어놓는 '마그리트', 삶의 모든 면에서까지 괴짜였던 '달리', 기존 사물에 새로운 이름과 의미를 붙였던 '뒤샹', 그림을 캔버스의 좁은 틀에서 해방시킨 '미로', 저속함을 예술의 경지로 끌어올린 '워홀', 바닥에 펼친 캔버스에 온몸으로 물감을 뿌리는 액션페인팅을 선보인 '폴록' 등이다. 그가 말한 아이디어란 무엇이며 브랜디드 콘텐츠 발상에 어떤 시사점을 주는지 알아본다.

---

1 다섯 가지란 표현력, 스타일, 자기세계, 아이디어, 몰입이다. 저자는 표현력과 스타일 못지않게 아이디어를 강조한다. 광고학 관점에서 표현력과 스타일은 제작(*production*), 아이디어는 기획 (*planning*) 측면으로 볼 수 있다.

1) 마그리트: 데페이즈망

벨기에의 초현실주의 화가 마그리트(Rene Magritte)는 광고와 창조성 분야에서 가장 많이 언급되는 작가이다. 그의 창작에서 핵심은 친숙한 사물을 새롭게 볼 수 있도록 "역설적 상황을 부여하는 것"이다. 사물을 두되 주변상황을 낯설게 하면 특별한 존재가 된다. 데페이즈망(*depaysement*: 낯섦, 전치)은 사물의 변경과 결합으로 요약된다.

마그리트의 작품에 나타나는 데페이즈망은 다음과 같다.

첫째는 '고립'으로 어떤 사물을 원래의 환경에서 떼어내 엉뚱한 곳에 두는 것을 말한다(예: 〈신뢰〉, 〈순례자〉).

둘째는 '변형'이나 '변경'으로 사물이 가진 성질 가운데 하나를 바꾸는 것을 말한다. 재질을 바꾸거나 크기를 변화시킨다(예: 〈붉은 모델〉).

셋째, 사물의 '결합'으로 모순되거나 대립되는 요소를 결합시키거나 두 사물을 하나의 이미지로 응축하는 것을 말한다(예: 〈겨울비〉).

마그리트의 이러한 회화적 특징은 현대 대중문화의 창작 기준이 된다. 클래식 음악의 요소를 팝에 접목시킨 비틀즈의 음악이나 영화 〈매트릭스〉(The matrix, 1999),

그림 2-1 〈겨울비〉를 패러디한 신세계백화점 본관 외벽 프린트

서울 신세계 백화점이 본관 리노베이션 작업을 실시하며 〈겨울비〉를 프린트한 외벽을 설치했다. 이외 갤럭시U 광고 등에서 다양한 패러디 작품이 사용되었다.

애니메이션 〈하울의 움직이는 성〉(Howl's moving castle, 2004), 애플(Apple)의 사과 로고와 같이 마케팅 커뮤니케이션에 다양하게 사용된다. 마그리트의 작품 〈이미지의 반역〉(이것은 파이프가 아니다)〔La trahison des images(ceci n'est pas une pipe), 1926〕도 그 형식과 모티브가 광고카피 등에서 역발상의 사례로 자주 활용된다. [2]

2) 달리: 상상과 상징

달리(Salvador Dali)는 무의식과 상징, 기상천외한 발상을 강조했다. 과대망상이 창조력을 자극한다고 주장하며 전시회에 수영복 차림으로 나타나는 등 기이하고 자기과시적인 행동을 일삼았다. 대표작인 〈기억의 지속〉(Persistence of memory, 1931)에서 시계는 과거 자신의 욕망을 상징하며 개미로 뒤덮인 시계는 죽음을 상징한다고 한다.
달리의 발상과 주장은 현대 광고 커뮤니케이션에서도 종종 나타난다. 인간의 본능을 자극하는 성적 소구나 공포 소구, 환상적 내용과 상징적 기호를 사용하는 패션 광

그림 2-2 초현실주의가 적용된 광고

기계부품과 사람 얼굴이 밀림처럼 표현되고(SK브로드밴드의 광고, 왼쪽)
벌꿀과 초콜릿 강, 물고기 등 꿈속 장면이나 추상적 이미지가 등장하는
광고에서(토블론 광고, 오른쪽) 달리의 초현실주의적 요소를 발견할 수 있다.

---

2 "이것은 초콜릿이 아니다"(LG전자 초콜릿폰), "이것은 멜론이 아니다"(멜론), 《이것은 애플이 아니다》 등.

고 등이 대표적 예이다. 독특한 이미지로 보이지 않은 세상을 상징화한 SK브로드밴드의 초기 광고 'See The Unseen'이나 토블론(Toblerone) 초콜릿 광고도 초현실주의 소재를 사용했다.

3) 뒤샹: 기존의 가치를 부정하고 새로운 의미부여

뒤샹(Marcel Duchamp)은 일상생활의 보편적 대상에 대해 새로운 의미를 부여한 작가이다. 대표적으로 〈샘〉(Fountain, 1917)은 일상생활에서 사용하는 기성품인 화장실 변기를 작품화함으로써 기존의 아름다움에 대한 고정관념을 깬다. 그는 보편적이고 대중적 대상에 대해 의미를 부여할 수 있음을 주장함으로써 '미학적인 것'에 대한 사고와 경계를 넓힌 것으로 평가받는다. 새로운 의미를 부여하는 일은 기존의 고정관념을 깨는 것에서 시작된다. 이는 광고의 전형적 발상이다.

〈L. H. O. O. Q〉(1919)는 모나리자의 얼굴에 연필로 수염을 그려 넣고 성적 암시가 든(L. H. O. O. Q는 그녀의 엉덩이가 뜨겁다라는 뜻) 글자를 새겨 명화의 권위와 전통을 조롱했다. 일종의 패러디이다(패러디의 원래 뜻에 원전에 대한 조롱이 담겼다). 물론 오늘날 음악이나 방송 등 문화 제품과 광고에서 사용되는 패러디는 커뮤니케이션 효과를 목적으로 모방(imitation)에 머무르는 경우가 많다. 패러디가 브랜디드 콘텐츠를 만드는 발상기법의 하나임은 분명하지만 단순한 모방이 아닌 창조적 아이디어로 인정받기 위해서는 새로운 의미를 부여하는 재창조의 노력이 필요하다.

이처럼 고정관념을 깨고 전통을 거부하기 위해서는 먼저 '생각의 습관'과 단절하는 것이 필요하다. 단절 혹은 익숙한 것과의 결별은 아이디어 발상에서 가장 중요한 법칙이라 할 만하다. 광고회사 TBWA가 단절(disruption)을 크리에이티브 철학으로 삼은 것도 그런 중요함 때문이다.

4) 폴록: 표현의 차별화

폴록(Jackson Pollock)은 미국의 추상화가로 표현주의를 거쳐 격렬한 필치를 거듭하는 추상화를 창출했다. 특히, 화폭 위에 물감을 떨어뜨리는 액션페인팅 기법과 사방에서 관람할 수 있도록 작업하는 방법으로 유명하다. 로버트 루트번스타인(Robert Root-Bernstein)은 이를 '몸으로 생각하기'로 설명한다.

새로운 아이디어가 표현을 가치 있게 한다. 전통적 화법을 거부한 표현기법은 광고 크리에이티브 분야에서도 끊임없이 시도된다. 특히, 디지털미디어 기술이 발달하면서 소비자와 상호작용하는 인터랙티브 기법이 늘어난다. 그럼에도 전통적 아트 자체는 평준화되고 표현(기법)의 차별화는 갈수록 어려워진다.

이상은 책《명화를 결정짓는 다섯 가지 힘》을 인용한 것이다. 광고가 하나의 콘텐츠로 소비되기 위해서는 예술이 뒷받침되어야 한다. 미디어 운용방법보다 오히려 아트의 감각과 수준, 무엇보다 아이디어가 중요하다. 미디어를 그릇에 비유하면 그릇이 아무리 화려해도 담긴 음식이 맛있고 보기 좋아야 한다. 감동적인 메시지가 감동적인 표현으로 만들어질 때 디지털미디어 기술도 의미가 있다. 이때 감동적인 방법이 예술이며 '크리에이티브'이다.

요약하면, 아이디어의 발상을 위해 친숙한 사물을 새롭게 보는 훈련이 필요하다. 예를 들어, 역설적인 상황을 부여하고 기발한 상상 및 상징 활용, 새로운 의미부여, 표현의 차별화 등의 훈련이 필요하다.

3.《생각의 탄생》에서 배우는 생각

《생각의 탄생》이란 루트번스타인 미시간주립대학 교수가 쓴 책으로 창조적 천재의 사고방식에는 13가지 '생각도구'가 발견된다고 한다. 생각도구란 생각하는 방법이다. 각 생각도구가 브랜디드 콘텐츠 발상에 어떻게 활용될 수 있을지 생각하는 방법 일부를 소개한다(Root-Bernstein, Root-Bernstein, 1999/2007).

첫째, 관찰(*observing*)이다.

관찰은 모든 지식의 시작이고 모든 생각도구 중 가장 우선시되어야 한다. 특히, 관찰은 단순히 시각으로 보이는 것만이 아니라 보고, 듣고, 만지고, 냄새 맡고 맛보고 몸으로 느끼는 모든 것을 대상으로 한다. 느끼고 경험할 수 있는 것들을 콘텐츠의 소재로 보려고 해야 한다는 말이다. 관찰은 보이는 것을 표현하는 것이 아니라 어떤 것을 보이도록 하는 것이다.

둘째, 형상화(*imaging*)이다.

형상화는 사물의 모습을 상상 속에서 그려내는 능력, 즉 심상, 이미지를 만들어내는 능력이다. 이 능력은 후천적 노력으로 습득이 가능하다. 미국 라스베이거스에는 클리블랜드 클리닉이 운영하는 루 루보 두뇌건강센터(Lou Ruvo Center for Brain Health)가 있다. 금속을 구부려 '정신'(*mental*)을 형상화했는데 독특하고 재미있는 느낌을 준다. 단, 고객인 환자의 정신건강에 도움을 줄지는 의문이다. 크리에이티브한 디자인이 갖추어야 할 독창성과 커뮤니케이션 목적에 부합하는가라는 적절성(*relevance*) 사이에서 고민하게 하는 사례이다.

그림 2-3 루 루보 두뇌건강센터

출처: http://www.keepmemoryalive.org/about_us/facility/overview

셋째, 추상화(*abstracting*)이다.

추상화란 현실에서 출발하되 불필요한 부분을 도려내 사물의 놀라운 본질을 드러내는 과정이다. 본질만을 드러내면 표현은 간단하지만 이해하기는 더 어려워진다. 에셔(Maurits Cornelis Escher)는 네덜란드 출신 그래픽 아티스트로 공간 착시와 시각적 환영을 작품으로 표현했다. 예술작품에 수학적 개념과 기하학적 원리를 접목, 현실과 환상의 세계를 조화시킨 작가이다. 그의 〈그리는 손〉(Drawing hands, 1948)은 두 손이 서로의 손을 그리는 것으로 한 공간 안에서 가상과 현실이 혼재된 무한성을 나타낸다.

피카소(Pablo Picasso)의 〈화가와 모델〉은 연인인 마리 테레즈를 그리는 자신의 모습을 스케치한 작품이다. 연인의 모습을 그린 것이 아니라 그녀의 행동을 그린 점이 독특하다. 피카소는 "숨어있는 놀라운 속성을 찾아라. 마음으로 보라"고 말했다. 이를 거꾸로 해석해 '숨어있게 만들고 마음으로 보게 하라'고 말하는 것도 가능하다. 감춤으로써 사람들의 흥미와 주목을 높여 관객(시청자)이 자발적으로 작품(또는 제품)의 가치를 해석하는 과정에 참여하고 확대된 의미를 경험하는 데 도움을 줄 수 있다. 커밍스(Edward Estlin Cummings)의 〈시 그림〉(Poet picture)도 시각적 상징을 담은 추상화라 할 수 있다. "a leaf falls"(나뭇잎이 떨어진다)의 글자를 나눠 나뭇잎이 떨어지는 궤적처럼 감각적으로 배열했다.

넷째, 패턴인식(*recognizing pattern*)이다.

어떤 사물과 대상으로부터 어떤 "일관된 원칙"을 발견하는 것이다. 그런 점에서 패턴은 사물을 파악하는 고마운 특징이다. 가우스가 1부터 100까지의 합을 구할 때 패턴을 이용해 쉽게 계산하는 것이 그렇다. 광고 크리에이터는 소비자의 패턴을 이해하고 그 패턴에 따라 표현한다. 패턴인식은 발견하는 방식이다. 그런데 크리에이터의 발상이 항상 비슷한 경우가 있다. 좋게 말해 자기만의 패턴이지만 새로운 변형으로 꾸준히 변화하지 않으면 그저 진부한 '관성'이 된다. 저자도 이와 관련해 우리의 패턴인식이 판에 박혔으며 사물을 인식하기 위해 대부분 한 가지 방법밖에 사용하지 않음을 지적한다.

다섯째, 유추(*analogizing*)이다.

유추는 둘 이상의 현상에서 기능적 유사성이나 내적 관련성을 알아내는 것이다. 유추는 단순히 눈에 보이는 외형적 닮음이 아니라 의미를 추론해서 유사성을 발견하는 것이다. 광고 메시지를 쉽고 빠르게 이해시키기 위해 비유와 상징체계를 사용하는 방법이 그것이다. 이때 비유와 상징은 너무 진부하거나 난해해서는 안 된다. 쉽고 보편적인 의미를 가지면서도 최대한 참신한 상징 기호(혹은 참신하게 보이는 표현 방법)를 찾아야 한다.

여섯째, 몸으로 생각하기(*body thinking*)이다.

몸으로 생각하기란 근육의 움직임, 자세, 균형, 접촉을 느끼는 감각에 의지해 자각하지 않은 상태에서 몸의 느낌을 알게 되는 것이다. 마임이나 행위예술 등이 몸으로 생각하기의 결과이다. 앞에서 언급한 미국의 추상화가 잭슨 폴록의 액션페인팅도 이에 해당한다. 최근 인터랙티브 커뮤니케이션의 확산과 함께 이용자의 경험 디자인이 중요한 커뮤니케이션 과제로 부각된다. 몸으로 생각하기가 그만큼 유용한 생각도구가 될 것이다.

일곱째, 감정이입(*empathizing*)이다.

감정이입은 다른 사람이나 대상물의 처지가 되어보는 것이다. 감정이입은 공감을 얻기 위해 꼭 필요한 과정이다. 소비자의 관점에서 말하는 광고가 감정이입 그리고 나아가 공감을 이끌어낼 수 있다. "누군가에게는 에베레스트 산입니다"라는 카피와 에베레스트 산 사진을 계단에 붙여 넣은 미국 장애인 협회의 광고는 다리가 불편한 장애인의 관점에서 만들어져 공감을 불러일으킨다.

여덟째, 차원적 사고(*dimensional thinking*)이다.

공간적 위치를 바꾸거나 차원을 달리하는 것이다. 현재의 위치에 얽매이지 말고 사물을 다양한 위치와 관점에서 보아야 한다. '로레알을 사용하면 피부가 좋아진다'를 표현하기 위해 뒤집힌 사람(그래서 약간 피가 몰리고 피부가 탱탱해진) 얼굴을 보여준다.

아홉째, 모형 만들기(*modeling*)이다.

어떤 대상이나 개념을 모형으로 만들어봄으로서 대상의 강점과 약점, 제약사항 등을 미리 유추해 보는 것을 말한다. 기호사용도 이에 해당한다. 예를 들어, 재활용 마크는 뫼비우스의 띠를 사용해 모형화했다.

열 번째, 변형(*transforming*)이다.

변형은 형태의 변형, 글자의 축약 등을 말한다. 이를 테면 〈후력측정기〉의 측정표는 시력검사표를 변형한 것으로 실제로는 존재하지 않지만 일정한 거리에 위치해 어떤 냄새를 맡을 수 있는지에 따라 '후력'을 측정하는 재미있는 아이디어이다.

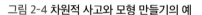

그림 2-4 차원적 사고와 모형 만들기의 예

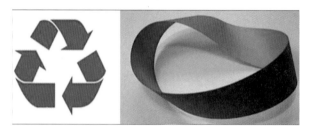

로레알의 OOH광고(왼쪽, 2013 Cannes 수상작)와 재활용 마크와 뫼비우스의 띠(위). 뫼비우스의 띠는 종이 끝을 테이프로 이어서 만든 것으로 단일경계를 갖는다. 앞서 언급한 네덜란드 화가 에셔의 작품 중에는 뫼비우스의 띠에 영감을 받은 작품이 많다.
출처: David Benbennick

그림 2-5 〈후력측정기〉와 〈통합〉

열한 번째, 통합(*synthesizing*)이다.

통합이란 지적(知的)으로 아는 것과 감각적으로 경험한 것을 결합해 완벽하게 이해하는 것을 말한다. 통합의 낮은 단계는 단순한 결합이다. 예컨대 나무로 만든 USB는 디지털 기기에 아날로그 재료를 결합한 낮은 통합 사례이다. 〈통합〉의 그림자 아트는 서로 연관성 없는 사물들이 통합되어 새로운 이미지를 형성한다는 점에서 통합적 사례라 할 수 있다.

4. 기타 예술 경향과 커뮤니케이션 콘텐츠 아이디어

1) 오토마티즘

오토마티즘(*automatisme*, *automatism*)이란 자동기술법이란 뜻으로 모든 습관적인 기법이나 고정관념 등을 배제한 채 손이 움직이는 대로 그리는 것을 말한다. 무의식의 세계를 작품에 투영하려는 초현실주의의 의도를 나타내는 기법으로 에른스트(Max Ernst), 마송(André Masson) 등의 작가에 의해 발전되었다.

에른스트의 〈셀레베스〉(The elephant celebes, 1921)에서 가운데의 거대한 기계 코끼리는 남부 아프리카 수단의 곡물 저장탱크에서 따온 것으로 수술장갑을 낀 황소 또는 마네킹 이미지는 신으로부터 버림받은 유럽을 상징한다. 하늘에는 물고기와 검은 연기에 휩싸인 비행기가 등장하는데 제1차 세계대전과 관련해 파괴의 허구성을 의미한다.

2) 파피에 콜레

파피에 콜레(*papier collé*)란 그림물감 이외의 다른 소재를 화면에 붙여 회화적 효과를 얻는 기법이다. 콜레란 풀로 붙인다는 뜻이다. 창시자 브라크(Georges Braque)와

그림 2-6 WWF 브라질 지사의 OOH광고(2009)

출처: www.coloribus.com

피카소에 의해 처음으로 사용되었으며 캔버스에 종이, 천, 신문, 차표나 상표 따위의 인쇄물을 붙였다. 콜라주의 일종이지만 붙이는 것이 사물이란 점이 다르다. 브라크와 피카소는 큐비즘의 창시자로 큐비즘의 핵심은 대상을 하나의 시점에서 접근하는 것이 아니라 다시점에서 접근하는 것이다. 이를 통해 근대 서양 회화의 가장 중요한 원리 중 하나인 '원근법'이 소멸되고 화면에서의 공간감이 평면적으로 전이되었다.

파피에 콜레는 현대미술이 처음으로 '물체'와 만난 예라고 할 수 있다. 사물을 캔버스에 붙이는 기법은 OOH(*out of home*: 옥외) 광고나 세일즈 프로모션(*sales promotion* · SP) 이벤트 등 현대 마케팅 커뮤니케이션에도 자주 활용된다. 유명한 사례로는 동전을 붙여 동물을 만들어낸(살리는 효과를 준) WWF(세계야생동물기금) 브라질 지사의 OOH광고를 들 수 있다.

3) 콤바인 페인팅

콤바인 페인팅(*combine painting*) 혹은 콤바인 아트는 2차원 혹은 3차원의 물질을 회화에 도입하려는 미술상의 시도로서 라우젠버그(Robert Rauschenberg)에 의해 창안되었다. 캔버스 위에 그림을 그리는 전통적 방식이 아니라 사진, 천, 신문 조각 등 일상의 모든 사물과 버려지는 물질을 조합해 회화에 도입한 것이다. 일종의 콜라주

그림 2-7 콤바인 페인팅과 하이브리드 광고

라우젠버그의 모노그램(왼쪽).
캐논과 투싼IX이 결합된 극장광고(오른쪽).

의 확대된 형태이자 회화와 조각 사이의 변종의 성격을 띤다.

콤바인 페인팅의 대표적 유형으로 정크아트가 있다. 전통적 소재의 거부 그리고 이질적 소재의 결합으로 특징짓는 콤바인은 전통매체에 웹과 프로모션 등을 결합한 현대의 '하이브리드' 광고나 '스와프(swap) 광고', 이종결합적 컬래버레이션 마케팅 등의 핵심이기도 하다. 카메라와 자동차라는 이질적 영역의 두 제품이 결합한 캐논(Canon)과 투싼IX의 스와프 광고 형태의 크리에이티브가 한 예이다.

4) 정크아트

정크아트(junk art)는 버려진 폐품이나 오브제를 소재로 한 새로운 회화나 예술작품을 말한다. 후기 산업화 사회의 넘쳐나는 소비재와 공산품의 일회적이고 가치함몰적 측면을 알린다. 주요 작가로 체임벌린, 세자르, 팅겔리, 뮤니츠 등을 들 수 있다. 브라질의 화가 겸 사진가인 뮤니츠(Vik Muniz)는 젊은 시절 광고회사에서 빌보드(billboard: 야립간판) 디자인을 했으며, 후에 아카데미 다큐멘터리 부문에 노미네이트된 〈웨이스트 랜드〉(Waste land, 2010)에 출연하기도 했다. 공산품을 소재로 한 정크아트는 후에 신(新)다다이즘(neo-dada)이나 팝아트 등 새로운 미술경향으로 이어진다. 현대미술의 가장 큰 특징은 예술가의 '선택'과 '콘셉트'라 볼 수 있다. 광고 메시지를 만들고 소재를 선택하는 광고 크리에이티브 작업 성격과 닮았다.

5) 아상블라주

아상블라주(assemblage)는 폐품이나 일용품을 비롯한 다양한 사물을 한데 모아 미술작품을 제작하는 기법 및 그 작품을 말한다. 아상블라주는 프랑스어로 '집합', '집적'이란 뜻으로 그 의미대로 여러 가지 물건을 모아서 작업한다. 1961년 〈아상블라주 미술전〉(The Art of Assemblase)을 기획했던 시츠(William G. Seitz)는 "아상블라주는 무엇보다 먼저 예술품으로 만들어진 것이 아닌 물체의 집적이어야 한다"고 주장했다.

아상블라주는 콜라주와 비슷하지만 콜라주가 2차원적인 데 반해 아상블라주는 3차원 적이다. 앞서 소개한 정크아트는 아상블라주에 속한다.

아상블라주는 정크아트보다 넓은 개념으로 아상블라주 가운데 버려진 폐품, 재활용 품, 공업폐기물 등을 소재로 이용하는 것을 따로 정크아트라 부른다. 자동차를 이용한 닛산 자동차 광고, 오토바이 부품을 모아 비주얼(사람 형상)을 만든 할리데이비슨 등을 예로 들 수 있다. 할리데이비슨 광고는 평면의 인쇄광고이므로 엄밀한 의미에서 아상 블라주라고 보기는 어렵다(그림 2-8). 하지만 결합을 이용한 아이디어의 속성은 같다.

그림 2-8 아상블라주를 이용한 할리데이비슨의 광고

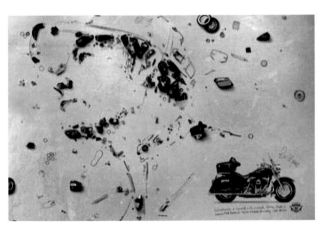

출처: tvcf.co.kr

6) 테셀레이션

테셀레이션(*tessellation*)은 모자이크 세공 혹은 패턴화 기법으로 불린다. 기하학적 형태의 타일을 겹침이나 빈틈없이 깔거나 붙여 패턴을 이룬다. 연속된 이미지를 이용한 장식적 효과나 내구성이나 방수 등 기능적 목적을 위해 사용된다. 테셀레이션은 고대 로마 시대나 알람브라(Alhambra) 궁전의 장식 타일 등 이슬람 예술에 사용되었다. 현대에서는 퀼트, 디자인과 예술, 건축의 공간 인테리어 등에 사용된다. 에서는 테셀레이션을 예술에 접목한 사람으로 그의 대표적인 작품 〈서클리미트 Ⅳ: 악마와 천사〉(Circle limit Ⅳ: Devils and angels, 1960)는 천사와 악마를 상징하는 기하학적 패턴이 끝없이 연결되어 몽환적 느낌을 준다. 주제의 연속성이나 상반된 이미지를 전달하기에 적합하며 광고 커뮤니케이션 등에서 표현 차별화를 위한 기법으로 가끔 이용된다.

7) 스트리트 아트

스트리트 아트(*street art*)에는 스트리트 페인팅과 그래피티가 있다. 스트리트 페인팅(*street painting*)은 16세기 이탈리아를 중심으로 집시풍의 예술가가 각 지역축제를 찾아다니며 분

그림 2-9 뉴욕복권

테셀레이션을 이용해 '자산증식' 콘셉트를 전달하는 뉴욕복권.

그림 2-10 네파 광고

그래피티를 배경으로 했다.
출처: tvcf.co.kr

76

필로 성모마리아의 모습을 그렸던 것이 시조라고 한다.

그래피티 아트(*graffiti art*)는 이보다 개인적이고 파격적인 형태로서 최초의 그래피티는 로마나 폼페이 유적에 새겨진 글과 그림으로 알려졌다. 히틀러가 중산층을 선동하는 과정에서 낙서를 통해 나치의 상징이나 선전 문구 등을 남긴 것도 그래피티 아트의 예이다.

8) 트롱프뢰유

트롱프뢰유(*trompe-l'oeil*)는 프랑스어로 눈속임, 착각을 일으킴, 속임수 그림이란 뜻이다. 실제라고 착각할 정도로 세밀하게 묘사한 그림 및 기법을 말한다. 사실적 묘사를 함으로써 언뜻 보기에 현실로 착각하게 하고 이런 눈속임 작업을 통해 시각적 환영이나 충격을 준다. 르네 마그리트의 〈응고된 시간〉(Time transfixed, 1939)은 실제라고 착각할 정도로 세밀하게 묘사해 그림이 마치 사진처럼 생생해 안에서 기차가 튀어나온다는 느낌을 받는다.

9) 매직 리얼리즘

매직 리얼리즘(*magical realism*) 혹은 마술적 사실주의는 하나의 문학 기법으로 환상과 현실이 혼합되어 나타나거나 현실세계에 적용하기에는 인과 법칙에 맞지 않는 문학적 서사를 의미한다. 20세기 미하일 불가코프(Mikhail Bulgakov), 에른스트 윙거(Ernst Junger), 가르시아 마르케스(Gabriel Garcia Marquez) 등 라틴 아메리카 작가의 등장과 함께 유명해졌다

마르케스의 《백년 동안의 고독》(*Cien anos de soledad*, 1967)은 현실과 비현실의 벽을 허문 마술적 사실주의가 형상화된 작품으로 평가받는다. 우리에게 익숙한 브라질 작가 '파울로 코엘료'(Paulo Coelho)도 마술적 사실주의의 전통을 이어받은 작가이다. 그는 "우리가 눈으로 보는 것과 마음으로 느끼는 것 사이에 구분은 존재하지 않는다"

고 주장하며 사실주의와 환상문학을 혼합하고자 했다.

그 몽환적인 느낌은 초현실주의 화가의 그림이 주는 이미지를 닮았다. 미술에서는 착시를 이용한 매직아트나 두 가지 주제를 연결해 하나의 그림으로 표현하는 기법이다. 캐나다 출신의 초현실주의 화가 곤살베스(Rob Gonsalves)의 작품이 대표적이다.

한편, 전통적인 허구적 사실주의와 마술적 사실주의를 구별하기는 쉽지 않다. 전통적인 허구적 사실주의는 플롯이나 인물, 서술자가 명백히 사실적이지 않다. 반면 마술적 사실주의의 이야기는 리얼리티의 경계를 모호하게 다루는 경향이 있다. "예를 들어, 아내의 죽음을 알리기 위해 멀리 있는 남편에게 피가 흘러갔다"라는 현실에서는 있을 수 없는 상황이 일어나고 글 속의 인물은 그러한 상황을 대수롭지 않다는 듯 받아들이는 것이다.

물리 법칙을 따르거나 따르는 척하는 SF류의 문학이나 작품 내에 일관된 규칙을 갖는 판타지 문학과도 다르다. 마술적 사실주의는 예측불허의 스토리로 구성되거나 적어도 묘사하는 사회가 매우 특별하다. 작품 속 환상의 세계를 이해하기 위해서는 독자의 상상이 필요하며 그러한 독자의 개입 과정을 통해 새로운 상상의 세계가 만들어질 수 있다.

10) 장난감 사진

장난감 사진작가 맥카티(Brian McCarty)의 장난감 사진은 장난감과 현실을 마치 애니메이션처럼 구성해 사진을 찍었다. 실제로는 세트 배경이지만 조명과 그래픽 작업을 통해 현실 속의 상황인 것처럼 실재감을 느끼게 한다. 장난감에 스토리를 담았으며 현실과 가상현실(*virtual reality* · VR)의 조화를 보여준다. 현실 속에서 광고나 브랜드 콘텐츠를 등장시키는 사례가 이에 해당하며 생활 속에서 뜻밖의 재미를 만나는 경험(세렌디피티)을 하게 한다.

11) 고정관념을 깨는 건축

오스트리아의 건축가인 훈데르트바서(Friedensreich Hundertwasser)는 "건축은 네모이다"라는 고정관념을 깨고 다채로운 색체와 곡선을 구사한 독창적 기법으로 자신만의 세계를 창조했다. 곡선을 사용한 건축물은 요즘에야 꽤 보편적이지만 딱딱한 건축물 속에 강렬한 이미지와 독특한 미를 연출한다. 예를 들어, 서울 강남역의 GT 타워의 경우 건물 외벽 전체가 S라인의 곡선 형태이며 전후좌우 사면이 각각 서로 다른 경사각을 가졌다고 한다.

그림 2-11 훈데르트바서 빌리지

12) 배설물 예술

배설물 예술은 몸이나 배설물을 소재로 사용해 놀라움(surprise)을 주는 것을 말한다. 대표적 예로, 손톱과 귀지 등을 작품화한 김철환의 〈내가 생산한 것〉(2007), 자기 몸에서 빼낸 피 4리터를 얼려 자기 두상(頭像)을 만든 퀸(Mark Queen)의 〈셀프〉(Self, 1991), 자신의 대변을 통조림통에 담은 만조니(Piero Manzoni)의 *Artist's shit*(1961), 피에 젖은 자신의 생리대를 꺼내는 모습을 작품화한 시카고(Judy Chicago)의 〈붉은 깃발〉(Red flag, 1971) 등이 있다. 이들 작품은 미적인 것에 대한 반발이자 예술작품에 대한 경외심을 역설적으로 부정한 것이다.

13) 예술과 광고에서의 거짓말

거짓말은 우리의 영감을 자극하고 상상력을 극대화할 수 있는 수단이다. 19세기 말, 탐미주의 소설가 오스카 와일드(Oscar Wilde)는 예술에서 거짓말의 미학을 역설했다. "'아름다우면서도 있을 법하지 않은 사물들'의 창조는 많은 예술가가 갈망하는 마법의 능력임에 틀림없다. 예술은 그녀 자신의 밖이 아니라 내부에서 완성된다. 그녀는 거울이라기보다는 베일이다"(강영희, 2013. 3. 19).

문학과 예술작품에서 거짓말은 작품의 매력과 아름다움, 상상력을 만든다. 거짓말의 힘이다. 작가뿐만이 아니다. 광고 크리에이터에게 거짓말은 창조의 힘을 준다. 크리에이터가 의존하는 수사학적 과장과 비유는 일종의 하얀 거짓말(white lie)이다. 이러한 거짓말은 소비자에게 즐거운 상상과 환상의 세계를 경험하게 한다. 코카콜라가 2014년 제작한 〈코카콜라 후룸라이드〉 광고도 환상을 다룬다. 병뚜껑을 여는 순간 코크의 다섯 예능신으로 불리는 유재석, 박명수, 정형돈, 하하, 노홍철과 함께 후룸라이드를 타는 모습을 보여줌으로서 젊은이에게 환상의 세계를 제시하고자 했다.

14) 기법과 소재의 전환

(1) 거꾸로 그리기, 거꾸로 보기

독일의 신표현주의 작가 바젤리츠(Georg Baselitz)는 그림을 거꾸로 그림으로써 물체의 의미가 아닌 회화적 그림 자체가 주는 시각적 통찰력을 중요시했다. 형체의 변형, 대상의 힘, 색의 활기참을 중요시했으며 거친 붓질과 캔버스 위에 남은 작가의 발자국, 페인트의 흔적, 투명하고 가벼운 색채 등을 통해 사라져버린 이미지 표현에 집중했다. 바젤리츠는 이런 점으로 미루어 유럽에서 포스트모더니즘 작가로 여긴다.

바젤리츠는 표현 대상을 거꾸로 그린 작법에 대해 '거꾸로 된 이미지는 더 잘 보일 뿐 아니라 곧바로 보는 이의 눈을 향하게 한다'고 주장했다. 대상을 거꾸로 하는 것은 주의를 집중하게 한다. 크리에이티브 관점에서 보면 세상을 평면적으로 바라보거나 한쪽 면만 보지 말고 좀더 입체적으로, 다양한 관점에서 바라볼 것을 알려준다. 발상의 전환은 통찰력을 얻는 핵심이다.

(2) 상상과 현실의 합성

초현실주의 사진작가 요한슨(Erik Johansson)은 사실의 세계를 담기보다 아이디어를 포착하는 데 집중한다. 사진을 찍고 그림을 합성하는 방법으로 작품을 완성한다. 달리의 초현실주의적 표현이나 마그리트의 데페이즈망 기법이 자주 발견된다. "합성이네!"라고 말할 수 있는 컴퓨터그래픽(CG) 기법은 흔하지만 표현된 아이디어(내용)가 재미있다. 그림의 일부가 된 사람, 뫼비우스 띠처럼 표현된 계단이나 집, 도로, 칙칙한 지퍼를 열면 푸른 자연이 나타나는 내용 등은 광고 크리에이티브에 자주 활용되거나 활용될 수 있는 내용이다.

(3) 입술로 그리기

나탈리 아이리쉬(Natalie Irish)는 일반적인 붓, 연필, 크레파스 등이 아니라 입술이라는 신체 부위로 그림을 그린다. 입술에 립스틱을 칠한 후 새하얀 캔버스에 키스하듯 그림을 완성한다.

(4) 인체와 그림의 결합

사람 위에 그림을 그리는 예술가 미드(Alexa Meade)는 인식과 실제 사이의 모호함, 인식과 실제의 차이를 다룬다. 사람이 그림을 감상할 때 얼마나 사실적인가에 주목하기 때문에 그 반대로 오히려 실제에서 현실감을 제거해 실물을 평면으로 보이게 했다. 미드의 작품은 눈에 보이는 것이 전부가 아님을 알려준다. 소비자의 주의와 흥미를 높이기 위해 의도적으로 모호성(ambiguity) 전략을 사용하는 광고가 있다. 경계를 모호하게 하는 것은 소비자를 광고의 세계로 끌어들이는 효과가 있다.

그림 2-12 알렉사 미드의 작업 장면

실제 사람 위에 그림을 그리는 방식으로 주의를 끈다. 출처: Alexa Meade

(5) 풍선껌 예술

이탈리아 예술가 사비니(Maurizio Savini)는 핑크색 풍선껌으로 동물과 인간의 조각상을 만든다. 그의 작품은 국제적으로 전시되었으며 몇몇 작품은 5만 달러에 팔렸다고 한다. 껌이 주는 접착성, 유연성 등과 관련한 제품의 표현 아이디어로 활용해 볼 만하다.

15) 장난기를 만드는 트릭아트

일본의 유명한 그래픽 디자이너 후쿠다 시게오(福田繁雄)의 〈감춰진 형상〉(1985)은 착시를 이용한 트릭아트적 작품으로 이미지를 전체적으로 보아야 숨은 형상을 볼 수 있음을 알린다. 그는 간결한 구도와 명쾌한 조형, 대담한 색상 그리고 트릭아트 기법을 사용해 '시각의 마술사' 또는 '일본의 에셔'(앞서 소개한 모리츠 에셔로 테셀레이션을 예술에 접목한 아티스트)로 불리기도 했다. 특히, '유머'를 창작의 중요한 요소로 보고 사람들이 잊었던 장난기를 찾아내는 디자인이 필요하다고 했다. 예컨대, 반전이나 에이즈 퇴치와 같은 어두운 주제도 밝은 모티브나 요소로 표현되어야 한다는 것이다. 이는 오늘날의 공익 광고에 위협 소구보다 긍정적 소구가 더 유용할 수 있음을 시사한다.

이 장에서 언급한 예술의 여러 기법과 모티브(주제)는 광고발상을 위한 관점에서 언급되었다. 예술은 디자인과 달리 커뮤니케이션 그 이상의 미적 감흥을 경험하는 대상으로 기능한다. 예술의 요소나 '기법'을 활용하되 '커뮤니케이션'이라는 목적 자체를 잊어서는 안 된다. 후쿠다 시게오의 "이해되지 않는 디자인은 디자인이라 할 수 없다"는 말은 광고 커뮤니케이션에도 똑같이 적용되는 말이다. 이해되지 않는 아트(기법)는 아트(기법)라 부르기 어렵다.

16) 비정상적 체험

보는 예술에서 오감으로 경험하는 예술로 현대미술이 변모한다. 오감은 기존의 기준으로 보면 비정상인 것이 많다. 포스트모더니즘 미술에서 인체와 시간성이 중요해지면서 청각·후각·미각·촉각 등 여타 감각의 자극이 중심 화두로 떠올랐다. 자신의 소변에 십자가를 담그고 사진을 찍은 작품도 있다〔세라노(Andres Serrano)의 〈오줌 그리스도〉(Piss Christ, 1987)〕. 이뿐만이 아니다. 썩은 생선의 냄새를 예술작품화하거나 시각과 청각 요소를 활용한 백남준의 사운드아트 행위예술, 킨몬트(Ben Kinmont)의 관객에게 음식 먹이기 작업 등 다양하다.

이런 정상적이지 않은(*not normal*) 혹은 비정상적(*abnormal*)인 것이 마케팅에 적용되기도 한다. 미니(Mini)의 'Not Normal' 캠페인이 그렇다. 'Not Normal'이란 미니가 크리에이티브하고 개성 있는 브랜드 이미지를 구축하기 위해 개인의 평범하지 않은 일상을 응원하는 캠페인 슬로건이다.

5. 예술에서의 역발상

미디어아트의 리더 이용백의 대표작 〈Angel-Soldier〉 연작은 꽃무늬 군복을 모티브로 한 영상작품으로 역설의 힘을 잘 보여준다. 역설이란 반대되는 두 가지 상황(꽃과 전쟁)이 공존하며 아름다울 수 없는 대상(군복)이 아름답게 보임으로써 전쟁, 무력 등 무거운 의미를 뒤틀어 보여준다. 군복의 어두운 색과 붉은 꽃이 조화된 모습도 아름답지만 처연한 역설을 담았다.

1) 기대위반: 블랙

블랙 마케팅을 아는가. 한동안 흑색 전성시대가 있었다. 라면 같은 식품에서 화장품, 화장실 변기 등 가리지 않고 흑색을 사용했다. 청결함이나 깨끗한 이미지를 주려고 사용했던 백색을 과감히 버렸다. 이유가 뭘까. 백색이 청결이라고 해서 흑색이 더러움은 아니다. 흑색은 현대적이고 세련된 느낌을 준다. 백색이 있어야 할 곳에 흑색을 사용하는 이유는 즐거움을 주기 위해서이다. 일단 백색이어야 하는 곳이 흑색이면 놀랍다. 놀라움은 즐거움을 준다.

그림 2-13 **검은색 변기**

고급스러움을 상징하는 색인 검정은 때론 예상치 못한 즐거움을 주기도 한다.

요즘 소비자는 자신이 가졌던 기대나 고정관념이 배반당했을 때 당황하거나 화내지 않고 유쾌해할 줄 안다. 안목이 많이 달라졌다. 주변 환경(흰색이 일반적인 환경)과 대비되는 색, 그야말로 '색다른' 것을 보면서 즐거움을 느끼기까지 한다. 펀 마케팅(*fun marketing*)으로 해석할 수 있는 이유이다.

2) 옵아트

옵아트(*op art: optical + art*)는 1960년대에 등장한 착시효과를 활용한 회화의 한 유형이다. 옵아트는 우리의 의식과 감각이 서로 일치하지 않을 수 있음을 보여준다. 기하학적 패턴으로 착시현상을 일으키는 회화를 발표해 화단에 파란을 일으킨 영국의 화가 라일리(Bridget Riley)의 〈사각형의 운동〉(Movement in squares, 1961)을 보면 '의식'은 사진 속의 네모들이 움직일 수 없다고 생각하지만 '감각'은 움직임을 느낀다. 사람의 감각이 얼마나 믿을 수 없는지를 보여주는 듯하다.

6. 예술과 재미

재미와 즐거움이 사람이 추구해야 할 최고의 선으로 보는 쾌락주의(hedonism)가 마케팅의 핵심으로 주목받는다. 마케팅에서 재미는 그 자체로 돈을 버는 수단이 된다. 스타, 영화, 음악, 스포츠 등 이른바 엔터테인먼트 산업, 닌텐도와 같은 게임 산업 등이 예이다.

또한 재미는 새로운 수요를 만들어낸다. 러시아제 카메라 로모(Lomo)는 기술적 문제 때문에 노출량이나 초점 조정이 잘 안되어 오히려 의도하지 않은 순간이 찍히는데 사람들은 이런 기대하지 않았던 결과를 즐긴다. 이를 기대위반 이론의 개념으로 설명할 수 있다. 의류나 과자의 포장지를 재미있게 뜯는 방법이라든가, 건물 입장 시 통로를 재미있게 만드는 방법 등도 좋은 아이디어가 될 수 있다. 구체적으로 재미, 즐거움을 주는 사례를 디자인, 요리, 무용, 음악, 건축, 퍼포먼스 측면에서 살펴본다.

1) 디자인: 양말로 된 헌혈 팩

혈액이 채워지면 빨간 양말 모양이 되는 〈산타클로스의 헌혈 팩〉(Blood pack of Santa Claus, 2007)이 있다. 이기승 작품인 이 헌혈 팩은 양말이라는 따뜻하고 정겨운 형태를 이용해 헌혈의 이미지를 즐거운 것으로 표현했다. '양말에 피를 담는다'는 것이 장난스럽거나 부정적으로 느껴지는가? 오스카 와일드는 "진지함은 얄팍한 사람의 피난처"라 말했다. '장난'과 '부정적 생각'을 뒤집는 데서 재미와 놀라움을 경험하게 된다.

2) 공연: 버스킹

버스킹(busking)은 '길거리에서 무료로 자유롭게 공연하다'는 의미로 버스크(busk)에서 온 말이다. 버스킹 공연자를 길거리 공연가 혹은 버스커(busker)라 부른다. 역사적으로는 고대에까지 거슬러 올라가지만 현대에서는 주로 음반취입이나 레코딩을 준비하기 위해 길거리에서 공연하는 것이 가장 보편적 형태라 할 수 있다. 일반적으로 돈을 대가로 받기도 하며 음식, 음료, 선물 등을 받기도 한다. 버스킹이 활성화된 도시로는 프랑스의 파리, 아일랜드의 더블린 등이 있다.

공연내용으로는 노래, 연주를 비롯해 서커스, 동물 묘기, 풍선 인형, 캐리커처, 광대, 코미디, 댄스, 불 묘기, 점술, 저글링(juggling), 마술, 동상, 뱀 공연, 스토리텔링, 시나 산문 암송, 길거리 그림, 길거리 영화, 복화술 등이 있다.

국내의 대표적 버스커로는 버스커 버스커(Busker Busker), 십센치(10㎝) 등이 있으며 홍대 인근에서 활발하게 활동한다. 2000년대 들어 돈을 기부받거나 취업으로 연결하기 위해 인터넷에 자신의 곡을 올리는 '사이버 버스킹'도 재미있다. 현재 기업의 마케팅 행사(예: 2015 라푸마 '리듬워킹')나 강원도 관광이벤트 등 지자체 공연 등에 활발하게 등장한다.

3) 건축: 색깔이 변하는 건물

독일의 알리안츠 아레나는 FC 바이에른 뮌헨과 TSV 1860 뮌헨이 공동 소유한 경기장으로 두 팀의 홈구장이다. 이 경기장은 반투명 재질로 된 건물 외벽의 색이 경기에 맞춰 변하는 것이 특징이다. FC 바이에른 뮌헨의 홈경기 때는 붉은색, TSV 1860 뮌헨의 홈경기 때는 푸른색으로 점등된다. 독일 대표팀의 경기일 때는 흰색, 뮌헨더비전이 열릴 때는 붉은색과 푸른색을 혼합하는 형식이다. 독일의 보험사 알리안츠가 건설 스폰서로 선정되어 경기장 명칭을 '알리안츠'로 사용한다.

포토그램(photogram: 렌즈 없이 만드는 실루엣 사진)은 20세기 초의 사진가가 자주 사용하던 기법이다. 특히, 만레이(Man Ray)가 자주 사용해 레이요그래프(Rayograph)라고 한다. 잔상을 이용해 삭막하고 예상치 못한 효과를 주는 기법을 사용하거나 숟가락이나 진주 목걸이와 같이 잘 알려진 물건을 비정상적으로 병렬배치(juxtaposition)하기도 하고 한 장의 사진에 여러 다른 사물을 노출시간을 달리해 보여주거나 감광재료로 움직이는 사물을 노출시키는 등의 기법을 사용한다.

4) 플래시몹

플래시몹(*flashmop*)이란 특정한 시간과 장소에 모여 주어진 행동을 짧은 시간 안에 수행하고 헤어지는 사람들 및 그들의 퍼포먼스를 일컫는 말이다. 최근에는 사전에 약속된 불특정 다수만 참여하는 것이 아니라 현장을 지나던 일반인도 즉각적으로 참여하는 모습으로 발전했다. 약속은 휴대폰이나 소셜미디어, 이메일을 통해 알린다.

플래시몹은 오락이나 사회풍자, 예술적 표현 등을 목적으로 한다. 여러 사람의 참여를 이끌어낼 수 있다는 장점이 있어 기업의 브랜드 커뮤니케이션의 한 수단으로 활용되기도 한다. 일종의 광고 형태로 볼 수 있다.

플래시몹 대신 포괄적 의미의 스마트몹(*smart mobs*)으로 부르기도 한다. 플래시몹은 스마트몹의 특수한 형태로서 공공장소에 등장해 이상한 행동 또는 목적 없는 행동을 하는 사람들이다. 반면, 스마트몹은 정치, 상업광고, 홍보 등 특정한 목적을 띠는 보다 목적지향적 집단으로서 지능적이고 효율적으로 행동하는 특징이 있다.

2009년 벨기에 앤트워프(Antwerp) 역에서 이루어졌던 사운드 오프 뮤직 퍼포먼스(Sound Of Music Flash Mob), 2009년 스웨덴 스톡홀름에서 있었던 마이클 잭슨 추모 플래시몹, 2010년 영국 리버풀 역에서 T-mobile(독일 Deutsche Telekom)이 'Life is sharing'을 주제로 한 플래시몹 등의 사례가 유명하다.

대표적 사례로 미국 뉴욕의 퍼포먼스 단체인 'Improve Everywhere'를 들 수 있다. 이들은 자신들의 퍼포먼스 목적을 "공공장소를 혼동과 즐거움의 장소로 만드는 것"이라고 밝혔다. 최근에는 지하철 내 쇠기둥을 (가짜) 혀로 핥다가 혀가 기둥에 붙어버리는 퍼포먼스(2013)나 팬티만 입고 지하철을 타는 퍼포먼스(No pants subway ride, 2016) 등도 선보였다. 이외에도 3천 명의 사람에게 MP3파일을 나눠주고 오후 6시에 딱 맞춰 재생 버튼을 눌러 헤드폰에서는 흘러나오는 지시대로 행동하게 하는 미션을 주거나(The mp3 experiment seven, 2010) 뉴욕에서 열린 GEL 회의에서 휴대전화를 끄는 것을 거부하는 남자에 의해 회의가 중단되는 뮤지컬 퍼포먼스(Gotta share the musical, 2011) 등을 열기도 했다.

그림 2-14 벨기에의 앤트워프 역에서 있었던 사운드 오프 뮤직 퍼포먼스

뉴욕의 퍼포먼스 단체인 Improve Everywhere에 의해 진행되었다.

그 외의 플래시몹 사례로는 파리의 교통방해 플래시몹, '리틀 김연아! 피겨요정'들의 즉석 피겨 연기, 마이크로소프트사가 개발한 게임기 Xbox 360의 플래시몹 영상 광고 등이 있다. 각 퍼포먼스는 유튜브를 통해 확인할 수 있다.

플래시몹은 '게릴라 마케팅' 성격을 갖는다. 소비자가 미처 생각하지 못했던 장소에서 기발한 아이디어로 자신들의 메시지를 전달하는 특성 때문이다. 그 메시지에 제품홍보 내용이 담기면 플래시몹 마케팅이 된다.

플래시몹이 하이퍼 세대의 새로운 문화로 정착될지는 불확실하다. 그러나 하나의 엔터테인먼트 콘텐츠로 발전할 가능성은 크다. 플래시몹의 창의적인 자기표현 욕구와 그들의 기괴할 정도의 행동(퍼포먼스)을 받아들이고 즐기려는 주변 시민의 여유와 오락에 대한 욕구, 참여 욕구는 더욱 늘어날 것이기 때문이다.

적어도 일반 기업의 마케팅 도구로 활용될 가능성은 크다. 소요 비용은 적게 들면서 주목효과와 파급효과는 높다는 장점이 있어 효율성을 중시하는 기업에게 매력적인 커뮤니케이션 도구로 인식될 수 있다. 물론 이 경우 놀이적 요소로서 플래시몹의 즐거움이 훼손되거나 상업적 활용에 대한 부정적 인식이 증가할 수도 있음을 염두에 두어야 한다.

5) 프리허그

길거리에서 스스로 "Free Hug"라는 피켓을 들고 기다리다가 포옹을 청하는 불특정 인물을 안아주는 행위를 말한다. 프리허그닷컴(free-hugs.com)의 설립자인 헌터(Jason G. Hunter)가 평소 "그들이 중요한 사람이란 걸 모든 사람이 알게 하자"는 가르침을 주던 어머니의 죽음에서 영감을 받아 2001년부터 시작했다고 한다. 포옹은 건강한 호르몬을 증대시키고 해로운 호르몬 영향을 줄여주어 심장을 건강하게 하고 물질문명 시대에 어울리는 치유법으로 효과가 입증되었다. 물론 국내와의 문화 차이 등으로 인해 서구만큼 보편화되지는 않았지만 게임이나 놀이, 관계 구축 목적의 이벤트 등 다양한 브랜드 커뮤니케이션에 활용할 수 있다.

이론 및 개념

기대위반 이론

기대위반 이론(*Violation of Expectancy*)은 1978년에 버군(Judee Burgoon)이 제창한 이론이다. 사람과 사람 간의 물리적 거리 등 공간에 대한 '기대'가 사람들의 인식에 영향을 미친다는 개념이다.

사람에게는 지켜야 할 거리감이 있다. 애인 사이, 부모와 자식 사이, 직장 상사와 부하 간 거리는 서로 다르다고 생각한다. 이 거리를 지켜야 한다고 생각하는데 오히려 이를 어긴 행위가 긍정적 결과를 가져올 수 있다는 것이다. 버군과 후속 학자들이 초기 개념을 발전시켜 기대 혹은 예상에 대한 위반이 오히려 호의적일 수 있으며 이러한 '긍정적' 위반은 지각자를 흥분시키며 주의를 집중하게 하는 효과를 갖는다고 주장했다. 이 이론은 설득 커뮤니케이션에 적용될 수 있다.

제안이나 부탁 시 상대와 적당한 거리를 두는 것은 예의 있게 보일 수는 있어도 허락을 얻어내는 데는 비효과적일 수 있다. 아트를 이용한 커뮤니케이션이 주의를 끌기 위해서는 수용자가 예상한(기대한) 수준을 어길 필요가 있다. 그러나 위반의 정도가 지나치다면 혐오감이 들 수 있다. 긍정적 효과를 얻으려면 어느 정도의 위반이 적당할까? 이를 파악하기 위해서는 사람들의 기대(값), 위반하는 정도(위반가) 등 기대 형식과 내용을 진단해야 한다.

생각해 볼 문제

1. 퍼포먼스의 효과에 대해 말해 보자. 또 나라와 문화에 따라 차이가 있는지 생각해 보자.

2. 순수 예술과 광고에서 예술적 요소의 차이를 생각해 보자.

3. 커뮤니케이션 속성으로 낯설게 하기나 놀라움의 역효과를 생각해 보자.

참고문헌

이지은 (2012). 《감각의 미술관》. 파주: 이봄.

이현우 (2011). 아트와 브랜드 디자인, 광고의 컬래버레이션 실행 양태: 브랜드 디자인 포털사
이트 및 광고 관련 웹사이트 탐색을 중심으로. 〈Journal of Integrated Design Research〉,
10권 1호, 135-149.

강영희 (2013. 3. 19). 환각과 탐닉의 예술사, under influences 전시. 〈경향신문〉. URL:
http://news.khan.co.kr/kh_news/khan_art_view.html?artid=201303191059472&code
=960202

齋藤孝 (2009). 《齋藤孝の ざっくり! 美術史: 5つの 基準で 選んだ 世界の 巨匠 50人》. 홍
성민 (옮김) (2010). 《명화를 결정짓는 다섯 가지 힘: 표현력·스타일·자기세계·아
이디어·몰입》. 서울: 뜨인돌.

Root-Bernstein, R. S., & Root-Bernstein, M. (1999). *Sparks of genius: The thirteen
thinking tools of the world's most creative people.* 박종성 (옮김) (2007). 《생각의 탄
생》. 서울: 에코의 서재.

http://improveverywhere.com
http://neolook.net/archives/20051224a
http://erikjohanssonphoto.com/blog/
http://www.coloribus.com/

제 3 장

인문학에서 찾는
콘텐츠 아이디어

1. 인문학, 학문의 시작이자 아이디어의 출발

제 2장에서 4장까지는 문화예술과 인문학, 체험을 다룬다. 이 3개 장은 브랜디드 콘텐츠에 관한 발상에 관한 장이다. 세부적으로 문화예술, 인문학, 스토리텔링, 아트, 체험 등을 다룬다. 인문학은 모든 학문을 시작하는 출발이자 우선되어야 할 방법론이다. 인간의 생각(아이디어)을 넓히고 그 생각을 상황과 목적에 맞게 적절하게 표현하며 공감을 얻는 작업, 즉 아이디어 발상 역시 인문학이 시작이어야 한다.

제 2장과 3장의 문화예술과 인문학 부문은 크게 보면 인문학이라는 하나의 이름으로 묶을 수 있다. 또한 2장에서 4장까지 다루는 내용은 독립된 영역이 아닌, 이 책 전체에 공통되는 내용이지만 편의상 떼어냈다. 인문학은 사고의 폭을 넓히는 작업이지만 한편으로 마케팅 커뮤니케이션을 풀어가는 가장 기본적 소재이기도 하다. 어릴 때 읽었던 역사책과 시집을 펼쳐보라. 광고소재와 생각할 거리가 넘친다. 이 장들을 통해 인문학이 더 만만해지거나 고맙게 느껴지는 인사이트를 찾기 바란다.

2. 예술사: 생각만으로 부족하다

아이디어는 상상력과 지식을 먹고 자란다. 유명한 진화생물학자 다이아몬드(Jared Diamond)는 상상력의 힘이 지식의 힘보다 크다고 말한다. 아인슈타인도 지식보다 상상력이 중요하다고 말한다. 그러나 이 말에 현혹되어 지식의 중요성을 간과해서는 안된다. 창조는 상상력 이전의 지식과 경험, 과학을 필요로 한다. 예술작품이 과학적 사고를 필요로 하는 것과 같은 이치이다.

영국을 대표하는 풍경화가 컨스터블(John Constable)은 미술은 과학이며 화가는 자연의 법칙을 탐구하는 자세로 그림을 그려야 한다고 주장했다. 우리가 자주 감상하는 인물화와 풍경화는 유클리드 기하학에 근거한 황금률이나 원근법이 만들어낸 것이다. 고대의 미술가는 수학을 비롯해 해부학, 골상학 등 다양한 학문을 섭렵했다고도 한다. 추상회화의 시조, 클레(Paul Klee)의 시적 환상과 색채감이 풍부한 추상화는 치밀한 이론을 밑바탕으로 탄생된다고 한다. 옵아트처럼 과학이 만들어내는 예술도 있다.

음악은 어떤가. 관악기 소리에는 독일의 과학자 헬름홀츠(Hermann Ludwig Ferdinand von Helmholtz)의 공명(共鳴) 이론이 담겼으며 피아노의 아름다운 선율은 과학자의 음향학, 물리학, 생리학 이론이 뒷받침되어 탄생한 것이다. 실제 창조적 생각이 현실로 옮겨지기 위해서는 과학기술의 힘이 필요한 경우가 많다. 흔히 크리에이터 사이에 로직(logic)과 매직(magic)이 합해져야 창조적인 것이 나온다고 한다. 디지털미디어 환경에서 로직은 무엇일까? 기술(technology)이나 기술의 원리일 것이다.

최근 글로벌 광고회사 오길비(Ogilvy)의 인터랙티브 아이디어 회의 사례를 살펴보면 아이디어 발상이 '소비자의 경험'과 실행(execution)을 지향하는 쪽으로 이루어진다. 이처럼 과연 표현될 수 있으며 실행될 수 있는가에 초점을 두어야 하는 시대이다. 우리의 문화는 서양문화보다 표현이나 수사를 경시하는 풍조가 있다. '꾸미는 말은 덕을 어지럽히고'와 같은 공자의 말을 숭상하는 문화에서는 말장난으로 꾸며진 슈만(Robert Alexander Schumann)의 〈아베크 변주곡〉(Abegg Variationen Op. 1) 같은 멋진 예술작품이 나오기 어렵다. 하물며 대중문화이고 대중예술이 되어야 할 광고임에야.

3. 발명사: 의미의 옷을 입혀라

우리는 위대한 과학적 발견을 무엇으로 기억하는가? 에디슨이 말했다는 99%의 노력? 그것보다 1%의 영감이 더 매력적이진 않은가? 과학을 잘 모르는 사람도 위대한 발명이나 발견에 관한 에피소드 한두 개쯤은 기억한다. 그 대부분은 노력의 결과로 알려졌지만 우연과 행운의 결과로 기억되는 것도 많다. 과학적 결과가 행운이라는 옷을 걸치게 되었다. 광고를 흔히 제품에 '개성의 옷을 입히는 것', 곧 브랜딩하는 것이라 한다. 그렇게 보면 많은 과학적 발견사가 브랜딩된 것이 아닌가 싶다.

플레밍의 페니실린 발견, 3M사의 포스트잇 개발, 제임스 와트의 증기기관 발명 등이 대표적인 우연적 발견 또는 발명 사례이다. 제임스 와트가 고안한 증기기관은 원래 광산에서 물을 퍼내기 위해서였다. 하지만 원래 의도하지 않았던 방적공장에 동력을 공급했고 다시 기관차와 배를 움직였다.

발명과 필요의 일반적 역할을 거꾸로 뒤집어놓은 견해가 많으며 그것은 와트나 에디슨 같은 희귀한 천재들의 중요성을 지나치게 강조하는 경우가 많다. 제레드 다이아몬드가 지은 《총, 균, 쇠: 무기 병균 금속은 인류의 운명을 어떻게 바꿨는가》(*Guns, germs, and steel: The fates of human societies*, 1997)에서는 이를 '발명의 영웅이론'이라 했다. 발명을 영웅적 요소로 승화시킨 것이다. 항간에는 이를 '세렌디피티'(*serendipity*)라는 단어로 표현하기도 한다. '우연히 행운처럼 이루어진 중대한 발견이나 발명'이란 뜻이다. 행운이라니 위대한 발명을 누구나 거머쥘 수 있을 것 같다. 최근 비즈니스의 성공을 세렌디피티로 설명하는 것도 이러한 희망적이고 긍정적인 의미 덕분이다.

사실 세렌디피티는 결과적 해석일 뿐이다. 결과가 거꾸로 원인이 되었다. 말하자면 '필요는 발명의 어머니'가 아닌 '발명은 필요의 어머니'와 같다. 휴대폰의 멋진 기능이 필요하기 때문에(원인) 발명(결과)이 가능한 것이 아니라. 발명하고 나니 멋지게 보이는 것일 수 있다. 그 과정에 광고가 큰 역할을 함은 물론이다. 사건과 사물에 새로운 의미를 부여하는 것은 광고의 주특기이다. 그 특기를 살려 좀더 과감하고 화려하고 섹시하게, 제품에 세렌디피티의 의미를 부여하는 커뮤니케이션을 기대한다.

4. 위대한 연설: 에토스, 현대에 들어 더욱 중요한 힘

간디의 비폭력운동, 마틴 루터 킹의 "나에게는 꿈이 있습니다"로 시작하는 연설과 흑인인권 운동, 남아프리카공화국 넬슨 만델라 대통령의 투쟁과 화해의 역사를 추앙하는 이유는 뛰어난 연설 때문이 아니다. 자신의 삶으로써 자신의 메시지를 증명했기 때문이다. 아리스토텔레스가 말한 설득의 요소 중 '에토스'(ethos)의 힘이다.

에토스는 화자의 속성으로 그 사람이 얼마나 신뢰할 수 있는가(신뢰성), 매력적인가(매력성)를 말한다. 이 중에서 신뢰성은 커뮤니케이션학에서 전문성과 진실성으로 구분된다. '전문성'이란 화자가 말하는 분야에서 전문적 지식과 경험을 갖추었는가를 의미한다. '진실성'이란 화자가 '진실을 말할 것으로' 생각되는가를 의미한다. 사실 자체를 솔직히 말하는 것만을 의미하지 않는다.

소비자는 배우 김혜자가 요리를 잘하기 때문에, 최불암이 위장약 전문가이기 때문에 그들이 등장하는 광고를 믿어주는 것이 아니다. 거짓을 말하지 않을 것 같기 때문에, 진실할 것 같기 때문에 믿는 것이다. 중요한 점은 그러한 믿음은 하루아침에 만들어지지 않는다. 정치인의 도덕적 이미지도 마찬가지이다. 공익을 우선시하고 화자 스스로 강한 확신과 신념을 가져야 하며 무엇보다 웅변의 실천이 중요하다.

현대 커뮤니케이션에서 메시지는 현란하고 과장되었으며 채널(미디어)은 넘쳐난다. 화자의 도덕적 설득이 필요하며 이를 위해 진정성이 요구되는 시대이다. 소셜미디어 시대 기업 커뮤니케이션에서는 특히 진정성(authenticity)이 중요하다. 단점투성이 허름한 시설을 자랑한 한스브링커 버짓 호텔 광고 같은 뻔뻔함은 아니더라도[1] 공

---

[1] 네덜란드 암스테르담의 한스 브링커 버짓(Hans Brinker Budget) 호텔은 허름한 시설을 당당하게 광고한다. 호텔이 제공하는 조식, 방안의 고급스러운 장식과 부대시설, 깔끔함, 서비스 등이 없는데 이러한 단점을 오히려 적극적으로 드러낸 것이다. 즉, 광고에서 텅 빈 방에 매트리스만 놓인 그림을 제시하고 '뭐 대단한 걸 기대하지 말아요. 원래 집이란 게 다 그렇잖아요?'라거나 '창문이 없는 방도 많습니다', '더 이상 나빠질 게 없습니다. 커튼을 젖혀봐야 건물에 가려 볼 것이 하나도 없으니 전망 좋은 방 같은 건 기대하지 마세요' 등을 이야기했다.

감과 관용, 겸손함, 유연성, 성숙, 유머, 인간애 같은 것이 담겨야 한다.

네덜란드 트렌드 전문조사기관인 '트렌드워칭'(Trendwatching.com)이 최근 마케팅 트렌드의 하나로 '플로섬'(*flawsome*) 마케팅(결점 마케팅)을 꼽은 것도 같은 맥락이리라. 광고가 솔직해지지는 못하더라도 진실하게 받아들여질 수 있어야 한다. 이를 위해 메시지를 가꾸고 채널을 고르기 전에 먼저 말하는 사람이 믿음을 줄 수 있는가 짚어봐야 한다. 선거철을 맞아 노골적인 사진과 메시지로 가득한 우리 광고를 보면 '과연 사람들이 공감하고 참여하게 하는 설득의 시작은 무엇인가?' 하는 커뮤니케이션의 근본을 생각하게 된다.

5. 전쟁사: 얻어야 할 것, 버려야 할 것

마케팅 전략, 전술이라는 말에서처럼 마케팅에는 으레 전(쟁)이란 말이 붙는다. 미국의 광고인 홉킨스(Claude C. Hopkins)는 "나쁜 의미에서가 아니라, 광고는 전쟁과 매우 흡사하다. 혹은 체스게임과도 같다. 우리는 부단히 다른 사람들의 아성을 공략하거나 거래를 빼앗기 위해 노심초사한다"라고 말했다(김운한, 2014a). 그의 말처럼 광고는 치열한 전쟁이다. 지금 이 순간에도 소비자를 빼앗고 지키기 위해 치열한 싸움을 준비하고 시장을 선점하기 위해 기업 간 전투가 계속된다. 과연 마케팅 커뮤니케이션은 전쟁의 어떤 점을 닮았을까? 고대 전쟁사(戰爭史)에 관한 책 몇 권에서 시사점을 찾았다.

1) 마케도니아의 왕 필리포스의 병법(兵法)과 컬래버레이션

필리포스 왕은 전쟁사에서 주공(主攻)과 조공(助攻)의 개념을 확립했다. 기병은 주공으로 망치(타격부대) 역할을, 보병은 조공으로 모루(저지부대, 망치로 때릴 때 받침) 역할을 한다. 망치와 모루 전략이라고 하며 현대 군사이론가의 기본 상식이 되었다. 맥아더의 인천상륙작전도 이 원리를 이용했다. 인천에 모루를 만들고 낙동강에서부터 적을 위협해 그 안의 적을 섬멸했다.

이는 광고와 콘텐츠 또는 마케팅 수단 간의 컬래버레이션을 생각나게 한다. 정면에서 대대적인 공격을 시도하는 것은 위험이 따른다. 브랜딩을 위해 광고 등으로 포(砲)를 쏘아주고, 실제 매장에서는 소비자의 지갑을 여는 각개전투의 BTL(below the line), 전통매체를 이용하는 ATL(above the line)과 반대되는 개념으로 전시나 이벤트, 스포츠 등 미디어를 이용하지 않는 프로모션을 실시할 필요가 있다.

2) 손무(손자)의 지휘와 진심 마케팅

춘추전국시대 손무(손자)의 전법은 군사학의 기본원리를 담았으며 오늘날도 고전(《손자병법》)으로 널리 읽힌다. 한 번은 손무가 지휘자 둘을 시켜 궁녀들에게 병법을 가르치는데 궁녀들이 훈련명령을 전혀 따르지 않았다고 한다. 그러자 "명령이 불명확할 때는 장수가 책임지지만 반복해서 명확하게 설명했는데도 명령이 지켜지지 않으면 지휘자의 책임이다"며 왕이 사랑하는 두 지휘자의 목을 쳤다.

그렇다면 우리 기업의 위기관리 커뮤니케이션은 어떠한가? "다수를 속일 수는 없다"는 말이 있다. 어정쩡한 논리나 보상, 시간이라는 힘을 믿기에는 소비자가 너무 똑똑하다. 때로는 책임져야 할 것 그 이상을 책임진다는 자세가 긍정적인 기업평판을 낳는다. 소비자는 아끼는 것을 과감히 버릴 때 진심을 알아준다.

3) 알렉산드로스 대왕과 대의명분

알렉산드로스가 아시아를 원정하기 위해 처음 아시아 땅을 밟았을 때 자신의 창을 땅에 힘차게 꽂으며 "나는 신들로부터 아시아를 받아들이노라"라고 소리쳤다. 아시아 원정이 단지 아버지 필리포스의 계획을 물려받은 일이지만 신으로부터 받은 사명으로 생각했다. 이는 업(業)을 어떻게 규정해야 할지를 생각하게 한다.

기업 또는 브랜드 슬로건을 정하는 일이 그렇다. 현대로 들어 소비자의 가치를 찾고 업의 개념을 확대하는 슬로건이 많아졌다. '오렌지 100% 주스'라 말하는 대신 '(아이, 웃음, 건강 등이) 더 자라나도록' 한다거나 디자인이나 성능보다 승용차의 본질로부터 탄생함을 강조하는 것이 그렇다. 그렇다고 가치를 추구해 이상만 말하고 구체성을 놓쳐서는 안 된다.

4) 한초(漢楚)전쟁과 정서, 밴드왜건

기원전 202년경, 한나라군은 강을 등진 채 포진해 퇴로를 없애고 필사적으로 싸워 압도적으로 우세했던 초나라 군대와의 싸움에서 이겼다. 또, 용맹하지만 덕을 갖추지 못한 초나라 항우는 '사면초가'(四面楚歌)에 스스로 목숨을 끊었다.

이른바 배수진의 병법은 오늘날 비즈니스에서도 자주 인용되며 시사점을 안겨준다. 오늘날 마케팅 커뮤니케이터의 배수진으로 '이윤을 잃어도 관계는 절대 잃지 않겠다'는 생각은 어떤가? 사면초가의 일화도 유명하다. 비록 적을 무찌르기 위한 간계였지만 커뮤니케이션 관점에서 시사점이 크다. 향수(nostalgia)와 정서적 소구의 힘이라 할 수 있고 다수의 참여 모습을 과장되게 보여 나머지를 끌어들인 점에서 커뮤니케이션학의 밴드왜건(bandwagon) 효과로도 설명될 듯하다.

5) 카이사르의 웅변

로마의 영웅 카이사르(Gaius Julius Caesar)는 장군이었지만 정치가이자 웅변가로서 유명한 말을 많이 남겼다. 루비콘 강을 건너 로마로 입성하면서 "주사위는 던져졌다"고 하거나 그리스의 약한 군대를 공격할 때 "먼저 지휘자 없는 군대와 싸우고 다음에 군대 없는 지휘자와 싸우겠다"고도 했다. 소아시아 반란군을 진압한 후에 말한 "Veni, Vidi, Vici"(왔노라, 보았노라, 이겼노라)도 유명하다.

카이사르는 상황판단 능력이 뛰어났지만 무엇보다 특출한 리더십으로 잘 알려졌다. 자신의 주장을 명확히 전달하고 군중을 선동하는 말도 특출한 리더십에 큰 도움이 되었다. 오늘날의 캐치프레이즈(*catch phrase*)인 셈인데 지금 봐도 힘이 있다. 꿈, 희망, 행복 같은 추상적인 말 일색인 우리 정치 캠페인 담당자가 배울 만하다.

6) 고구려의 청야입보와 을지문덕의 역설

598년 수(隋)나라 문제의 원정 실패 후 양제는 백만대군을 이끌고 고구려를 침공했다. 그러나 고구려는 청야입보(들을 깨끗이 비우고 성으로 들어가 싸운다)의 전술과 을지문덕의 활약 등으로 수나라 군대를 물리쳤다. 고구려에는 2백여 개의 성이 있었고 유사시 수성하다 적이 지치면 반격, 격퇴하는 작전을 사용했다. 을지문덕은 문장에도 능했다. 적이 지칠 무렵 "그대의 신기한 책략은 천문을 꿰뚫고 … 싸움에 이긴 공이 이미 높으니 만족함을 알고 이제 그만두기 바라오"라는 글을 적장 우문술에게 보내 사기를 꺾었다.

'청야입보'는 자신의 강점에 집중하고 극대화하는 전략이 필요함을 암시하며, 이는 광고에서도 마찬가지다. 지친 적장에게 보낸 '격려성' 편지는 어떤가. 우문술은 전의(戰意)가 빠져나가는 기분이 들었을 것이다. 을지문덕의 자신에 찬 역설(逆說)이 담긴 편지는 적장의 좌절감을 키워 결국 퇴각에 이르게 했다.

7) 칭기즈칸의 유인전과 360도 커뮤니케이션

중세 후반 칭기즈칸이 거대한 제국을 건설할 수 있었던 것은 전방위의 전법 덕분이다. 그 하나는 일직선상의 공격이 아닌 측면, 후방 등 사방에서 공격해 처음부터 혼란과 무질서를 초래하는 것이었다. 기동성을 이용한 유인전도 뛰어났다. 선두부대를 보내 접전한 후 며칠씩 끌며 적을 몽골 주력부대로 끌어들였다. 저항하는 적은 무자비하게 몰살시키고 이 공포심을 인접한 적들에게 전파되도록 했다.

이는 커뮤니케이션으로 치면 소비자를 향한 '360도 커뮤니케이션'이라 할 수 있다.

무력(물량) 중심의 전술이 아니라(실제로 몽골군은 보통 수적으로 열세였다) 구전(口傳) 커뮤니케이션을 통한 심리전으로 적을 공략했다는 점도 주목할 만하다. 구전 커뮤니케이션이란 매체를 통하지 않고 사람들의 입에서 입으로 정보를 직접 전하는 것을 말한다. '구전'(*word of mouth* · WOM)이라고 하며 인터넷 영역에서 '바이럴(*viral*) (마케팅)' 등의 용어로 불린다.

6. 철학: 이기는 생각

> 밀랍에서 우리의 미각과 후각과 시각과 촉각이 지각한 모든 것이 변한다. 그러나 그것이 밀랍이라는 사실은 변함없다.

벌집에서 밀랍(蜜蠟)은 단단하고 차갑지만 냄비에 넣고 열을 가하면 색깔과 형태가 달라지며 전혀 다른 모습이 된다. 그러나 상태가 달라졌지만 우리는 여전히 같은 밀랍임을 안다. 우리도 모르게 느끼고 추론하기 때문이다. 우리가 대상을 인식하는 것은 꼭 두 눈으로 봐서가 아니라 뇌가 판단했기 때문이다.

새롭게 출시된 제품이 기존 제품과 외형적으로 다른 경우에 커뮤니케이션 콘셉트 방향을 잡는 데 활용될 수 있다. 예를 들어, 애플의 '아이폰 7'은 크기가 훨씬 커지고 전통적인 4인치 제품과는 꽤 다르게 인식될 수 있다. 이때 "그것이 아이폰이라는 사실은 변함이 없다"라는 콘셉트는 소극적 방향이기는 하지만 브랜드의 고유한 가치를 전달한다는 점에서 의미가 있다.

> 인간의 현실은 있는 것이 아니라 만들어진다.

사르트르(Jean Paul Sartre)가 《존재와 무》(*L'être et le néant*, 1943)에서 한 말이다. 이 말은 원래 사물의 본성은 단지 있는 그대로이기 때문에 사물은 한 번 만들어지면

영원히 그 상태이지만 인간은 존재하기 때문에 늘 새롭고 끊임없이 변한다는 의미이다. 그러나 많은 사회현상은 자연 그대로의 것이 아니라 만들어진 것이며 단지 그렇게 인식될 뿐이다. 광고 커뮤니케이션에서 보이는 현실도 만들어지는 것이다(reality is constructed). 사람도 그렇다. 매 순간이 사람의 인식에 의해 (형성되고) 언제나 완성되는 과정에 있다. 조절초점의 이론에 적용하면, 긍정적인 사람은 긍정적인 정보에 주의를 기울이고 긍정적 측면을 보고 이를 현실화하려 노력할 것이다.

결핍은 만들어가는 것.

스피노자(Baruch Spinoza)는 《에티가》(Ehtica, 1677)에서 결핍은 욕망의 원인이 아니라 결과일 뿐이라고 말했다. 이는 욕망은 반드시 결핍 때문에 생기지는 않는다는 뜻이다. 우리는 어떤 것이 좋기에 그것을 욕망하지 않는다. 오히려 우리가 어떤 것을 향해 달려가고 그것을 원하고 그것에 매혹되고 그것을 욕망하기에 그것이 좋다고 판단한다. 그리고 그것이 좋다고 판단할 때 그것에 대한 결핍을 느낀다. 광고가 설 자리도 거기에 있다. 필요는 발명의 어머니가 아닌 '발명은 필요의 어머니'라는 주장과 같은 맥락이다.

광고하는 사람은 의심해야 한다. "이 세상에서 확신할 수 있는 것은 아무것도 없다. 우리가 확신할 수 있는 것이 하나 있다면, 바로 의심하는 우리 자신이다"는 데카르트 (René Descartes)의 말처럼 우리는 생각한다. 고로 존재한다. 크리에이터는 의심하면서 생각한다. 이는 '나는 생각한다. 고로 존재한다'는 명제를 웅변적으로 말해준다. 모든 것을 의심하는 나로서, 의심하는 주체인 내가 존재한다는 사실만은 분명히 확신할 수 있다는 의미이다. 그나저나 이러한 역설적 표현은 "나는 단 한 가지 사실만은 분명히 아는데 그것은 내가 아무것도 알지 못한다는 것"이라는 소크라테스의 말을 떠오르게 한다.

광고하는 사람은 잊어야 한다. 니체(Friedrich Wilhelm Nietzsche)의 《도덕의 계보학》(Zur Genealogie der Moral: Eine Streitschrift, 1887)에는 "망각의 능력이 없다면 어떤

행복도, 어떤 평정도, 어떤 희망도, 어떤 자긍심도, 이 순간의 어떤 기쁨도 존재할 수 없다"는 말이 나온다. 만약 우리가 아무것도 잊어버리지 않는다면 잠들지 못하게 강요당한 사람 꼴이 되고 말 것이다. 그래서 망각은 우리로 하여금 무거운 과거와 전통의 짐에서 벗어나게 해주고 새로운 것에 자리를 내준다. 크리에이터의 머리에 새로운 생각이 들어오기 위해서는 종종 과거의 오래된 생각을 잊어야 한다.

의심과 망각, 크리에이터가 가져야 할 덕목 두 가지를 철학에서 찾아봤다.

7. 문학: '안나 카레니나의 법칙'과 아이디어

행복한 가정은 모두 엇비슷하고, 불행한 가정은 불행한 이유가 제각기 다르다.

'안나 카레니나의 법칙'이란 톨스토이(Lev Nikolaevich Tolstoy)의 소설 《안나 카레니나》(Anna Karenina, 1873~1876)의 첫 구절을 인용해 《총, 균, 쇠》의 저자 다이아몬드가 제안한 말이다. 안나 카레니나는 행복해 보이는 조건인 부, 남편, 아들, 미모 등을 갖췄지만 엇갈린 사랑으로 괴로워하다가 결국 자살한다. 결혼생활이 행복해지려면 수많은 요소가 성공적이어야 하지만, 실패하려면 단 한 가지 이유만으로도 가능하다는 뜻이다.

성공이나 실패도 그렇다. 성공하기 위해서는 많은 요소 중 단 한 가지도 어긋나서는 안 되지만 실패하는 데는 단 한 가지 이유만 있어도 충분히 가능하다는 것이다. 다이아몬드는 이런 관점에서 야생 후보종 가운데 몇 종을 제외한 나머지는 안나 카레니나의 법칙에 의해 '가축화'에 실격했다고 보았다. 가축화할 수 없는 동물은 가축화할 수 없는 이유가 제각기 다르지만 그 어떤 한 가지 이유만으로 가축이 되지 못했다. 아이디어를 평가하는 관점과는 큰 차이가 있는 듯하다.

빅 아이디어가 되기 위해서는 여러 조건이 필요하지만 때로는 단 하나의 조건만으로도 가능하다. 문제는 그 하나의 아이디어의 함량이 어느 정도인가라는 점일 것이다. 이외에도 수많은 문학작품의 아이디어와 글귀는 브랜디드 콘텐츠를 발상하는 데 가장 중요한 재료이다. 그냥 먹어도 좋고 가공해서 먹어도 좋다. 그러니 늘 곁에 두고 애용하기 바란다.

세렌디피티(*serendipity*)

세렌디피티란 〈위키피디아〉에 '행복한 사고(*accident*) 혹은 기분 좋은 놀람(*pleasant surprise*), 행운의 실수(*a fortunate mistake*)'로 정의되었다. 과학 등 연구분야에서는 '의도적으로 노력하지 않았는데도 훌륭한 결과를 발견하는 능력'을 의미하는 말로 사용된다. 대표적 예로 플레밍이 푸른곰팡이를 잘못 주입해 의도하지 않았던 페니실린이라는 항생물질을 발견한 것을 든다.

세렌디피티는 두 가지 모순된 개념을 포함한다. 사고인데 행복하며, 놀랐지만 기분이 좋고, 실수인데도 행운이 되는 개념이다. 광고 커뮤니케이션학 영역에서 세렌디피티는 두 가지 관점에서 파악된다.

첫째는 발상 측면으로, 창조적 아이디어가 어떤 에너지와 아이디어의 흐름 가운데서 우연히 발견되거나 엉뚱한 자료로부터 만들어지는 것(West, Kover, & Caruana, 2008)을 말한다. 둘째는 광고 크리에이티브의 속성 관점으로, 적시(*timely*)에 정보를 제공함으로써 광고정보의 즐거움과 유쾌함 등 긍정적 속성을 높이는 것을 말한다.

'브랜디드 콘텐츠' 아이디어가 세렌디피티(놀랍지만 즐거운)를 갖기 위해서는 기대를 위반하는 것이 좋은 방법이다. 기대위반이론에 따르면 (공간) 규범에 대한 기대를 위반하는 행위가 때로는 긍정적 결과를 가져올 수 있음을 말한다(자세한 내용은 제 2장과 3장에서 다시 다룬다). OOH광고를 예로 들면, 광고 콘텐츠가 일반적 기대를 훨씬 뛰어넘는 장소(위반영역)에 노출될 경우 평범한 장소(기대영역)에 노출될 때보다 광고에 대한 보상가가 더 크게 반영되어 부정적 측면은 줄고 임팩트가 커지거나 수용가능성이 커진다. 결국 '긍정적' 위반인데, 이러한 위반으로 지각자의 흥분을 야기하고 주의를 집중시키는 효과를 거둘 수 있다(Burgoon & Hale, 1988).

조절초점 이론과 정보의 이해

어떤 행동을 할 때 중요시하는 것(관점, 초점)은 사람마다 다르다. 조절초점 이론 (*regulatory focus theory*)을 주장한 히긴스(Higgins, 2000)에 따르면, 사람은 동일한 목표를 추구하면서도 사고와 행동의 초점이 서로 다르며 의사를 결정하는 데 조절초점이 영향을 미친다. 초점은 촉진초점과 방어초점으로 나눈다. 촉진초점은 즐거움·모험 등과 같은 감정상태를, 방어초점은 안전·보호 등을 포함하며 조절초점이 제품을 선택하는 과정에서 활성화된다.

조절초점 이론에 따르면 촉진초점 사람은 희망과 이상의 실현에 목표를 두어 긍정적 결과를 획득하는 것을 중요시하고 목표에 도달하기 위해 접근하려는 경향이 있는 반면, 방어초점 사람은 의무와 책임에 목표를 두며 부정적 결과에 민감해 부정적 결과를 회피하려는 경향이 강하다. 정보검색 시 촉진초점 사람은 긍정적 정보에 주의를 기울이는 반면, 방어초점 사람은 회피하려는 경향으로 인해 부정적 정보에 더 주의를 기울인다(Pham & Higgins, 2005). 조절초점의 유형과 일치하는 방향으로 설득효과가 강화되는 것을 조절초점 적합성 효과라 한다.

생각해 볼 문제

인문학 서적을 읽고 비판적 관점에서 내용을 소개하고 함께 논의해 보자. 예컨대, 푸코(Michel Foucault)의 《감시와 처벌: 감옥의 탄생》(2016)을 읽고 '크리에이티브하다'는 것의 보편성(사회적으로 받아들여지는 것)과 독특성에 대해 논의해 보자. 또한 다수를 향한 공익적 캠페인의 폭력성에 대해 생각해 보자.

참고문헌

김운한 (2014a). "Historical library: 전쟁사에서 읽는 마케팅 커뮤니케이션". 〈HS애드사보〉, 5-6월호, 40.

_____ (2014b). "OOH 광고의 세렌디피티 속성에 관한 탐색적 연구". 〈광고PR실학연구〉, 7권 3호, 29-56.

Burgoon, J. K., & Hale, J. (1988). Nonverbal expectancy violations: Model elaboration and application to immediacy behaviors. *Communication Monographs*, 55, 58-79.

Higgins, E. T. (2000). Making a good decision: Value from fit. *The American Psychologist*, 55(11), 1217-1230.

Pham, M. T., & Higgins, E. T. (2005). Promotion and prevention in consumer decision-making: The state of the art and theoretical propositions. In S. Ratneshwar, & D. G. Mick (Eds). *Inside consumption: Consumer motives, goals, and desires* (pp. 8-43). UK, London: Routledge.

West, D. C., Kover, A. J., & Caruana, A. (2008). Practitioner and customer views of advertising creativity: Same concept, different meaning?. *Journal of Advertising*, 37(4), 35-46.

제 4 장

브랜드 스토리텔링

1. 브랜드를 만드는 스토리 Why to say

왜 스토리인가? 이야기는 언어가 생긴 이래 지금까지 커뮤니케이션의 중추적 역할을 했다. 특히, 이야기 산업을 중심으로 하는 '이야기 경제'(story economy)는 현대사회를 주도하는 부(富)의 주체라 할 만하다. 이야기는 본래 태생지였던 문화 콘텐츠 영역을 넘어 음식, 패션, 지역과 국가홍보 등 다양한 산업분야로 영향력을 넓혀간다. 최근에는 마케팅 커뮤니케이션에서도 스토리 활용성이 크게 증가한다.

브랜드에 스토리를 넣어 사람들의 관심과 흥미를 유발시키고 이를 통해 판매촉진으로 연결시키는 '스토리텔링 마케팅'이 대표적 예이다. 스토리텔링은 디지털 시대로 들어서며 생긴 개념으로, 스토리에 '텔링'이 추가된 단어이다. 스토리텔링은 스토리가 전달되는 과정으로서 매체의 특성과 상호작용성이 중시된 개념이다. 미디어는 이처럼 스토리가 '텔링'되는 과정에서 핵심적 역할을 한다.

"성공하는 브랜드는 환상(幻像)을 판다"는 필립 코틀러의 말처럼, 스토리는 성공하는 브랜드를 만드는 핵심 동력 가운데 하나이다.

《드림 소사이어티》(*The dream society: How the coming shift from information to imagination will transform your business*, 1999/2000)의 저자 롤프 옌센(Rolf Jenson)은 사람들에게 꿈을 판매하는 수단으로 스토리텔링을 통한 커뮤니케이션을 말한 바 있다. 그에 따르면 사람들을 매혹시키는 것은 상품의 사용가치나 교환가치가 아니라 소비자와 상호작용할 수 있는 상품 속 이야기이다.[1]

2. 스토리텔링의 정의와 브랜드 스토리텔링　　　　　　　 (What to say)

1) 스토리텔링의 정의

스토리는 9만 5천여 년 전 언어가 등장한 이후부터 사용된 개념이다(최혜실, 2006). 인간이 상업적으로 스토리를 활용하기 시작한 역사는 원시적 시장기능이 생기면서 동시에 시작되었을 것으로 생각한다. 일례로 고대 그리스에서는 'exegetai'라고 불리는 관광가이드가 존재했으며 오랜 기간의 항해에 지친 선원이 항구에 들어오면 돈을 받고 기이한 여행담이나 모험기를 들려주었다고 한다. 이렇듯 오랜 역사를 가진 전통적 개념이 최근 들어 다시 주목받게 된 데에는 미디어 환경 변화의 영향이 크다. 디지털미디어를 활용한 '디지털 스토리텔링'은 OSMU 현상과 맞물려 현대사회의 스토리 소비를 가속화한다.

스토리텔링의 문자적 정의는 '이야기로 말하기'로서 이야기를 들려주는 활동 혹은 이야기가 담화로 변하는 과정을 의미한다. 스토리텔링은 우리 사회의 여러 분야에 걸쳐 스토리를 들려주는 내러티브 양식으로 정의된다. 스토리는 특정 사건에 대한 단순한 정보나 사실을 있는 그대로 전달하는 것이 아니라 특정한 의미를 가진 사실을 강화하고 숙성시킨 것이다. 스토리는 내러티브와 혼용되기도 하지만 보다 광범위한 의미로서의 내러티브보다 이야기 속성에 초점을 둔다.

---

1 이하, 김운한·정차숙·최홍림(2013)의 글을 수정했다.

- 스토리: 이야기 자체. 정서적, 상징적 성격을 갖는 사건
- 내러티브: 이야기(스토리)를 전달하는 방식. 스토리 원형에 관점, 테마, 메시지를 가미해 풀어나가는 스토리텔링 방식

스토리텔링이란 상품에 담긴 의미나 개인적 이야기를 제시해 몰입과 재미를 불러일으키는 주관적이고 감성적인 의사소통 방법을 의미한다. 스토리텔링은 사실적 혹은 허구적인 일련의 사건을 일컫는다. 확대된 정의로는 플롯과 캐릭터를 가진 내러티브이다. 상징적 의미를 가진 시적 정교화와 유기적 사건이 연결되어 청중에게 감정적 반응을 불러일으키고 인지를 변화시키거나 강화시키는 것이다.

그동안 스토리텔링에 관한 정의는 다양한 분야에서 이루어졌으나 주로 문학에서의 내러티브 연구개념으로 정의되었다. 이 책에서는 최혜실(2006)의 정의에 브랜드 개념을 추가해 브랜드 스토리텔링을 "브랜드에 대해 일정한 줄거리를 가진 말 또는 글을 매체의 특성에 맞게 표현한 것"으로 정의한다.

2) 스토리에 관한 소비심리

(1) 허구를 믿는 심리

일본 아오모리 현의 사과 이야기는 유명하다. 태풍에도 떨어지지 않은 사과를 비싼 가격으로 팔며 스토리를 담았다. 시험을 앞둔 수험생을 대상으로 "시험에 떨어지지 않는 사과"로 알린 것이다. 태풍을 견딘 사과이니 대학시험에도 떨어지지 않을 것이라는 막연한 기대심리를 이용했다.

여기서 스토리텔링의 중요한 특징 하나가 있다. 이야기가 꼭 사실이 아니더라도 소비자가 믿고 싶으면 믿는다는 점이다. 소비자 스스로 믿음을 택한다는 점에서 '불신의 자발적 유예'(willing suspension of disbelief)로 볼 수 있다. 내용의 사실성보다는 소비자가 스토리를 어떻게 인식하느냐가 중요하다.

이처럼 스토리는 사실과 다르다. 현재 마케팅 영역에서 스토리텔링은 실제 체험 중

심의 일화를 소개하는 것으로 여기지만 환상과 허구적인 이야기도 많다. 팩트는 믿음으로 소비하지만 스토리는 상상으로 소비한다. 이처럼 이야기를 이용해 제품에 대한 환상과 기대를 갖게 하는 것을 '드림마케팅'이라 한다.

(2) 소비자 - 브랜드 관계에서 스토리의 역할

이야기는 인간이 세계를 인식하는 근본적 방식이다. 이야기를 통해 많은 교훈이나 정보를 얻고 설득이 이루어지며 과학적 지식까지도 습득한다. 인간은 논쟁적이거나 규범적으로 생각하기보다 스토리처럼 서술적으로 사고하는 특성이 있다. 또한 기억으로부터 인출되는 대부분의 정보 역시 특정한 사건이나 경험, 결과에 대한 평가 그리고 대인간, 소비자-브랜드 관계를 포함하는 스토리의 형태로 기억 속에 저장했다가 다시 인출해 사용된다. 브랜드 스토리텔링 활동은 이러한 소비자와 브랜드의 관계 파트너로서 긍정적 역할을 수행한다.

선행연구에 따르면 스토리텔링의 역할과 기능은 다음과 같다.

마케터는 고객과 평생 관계를 맺기 위해 스토리를 제공하며 소비자는 이야기 속에 담긴 내용과 자신의 신념을 조금씩 결부지어 브랜드와의 내면적 관계를 경험한다. 스토리는 고객의 갈등을 해소하는 데 기여하며 조직-고객 간 의사결정을 순조롭게 하며 조직의 영향력에 대한 소비자의 인식내용에 영향을 주기도 한다.

브랜드에 대한 지식이나 경험내용은 브랜드에 대한 태도, 나아가 소비자-브랜드 간의 성공적 파트너십을 형성하는 데 중요한 역할을 한다. 이때 소비자가 브랜드 지식을 습득하는 중요한 방법 중 하나가 스토리이다. 예를 들어, 어떤 기업이나 브랜드에 관한 에피소드를 듣거나 다시 재확산되는 과정을 통해 소비자는 브랜드와 직접적, 간접적 관계를 형성한다.

마케팅에서 스토리텔링이 주목받는 이유 중 하나는 시장의 주 소비층으로 드러난 디지털 세대의 특성 때문이다. 감성적이고 직관적이며 디지털영상 등 가상공간의 놀이의 세계에 익숙한 이들 세대는 전형적인 '가상의 놀이형 인간'(호모 비르투엔스 루덴스)의 특성을 지녔다. 이들은 설명이 아니라 이야기를 추구하며 이야기가 든 상품에 열광한다. 디지털을 통한 스토리텔링 마케팅이 중시되는 이유는 인터넷을 바탕으로 쌍방향 커뮤니케이션이 활성화되기에 유리했기 때문이기도 하다.

수용자와의 지속적인 상호작용을 통해 의미 있는 스토리의 '주고받음'이라는 현상을 축적하기 위해서는 브랜드의 개발단계에서 성장, 확장에 이르기까지 장기간의 계획과 집행이 있어야 한다. 이를테면, 네티즌 소비자는 제품의 사용후기를 올리거나 컨슈머로 활동하면서 기업에 자신의 의견을 전달하는 등 스토리텔러 역할을 할 수 있다. 명심할 점은 스토리텔링 마케팅의 성공을 위해서는 그 스토리가 사람들 사이에서 꾸준히 회자되어야 하며 이를 위해서는 한때의 가십거리가 아닌 확고한 기업문화를 바탕으로 한 스토리 창출이 요구된다는 점이다.

광고에서도 스토리텔링은 디지털미디어의 특성과 어우러져 인게이지먼트를 높여 준다. 이처럼 스토리텔링 마케팅의 이점은 광고를 통해 제품의 특징을 '이야기해 줌'으로써 소비자가 이야기를 즐기도록 하고 자연스럽게 제품과 친근함을 느끼게 하는 데 있다. 소비자에게 뭔가 다른 상품이나 브랜드로 인식시킬 수 있기 때문이다. 가히 스토리텔링이라는 작업 없이는 어떤 콘텐츠도 성공하기 어렵다고 할 수 있다.

스토리텔링은 업무의 속성이나 업무가 이루어지는 환경을 고려할 때 1인 창조기업에게 특히 유리한 영역이라 할 수 있다. 스토리를 개발, 구성하는 영역은 광고와 관련한 대표적인 창조영역으로 게임산업, 축제, 테마공원 등의 관광사업, 기타 브랜딩과 관련한 브랜드 스토리, 브랜드 캐릭터 등을 예로 들 수 있다. 따라서 스토리텔링은 특정 장르에 국한된 개념이 아니라 다양한 장르(영화, 만화, 음악 등)에 공통되는 개념에 가깝다.

3) 브랜드 스토리텔링의 영역

스토리는 다양한 미디어 환경에서 활용성이 높다. TV광고, 신문광고뿐 아니라 실험적 마케팅 커뮤니케이션 기법에도 유용하다. 미디어의 발달에 따라 콘텐츠 시장이 성장할 것으로 예상된다. 광고 크리에이터에게 뉴미디어는 아이디어를 창출하는 과

제이자 동시에 기회이다. '미디어 크리에이티브'(media creative)라는 용어가 시사하듯, 미디어의 특성을 적극적으로 활용해 창의적 광고 크리에이티브를 만드는 문제가 어느 때보다 중요해졌다. 이때 미디어 크리에이티브의 대표적 영역이 바로 스토리텔링 마케팅이다. 이는 현대 소비자학에서의 핵심 분야인 '브랜드' 영역을 일컫는 말이다. 스토리텔링 마케팅이란 상품에 얽힌 이야기를 가공, 포장해 광고·판매촉진 등에 활용하는 브랜드 커뮤니케이션 활동이라 할 수 있다.

한편, 현대의 소비자를 '디지털 호모나랜스'(Homo narrans)로 묘사하기도 한다. 호모나랜스란 라틴어로 '이야기하는 사람'이라는 뜻으로 미국의 영문학자 닐(John D. Niels)의 저서 《호모나랜스》(Homo narrans: The poetics and anthropology of oral literature, 1999)에서 처음 소개한 개념이다. 그에 따르면 인간에게는 이야기하려는 본능이 있고 이야기를 통해 사회를 이해하며 이야기로 판매하는 스토리셀링이 가능해졌다.

사람들은 왜 스토리에 열광하는 것일까?

첫째, 현재의 대중사회를 결집시키는 힘이 있기 때문이다.

현대사회는 사회적으로 선언된 것이 상실된, 즉 거대담론이 상실되는 시대이면서도 어느 순간 명백히 대중적 결집력을 드러낸다.

둘째, 향수(nostalgia)를 근거로 하는 욕구 때문이다.

현대인이 스토리를 즐기는 것은 노동에서 해방된 근육의 놀이이며 교복을 입던 세대의 복고에 대한 향수 같은 것이다.

셋째, 스토리텔링이 디지털 시대의 특성에 맞는 이야기이기 때문이다.

기존의 서사는 인과관계가 있는 잘 짜인 이야기인데 비해 디지털 시대의 이야기는 대체로 시작은 있지만 끝이 없으며 이용자가 끊임없이 만들어간다. 특히, 감각적 속성을 지닌 영상시대에는 오락적 요소가 강해지는데, 우리가 참여해 만드는 이야기가 일종의 놀이가 된다.

넷째, 감성적 의미전달을 가능하게 만들기 때문이다.

에스칼라스(Escalas, 1998)는 스토리를 문학작품의 내러티브로만 국한하기보다 인간이 세계를 인식하는 근본적인 방식, 나아가 인간의 감성적 의미 전달구조로 확대해

석할 필요가 있음을 주장한다.

덴마크의 스토리텔링 전문가 클라우스 포그(Fog, Budtz, & Yakaboylu, 2005/2008)는 "창업주에 대한 스토리, 제품탄생과 관련한 스토리, 훌륭한 직원에 대한 스토리, 감동받은 소비자의 스토리 등 모든 기업은 누구도 모방할 수 없는 자신만의 스토리를 가졌다"고 전제한 후, "스토리텔링은 소비자에게 기업을 특별하게 보이게 하는 훌륭한 전략적 도구"라고 강조했다.

(1) 광고 커뮤니케이션

광고에서도 이야기를 담은 스토리텔링 전략을 적용한 광고나 내러티브 광고가 늘어난다. 미국에서 323개 방송광고의 내용을 분석한 연구결과에 따르면 60% 이상의 광고물이 스토리를 담은 내러티브 광고인 것으로 나타났다. 이제 광고의 효용을 연구하기 위해 빼놓을 수 없는 분야가 스토리에 대한 이해이다.

이미 산업적으로는 스토리텔링 마케팅 혹은 브랜드 스토리 마케팅이 주요 마케팅 기법으로 자리 잡았다. 브랜드는 공장에서 생산된 상품에 스토리가 덧붙여진 것이며 브랜딩 전략은 상품에 스토리텔링 전략을 적용한 것이다. 특히, 미디어가 다양해지고 소비자 집단이 세분화되면서 광고 텍스트를 사회적 '이야깃거리'(story)로 만들어 대중적으로 확산시키는 방안이 논의된다.

광고에서 소비자가 스토리를 소비하는 방법에는 '비틀기'와 '참여하기'를 들 수 있다. 비틀기란 이미 만들어진 재미있는 이야기를 자기만의 방식으로 재구성하거나 재구성한 것을 다른 사람들과 공유함으로써 즐거움을 얻는 것을 말한다. UCC(user created contents) 등을 통해 광고물을 패러디해 재창작하는 것이 대표적인 예이다.

참여하기란 소비자가 입소문 등을 통해 이야기를 공유하고 확산하는 것을 말한다. 네덜란드의 역사학자 하위징아(Johan Huizinga)는 인간을 호모 루덴스(Homo ludens: 놀이하는 인간)로 명명하며 모든 문화현상의 기원을 '놀이'에 두고 자신이 탐구한 예술사와 종교사 같은 인류문명에 관한 다양한 지식을 동원해 인류의 문화를 놀이적 관점에서 고찰한 바 있다.

같은 맥락에서 광고를 하나의 놀이로 파악하는 시각이 대두된다. 새로운 볼거리와 읽을거리가 폭발적으로 증가해 광고의 설득효과가 감소하는 시대에 들어 광고는 하나의 놀이이다. 광고와 엔터테인먼트를 결합한 용어인 '애드버테인먼트'라든가 무버셜, 광고목적의 게임을 의미하는 게임광고 또는 게임 속 광고(in game advertisement) 같은 것이 놀이로서 광고의 사례라 할 수 있다.

스토리텔링 광고에서 이야기를 구성하는 원천은 3가지가 있다(김훈철 등, 2006). 첫째는 브랜드나 기업 자체의 히스토리로부터, 둘째는 브랜드에 대한 소비자의 경험으로부터, 셋째는 스토리 콘텐츠에 의한 방법으로 꿈과 판타지 또는 기존 영화나 소설을 패러디하는 방법이 있다. 브랜드에 관한 이야기를 전하는 스토리텔링형 광고는 소비자에게 브랜드에 대한 정보를 효과적으로 제공해 구매행동으로까지 연결해야 효과적이라고 하겠다.

(2) PR 커뮤니케이션

스토리텔링이 마케팅과 접목될 때 몰입과 재미를 불러일으키며 감성적 의사소통을 촉진한다. 이처럼 스토리텔링은 판매 메시지를 전달하는 수단 이상으로 고객관계관리(customer relationship management · CRM)에 긍정적 영향을 준다. 스토리텔링은 화자와 청자 사이에 오래 지속되는 유대감을 형성하는 데 매우 중요한 역할을 하기 때문이다. 최근에는 이러한 관계(relations) 개념을 근본으로 마케팅 PR, 홍보, 대고객, 언론, 지역사회 관계 등 PR 커뮤니케이션에 중요한 도구로 사용한다.

기업 커뮤니케이션 중 광고의 경우는 브랜드를 사용하는 소비자의 라이프스타일을 주제로 한다. 반면, PR을 포함하는 BTL 마케팅 커뮤니케이션의 경우는 브랜드를 사용하는 직·간접 경험 이야기뿐 아니라 브랜드 자체에 대한 스토리도 대상으로 한다. 브랜드 자체에 얽힌 스토리텔링 방법으로는 브랜드 담당자에 의해 행해지는 각종 경연이나 연설, 행사장에서의 홍보영상물, 방송이나 영화를 통한 기업드라마 형식의 PPL, 브랜드 역사관 등 다양한 형태로 존재한다. 그중 대표적인 브랜드 스토리텔링의 방법 중 하나가 PR이라고 할 수 있다.

(3) 문화 마케팅 커뮤니케이션

스토리텔링은 문화 콘텐츠 영역에서 가장 주목받는 전략 가운데 하나이며 산업으로서의 전망도 밝다. 이때 스토리텔링은 주로 문화원형을 이용해 콘텐츠를 만드는 과정에서 이루어진다. 예컨대, 지역축제나 관광지를 만들 때 지역 설화를 현대적으로 풀어 이용할 수 있게 하는 과정도 스토리텔링이다. 이때 장르 간의 원활한 소통과 교섭을 가능하게 하는 것이 스토리텔링이다.

스토리텔링이란 문학, 만화, 애니메이션, 영화, 게임, 광고, 디자인, 홈쇼핑, 테마파크, 스포츠 같은 이야기 장르를 아우르는 상위 범주이다. 이런 현상은 하나의 콘텐츠를 다양하게 변화시켜 선보이는 OSMU 전략을 대변한다. 스토리텔링에서 하나의 이야기를 활용해 다양하게 사용할 수 있도록 표현하는 OSMU 개념은 필수적이다. 스토리텔링의 OSMU 영역으로는 영화나 드라마를 넘어서 마케팅, 관광, 결혼, 외식업, 여행사, 부동산 등 다양하다.

하나의 콘텐츠가 여러 미디어의 콘텐츠로 변주되면서 문화상품을 양산하는 현상이 문화 콘텐츠 산업의 특성이라 할 수 있다. 광고 콘텐츠의 경우, 스토리가 텔레비전에서 표현되면 방송광고가 되지만, 종이미디어에서 표현될 경우 문학이 되고, 디지털미디어에서 기능을 부가시켜 표현하면 게임 시나리오 같은 디지털서사(*digital narrative*)가 된다. 또한 이미 광고효과가 입증된 온라인 혹은 기타 광고미디어를 방송광고에 활용함으로써 방송광고의 시너지 효과를 극대화하는 데 도움이 된다.

이 밖에 최근 활발히 연구되는 지역 마케팅 분야에서도 스토리텔링은 중요한 역할을 한다. 지역의 문화유산을 활용한 스토리텔링은 한 지역의 역사문화가 옛 이야기로만 존재하는 것이 아니라 지금 이곳에 선 '나'라는 인간과의 소통을 가능하게 하는 진정성을 전달한다는 점에서 의의가 있다. 이러한 지역 스토리는 단순히 마케팅의 도구로서 뿐만 아니라 지역민의 문화의식을 길러주고 외부인에게 지역의 문화유산을 알려주는 문화 커뮤니케이션 도구라 할 수 있다.

이처럼 스토리텔링의 적용영역은 날로 확대된다. 스토리텔링 클럽을 비롯해 국립대학 스토리텔링학과 신설, 영화 스토리 공모, 만화 스토리 작가, 광고, 방송, 드라마,

게임, 그 밖에 스토리텔링을 이용한 치료, 교육법 등으로 확대된다. 교육의 경우 《마법 천자문》의 인기는 스토리텔링의 위력을 여실히 보여주는 사례라 할 수 있는데 이런 경향은 과학이나 역사 서적에서도 비슷하게 나타난다.

3. 콘텐츠 전략으로서 스토리텔링

브랜디드 콘텐츠를 만드는 첫 번째 요소는 스토리텔링이다. 〈마케팅〉(*Marketing*)의 디렉터인 스미턴(Smeeton, 2012)은 브랜디드 콘텐츠에서 스토리텔링이 가장 중요한 요소라 했다. 그러나 스토리텔링의 속성은 문화 콘텐츠에서와 브랜디드 콘텐츠 간에 개념적으로 차이가 있다. 스토리텔링은 좀더 열린 구조를 갖고 소비자를 참여하게 하는 속성을 갖는 반면, 브랜디드 콘텐츠는 소비자의 상황을 고려하지 않고 콘텐츠 창작자가 임의로 만들어낸 것이다.

1) 스토리텔링이 각광받는 이유

스토리텔링은 *story* + *tell* + *ing*으로 된 말로서 "이야기로 말하기"로 정의된다. 수천 년 전부터 존재하던 '스토리' 개념이 새로 주목받게 된 데에는 첫째, 디지털미디어의 발달과 함께 콘텐츠로서의 위상이 강화되었기 때문이다. 문화 콘텐츠의 중요 요소로 문화기술에 의해 서사전략이 창조되며, 문학작품은 물론, 팩션, 영화, 드라마, 공연예술, 브랜드 등을 아우르는 문화적 장르의 핵심전략으로 기능한다.

둘째, 이야기의 전달방식이 중요해졌기 때문이다.

즉, 스토리의 텔링(*telling*), 화자의 말하는 방식이 중요하다는 의미이지만 스토리를 듣는 청중의 역할도 중요함을 암시한다. 다시 말해, 청중(소비자)이 자신만의 이미지와 디테일을 만들어내 이야기를 완성하고 창조하려는 노력이 중요하다. 스토리 제작자뿐만 아니라 수용자의 참여와 상호작용이 필요하다. 그리고 그 힘은 상상력이다. 작가 롤링(Joan K. Rowling)의 말처럼 우리에겐 더 나은 세상을 상상할 수 있는 힘이 있다. 스토리는 사람들의 경험을 만드는 뼈대이며 사람들이 무언가를 경험해내는 방식이다. 자전거를 배운 이야기와 자전거를 가르쳐준 사람과 얽힌 이야기가 함께 떠오르듯이 말이다. 지식과 지혜, 신념, 가치 등을 스토리를 통해 전달하고 이해한다. 크리에이터의 관점에서 보면 경험을 유발하기 위해 스토리 요소가 중요하다는 뜻이다.

셋째, 스토리가 전달되는 미디어가 중요해졌다.

특히, 스토리텔링이 광고나 구전, 브랜드 커뮤니케이션(예: 브랜드 스토리)에 적용되었을 때가 문제이다. 사실 문학이나 예술과 비교할 때 마케팅 스토리가 갖는 극적 요소란 크지 않다. 브랜드 스토리텔링이란 브랜드 커뮤니케이션을 위한 글(말)과 그림이다. 물리적으로 볼 때 내러티브가 들어설 자리가 별로 없다. 주로 논의되는 것이 드라마 광고(또는 내러티브 광고)이지만 이미 오래전에 '이야기'된 영역 아닌가.

과연 마케팅의 작은 수단에 불과한 광고에 스토리는 어떤 의미를 갖는가?

2) 브랜드 스토리

《안네의 일기》(*The diary of a young girl Anne Frank*, 1947)는 한 개인이 체험한 이야기와 전쟁의 비극을 실감나게 그려 감동을 주었다. 셰익스피어의 《리어 왕》(*King Lear*, 1608)은 슬픔과 실패를 깊이 있게 다루었다. 반면 브랜드 스토리는 문제해결과 즐거움만을 다룬다. 규모로 보아 광고가 주는 감동은 미적 감동을 목적으로 하는 예술작품에 비할 바가 못 된다. 문학과 이렇게 차이가 있는데 왜 스토리텔링이 다시 주목받는가? 그 영역이 크게 달라지기 때문이다.

스토리의 영역이 광고에만 머무르지 않는다. 스토리텔링의 영역이 브랜드 스페이스, 이벤트와 같은 경험(브랜드 경험) 마케팅을 포함한 브랜디드 커뮤니케이션 전반으로 확대된다. 스토리는 더 이상 상업적 목적이 강한 광고 커뮤니케이션의 소재가 아니다. 소비자가 즐겁게 경험하고 그 경험을 서로 공유할 수 있는 브랜드 콘텐츠, 나아가 문화 콘텐츠의 핵심소재가 된다. 물리적으로나 심리적, 문화적으로 소비자와 공유할 수 있는 부분이 훨씬 많아졌다. 영화, 뮤직비디오, 음악 등 수많은 브랜드 콘텐츠가 스토리를 먹고 자란다. 스토리텔링 역할이 그만큼 많아졌다.

3) 제품의 역할

제품(탐색재와 경험재) 요소가 소비자의 태도에 영향을 주는 정도는 제품유형, 즉 탐색재(search products)인가 경험재(experience products)인가에 따라 달라진다. 탐색재 란 구매 전에 장점을 손쉽게 판단할 수 있는 제품을 말하며, 경험재란 품질이나 가격 등을 사전에 파악하기 힘들고 경험해야 가치를 판단할 수 있는 제품을 말한다.

이때, 진정성은 경험재에서 더 중요한 역할을 하며, 간결성은 탐색재에서 제품구 매 의도에 영향을 주는 것으로 나타났다. 또한 반전은 탐색재보다 경험재에서 브랜드 태도에 영향을 주며, 유머는 경험재보다 탐색재에 더 영향을 주는 것으로 나타났다 (Chiu, Hsieh, & Kuo, 2012).

SK텔레콤 T의 TV광고 〈한마디로〉(2010)는 반전(reversal)을 담은 수작이다. 이 광고를 보면 '광고는 세상에서 가장 짧은 영화'라고 말하고 싶다.[2] 광고에서 극적 구성이 그만큼 중요하다. 광고 스토리가 광고 한 편에 실린 정보가 아니라 두고두고 즐기는 콘텐츠가 되려면 '반전'과 같은 짧지만 오랫동안 여운을 남기는 극적 요소가 필요하다.

4) 스토리텔링의 핵심요소: 경험과 극적 특성

스토리의 핵심요소는 '경험'(체험)과 그 경험의 '극적 특성'이다. 스토리의 경험은 스토리 등장인물에 대해 감정을 이입함으로써 이루어진다. 스토리에 대한 경험은 감 정이입과 몰입을 통해 생겨난다. 몰입의 강도가 커지기 위해서는 스토리의 공감성,

---

2 "기후협약이 동아시아 경제발전에 미치는 영향"을 묻는 면접자에게 "심각하죠"라는 한마디로 무심 한 듯 대답하는 지원자(reversal)와 그런 엉터리 대답에 합격 판정을 내리는 면접자(reversal). '한 마디로 말하자'라는 콘셉트를 반전·재반전 구조에 담았다.

사실성, 재미 등이 중요하다. 또한 독자의 요소, 즉 독자의 처지나 필요성, 관여, 내적 특성 요인 등에 의해서도 몰입이 달라진다. 스토리의 극적 특성은 대립되는 인물의 대립과 갈등에서 비롯된다. 즉, 스토리텔링이 극적인 이유는 이야기 속 인물의 대립성(*protagonist*와 *antagonist*) 과 이야기 구조(예: 갈등과 위기) 의 특성 때문이다.

스토리의 힘은 어디에 있는 것일까? 우리는 우리의 세상과 그 안에 담긴 모든 것을 이해하기 위해 설립 때부터 있었던 스토리가 필요하다(Beckwith, 2011/2011). 스토리를 소비하는 사람을 '스토리슈머'(*storysumer*: *story* + *consumer*) 라 한다. 이야기를 소비하기 좋아할 뿐만 아니라 제품과 관련된 자신의 이야기와 사연을 기업에 적극적으로 알리는 소비자를 말한다. 이들은 스토리를 통해 공감과 감정이입의 경험을 바란다.

5) 브랜드 스토리텔링

브랜드 스토리텔링이란 브랜드에 관한 장점과 특성 등을 스토리텔링에 담은 것을 말한다. 주로 브랜드의 탄생과 연구개발에 얽힌 스토리, 창업자, 소비자 이야기, 심벌 등에 관한 스토리를 담았다.

와인따개 제품 안나 G (Anna G) 의 스토리텔링은 스토리 자체를 제품화하고 디리버티브를 통해 발전시킨 사례이다. 디리버티브(*derivative*) 란 스토리의 주인공이 성장하며 친구, 가족 등의 구성원이 늘어나면서 이야기가 파생되고 발전하는 것을 말한다. [3] 이탈리아의 주방용품 회사인 알레시(Alessi) 의 사훈은 "사람들의 마음을 감동시키는 예술품을 만들자"이다. 그 하나의 방법으로 스토리를 사용한다. 국내에도 친숙한 "안나 G"라는 와인따개 제품이 바로 그 예이다. 디자이너(Allesandro Mendini) 가 사귀던 여자친구의 이름(안나길리) 을 딴 제품으로, 이 제품이 인기를 얻으며 남자친구 제품을 만들어달라는 소비자의 요청으로 9년 뒤에 '알레산드로 M'(Allesandro M) 이라는

---

[3] 바비 인형의 경우 1959년 첫선을 보인 이래 대학 졸업, 외과 의사, 항공기 조정사, 대통령 후보, 남자친구(Ken) 동반 출연, 여동생(Skipper 등), 새 남자친구가 생겨났다.

남자친구가 탄생했다.

그림 4-1 알레시 와인따개 제품

티셔츠에 새겨진 'I♥NY'이라는 슬로건은 1970년대 미국의 글레이저(Milton Glaser)가 디자인했고 9·11 테러 이후 한동안 많은 사랑을 받았다. 상처 받은 뉴욕 시민이 이 디자인을 통해 위로받고 단결심을 느끼기 때문이다. 기존의 디자인에 스토리가 더해진 것이다. 이제 뉴욕 시민이 입는 것은 디자인이 아니라 스토리이다.

탐스(Toms)의 신발은 스토리텔링의 사례이기도 하다. 한 켤레를 살 때마다 "다른 한 켤레가 가난한 어린이에게 배달된다"는 스토리가 있었다. 스칼렛 요

안나 G(왼쪽)와 알레산드로 M(오른쪽). 최근에는 AIDS 예방 캠페인도 전개하는 등(2016) 다양한 제품이 스토리를 담아 출시되며 디리버티브 전략으로 그 스토리를 확장한다.

한슨, 줄리아 로버츠, 앤 해서웨이, 데미 무어, 류승범, 공효진, 소녀시대 등을 등장시켜 스타에 의한 스토리텔링을 이어갔다.

코카콜라의 병도 스토리를 가졌다. 여성의 몸매처럼 생긴 코카콜라 유리병은 한 남자가 여자친구가 입은 주름치마를 보고 아이디어를 얻은 것이라 전한다. 그러나 실제 코카콜라 홈페이지에는 이 디자인이 모조품 사이에 진품을 가려내기 위해 코코넛 열매의 모양을 본떠 고안하게 된 것이라 설명한다. 사실 여부를 떠나 주름치마 스토리가 홈페이지 설명보다 더 매력적으로 느껴진다.

6) 인터랙티브 스토리텔링

인터랙티브 스토리텔링이란 주로 디지털미디어의 상호작용적 특성과 스토리텔링의 극적 측면이 합쳐진 개념이다. 사용자에게 소통과 통제의 권한이 부여되거나 사용

그림 4-2 **질레트의 〈강민경과의 Secret Date〉**

영상 속 강민경이 소비자에게 직접 면도해주고 소비자는 눈을 감고
이를 음미하는 구조로 만들어 상호작용이 느껴지도록 만들었다.

자의 생각과 감정에 따라 가상의 인물과 스토리가 반응하는 등 이용자와 엔터테인먼트 간 상호작용이 발생한다.

최근 인터랙티브 미디어가 확대됨에 따라 스토리텔링의 상호작용성이 더욱 확대된다. 예컨대 포괄적 의미의 상호작용성을 강조하는 인터랙티브 광고, 인터랙티브 영상 광고, 인터랙티브 영상 콘텐츠, 인터랙티브 웹사이트 광고 등을 비롯해 영상의 스토리텔링이 강조된 의미로 인터랙티브 무비나 인터랙티브 TV 무비 등의 미디어에서 인터랙티브 스토리텔링이 이루어진다.

디지털미디어에 기반을 둔 고전적 스토리텔링 사례로는 삼성전자 지펠의 〈샐러드송〉(2008), 브랜드 사이트를 통한 이야기 모으기(CJ제일제당 햇반), 덴마크 최대 보험회사 중 하나인 톱덴마크(Topdenmark)의 '살면서 겪었던 운이 좋았던 경험' 공유 캠페인, 아모레퍼시픽 아이오페의 '다시 쓰는 여자 이야기' 캠페인 등이 있다.

비교적 최근에는 강민경이 등장하는 질레트 인터랙티브 광고(2014) 등 이른바 '바이럴 영상'을 통해 스토리텔링이 이루어진다. 이러한 영상물은 상업적 메시지를 일방적으로 전달하는 광고가 아닌, 소비자가 적극적으로 참여하고 상호작용하며 즐기는 콘텐츠의 성격을 띤다.

해외에서는 모바일과 디지털 사이니지를 이용한 인터랙티브 광고 캠페인도 늘어난다. 고전적으로 티펙스(Tipp-Ex) 수정액의 웹사이트를 이용한 광고(2010)를 비롯해 트위터를 이용한 올드스파이스(Old Spice)의 리폰스(Response) 캠페인(2010), 독일 영화 케이블 채널인 13th Street의 인터랙티브 무비(2010) 등이 있다. 최근 페리에(Perrier)는 150주년 기념으로 웹사이트를 이용해 가상으로 체험해볼 수 있는 '프라이빗 파티' 캠페인을 실시했는데 이 역시 같은 인터랙티브 스토리텔링이 이루어지는 브랜디드 콘텐츠라 할 수 있다.

7) 브랜드 스토리텔링의 다양한 채널

브랜드 스토리 마케팅을 돕는 다양한 채널과 사례를 살펴보면 다음과 같다.

첫째, PR 채널이다. CEO의 강연활동, 행사장에서의 홍보영상물, PPL, 브랜드 역사관 등을 통해 브랜드를 홍보한다. 페레가모(Ferragamo)의 박물관(피렌체)은 대표적인 브랜드 역사관 사례이다.

둘째, 책을 통해 이루어지는 활동이 있다. 흑맥주의 기네스사가 발간하는 《기네스북》이라든지, 키플링(Kipling)이 《정글북》(The jungle book, 1894)의 저자 러드야드 키플링(Ludyard Kipling)의 이름을 따오고 원숭이 마스코트를 제작 판매하는 경우와 고전적 사례로 보석 브랜드 불가리에서 소설 《불가리 커넥션》(The bulgari connection: A novel, 2001)을 발간한 것 등이 이에 해당한다.

셋째, 세일즈 프로모션을 이용하는 것이다. 사용수기를 공모하는 것 등이 스토리텔링을 만들어가는 과정인 셈이다.

넷째, PPL을 이용하는 방법이다. 인기리에 방영되었던 〈응답하라 1988〉(2015)을 통해 LG전자, 가나초콜릿, 빼빼로 등이, 〈태양의 후예〉(2016)에서는 서브웨이, 캘리포니아아몬드, 제네시스 자동주행모드 등 여러 제품이 드라마의 인기에 힘입어 간접광고 효과를 누렸다.

122

다섯째, 공간 마케팅을 이용하는 것이다. 판매장소에서의 경험 마케팅이 이에 해당한다. 나이키 마니아를 위한 나이키타운, 위니아만도의 'Bistro D', 태평양쇼룸의 '오설록 티하우스' 등의 사례가 있다.

여섯째, 블로그, SNS, 웹사이트, 증강현실 등을 이용할 수도 있다. 앞에서 언급한 인터랙티브 스토리텔링 사례를 비롯해 멜론의 SNS에 기반을 둔 대학생 서포터즈 모집, 고전적 사례이지만 빈폴진의 2NE1과 컬래버레이션 등이 있다.

마지막으로 광고를 이용한 드라마 광고가 있다. 드라마 광고는 등장인물의 사건을 담은 일반적인 드라마 구조를 갖거나(환경부의 'I am your father' 캠페인, 로가디스 스마트 슈트 광고 등), 문학 등 원전을 갖는 스토리로 풀어나가는 메커니즘(올림푸스의 《노인과 바다》 패러디 등), 복고를 이용하는 형식이다(예: 박카스 〈재봉틀〉 등).

레오버넷(Leo Burnett)의 말처럼 "모든 광고는 내재된 드라마(*inherent drama*)여야 한다. 제품 안에 숨은 이야기를 찾아 광고로 만들어내는 것"이 중요하다.

4. 스토리 구성 시 고려해야 할 몇 가지 측면 　How to say

첫째, 논란의 중심에 서라.

의류 브랜드 엑코(Ecko)의 UCC 사례가 이에 해당한다. 미국 대통령의 전용기 에어포스원에 'Still Free'라고 낙서하는 장면이 포착된다. 'Still Free'는 엑코의 브랜드 슬로건이다. 논란이 일자 미국 국방부까지 나서 사실무근이라는 성명서를 세 차례나 발표하고 이후 엑코는 자신들이 동영상 유포자이며 의도적으로 대통령 전용기와 비슷한 모양의 화물기를 임대, 촬영했음을 밝힌다.

입소문을 일으킬 만한 대상, 즉 입소문의 주체를 파악해야 한다. 그리고 빅마우스(*big mouth*)를 이용해야 한다. 빅마우스는 반드시 그 분야의 유명인사가 될 필요는 없다. 오히려 숨은 실력자가 더 큰 영향력을 가질 수 있다.

둘째, 즐겁게 만들어라.

정서적 유대는 사람들이 스토리에 몰입하게 만든다. 또한 스토리에 대한 지각된 유희성이 클수록 몰입이 커지며 커뮤니케이션 효과가 뛰어날 수 있다. 지각된 유희성이란 독자와 소비자가 지각하는 것을 말한다. 타깃의 수준과 관여도 그리고 제품특징 등을 고려해야 한다. 그러나 반드시 스토리의 내용과 잘 어울리는 제품일 필요는 없다. 오히려 어울리지 않는 스토리가 의외의 즐거움을 주고 주목도를 높일 수 있다.

과학과 첨단 시스템이 중요한 인터넷 증권회사에 가수 현철을 등장시키고 〈앉으나 서나 당신 생각〉 노래로 뮤직비디오를 찍는 형식으로 만든 KDB 대우증권 바이럴 영상이나, 정상훈이 등장하는 머렐의 바이럴 영상인 〈세상에 이런 일이〉(2016) 등이 여기에 속한다. 즐거움과 임팩트를 주어 사람들에게 오래 회자되었다.

셋째, 이미지를 유사하게 만들어라.

소비자는 스토리텔링의 화자가 자신의 이익을 대변한다고 느꼈을 때, 자기의 이미지와 유사할수록(일치성 증가) 스토리를 자신의 견해를 대변하는 이야기로 평가하고 긍정적 태도를 갖는다. 스토리에 대해서도 마찬가지이다. 스토리의 내용이 독자 및 이용자가 생각하는 이미지와 유사하도록 구성해야 한다. 콘텐츠에 대해 느끼는 자아일치감(match-up)이 클수록 콘텐츠를 좋아하고 몰입하는 데 긍정적 영향을 주기 때문이다.

광고 콘텐츠 가운데 웅진 코웨이의 〈시후야 고마워〉(2009)나 박카스의 〈대화회복, 애정회복〉(2015), 〈콜센터〉(2016) 편은 유사성을 자극한다. 고(故) 정주영 회장을 소재로 한 현대중공업의 광고(2010)는 진실성을 갖는다. 이밖에 광동 헛개차 〈어떻게〉 시리즈(2016)처럼 소비자의 생활에서 실제로 일어날 수 있는 이야기를 소재로 쉽게 공감하게 할 수도 있다.

공감(sympathy)은 광고의 감정적 반응, 즉 다른 사람의 감정을 파악하는 능력과 유사한 의미로 사용한다. 공감은 감정이입(empathy)과 혼용되기도 하지만 감정이입과는 달리 타인의 감정에 흡수되지 않고 자신의 의식과 지적인 태도를 유지하는 개념이다. 공감이 상대와 '함께하는 감정'(with-feeling)이라면, 감정이입은 다른 사람의 '감정상태 안에서 느끼는'(in-feeling) 능력이다(Boring, Langfeld, & Weld, 1967). 감정이입은 비자발적으로, 미처 의식하지 못한 채 다른 사람의 감정과 합쳐지는 것이라는 점에서 대상에 대해 보다 깊이 개입되는 개념이다.

포그, 부츠, 그리고 야카보루(Fog, Budtz, & Yakaboylu, 2005/2008)는 《스토리텔링의 기술》이라는 책에서 스토리텔링의 4가지 요소로 ① 스토리의 메시지, ② 갈등, ③ 등장인물, ④ 플롯을 꼽았다.

우선, 메시지는 주제에 해당하며 하나의 스토리에는 하나의 메시지만 담겨야 한다.

둘째, 갈등은 스토리에서 가장 중요한 요소로서 스토리에서 해결해야 할 문제를 의미한다. 갈등은 임팩트 있는 스토리를 만드는 원동력이다.

셋째, 등장인물은 일반적으로 주인공과 악인, 선한 사람과 악한 사람 등의 대비되는 구조를 갖는다. 포그는 등장인물의 유형을 11가지로 세분화하고 각 유형에 해당하는 브랜드를 선정했다. 주요 유형과 유형별 브랜드 사례는 다음과 같다. ① 영웅: 나이키, 적십자, 반스 앤 노블(Barnes & Noble), 존 굿맨(John Goodman), 〈피플 매거진〉, ② 애인: 알파 로메오(Alfa Romeo), 페넬로페 크루즈, ③ 모험가: 버진(Virgin), ④ 창조자: 레고(LEGO), ⑤ 익살꾼: M&M, ⑥ 순수한 사람: 디즈니, ⑦ 마술가: 3M, 해리포터, ⑧ 반역자: 할리데이비슨, ⑨ 통치자: 메르세데스 등이다.

넷째, 플롯은 스토리 내의 요소를 배치하는 것으로 스토리 전개방법을 말한다.

플롯구성 시 유의해야 할 점은 시간에 따른 기술(연대기적)에 너무 얽매이지 않아야 한다는 점이다. TV광고의 경우는 광고 시간이 상대적으로 짧으므로 이야기 전개에 한계가 있다. 그러나 아무리 간단한 구조라 하더라도 단순히 원인과 결과의 순으로나 시간 순으로 이야기를 전개해야 할 필요는 없다. 결말에 주제가 담기면 그만이다. 예를 들어, 드라마광고의 경우 위기-결말-발단으로 가는 방법도 좋다.

마지막으로 브랜디드 콘텐츠 개발을 위해 스토리텔링 PD가 해야 할 중요한 일은 스토리텔링 소재를 발굴하는 일이다. 예를 들어, 사용자 후기를 중심으로 찾아보기, 빅스타 중 관련성 있는 사람 찾아보기, 회사, 창업자, 제품개발자 등 상품 관련자 찾아보기, 일반 연예인을 찾아 단순 스토리 입히기 등에서 방향을 찾을 수 있다.

불신의 자발적 유예와 제품유형

'불신의 자발적 유예'의 문자적 정의는 독자 또는 관객이 허구의 창작품을 즐기기 위해 의도적으로 자신의 비판력을 보류하고 부조리하거나 비사실적인 작품내용을 무시하는 것이다. 불신의 자발적 유예는 영국의 낭만주의 시인이자 문학이론가인 콜리지(Samuel Taylor Coleridge, 1772~1834)가 시적 신념(*poetic faith*)을 설명하기 위해 처음 제안한 개념이다. 이를테면 독자가 시를 읽으며 상상력을 갖거나 허구적 작품에 대해 스스로 불신감을 없애고 상상 속에 빠져드는데 이러한 과정을 불신의 자발적 유예로 설명한다.

한편, 대표적인 '제품의 유형'으로 쾌락재와 실용재가 있다. 쾌락재란 소비자가 소비나 구매를 통해 즐거움이나 환상과 같은 쾌락적 경험을 제공받을 것으로 기대되는 제품으로 정의한다. 반면 실용재란 소비자가 소비나 구매를 통해 실용적 가치를 제공받을 것으로 지각되는 제품으로 정의한다(Holbrook & Hirschman, 1982). 이들 두 유형은 광고효과와 관련한 중요한 요인으로 연구되었다(Park & Young, 1986; 김상훈 · 박혜경, 2006). 캐릭터에 관한 김운한(2010)의 연구에서는 소비자가 지각하는 불신의 자발적 유예가 제품유형 및 캐릭터의 허구성에 따라 달라지는 것으로 나타났다(상호작용 효과).

구체적으로, 쾌락재이면서 고(高)허구 캐릭터의 경우에 불신의 자발적 유예가 가장 컸으며(쉽게 믿으려 함), 실용재이면서 고허구 캐릭터인 경우에 불신의 자발적 유예가 가장 적은 것으로 나타났다(쉽게 믿으려 하지 않음). 이를 근거로 할 때, 스토리텔링의 허구성 정도 역시 제품의 유형과 상호작용할 것으로 예상할 수 있다. 예를 들면, 브랜드 스토리가 신화적 요소 등을 포함해 허구적이라 할지라도 쾌락재의 경우 스토리를 실용재보다 상대적으로 더 긍정적으로 평가할 수 있다.

생각해 볼 문제

1. 스토리텔링의 주요 구성요소는 메시지, 갈등, 등장인물, 플롯이다. 광고 또는 바이럴 영상 작품 하나를 골라 4요소를 찾아보자.

_____

_____

_____

2. 스토리텔링은 스토리와 텔링이 합쳐진 말이다. 텔링이 무엇을 의미한지 사례를 통해 알아보자.

_____

_____

_____

3. 스토리텔링 효과에 영향을 주는 변수로 제품유형이 있다. 두 가지 제품유형, 즉 탐색재와 경험재로 구분해 스토리텔링의 효과가 어떻게 다를지 생각해 보자.

_____

_____

_____

참고문헌

김상훈·박혜경 (2006). "새로운 속성 추가 시 소비자의 제품평가 및 구매의도에 미치는 영향요인에 대한 탐색적 연구". 한국마케팅과학회 학술발표 대회논문집, 617-638.

김운한·정차숙·최홍림 (2013). "브랜드 스토리의 허구성 및 품질성이 스토리 몰입, 스토리 태도, 브랜드-소비자 관계에 미치는 영향". 《홍보학연구》, 17권 3호, 235-277.

김훈철·장영렬·이상훈 (2008). 《브랜드 스토리텔링의 기술: 강력한 브랜드는 스토리가 만든다》. 서울: 멘토르.

김홍식·류웅재·김진형 (2010). 《경기도 문화유산의 스토리텔링화 방안에 관한 연구》. 경기: 경기연구원.

차봉희 (엮음) (2007). 《디지로그 스토리텔링: 디지털시대의 문화, 예술 그리고 커뮤니케이션》. 서울: 문매미.

차유철·정상수·이희복·신명희 (2009). 《광고와 스토리텔링》. 서울: 한경사.

최혜실 (2006). 《문화 콘텐츠, 스토리텔링을 만나다》. 서울: 삼성경제연구소.

_____ (2007). 《문화산업과 스토리텔링》. 서울: 다할미디어.

Beckwith, H. (2011). *Unthinking: The surprising forces behind what we buy.* 이민주 (옮김) (2011). 《언씽킹》. 서울: 토네이도미디어그룹.

Chiu, H. C., Hsieh, Y. C., & Kuo, Y. C. (2012). How to align your brand stories with your products. *Journal of Retailing*, 88(2), 262-275.

Escalas, J. E. (1998). Advertising narratives: What are they and how do they work?. *Representing consumers: Voices, view and visions*, 267-289.

Fog, K., Budtz, C., & Yakaboylu, B. (2005). *Storytelling: Branding in practice.* 황신웅 (옮김) (2008). 《스토리텔링의 기술: 어떻게 만들고 적용할 것인가?》. 서울: 멘토르.

Hansen, C. D., & Kahnweiler, W. M. (1993). Storytelling: An instrument for understanding the dynamics of corporate relationships. *Human Relations*, 46(12), 1391-1409.

Signorelli, J. (2012). *Story branding: Creating standout brands through the power of story.* Austin, Texas: Greenleaf Book Group Press.: Greenleaf Book Group Press.

Simmons, A. (2001). *The story factor: Secrets of influence from the art of storytelling.* Cambridge, Mass: Perseus Pub.

Smeeton, T. (2012). Storytelling still the key in a complicated world. Campaign(magazine). 31Jan2012. URL: http://www.campaignlive.co.uk/article/1114646/storytelling-key-complicated-world#

Smith, J. W. (2007). Adverstories. *Marketing Management*, 16(1), 48.

Twitchell, J. B. (2004). An english teacher looks at branding. *Journal of Consumer Research*, 31(2), 484-489.

Woodside, A. G., Sood, S., & Miller, K. E. (2008). When consumers and brands talk: Storytelling theory and research in psychology and marketing. *Psychology & Marketing*, 25(2), 97-145.

제 5 장

아트 컬래버레이션

1. 컬래버레이션이 중요한 IMC 시대

컬래버레이션(*collaboration*). 둘 이상의 사람이나 조직이 하나의 목적을 갖고 그 목적을 실현하기 위해 함께 일하는 것, 한마디로 협업으로 번역한다. 하나의 목표를 위해 함께 일하는 점에서는 협동(*cooperation*)과 같으나 각자의 역할이 다른 이질적 구성원이 협력적으로 일하는 것에 차이가 있다. 커뮤니케이션학 관점에서 컬래버레이션의 개념이 중요시되는 것은 미디어의 발달과 분화, 이로 인한 이종 매체의 협력적 운용이 중요한 IMC(*integrated marketing communication*: 통합 마케팅 커뮤니케이션) 시대이기 때문이다. 또한 컬래버레이션에서는 커뮤니케이션 개념이 강조된다. 묵묵히 풀 베고 밭 매는 협동이 아니라, 수시로 커뮤니케이션하고 하나가 된 목표와 가치를 공유해나가는 과정이 중요하다는 점이다.

'컬래버레이션'이라는 용어는 2008년 1월 스위스 다보스에서 개최된 세계경제포럼이 'Collaborative Innovation'을 주제로 채택하고 나서부터 본격적으로 대중화되기 시작했다. '기술과 인문학'이라는 서로 다른 영역의 결합을 추구한 애플은 우리 시대의 대표적인 컬래버레이션 사례이다. 최근 액체사회(*liquid society*)라는 말이 있듯, 업종 간 경계가 액체처럼 용해되고 허물어져 같은 종류의 제품이 경쟁자가 되고 다른 종류의 제품끼리 동업자가 되는 시대이다. 서로 다른 제품이 협업해 공동 마케팅 전선을 구축하거나 제 3의 제품을 창출해 수익을 거둔다. 그 과정에서 아트는 손꼽히는 협업 대상자가 되었다.

2. 아이디어 컬래버레이션

최근 주목받는 컬래버레이션이 바로 '아이디어'의 컬래버레이션이다. 상품이나 서비스처럼 기존에 존재하는 것이 아닌 일반 사람의 아이디어를 모아 컬래버레이션한 것을 말한다. 여러 사람의 작품을 모아 만든 영화 〈라이프 인 어 데이〉(Life in a day, 2011) 와 크라우드 소싱을 통한 싸이의 〈강남스타일〉이 이에 해당한다.

〈라이프 인 어 데이〉는 영국의 맥도널드(Kevin Macdonald) 감독이 연출하고 〈글래디에이터〉(Gladiator, 2000) 의 스콧(Ridley Scott) 감독이 제작한 작품이다. 전 세계 사람에게 인터넷과 SNS 등을 통해 동영상을 유튜브에 올려줄 것을 요청해, 이들에게 받은 8만여 개의 작품을 추려 하나의 작품으로 편집했다고 하니 영화사상 가장 많은 제작인원이 동원된 작품이라 할 만하다. 싸이의 〈강남스타일〉에 나오는 말춤도 다양한 안무가로부터 상금을 걸고 아이디어를 모으는 '크라우드 소싱'으로 탄생되었다. 이들 두 사례는 '크리슈머'(cresumer: creator + consumer), 즉 창조적 소비자와 이들을 활용하는 크라우드 소싱의 힘을 잘 보여주는 사례이다.

1) 크라우드 소싱

영국의 트렌드 조사기관인 트렌드워칭(trendwatching. com) 은 2013년 두 가지 혁신적 소비유형으로 '프리슈머'(presumer) 와 '커스트오너'(custowner) 를 들었다. 프리슈머는 제품이나 서비스가 나오기 전부터 제품개발에 관여하고, 자금을 투자하고, 홍보하는 소비자를 말한다. 한편, 커스터오너는 제품을 수동적으로 구매하거나 소비하는 것이 아닌, 제품에 직접 자금을 지원하거나 투자하는 소비자를 말한다. 커스터오너는 자신의 지원에 대한 보상으로 금전적 보상뿐 아니라 정신적(감정적) 보상을 바라기 때문에 개방적 기업이나 투명한 기업, 우호적이고 정직하며 신뢰할 수 있는 기업에 매력을 느낀다. 이들 두 소비자에 공통되는 것이 제품개발에 관여하고 투자한다는 점이다. 이것이 바로 '크라우드 소싱'(crowd sourcing)이다.

크라우드 소싱이란 '대중'(crowd)과 '외부자원 활용'(outsourcing)의 합성어로 대중의 아이디어를 모아 제품이나 서비스 개발에 활용하는 전략을 말한다. '크라우드 소싱'은 미국의 저널리스트 하우(Jeff Howe)가 IT 잡지 〈와이어드〉(Wired)에서 처음 사용한 말로 '다수의 인력풀이 소수의 전문가보다 낫다'라는 믿음 아래 다양한 사람의 의견을 모아 다양한 해결책을 개발한다.

2) 크라우드 소싱 기업

크라우드 소싱의 대표 기업으로는 미국의 퀄키(Quirky)를 꼽을 수 있다. 퀄키는 2009년 설립되었으며 '퀄키닷컴' 커뮤니티는 남녀노소 누구나 이용할 수 있다. 이용자가 제품 아이디어를 게재하면 다른 이용자가 수정사항을 제안하고 투표를 통해 최고의 제품 아이디어를 선발한다. 하루 평균 올라오는 아이디어는 대략 200~300개 정도로 채택된 아이디어를 게재한 사람에게는 인센티브나 저작권료에 대한 보상을 받는다. 예를 들어, 제이크라는 청년은 쉽게 코드를 꽂을 수 있는 멀티탭 아이디어를 내어 15만 달러의 수익을 배분받았다.

크라우드 소싱은 기존의 아웃소싱보다 저렴한 가격에 더 다양한 아이디어를 얻을 수 있으며 호의적 잠재고객을 확보하기 쉽다. 특히, 스마트폰 등을 이용한 SNS가 보편화된 시대인 만큼 크라우드 소싱의 역할은 더욱 커질 것이다. 크라우드 소싱은 아이디어 수집 이외에 홍보효과가 뛰어나다. 다만, 일반 소비자를 대상으로 한 크라우드 소싱이 언제나 성공적일 수는 없다. 일반인의 아이디어 못지않게 주최 측의 핵심 아이디어를 갖춰야 한다. 물론 아이디어를 평가하고 선별하는 안목도 중요하다.

그림 5-1 퀄키닷컴의 다양한 아이디어 상품

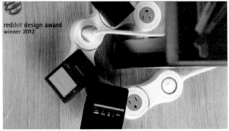

귤이나 레몬 등 과일에서 바로 주스를 짤 수 있는 기계와 쉽게 충전할 수 있는 어댑터.
레드닷 디자인상을 수상하기도 했다. 두 날로 되어 옷을 걸거나 꺼내기 편한 옷걸이,
사용 후 정리가 쉬워 공간을 차지하지 않는 키보드. 출처: quirky.com

그림 5-2
퀄키닷컴 창작지원 플랫폼 Fundable

아이디어를 제출한 창작자들이 합법적
인물인지, 아이디어의 실현가능성 등을
검증받는다. 지원한 제품이 성공적으로
만들어지지 못할 경우 지지자들에게
지원금의 일부를 환불받을 수 있다.
출처: quirky.com

3. 아트 컬래버레이션

제품 혹은 마케팅 요소가 예술과 결합해 시너지를 창출하는 '아트 컬래버레이션' 개념이 주목받는다. 아트 컬래버레이션은 상업적 특성을 가지는 마케팅 커뮤니케이션과 문화적 속성을 띠는 예술, 이 두 가지가 결합된 표현전략이다. 마케팅 커뮤니케이션의 중요한 수단인 광고와 예술의 상호침투가 일어나면서 생겨난 컬래버레이션 광고가 대표적인 컬래버레이션 형태이다. 최근 들어 아트 컬래버레이션은 전통적으로 존재한 느슨한 형태의 단순결합이나 예술적 표현 모티프의 활용 차원을 넘어, 신제품 개발과 브랜드 확장 단계에까지 투입됨으로써 보다 적극적인 전략으로 간주된다.

1) 아트 컬래버레이션의 정의

'컬래버레이션'은 사전에서 협업, 협력, 협동, 합작, 공동연구, 협조, 원조, 공동제작품, 공저(共著) 등의 뜻으로 다양하게 번역된다.[1] 마케팅 학자는 대체로 컬래버레이션을 '둘 이상의 기업이 자신의 보유한 핵심역량을 바탕으로 상호보완적 역량을 결합해 각자가 가진 시장 및 기술경쟁상의 강점을 함께 나누는 일정기간 동안의 협력관계'로 정의한다. 또한 컬래버레이션을 두 개 이상의 대등한 기업이나 브랜드가 연구개발, 생산, 마케팅 등의 노하우와 자원을 상호제공해 서로의 이익을 추구하는 기업활동으로 보는 견해도 있다. 이 장에서는 기존의 컬래버레이션에 관한 연구를 토대로 아트 컬래버레이션을 '마케팅 커뮤니케이션 효과를 높이기 위해 사실적 혹은 재가공, 변형된 형태의 예술적 요소를 결합하는 것'으로 정의한다.

아트 컬래버레이션이란 브랜드 이미지 구축을 위해 광고와 예술을 융합하는 전략을 의미한다. 광고가 시나 소설, 영화, 회화, 음악, 무용 등 다양한 예술작품을 패러디하거나 차용하거나 반대로 팝아트나 키치(kitsch) 등의 대중예술이 작품 속에 광고

---

[1] 이하, 이현우와 김운한(2011)의 글을 재정리했다.

를 인용하거나 광고 표현의 일부를 묘사하기도 한다. 아트 컬래버레이션 광고는 중소 규모의 광고회사를 중심으로 효율적으로 실행되면서 유형의 제품을 무형의 가치로 전환하는 브랜드 마케팅에 기여한다.

아트 컬래버레이션은 제품개발, 브랜드 디자인, 광고, 스타 마케팅, 판촉, 매장, 문화 이벤트, 스폰서십, 구전, 장소 프로젝트 등의 다양한 영역에서 사례를 찾아볼 수 있다. 아트 컬래버레이션의 사례는 크게 다양한 매체와 표현 장르, 결합유형에 따라

표 5-1 결합유형별 컬래버레이션 사례

결합유형	주요 컬래버레이션 사례	
아트	• 루이비통 + 다카시/제이콥스 • 푸마 + 샌더/야스히로 • 에비앙 + 스미스 • 리바이스 + 홍수영 • 유니클로 + 나얼 외	• 루이비통/나이키 + 웨스트 • 코카콜라 + 라거펠트 • 컨버스 + 리히텐슈타인/워홀 • 디오스 + 하상림의 모던 플라워 • 하나은행 + 레이노의 빅팟
장소	프라다 트랜스포머(렘 쿨하스) + 경희궁	
문화지원	• 닥스 + 라코스테: '12 · 12 파티' 프로젝트 • 장 폴 고티에 + 까르티에 재단: 'Pain Coutre' • 삼성전자: 〈비엔나 미술사 박물관전〉 • 리움 미술관, 농심: '아트페스티벌' • 현대백화점: 앤디워홀, 로댕 등 유명화가 작품전 • 하나은행: 백남준 특별전 • 야후코리아: 뮤지컬 〈지하철 1호선〉, 〈라이프〉 등 • 롯데백화점 화랑: 〈박제동 실크로드 기행전〉 • 유니레버 코리아: 립톤티와 음악의 만남 • 크라운 해태제과: 흙으로 만든 인형 공모대전	
브랜드 디자인	• 더페이스샵 '아르쌩뜨' • 현대카드 '갤러리 카드' • 롯데제과 '하비스트 검은깨' • 웅진식품 '아침햇살' • 아티스틱 브랜드(Artistic brand) 루이비통의 무라카미 백	
광고	• CJ 홈쇼핑: '쇼핑의 지혜' 캠페인 • LG: 〈명화〉시리즈 • 조선무약: 솔표 우황청심원 광고 • 앱솔루트 보드카: '앱솔루트 아트' 시리즈	
바이럴	유니클로 + 질 샌더 + J	

분류될 수 있다. 예를 들어, 아트와 브랜드의 컬래버레이션 전략적 유형을 다음과 같이 나눌 수 있다(김훈철 등, 2007). 또한 표 5-1은 아트가 결합되는 유형을 전략적 유형별로 분류한 것이다.

① 문화 이벤트: 농심 부산 아트페스티벌, 한화 세계불꽃축제, 하나은행 백남준 특별전
② 제품개발: 낸시랭 라인, 루이비통, 무라카미 백
③ 매장 전략: 갤러리아, 신대륙, 롯데 등 백화점 매장 및 외관
④ 브랜드 디자인: 디오스컬렉션, 현대 갤러리카드
⑤ 판촉수단: 애경 케라시스, 선물세트 갤러리아 백화점 쇼핑백
⑥ 광고: LG그룹 〈명화〉 시리즈, CJ 홈쇼핑, 하나은행 빅팟, 앱솔루트 보드카

2) 아트 컬래버레이션의 장점

아트 컬래버레이션은 광고 크리에이티브에 돌파구를 마련하고 광고의 품격을 높여 장기적으로는 광고의 사회적 지위의 강화에 기여할 것이다. 그러나 두 개 이상의 원소를 물리적으로 결합하는 합금술의 차원을 넘어서야 한다. 혁신적인 콘텐츠가 컬래버레이션을 주도하지 않는다면 브랜드의 혁신적 가치는 저절로 창출되는 것이 아니라는 것이다. 아트 컬래버레이션 광고는 유형의 제품을 무형의 가치로 전환하는 브랜드 마케팅 과정에서 몇 가지 장점을 갖는다.

첫째, 고급스러운 브랜드 이미지를 구축할 수 있다.

예술이 주는 이미지 때문이다. 이와 함께 순수예술 소재를 발굴·적용함으로써 표현의 다양성을 증가시키고 광고 품격의 차원을 높일 수 있다. 고급스러운 브랜드 이미지는 브랜드 태도에 긍정적 영향을 준다.

둘째, 예술이 주는 미적 감동과 즐거움을 전달할 수 있다.

전시회, 문화행사 등을 진행함으로써 고객과 긍정적인 커뮤니케이션을 전개할 수 있다. 이른바 OSMU이다.

셋째, 제작예산을 안정적으로 확보할 수 있다.

아트 컬래버레이션 광고는 저작권이나 소재 사용료 외의 큰 비용을 추가로 부담하지 않고도 필요한 표현소재를 외부에서 안정적으로 확보하는 효과가 있기 때문이다.

넷째, 아티스트와의 공동 브랜드를 구축해 동반성장을 도모할 수 있다.

대표적 예로 코카콜라와 캠벨 수프를 소재로 예술 마케팅을 개척한 워홀(Andy Warhol), 열쇠고리 등의 소품에서 광고 아트까지 전방위적으로 특유의 스타일을 창조한 해링(Keith Haring), 비디오 아트의 창시자 백남준, 루이비통이나 BMW 등과의 컬래버레이션으로 유명한 엘리아손(Olafur Eliasson) 등이 있다.

단점으로는 컬래버레이션은 개별적으로 사업을 영위하는 것보다 기업 고유의 정보 및 지식이 경쟁자에게 노출될 위험이 있기 때문에 위험을 수반할 수 있다는 점이다.

3) 아트 컬래버레이션의 유형

(1) 문학과의 결합

광고카피가 언어로 구성되었다는 점에서 언어예술인 문학은 태생적으로 광고와 관련성이 많다. 따라서 작품이 결합된 정도에 차이는 있지만 문학은 다양한 형태로 브랜드와 컬래버레이션했다.

광화문 교보빌딩의 글 판은 기업의 메시지보다 문학작품 소개가 중심이 된 CSR 콘텐츠에 가깝다. 정현종의 〈방문객〉을 실은 2011년 여름 광고(사람이 온다는 건/ 실로 어마어마한 일이다/ 한 사람의 일생이 오기 때문이다), 도종환의 〈흔들리며 피는 꽃〉을 실은 2004년 봄 광고(흔들리지 않고 피는 꽃이 어디 있으랴/ 그 어떤 아름다운 꽃들도/ 다 흔들리며 피었나니), 정희성의 〈숲〉을 실은 2015년 여름의 광고(제가끔 서 있어도 나무들은/ 숲이었어/ 그대와 나는 왜 숲이 아닌가), 장석주의 〈대추 한 알〉을 실은 2009년 가을 광고(대추가 저절로 붉어질 리는 없다/ 저 안에 태풍 몇 개/ 천둥 몇 개, 벼락 몇 개) 등 많은 작품이 사랑받았다.

단순히 광고소재로 사용되는 경우는 더 많다. 애플의 아이패드 에어(iPad Air) 광고

그림 5-3 교보생명 본사 글 판에 실린 나태주의 〈풀꽃〉(2012 봄 광고)

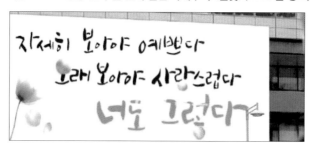

에서는 위어(Peter Weir) 감독의 영화 〈죽은 시인의 사회〉(Dead poets society, 1989)의 키팅 선생이 학생들에게 꿈을 심어주기 위해 인용한 휘트먼(Walt Whitman)의 시 〈O me, O life〉(1892)가 내레이션으로 나온다. 그 밖에 베르베르(Bernard Werber)가 등장하는 현대증권 able 광고, 시를 소재로 한 SK텔레콤 인쇄광고 등이 있다.

(2) 음악의 활용

예술작품 형태로서의 음악 유형으로는 가곡, 오페라, 뮤지컬, 팝페라, 교향악 등이 개사곡, 주제곡, 배경음악 등의 형태로 활용된다. 배경음악(*background music*·BGM)은 가장 흔한 형태이다. 현대카드의 〈Prelude〉, 하이마트의 〈오페라송〉광고 등 원곡을 이용하거나 SK텔레콤의 〈되고 송〉처럼 창작곡을 이용하기도 한다. 구인 사이트 알바천국은 〈슈퍼스타K〉에 등장하는 뮤지션들과 그 음악을 소재로 1분 29초짜리 뮤

그림 5-4 **알바천국 광고**

오디션에 떨어진 음악가의 애환을 재미있게 담았다. 출처: tvcf.co.kr

직비디오 광고를 제작한 바 있다.[2] 아울러 방송광고에 사용되는 음악적 요소는 배경음악, CM송, 징글, 로고송, 로고 사운드, 사운드 디자인 등 다양하다.

(3) 회화와의 컬래버레이션

LG전자는 디오스 냉장고의 신제품에 '아트 디오스'(Art DIOS)라는 콘셉트를 채용했다. '아트 디오스-모던 플라워'는 '꽃의 화가'로 유명한 하상림의 작품을 냉장고 전면에 적용했다. CJ홈쇼핑의 '쇼핑의 지혜' 캠페인, LG의 명화 시리즈 기업광고 등도 회화를 광고에 활용해 브랜드 아이덴티티를 구축한 사례이다. 이외에 현대자동차의 에쿠스, 앱솔루트(Absolut)의 보드카 광고, CCA(Container Corporation of America)의 광고도 이 유형에 속한다.

(4) 춤과의 컬래버레이션

광고에서 춤의 역할도 음악의 역할과 유사하다. 춤을 통해 광고에 대한 소비자의 주목을 이끌거나, 장면과 장면의 연결에 쓰이거나, 광고 상황에 적절한 감정이나 분위기를 조성하거나, 광고의 메시지를 직접 전달하는 역할을 수행한다. KB국민은행 기업광고의 〈배틀댄스〉, 금호아시아나 그룹 광고의 뮤지컬 〈비보이를 사랑한 발레리나〉 활용 전략, 대림산업 광고의 가야금 연주와 비트박스, 비보이의 만남 등도 춤을 이용해 광고 주목도와 브랜드 호감을 높인 사례이다.

(5) 건축과 조형물의 활용

건축물을 이용한 주요 컬래버레이션 사례로는 먼저 헤어용품 회사인 액스(Axe)의 건물 광고를 들 수 있다. 이는 여학생 기숙사 건물 자체를 커다란 달력처럼 만들어 액스 제품을 사용하면 한 달 내내 다른 여자를 만날 수 있음을 알린다. 스웨덴 스톡홀름의 건물 외벽광고는 TV 및 사운드 장치의 파워를 효과적으로 알리기 위해 건물의 외

---

2 http://event. alba. co. kr/event/330/?src=flash&kw=00E8D6

벽을 이용했다. 국내 사례로는 인천 송도의 역조개형 건축물인 트라이볼, 하나은행의 빅팟 등이 있다. 이 밖에 영국 출신의 조각가 래드클리프(Benedict Radcliffe)의 작품을 이용한 나이키 에어맥스의 OOH광고물, 3M의 강화유리를 광고하는 버스쉘터 등이 조형물 컬래버레이션 광고의 예이다.

4) 컬래버레이션 마케팅의 유형

컬래버레이션 마케팅이란 단순히 글자 그대로의 의미, 즉 두 업종을 합친 것 이상을 의미한다. 최근에는 이종 산업 간 컬래버레이션이 대세이다 두 산업 간 크로스오버(crossover)를 통해 새로운 성격의 제품(서비스)이 탄생하기도 한다. 예를 들어, 현대자동차와 커피빈이 공동으로 운영하는 '현대차 에스프레소 1호점' 같은 곳이 그와 같은 경우라고 할 수 있다.

컬래버레이션은 ① 제품형, ② 프로모션형, ③ 종합형으로 구분된다. 제품형 컬래버레이션은 업종 성격이 서로 다른 매장이나 업종이 제품출시 단계부터 서로 보완재로서 협업하는 경우이며, 프로모션형 컬래버레이션은 프로모션 단계에서 협업하는 방식을 통해 큰 시너지를 낸다. 종합형은 제품출시에서 프로모션에 이르기까지 전방위적으로 협업하는 것을 말한다.

제품형 컬래버레이션으로는 현대차 에스프레소 카페, 호안미로의 작품을 신발에 접목한 스페인 신발 브랜드 캠퍼(Camper) 등을 들 수 있다. 예술작품을 이용한 패키지 디자인도 제품형에 포함된다. 예를 들어, 명화를 이용한 펜잘의 패키지, 라거펠트(Karl Lagerfeld)와 컬래버레이션한 코카콜라 패키지, 패션 디자이너 질 샌더와 컬래버레이션해 론칭한 푸마의 프리미엄 라인 제품 '푸마 블랙 스테이션'(PUMA Black Station), 카스는 7명의 유명 팝아티스트와 만나 브랜드에 비주얼 아트를 접목해 역동적 이미지를 전달하는 등 수없이 많다.

프로모션형 컬래버레이션으로는 넥서스7(Nexus7) 태블릿과 초콜릿 킷캣(KitKat) 프로모션 등을 비롯해 기업의 경품행사 시 해당 경품으로 참여하는 것 등이 있다.

그림 5-5 제품형 컬래버레이션 사례

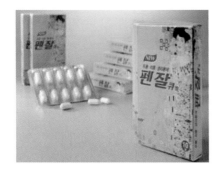

펜잘의 컬래버레이션 패키지(위 왼쪽). 구스타프
클림트의 〈아델 브로흐 바우어의 초상〉이라는
명작과 컬래버레이션한 패키지로 예술 마케팅을
펼쳤다. 캠퍼의 '호안 미로 트윈스 리미티드
에디션'(위 오른쪽)은 신발에 호안 미로의
명화를 입혔다. 장 폴 고티에(오른쪽 가운데),
칼 라거펠트(오른쪽 아래)와 컬래버레이션한
코카콜라 라이트 한정판 사례는
컬래버레이션의 대표적 사례로 꼽힌다.

그림 5-6
헤라의 홍보영상

마지막으로 종합형으로는 아모레퍼시픽의 '헤라'(Hera)를 컬래버레이션 예로 들수 있다. 팝 컬처 작가인 이동기의 〈아토마우스〉를 홍보와 함께 제품 디자인에 활용해 호평을 받았다.

(1) 영화

최근 들어 영화 장면을 광고에 단순히 차용하는 수준을 넘어 브랜드 스토리를 담은 영화 한 편을 제작하는 경향이 늘어난다. 영화와 광고가 합쳐진 '무버셜' 또는 '애드무비'(admovie)가 그것이다. 영화 장면을 회상시키고 영화적 기법이 웅장함을 전달하기 때문에 광고 몰입과 긍정적 감정을 유발하기 쉽다. 크르폰 맥크렙(Crpon Macrep) 방음창 광고는 〈스파이더맨〉을 광고에 접목시킨 사례이다. 화장실에 앉은 스파이더맨이 방음이 너무 잘 된 덕분에 밖에선 무슨 일이 생겼는지도 모른다는 상황을 표현했다.

그림 5-7 크르폰 맥크렙의 방음창 광고

출처: adsotheworld.com

(2) 미술, 조형물

철사를 이용한 영국의 조각가 베네딕트 레드클리프는 토요타, 람보르기니 등의 자동차나 나이키 에어맥스, 자전거 등을 철사 조형물로 만들어 예술적인 광고물로 평가받았다. 토요타 프리우스는 론칭 시 하이브리드 자동차로서의 친환경적 이미지를

그림 5-8
조형물을 이용한 컬래버레이션

토요타 코롤라의 티저 광고(왼쪽)와
보스턴의 프루덴셜 플라자에 설치한
프리우스의 "Solar Flowers"(오른쪽).

전달하기 위해 도심 광장에 해바라기 조형물을 설치하기도 했다. 전원과 무선 인터넷이 지원되어 시민에게 휴식 공간을 제공한다.

(3) 바코드, QR코드

2000년대 초부터 시작된 바코드가 가격 등 상품정보를 알리는 종래의 역할에서 이제 직접 상품을 홍보하는 역할까지 한다. 바코드를 통해 상품 자체가 광고 역할을 하며 광고미디어가 되는 셈이다.

바코드는 이제 예술가나 디자이너의 놀이도구가 됐다. 정보를 일렬로 새겨 넣는 바코드(bar-code)는 형태가 구겨지면 정보도 함께 훼손된다. 그러나 QR(quick response)코드는 사각형 전체 면적의 30% 정도가 훼손되어도 정보가 모두 파손되지는 않는다. 이를 '디자인 QR'이라 부른다. 몇몇 디자인 QR코드는 실제 스캔해도 실행되지 않는데 디자이너의 실험적 작품이기 때문이다.

마크 제이콥스(Marc Jacobs)의 디자인 QR도 비슷한 사례이다. 또한 팝 아티스트 무라카미 다카시는 그의 단편 애니메이션에 등장하는 펜더 캐릭터와 루이비통 로고를 조합해 마크 제이콥스 QR코드를 만들었다. 그 밖에 미국의 가수 겸 미디어 아티스트인 DJ 스푸키는 호주 멜버른에서 열린 실험 비엔날레(Experimenta Biennale)에서 QR코드를 활용한 미술작품을 전시했고 스위스 시계·보석 브랜드 피아제(Piaget)는 다이아몬드를 박은 QR코드 펜던트까지 내놨다.

(4) 그 밖의 아트 요소

예술을 이용한 환경보호 콘텐츠도 늘어난다. 환경사랑 팝업(*pop-up*) 카드 아이디어(그림 5-9)는 초록색 지문을 찍어 카드에 찍힌 환경사랑 문구(예: 나는 종이컵 대신 머그컵을 사용하겠습니다)를 직접 실천할 것을 약속하게 한다(2008). 국제 디자인공모전 "Green Earth"에서 1등상을 받은 작품이다.

브라질의 디자인 스튜디오인 로젠바움(Rosenbaum)과 TV쇼(TV Show)가 공동으로 만든 '패트병 정원'(Plastic bottles garden) 아이디어 등이 있다(www. recyclart. org). 예술을 이용한 그 밖의 사례로는 다음과 같다.

- 주류 + 디자인: 카스 맥주와 패션디자이너 '스티브J & 요니P', 가구디자이너 황형신, 팝아티스트 이에스더 등의 작가와 협업. 작가들이 디자인한 병따개, 재떨이, 잔, 보냉 가방 등 맥주 관련 소품과 사진, 비주얼아트 작품 전시
- 가구 + 패션: 이탈리아 가구 회사 '세루티 발레리'는 패션브랜드 '메종 마틴 마르지엘라'(Maison Martin Margiela)와 협업
- 구두 + 의자: 발리(Bally)와 명품 의자 '허먼 밀러'의 협업
- 패션 + 아트: 코오롱스포츠와 홍경택 작가가 협업한 등산용 지팡이 아트스틱
- 자동차 + 아트: 세계적 예술가인 제프 쿤스와 함께 만든 BMW 제프 쿤스 아트카

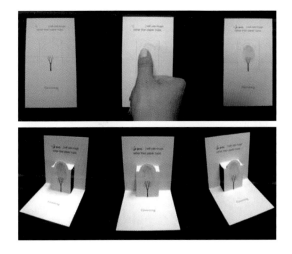

그림 5-9 환경사랑 팝업 카드

(5) 문화 마케팅

다양한 예술 창작을 후원하거나 협업(컬래버레이션) 하는 것을 '문화 마케팅'이라고도 한다. 사진작가 김중만과 루이까또즈(Louis Quatorze)의 컬래버레이션이 좋은 예이다. 작가의 작품이 프린트된 상품을 제작판매하거나(상품 개발단계), 루이까또즈 제품을 소재로 한 사진 작품을 전시했다. 상품 개발단계에서부터 컬래버레이션이 이루어졌다. 콘텐츠를 이용한 '브랜디드 엔터테인먼트 마케팅'이라 할 수 있다. 컨버스(Converse)가 100주년 기념으로 내놓은 뮤직비디오 〈My drive thru〉(2008)도 비슷한 예이다.

문화 마케팅은 직접적인 제품광고가 아닌 문화예술 공연이라는 매개체를 통해 감성적으로 다가가기에 별다른 거부감 없이 기업이미지를 높일 수 있다. 하나금융의 '하나 클래식 아카데미', 대림산업의 '꿈나무 예술여행', 금호아시아나그룹 문화재단 등 다양하다. 기업은 예술을 제품을 팔기 위한 마케팅 도구로만 보지 말고 사람들을 교류하게 하는 동시에 사람들에게 힘을 주는 촉매로 보아야 한다. 미술가 쿤스(Jeff Koons)가 한 말이다. 기업을 위한 문화 자산적 투자가 아닌, 대중과 소통하고 삶의 여유를 늘리는 문화적 도구로 사용되어야 한다는 의미이다.

그림 5-10
신세계백화점 본점의 조각 컬래버레이션

제프 쿤스의 〈Sacred Heart〉를 비롯해 호안 미로, 헨리 무어 등의 조각작품이 전시된 바 있다.

(6) 기술과 예술의 결합: 예술 마케팅

예술 마케팅은 기술과 예술의 결합으로 브랜드의 가치를 높이는 전략을 말한다. 예술 마케팅의 유형은 ① 제품에 기존 예술작품을 적용하는(패러디 포함) 방식, ② 유명 예술가 혹은 명품 브랜드와 제휴하는 방식, ③ 예술가나 공연 등 예술행사를 브랜드가 후원하거나 문화예술 작품을 전시, 공연하는 것으로 나누어 볼 수 있다.

예술 마케팅 중에서도 차가운 기술 이미지와 예술의 부드러움을 결합하는 방식을 '데카르트 마케팅'이라 한다. 데카르트 마케팅이란 테크(기술)와 아트(예술)를 합친 말(엄밀히는 테카르트이지만)이다. 가전제품이나 첨단 디지털 제품에 주로 적용되나 식품이나 생활용품 등 그 영역이 확대된다.

폭스바겐 폴로 블루 모션(Volkswagen Polo Blue Motion)의 인쇄광고는 제품 대신 광고에 예술이 적용된 사례이다. 광고 콘셉트인 "터무니없이 적은 연비량"(Absurdly low consumption)을 표현하기 위해 달리나 마그리트 등 초현실주의 화가의 작품을 패러디 했다. 고가의 고품질, 고품격이 중요시되는 자동차 제품에 이른바 '데페이즈망: 변형' 이미지를 사용함으로써 '세렌디피티'(serendipity)의 즐거움을 준다.

그림 5-11
폭스바겐 폴로 블루 모션 인쇄광고

(7) 엔터테인먼트 컬래버레이션

최근 들어 소비자는 광고에서의 상품정보를 일방적으로 수용하기보다 브랜드와 관련한 콘텐츠를 직접 경험하는 것을 즐긴다. 대표적 예가 단편영화 〈파란만장〉(Night fishing, 2010)이다. KT가 기획, 후원하고 박찬욱, 박찬경 감독이 연출을 맡아 아이폰 4로 촬영했으며 세계 3대 영화제인 베를린 국제영화제에서 황금곰 상을 수상해 영화적 가치를 인정받았다. 영화 그 자체가 브랜드를 알리는 콘텐츠 역할을 한다. 이처럼 엔터테인먼트 컬래버레이션이란 소비자가 공유하고 경험할 수 있는 엔터테인먼트를 목적으로 하는 컬래버레이션을 말한다.

브랜드 콘텐츠 제작 관점에서 아트 컬래버레이션은 다음의 장점을 갖는다. 첫째, 표현기술의 전문성이 높다. 둘째, 순수예술 영역을 토대로 다양한 응용이 가능하다. 셋째, 경쟁사의 진입장벽을 높일 수 있다. 반면, 전통적 광고에서의 제작(doing) 업무 수준에 머무르는 경우가 많아 향후 스페이스 디자인, 캐릭터 개발 등의 응용분야를 개척하고 고도화할 필요가 있다. 기업이 엔터테인먼트 산업과 결합해 다양한 콘텐츠를 만들고자 하는 것도 이 때문이다.

이처럼 펀 마케팅은 소비자가 즐길 것을 제공한다. 소비자로서는 재미와 즐거움을 얻을 수 있으며 기업으로서는 소비자와 소통하며 브랜드를 알리고 부가가치를 창출할 수 있다. 이제 마케팅 커뮤니케이션의 역할은 상품 이미지나 정보를 제공하는 것이 아니다. 고객이 열광할 수 있는 경험을 만들어내는 것이다.

이전처럼 스타를 단순히 커뮤니케이션에 등장시키거나 상품홍보를 하는 것이 단순한 결합 즉, '더하기(+) 전략'이라면 상품과 관련한 콘텐츠의 하나로서 새로운 경험거리를 만들어내는 전략은 더하기 그 이상의 '곱하기(×) 전략'이라 할 것이다.

성공적인 컬래버레이션이 되기 위해서는 ① 커뮤니케이션의 목적을 공유하되, ② 각자의 역할분담을 명확히 해야 하며, ③ 상품을 홍보하기보다는 상품과 관련한 경험거리를 만들어야 한다.

(8) 광고에서의 컬래버레이션

LG 광고의 경우 상업적 배경에 예술 소재를 일부분 사용한 것이 아닌 명화를 전체 배경으로 하고 상업적 정보(기업의 로고와 제품)는 작게 삽입해 광고적 이미지보다 명화의 아름답고 고급스러운 이미지가 강하게 느껴진다. 명화 속에 상품 로고가 (마치 실제처럼) 존재하므로 비록 상업정보이지만 제품을 보는 것이 재미있고 즐겁다. 일종의 세렌디피티이다. 이처럼 전경과 배경을 바꿔 보여주는 것도 세렌디피티를 높이는 좋은 방법이다.

이외에 팝아트를 이용한 KEB외환은행의 잡지광고나 자사의 제품(색연필)을 이용해 뭉크의 〈절규〉(The scream, 1893)를 표현한 파버카스텔(Faber‑Castell)의 광고, 무설탕 껌 오르빗(Orbit) 광고처럼 앤디 워홀의 작품에 바나나를 베어 먹은 이미지를 추가하거나 과일 등 사물로 사람을 그리는 주세페 아르침볼도(Giuseppe Arcimboldo)의 〈가을〉(L'Automne, 1573)에 제품과 제품의 슬로건(After any meal, 식사 후에는)을 삽입한 광고도 있다. 이외에 페레로 로쉐(Ferrero Rocher)의 광고는 미켈란젤로의 다비드 상이 초콜릿을 입에 물고 있다.

아트 컬래버레이션은 제품의 장점을 흥미롭게 잘 전달할 뿐 아니라, 권위 있는 예술작품을 모방하고 재창조했다는 점에서 광고 그 자체로 즐거움을 준다. 이는 광고에 대한 태도(광고 태도)에 긍정적 영향을 미치고 나아가 광고 속 브랜드에 대한 태도(브

그림 5-12 LG의 아트 컬래버레이션 광고

그림 5-13 파버카스텔의 아트 컬래버레이션 광고

랜드 태도)에 긍정적으로 영향을 미치며 구매 의도에 긍정적 영향을 미친다. 태도효과 과정의 선형적 관계라 할 수 있다. 그러나 대체로 예술 소재를 단순하게 패러디한 광고는 제품에 적용한 제품형 컬래버레이션보다 낮은 수준의 컬래버레이션이라 할 수 있다. 직접적 관련이 없는 예술가나 예술작품을 보여주면서 '우리 기업은 예술을 지향한다'거나 '우리 제품도 예술이 되겠다'는 일방적 주장 광고는 아트 컬래버레이션의 장점을 충분히 활용했다고 보기 어렵다.

(9) 메세나: 예술과의 공익적 컬래버레이션

메세나(*mecenat*)란 기업이 자기업의 이미지 쇄신이나 사회 환원을 목적으로 문화예술 활동을 지원하는 것을 말한다. 1967년 미국에서 기업 예술 후원회가 발족하면서 이 용어를 처음 쓴 이후 각국의 기업인이 메세나협의회를 설립하면서 메세나는 기업인의 각종 지원 및 후원 활동을 통틀어 일컫는 말로 쓰인다. 메세나는 예술·문화·과학·스포츠에 대한 지원은 물론, 사회적·인도적 차원에서 이루어지는 공익사업에 대한 지원도 포함하는 의미이다.

세계 각지에서 약 6억 명이 시청하는 프리미어리그나 F1(Formula one) 같은 스포츠 경기에 비하면 문화예술 행사 후원에서 기대되는 효과는 그리 크지 않다. 그럼에도 기업이 후원경쟁을 벌이는 이유는 후원을 통해 기업이미지를 높임으로써 장기적 파급효과를 거둘 수 있다고 보기 때문이다.

오스트리아의 잘츠부르크나 독일의 바이로이트, 프랑스의 엑상프로방스 등에서 열리는 세계적 음악제에는 세계 유수의 기업이 장기 스폰서십 계약을 체결해 메세나 활동을 펼친다. 반면 우리 기업의 문화예술 후원은 단발성의 생색내기용이 많다는 비판이 있다. 기업이 의도하는 '브랜드 가치 제고'라는 목적은 단기간의 노골적 마케팅으로 이루어지지 않는다. 고객에게 상업적이지 않은 만남을 지속함으로써 장기적으로 고객과의 관계의 질(신뢰와 애착 등)을 구축하는 것이 주목적이 되어야 한다. 브랜드를 통해 뜻밖의 즐거움을 얻을 때 '세렌디피티'적 경험도 가능하다.

메세나는 기업과 예술이 공동으로 진행하는 공익적 컬래버레이션이기도 하다. 기업이 '본전 생각'을 앞세우다가는 문화예술과의 윈윈(win-win)은커녕 장기적으로 메세나에 대한 부정적 인식만 키울 수 있다. 예를 들어, 행사운영(행사명, 장소 등)이 기업의 입김이 아니라 예술의 관점에서 이루어져야 하며 비인기 장르와 문화예술 행사에도 지속적 지원이 있어야 한다.

4. 아트 컬래버레이션 콘텐츠 기획

최근 우리나라 한국과학창의재단에서 STEAM(Science, Technology, Engineering, Art & Mathematics)이라는 프로젝트를 내세우며 과학과 예술과의 융합교육을 통한 창조적 인재양성에 힘을 기울인다. 이처럼 컬래버레이션은 마케팅이나 경영 등 산업적 측면에서 뿐만 아니라 교육 분야, 나아가 인간의 창조적 발상을 위한 주요 화두가 된다. 스티브 잡스가 아이패드를 발표하면서 '우리는 항상 기술과 인문학의 교차로에 서려고 노력했다'라고 말했듯이 문과와 이과의 경계를 넘어 다른 영역의 학문에 관심을 가져야 미래를 창조할 수 있다.

이 장에서는 기업이 마케팅 콘텐츠, 브랜드 콘텐츠를 창조함에 컬래버레이션이 중요한 전략이 될 수 있음을 강조했다. 그러나 컬래버레이션이 말처럼 쉽지는 않다. 흔히 '동업이 어렵다'고 말하듯 두 업종이나 제품이 서로 결합한다고 성공이 보장되리란 법은 없다. 가격을 너무 비싸게 책정하거나 품질이 서로 조화되지 않아 오히려 부정적 이미지를 보여줄 수도 있다. 영국의 명품 구두 브랜드인 '지미추'와 스웨덴의 저가 SPA(디자인에서 제작, 유통, 판매까지를 제조회사가 도맡는 방식) 브랜드인 'H&M'의 컬래버레이션이 실패한 것도 이 때문이다. 이처럼 컬래버레이션의 현실은 녹록지 않지만 성공확률을 높이는 발상 방향은 다음과 같다.

첫째, 두 기업(브랜드)의 '협업'(協業)이라는 컬래버레이션의 본래의 취지를 잊지 않아야 한다. 자사의 유리와 불리를 따지기 전에 서로 협력해 함께 이긴다는 자세로 컬래버레이션이 이루어져야 한다.

둘째, 더하기(+)보다 시너지를 높일 수 있는 곱하기(×) 컬래버레이션을 추구해야한다. 예컨대 두 제품이 단순히 공동 프로모션을 진행하는 수준이 아니라 두 기업(혹은 브랜드)의 장점을 반영한 제3의 제품(혹은 서비스)이 탄생할 수 있어야 한다. 그러기 위해서는 제품개발 초기에서부터 컬래버레이션의 큰 그림이 구상되고 세부 실행아이디어가 충분히 수립되어야 한다.

이론 및 개념

태도효과 과정

태도란 '특정 대상 또는 개념에 대해 갖는 포괄적 반응'으로서, 크게 인지적 요소와 감정적 요소로 구성된다. 이 중 태도의 감정적 요소로 호감(*likability*)은 광고효과를 가장 잘 나타내는 지표로 여겨진다(Brown & Stayman, 1992). 예컨대 광고에 대한 태도가 브랜드에 대한 태도에 영향을 주고 이는 다시 제품에 대한 구매의도에 영향을 준다. 호의적 태도를 가진 제품일수록 구입하고 싶은 의도도 커진다. 이들 변수는 태도효과 변인이라 한다. 즉, 태도효과란 광고태도에서 브랜드태도, 구매의도로 이어지는 일련의 효과과정에서의 변인을 말한다.

한편, 어떤 대상에 대해 태도가 형성되기 위해서는 정서적 측면과 함께 대상에 대한 믿음(신념)이 선행되어야 한다. 이때 신념은 인지적 개념이다. 광고 등 마케팅 커뮤니케이션의 효과과정은 신념 등 인지적 반응 → 감정적 반응 → (구매)행동으로 요약된다. 이른바 위계적 효과모델로 불리는 전통적 커뮤니케이션 효과과정이다.

그러나 현실에서는 인지(신념)와 감정이 뒤바뀌어 일어나거나 인지적 과정 없이 행동이 나타나기도 한다. 진열된 제품이 그냥 좋아서(감정) 구입하고(행동) 사용해 보면서 비로소 필요한 것임을 깨닫는(인지) 경우가 그렇다. 상품 홍보 이벤트는 소비자를 바로 경험하고 행동하게 한다는 점에서, 긍정적 태도를 형성하고 구매행동 의도 및 행동을 유도하는 좋은 방법이 될 수 있다.

생각해 볼 문제

1. 컬래버레이션의 유형을 단순결합(프로모션 소재로 일회적 사용), 완전결합(제품 출시 또는 마케팅 초기부터 적용) 등으로 분류할 수 있을지 검토하고 실질적 기준이 무엇일지 논의해 보자.

_____

_____

_____

2. 컬래버레이션이 적용된 제품의 유형에 차이가 있는지 살펴보자(예를 들어, 일반적인 고관여/저관여, 실용재/쾌락재 등).

_____

_____

_____

참고문헌

김운한 (2010). "제품유형과 캐릭터 허구성이 브랜드 캐릭터의 효과에 미치는 영향". 〈한국광고홍보학보〉, 12권 1호, 7-36.

김운한·정차숙·최홍림 (2013). "브랜드 스토리의 허구성 및 품질성이 스토리 몰입, 스토리 태도, 브랜드-소비자 관계에 미치는 영향". 〈홍보학연구〉, 17권 3호, 235-277.

김훈철·장영렬·이상훈 (2008). 《브랜드 스토리텔링의 기술: 강력한 브랜드는 스토리가 만든다》. 서울: 멘토르.

김흥식·김진형 (2010). 〈경기도 문화유산의 스토리텔링화 방안에 관한 연구〉. 수원: 경기개발연구원.

이현우·김운한 (2011). "제품유형과 결합유형에 따른 아트 컬래버레이션 광고의 양태 분석". 〈광고학연구〉, 22권 3호, 51-73.

차봉희 (엮음) (2007). 《디지로그 스토리텔링: 디지털시대의 문화, 예술 그리고 커뮤니케이션》. 서울: 문매미.

차유철·정상수·이희복·신명희 (2009). 《광고와 스토리텔링》. 서울: 한경사.

최혜실 (2006). 《문화 콘텐츠, 스토리텔링을 만나다》. 서울: 삼성경제연구소.

_____ (2007). 《문화산업과 스토리텔링》. 서울: 다할미디어.

Boring, E. G., Langfeld, H. S., & Weld, H. P. (1967). *Foundations of psychology*. Tokyo: Charles E. Tuttle Co.

Brown, S. P., & Stayman, D. M. (1992). Antecedents and consequences of attitude toward the Ad: A meta-analysis. *Journal of Advertising Research*, 19(1), 34-51.

Chiu, H. C., Hsieh, Y. C., & Kuo, Y. C. (2012). How to align your brand stories with your products. *Journal of Retailing*, 88(2), 262-275.

Escalas, J. E. (1998). Advertising narratives: What are they and how do they work. *Representing consumers: Voices, views, and visions*, 267-289.

Escalas, J. E., & Stern, B. B. (2003). Sympathy and empathy: Emotional responses to advertising dramas. *Journal of Consumer Research*, 29(4), 566-578.

Fog, K., Budtz, C., & Yakaboylu, B. (2005). *Storytelling: Branding in practice*. 황신웅 (옮김) (2008). 《스토리텔링의 기술: 어떻게 만들고 적용할 것인가?》. 서울: 멘토르.

Hansen, C. D., & Kahnweiler, W. M. (1993). Storytelling: An instrument for understanding the dynamics of corporate relationships. *Human Relations*, 46(12), 1391-1409.

Holbrook, M. B., & Hirchman, E. C. (1982). The experiential aspect of consumption: Consumer fantasies, feelings, and fun. *Journal of Consumer Research*, 9(2), 132-140.

Park, C. W., & Young., S. M. (1986). Consumer response to television commercials: The impact of involvement and background music on brand attitude formation. *Journal of Marketing Research*, 23(1), 11-24.

Signorelli, J. (2012). *Story branding: Creating standout brands through the power of story*. Austin, Texas: Greenleaf Book Group Press.: Greenleaf Book Group Press.

Simmons, A. (2001). *The story factor: Secrets of influence from the art of storytelling*. Cambridge, Mass: Perseus Pub.

Smeeton, T. (2012). Storytelling still the key in a complicated world. Campaign(magazine). 31Jan2012. URL: http://www.campaignlive.co.uk/article/1114646/storytelling-key-complicated-world#

Smith, J. W. (2007). Adverstories. *Marketing Management*, 16(1), 48.

Twitchell, J. B. (2004). An english teacher looks at branding. *Journal of Consumer Research*, 31(2), 484-489.

Woodside, A. G., Sood, S., & Miller, K. E. (2008). When consumers and brands talk: Storytelling theory and research in psychology and marketing. *Psychology & Marketing*. 25(2), 97-145.

제 6 장

브랜드 경험

1. 경험과 관계를 만드는 BTL

현대 마케팅 상황에서 제품의 차별화는 갈수록 어려워진다. 기술과 정보의 급속한 발달로 제품 간 품질 차이는 점점 사라지며 고객은 품질 그 이상으로 차별화되는 무엇을 원한다. 품질 그 이상의 요소 하나가 바로 경험이다. 소비자는 머리로 이해되는 품질이 아닌 경험하고 공감하고 나에게 의미를 주는 품질을 만나기 원한다. 최근 기업이 앞 다투어 펼치는 '경험 마케팅'의 핵심개념이다.

경험 마케팅이란 기업이 물건을 팔 때 상품판매에만 그치지 않고 독특한 서비스나 이벤트 등을 통해 상품과 브랜드 이미지를 꾸준히 심어줌으로써 소비자를 충성고객으로 만드는 21세기형 마케팅 전략이다. 경험 마케팅은 소비자와의 관계 구축을 통해 호감과 신뢰를 형성한다. 이 점에서 경험 마케팅은 관계를 중요시하는 현대 마케팅의 핵심적 도구라 할 수 있다.

관계 중심의 마케팅 상황을 반영하듯 전통적 4대 매체의 역할이 축소되었다. 반면 소비자 경험형의 매체나 이벤트 등 비(非) 매체를 통한 마케팅 커뮤니케이션은 갈수록 확대된다. 광고비용을 책정하기 어려운 비정형, 비매체의 이러한 프로모션 활동을 BTL(*below the line*)이라 한다. 이벤트를 비롯해 새로운 유형의 OOH광고, 경험형 콘텐츠 등이 대표적이다.

BTL 개념이 중대시된 데에는 마케팅과 매체환경의 변화에 따른 탓이 크다. 마케팅 환경 측면에서 보면 브랜드 간 질적 차이가 적어졌으며, 소비자의 능동성이 증가함에 따라 수동적으로 제공되는 정보에 만족하지 않게 되었다. 소비자의 생활방식이 다양해지고 미디어는 분화되어 소비자를 만나기란 더욱 어려워졌다. BTL에 거는 기대가 커진 것도 이 때문이다. IMC가 요구되는 상황에서 ATL의 한계를 극복, 보완해줄 구원병으로 인식하기 시작했다.

새로운 환경의 특성으로는 첫째, 전통매체의 단가는 상승하고 매체 효율성은 줄었다. 이에 따라 새롭게 소비자에게 접근할 매체가 필요해졌다.

둘째, 소비자가 정보를 소비하는 역할에서 정보를 생산하는 이른바 '크리슈머'로 역할이 변했고, 미디어를 소비하는 시대에서 미디어 자체가 되는 시대가 되었다.

셋째, 미디어 이용행태가 세분화, 다양화되었다. 특히, 전통매체의 역할은 축소되고 인터넷과 모바일, SNS 등 디지털미디어의 이용은 증대되었다.

넷째, 경험적 요소가 중요시되었다. 소비자가 직접 참여하고 경험할 수 있는 쌍방향적 커뮤니케이션, 감성을 충족시킬 수 있는 스포츠, 전시, 문화 마케팅 활동 등이 주목받게 되었다.

요약하면 소비자를 둘러싼 시장환경이 변화하고 새로운 매체에 대한 필요성이 증대됨에 따라 소비자와 쉽게 접촉하고 소비자의 기억을 강화하고 행동을 유발할 수 있는 적극적인 커뮤니케이션 수단이 필요해졌다. 통합적 커뮤니케이션의 방점은 BTL에 있다. 고객에게 다양한 브랜드 경험을 가능하게 하고 지속적 관계를 구축, 유지하게 하는 역할에 적합하기 때문이다.

2. 브랜드 경험

브랜드 경험이란 최근 중요시되는 브랜드 커뮤니케이션의 경험적 속성에 기반을 둔 표현으로, 다양한 브랜드 접촉점을 통해 고객에게 총체적 경험을 제공함으로서 브랜딩을 촉진하는 활동을 말한다. 이는 브랜디드 엔터테인먼트를 비롯해 이벤트, 프로모션, 그 밖에 브랜딩과 관련한 촉진활동 등을 포함한다. 브랜드 경험은 그저 개념적 차원만이 아니라 '이노션' 등 광고회사에서 전략적 업무부서로 운영하는 실체이기도 하다.

브랜디드 엔터테인먼트는 대표적으로 기업의 '브랜드'와 '엔터테인먼트'를 결합해 소비자의 관심을 끄는 마케팅 기법이 크로스오버 문화의 새 영역을 창출한다. 이는 광고 자체가 갖는 매력적인 스토리나 행동, 공감요소가 하나의 대중문화 콘텐츠로 소비되는 경우를 말한다. 미국 컬럼비아대학의 슈미트 교수는 고객의 감성적 경험에 주목하고 고객경험 관리라는 새로운 고객만족 경영이론을 창시한 바 있다. 이에 따르면 브랜드가 경험적 요소를 고객에게 제공하기 위해서는 감각, 감성, 인지, 경험, 관계 (relate) 라는 다섯 가지 요소를 통합적으로 운용해야 한다(Schmitt, 1999).

경험적 요소는 브랜드-소비자 관계에서도 중요하다. 브랜드 커뮤니케이션에서의 관계(relationship) 변인을 정립해낸 포니에(Fournier, 1998)에 따르면, 경험을 제공하는 마케팅 활동은 소비자와 제공자 간에 의미 있는 관계를 만듦으로써 브랜드 자산 형성에 긍정적 역할을 한다. 경험의 기회를 제공받은 소비자는 자신이 경험한 특정 에피소드, 느낌 등을 자신의 가치관과 기대로 연결 지어(연상을 통해) 제품이나 브랜드와 결합한다는 것이다.

브랜드 경험을 제공하는 커뮤니케이션 활동의 특징은 다음과 같다.

첫째, 이벤트, 전시, 세일즈 프로모션, 축제 등 다양한 활동영역에서 이루어진다.

둘째, 경험적 요인을 중요시하는 현대 마케팅에서 수요가 증가하는 분야이다.

셋째, 협업에 필요한 인력 및 시스템(기획, 연출, 조명, 영상, 음향, 집객, 홍보 등)이 일반적으로 가장 다양한 영역이다.

넷째, 단점으로는 전문화된 기술수준에서 일반적 기술수준에 이르기까지 요구되는 기술의 질적 수준이 다양해 진입장벽은 낮으나 수익성이 떨어질 수 있는 분야라는 점이다.

3. 이벤트와 브랜디드 콘텐츠 What to say

시장환경이 급변하고 경쟁이 치열해짐에 따라 기존 4대 매체를 이용한 광고보다는 세일즈 프로모션, PR, 이벤트 등 이른바 BTL 커뮤니케이션 활동이 증대된다. 소비자가 개인적 취향과 감성에 맞는 상품을 선호하고 브랜드의 경험적(experiential) 가치를 중시하는 경향도 증대된다. 이러한 소비상황과 맞물려 가장 주목받는 커뮤니케이션 수단이 '이벤트'이다.

기존의 매스미디어 광고에 한계를 느낀 기업은 이벤트의 메시지 전달효과에 대해 더욱 큰 신뢰를 갖게 되었고 이벤트를 통해 기업과 커뮤니케이션하게 되었다. 기업으로서는 쌍방향 커뮤니케이션을 통해 제조회사와 소비자 사이의 공감대를 형성하고 소비자를 적극적으로 유도하기 위해 이벤트 전략을 모색한다. 특히, 엑스포, 올림픽, 박람회, 월드컵과 같은 메가 이벤트(mega event)는 대규모의 이벤트로서 단기간에 엄청난 관광효과를 불러올 뿐 아니라(Walle, 1996) 경제적, 사회문화적으로도 지대한 영향을 미친다.

마케팅학에서는 이벤트를 특별한 행사(special event)의 한 방법으로 취급한다. 또한 마케팅 커뮤니케이션 측면에서 판매촉진의 한 도구이자 광고활동을 포용하는 광범위한 기능과 역할을 수행하면서 기업과 소비자를 직결하는 가교로까지 불린다. 이 연구는 마케팅 수단인 이벤트를 커뮤니케이션 관점에서 파악해 하나의 브랜디드 콘텐츠로서 커뮤니케이션의 효과를 높이는 방안을 찾고자 한다.

BTL 개념에 해당하는 유형은 모두 열거하기 어려울 정도이다. 그 수가 많을 뿐 아니라 개념적으로 끊임없이 변화하기 때문이다. 최근 BTL 차원에서 이루어지는 개념과 유형을 살펴보면 이벤트, 전시, 세일즈 프로모션, 기타 고객관계관리 활동을 비롯해 스포츠, 스폰서십, 앰부시(*ambush*), 게릴라 마케팅(*guerrilla marketing*), PPL 또는 BPL, 게임(또는 게임광고), 구전 활동, 디지털 사이니지 등의 OOH광고, 앰비언트 (*ambient*), 버즈(*buzz*), 구전, 기타 경험(*experiential*) 마케팅 활동 등이다.

4. 이벤트의 정의와 유형

이벤트는 '특정 목적을 위해 특정의 장소 및 시점에서 실시되는 직접적이고 개별적이며 쌍방향적인 커뮤니케이션 활동'으로 정의된다. 실제 경험할 수 있는 공간에서 직접 말을 건넨다는 점이 핵심이다. 특정 목적이란 상업적인 것에서 문화, 인간의 공감에 이르기까지 다양하다. 이벤트의 목적은 이벤트의 주최자나 형태에 따라 다르다.

이벤트는 두 가지 이상의 형태에 걸치는 이벤트가 많아 명확히 하나로 구분하기 어렵다. 그러나 크게 주최, 목적과 형태 등에 따라 구분될 수 있다. 주최에 따른 분류로는 공공 이벤트, 기업 이벤트, 사적 이벤트 등이 있다. 목적과 형태에 따른 분류로는 문화 이벤트, 공연 이벤트, 스포츠 이벤트, 전시 이벤트, 회의 등이 있다. 이 책에서 언급한 대부분의 마케팅 커뮤니케이션 활동(예: 공간 마케팅, 세일즈 프로모션, 스포츠 등)은 주최자로 분류하면 기업 이벤트 혹은 상업적 이벤트에 해당된다.

1) 주최에 따른 분류

(1) 공공 이벤트

박람회, 전시회, 문화 이벤트, 스포츠 이벤트, 회의, 축제, 콘테스트 등이 있다. 공공 이벤트는 다음의 하위 유형으로 분류될 수 있다.

박람회(*exposition*)는 대중을 교육, 계몽하려는 목적에서 특정 장소에 일정기간 모여 문화, 예술, 생활환경, 경제, 산업, 과학 등 다양한 분야의 내용을 주제로 전시하는 것을 말한다. 박람회는 상업성보다 교육적 목적이 강하며 정부나 지방자치단체가 개최하는 것이 일반적이다.

전시회는 견본 시장, 업계 전시회, 신제품 발표회 등으로 전개된다. 상품이나 서비스를 디스플레이와 부스(booth)에 전시해 홍보하거나 판매하기 위해 실시되는 행사이다. 앞의 박람회가 직접적 수익보다 산업, 경제, 문화사회적 파급효과에 목적을 둔 행사라면 전시는 이윤추구의 시장의 성격이 강하다. 문화 이벤트에는 음악 미술 등 예술, 예능, 연극영화, 과학, 생활문화(예: 안전문화 캠페인 등) 등이 이에 속한다.

스포츠 이벤트는 사람들의 웰빙 지향과 여성의 미적 욕구가 커짐에 따라 스포츠 활동에 대한 관심도 증가했다. 예컨대 '몸짱'에 대한 욕구와 여성을 중심으로 한 건강 미용, 스트레스 해소 등 현대인의 정신적 건강을 도모하는 레저, 레크리에이션 활동, 그 외에 연령을 초월한 건강추구 활동 등 다양한 생활체육이 증가한다. 스포츠는 ① '보는 스포츠'와 '하는 스포츠'로 구분되거나, ② '스포츠를 팔기' 및 '스포츠로 팔기' 등으로 구분된다. 우선, '보는 스포츠'는 기업이나 특정 단체가 스포츠팬에게 화제와 볼거리를 제공하기 위해 프로선수가 시합하는 형태를 말하며, '하는 스포츠'는 지방자치단체, 공공단체, 기업, 학교 등의 단체가 참가자의 건강증진과 조직의식의 강화를 목적으로 자발적 참여를 유도하는 행사를 말한다. '스포츠를 팔기'는 구단운영, 스포츠용품 팔기 등이 해당되며, '스포츠로 팔기'는 라이선싱, 제품 이서, 스폰서십 등이 해당된다. 이에 관해서는 "제 9장 스포츠 마케팅과 스폰서십"에서 다시 다룬다.

회의(meetings)는 행정, 기업, 민간단체를 중심으로 전개된다. 컨벤션(convention)은 대규모 국제회의를 가리키는 말이다. 그 밖에 공공 이벤트로, 축제 이벤트(전통축제, 창작축제, 전통행사), 콘테스트(사람, 사물, 정보를 대상으로 함), 의전, 의식, 리셉션 등이 있다.

(2) 기업 이벤트

기업 이벤트(promotion event)는 마케팅과 홍보, 대고객서비스를 목적으로 하며 다음의 하위 유형으로 분류될 수 있다. 물론 이러한 주최에 따른 분류는 목적과 형태에 따른 분류와 중첩된다. 세일즈 프로모션, 스포츠 등은 "제 9장 스포츠 마케팅과 스폰서십"에서 자세히 다루기로 한다.

- 세일즈 이벤트: 트레이드 쇼(*trade show*), 쇼룸(*show room*), 페어(*fair*)
- 홍보 이벤트(*publicity event*): 기자초청 간담회, 신차발표회
- 소셜 프로모션 이벤트: 견학(*open house*), 자선이벤트, 스포츠 이벤트(스폰서 지원, 관전형/참가형), 문화 이벤트(오락, 예능, 미술전, 심포지엄, 각종 문화상 제정) 등
- 유통 관계 이벤트: 쇼윈도 경진대회
- 일반 행사: 각종 기념식, 파티, 퍼레이드, 호텔디너쇼

2) 목적과 형태에 따른 분류: 문화예술 이벤트

목적과 형태에 따른 유형은 문화예술, 축제, 전시, 공연, 스포츠 이벤트, 회의 등이 있다. 이 장에서는 문화예술 이벤트와 축제를 중점적으로 알아본다.

(1) 문화 이벤트

문화 이벤트란 문화적 축제를 말한다. 여성, 인권, 전통문화, 환경 등 독립적 주제의 문화 기획행사를 비롯해 기업의 CSR 캠페인 행사나 브랜드 관련 사례, 지역축제 등이 포함된다. 기업사례로는 브랜드와 관련한 시연, 문화행사, 연예인 초청 이벤트 등이 있다.

문화 이벤트 중 '아트 오브 더 트렌치'(Art of the trench) 사례는 온라인과 오프라인이 결합해 성공한 사례로 꼽힌다. 아트 오브 더 트렌치는 버버리(Burberry)가 운영하는 사이트로, 트렌치코트를 입는 사람들의 세계적 이야기를 담았다. 온라인(브랜드 사이트)에서 시작해 오프라인, 출판 등으로 확장되어 이벤트로 분류할 수 있다.

아트 오브 더 트렌치는 스트리트 패션 블로그 '사토리얼리스트'(Sartorialist)를 작업한 사진작가 스콧 슈만이 뉴욕 거리의 스타일리시한 보통사람을 찍어 블로그에 올리면서 처음 시작되었다. 사토리얼리스트는 '재단사'를 뜻하는 라틴어 '*sator*'에서 유래

되었으며, '자기만의 개성을 자기만의 스타일로 표현하는 신사'를 뜻한다(실제로는 남녀가 모두 등장한다). 같은 이름의 책(사진집)도 있다. 한편 버버리는 이 사이트와 함께 오프라인 이벤트도 함께 연다. 이는 브랜드를 위한 이벤트이자 패션문화를 만들어내는 문화 이벤트로서 기업 관점에서 브랜디드 콘텐츠 역할을 한다.

(2) 지역축제

지역축제는 상업적 목적과 비상업적 목적이 결합되었다. 지역 고유문화에 대한 지역민의 자부심을 높이고 문화를 계승·발전시키는 것이다. 지역축제는 긍정적 목적을 가졌음에도 우리나라에서 높은 평가를 받지 못하는 경우가 많다. 가장 큰 이유로는 지역 특색이 제대로 반영되지 않거나 운영상의 전문성과 장기적 안목이 없기 때문이다. 문화관광부의 자료에 따르면 2014년 전국 17개 시도에서 진행되었던 지역축제는 555개로 지난 1년 사이 약 2백 개가 줄었다. 지역축제 인정기준이 강화되었기 때문이다. 자료에 따르면, '일정기간(3일 이상) 지역주민·지역단체·지방정부가 개최하며 불특정 다수인이 참여하는 문화관광 예술축제' 수준이 되는 경우만 지역축제로 인정한다. 수년 전보다 줄어들긴 했지만 여전히 한 시도에서 평균 수십 개의 축제가 진행되니 차별화가 쉽지 않다.

지역축제는 문화 이벤트로서 중요한 위상을 갖는다. 그러나 국내 지역축제의 문제점으로 차별적 경쟁력이 부족하다는 지적이 많다. 지역축제 기획 시 차별화를 위해서는 먼저 지역축제가 가진 본질적 속성을 이해할 필요가 있다. 역사적으로 축제는 종교적 제의에서 출발했다. 제의(祭儀), 제사를 의미하는 '제'(祭)가 축제라는 말에 사용된 이유이다.

그러나 많은 현대 축제가 원래 목적이었던 종교적 의미는 배제되고 오락과 유희적 측면이 주로 강조된다. 일견 '제'는 사라지고 '축'만 남은 것으로 볼 수 있다. 그러나 보다 깊이 살펴보면 제의적 요소는 현대 축제에서 여전히 중요한 역할을 한다. 예를 들어, 공동체 의식을 강조하기 위한 상징물(엠블럼)을 비롯해 성화, 초대 공연, 식의 선언 등이 현대적 의미의 제의로 간주할 수 있다. 이외 문화적 축제는 여성, 인권, 어린이, 전통, 의식주 등의 생활문화와 환경, 안전 등 공익 이슈 등 다양한 주제를 다룬다. 광고제의 경우는 광고효과에 대한 관점에 따라 문화예술 축제가 될 수 있다.

(3) 예술축제

문화예술은 구분되기 어려운 점도 있지만 주로 예술이 목적이고 주 수단이 되는 축제는 예술축제라 할 수 있다. 부산국제영화제, 전주국제영화제, 부천국제판타스틱영화제, 수원화성국제연극제, 밀양공연예술축제 등 지역 브랜드와 맞물려 진행되는 경우가 많다. 음악의 경우 난파음악제, 대관령국제음악제, 윤이상을 추모하는 통영국제음악제 등을 비롯해 서울재즈, GMF, 자라섬 음악축제 등 보다 이벤트적 성격이 강한 이벤트도 많다.

최근의 음악축제의 경우 순수 음악축제로서의 정체성은 크게 강조되지 않는다. 예를 들어, 소풍처럼 가볍게 돗자리를 펴고 즐길 수도 있다. 음악 장르도 다양하고 복합적이어서 전자음악과 포크가 어우러지거나(GMF), 재즈와 팝, 전자음악과 포크, 팝송 등이 섞였거나 춤과 놀이가 어우러진 축제 방식으로 진행된다.

5. 점검 요소 　　　　　　　　　　　　　　How to say

이벤트 기획은 기획서 작성, 실행, 결과보고의 세 단계로 구성된다. 이벤트 기획을 담당하는 전문인력을 이벤트 PD라 한다. 이벤트 PD는 이벤트를 계획, 운영, 실행하고 그에 필요한 조직을 구성, 관리하며 예산의 책정과 집행, 결과의 분석 및 평가, 보고를 담당한다.

1) 기획서 작성

우선, 기획서는 광고주 요청에 따라 크게 기본계획서와 실행계획서로 나누어진다. 이벤트 사업을 수주하기 위한 일반적인 경쟁 프레젠테이션에서는 기본계획안 중심으로 작성된다.

실행계획서는 사업수주 후 진행되며 주로 실제 제작, 실행에 관한 보고와 예산배정, 실제계획 시 참고 목적으로 작성된다. 일반적으로 실무 관점에서 현장 실행 측면만 중요시하고 이벤트 콘셉트를 등한시하는 경우가 있다. 그러나 이벤트 콘셉트 및 키워드는 메시지 파워를 높여주며 다양한 이벤트 하위 요소의 방향성을 점검하는 기준이 된다는 점에서 간과해서는 안 된다.

기획서에 포함되어야 할 주요 요소로는 커뮤니케이션 목적, 커뮤니케이션 타깃, 핵심 콘셉트, 프로그램 내용, 연출, 섭외, 제작, 운영 등 주요 실행요소 일정 등이 있다.

2) 실행요소: 연출, 섭외, 제작, 운영 등

연출을 중심으로 섭외, 제작, 운영 측면이 포함된다. 연출에는 무대, 조명, 음향, 영상, 특수효과 등의 요소가 포함된다. 영상은 정지영상, 동적 영상, 특수영상 시스템, 레이저영상, 기타, 워터스크린, 분수, 포그스크린 등이 있다. 조명 연출을 위한 조명의 종류로는 하이라이트 조명, 실루엣 조명, 구조물 조명, 하향 조명 등이 있다. 자세한 사항은 "제8장 공간 브랜디드 콘텐츠"에서 다룬다.

섭외 측면으로는 장소, 출연진, 운영인력, 장비 등이 포함된다. 제작 측면은 각종 디자인 및 제작물에 관한 것이다. 운영 측면은 의전, 주차, 동선, 현장인력 운영, 안전관리를 포함한다.

3) 결과보고

결과보고서 작성을 중심으로 하며 기록촬영 등이 추가된다. 이외 이벤트 효과 분석도 요구되는 경우가 많다. 이를 위해 이벤트 PD는 예산 수립과 배분, 수익과 효과, 효율을 평가하는 객관적 시각과 능력을 갖추어야 한다.

6. 실행 가이드라인

1) 이벤트 기획 가이드라인

이벤트 아이디어 발상 시 가이드라인은 다음과 같다.

첫째, 보는 것에서 하는 것으로 변화해야 한다. 경험적 요소의 중요성은 이미 익히 안다. 이제는 '어떻게 경험할 것인가' 하는 방법론을 생각해야 한다.

이를 위해 경쟁 축제를 고려한 포지셔닝 전략이 필요하다. 경쟁 브랜드가 유명인을 초대한다면 우리 브랜드는 일반인으로, 경쟁 브랜드가 오프라인 공연장소를 내세운다면 우리 브랜드는 디지털미디어가 결합된 가상의 인터랙티브 공간을 내세울 수 있을 것이다.

물론, 포지셔닝 전략 수립 시 중요한 점은 소비자의 인식이다. 소비자는 축제를 통해 감성과 즐거움을 얻고자 한다. 차별을 위한 차별화가 아닌, 작은 프로그램 하나도 감동을 줄 수 있는 콘텐츠로 준비해야 한다. 함평나비축제, 화천산천어축제 등에는 그러한 즐거움에 대한 기대가 있다. 아울러 전문 스토리텔링 PD를 적극 활용해 참여한 내용을 디지털, 비주얼 스토리텔링화하는 노력이 필요하다.

둘째, 타이업(tie up)으로 효과를 증대시켜야 한다. 예를 들어, 헤어 디자이너쇼를 할 경우 여행사 등과 공동 이벤트를 펼칠 수 있다. 지역자치단체가 서로 연계해 공동 축제를 열고 이를 제도화해 장기적으로 운영하는 것도 좋다.

셋째, 계속성을 아이디어화하라. 예를 들어, 떨어진 복권으로 다시 한 번 더 도전하게 하는 이벤트 등 고객을 지속적으로 붙들어두어야 한다. 소비자가 받는 행운은 가지가 많을수록, 보상 순간을 예상치 못할수록(불규칙적으로) 더 크게 느껴진다.

넷째, 무엇보다 실행성을 높여야 한다. 흔히 이벤트 기획 시 중요한 요소는 3P로 요약된다. 3P는 실현가능성(practicability), 참여성(participation), 홍보를 포함한 대공중 관계 측면(public relations)이다. 물론 현실적으로 말하면 첫째도, 둘째도, 셋째도 실현가능성이다.

2) 지역축제 기획 가이드라인

다음으로 지역축제 기획 시 다음 사항이 반영되어야 한다.

첫째, 지자체 브랜드의 홍보수단으로만 인식되어서는 안 된다. 지나친 상업성을 배제하고 교육, 지역관광 상품과 관련한 생활제안 등으로 유익한 정보 콘텐츠가 되어야 한다.

둘째, 지역 고유의 특성을 살려야 한다. 축제홍보물에서 프로그램 내용과 진행방식에 이르기까지 천편일률적인 경우가 많다. 지역 특색을 정하는 데에는 물리적 환경에만 기반을 두지 않은, 소비자(지역민, 방문객) 모두의 인사이트를 반영해야 한다. 아울러 지역특산물 소개에 그치지 않는 새로운 콘텐츠가 제안되고 추가되어야 한다. 유형의 상품이 아닌, 무형의 가치와 문화를 제안하는 방향으로 기획되어야 한다.

셋째, 내용이 부실한 점이 여전히 해결되지 않는다. 지역축제는 지역 브랜드를 알리는 대표적 브랜디드 콘텐츠이자 브랜드를 경험하는 장이다. 볼거리, 먹거리뿐만 아니라 놀고 즐길 거리가 더 많아져야 한다. 이를 위해 다양한 행사를 꿰는 핵심적이고 차별적인 콘셉트가 필요하다.

오늘날은 '효과'가 모든 것을 말하는 효과지상주의, 결과지상주의 시대이다. 축제도 얼마나 많은 사람이(집객), 얼마나 많이 소비했는가(수익)라는 결과적 측면만 강조한다. 축제가 좀더 차별적이고 고유한 요소를 갖춰야 한다. 예컨대 제의적 요소를 계승하고 발전시키는 것도 중요한 즐길거리이다. 오늘날 축제는 그저 하나의 소비공간으로 전락한다. 박람회, 페스티벌(심지어 기업의 사은행사도 이 이름을 붙인다), 일본 삿포로 눈 축제, 카니발 등 수많은 현대적 축제가 그렇다.

지역축제도 마찬가지이다. 지역을 상품화하는 '도시 브랜드'의 일부로 기능한다. 이른바 '장소 마케팅'의 한 방안일 뿐이다. 겉으로 보면 축제 전성시대이지만 속을 뜯어보면 서로 차이를 알 수 없는 천편일률적인 축제과잉 시대이다. 이러한 시대에 축제의 목적을 되짚어보고 고전적 의미의 제의성에 눈을 돌려볼 필요가 있다. 적어도 현대 마케팅에서 중요시되는 차별화에는 도움될 것이 분명하다. 결론적으로, 현대적 축제가 문화 아이콘이 되기 위해서는 축제의 성스러움, 비상업적 성격이 보강되어야 한다. 이는 제의적 요소에서 찾을 수 있다. 즉, 현대적 소비행태에 맞게 제시해야 하며 아울러 뭔가 차별적 "의식"이 필요하다(박동준, 2009).

7. 세일즈 프로모션 `What to say`

세일즈 프로모션이란 판매를 늘리기 위한 목적으로 단기간에 인센티브(incentive)를 제공하는 활동을 말한다. 세일즈 프로모션을 위한 이벤트를 '세일즈 프로모션 이벤트'(sales promotion event)라 한다. 세일즈 프로모션의 목적은 '판매' 촉진에 있다. 따라서 형태는 다를 수 있지만 세일즈 프로모션은 기업에게 가장 중요한 마케팅 활동 가운데 하나이다. 세일즈 프로모션의 주요 방법으로는 샘플링, 사은품과 경품, 가격인하, 시스템 등을 들 수 있다.

1) 세일즈 프로모션 방법

(1) 샘플링

샘플링(sampling)은 제품 샘플링, 모니터링, 시연 등이 있다. 각각을 살펴보면 다음과 같다. 제품 샘플링에서 중요한 점은 샘플을 나눠주는 방법이다. 일반적으로 직접 발송이나 방문증정, 영업장 활용 등의 방법이 있다. 향수 화장품과 같은 제품은 잡지에 첨부해줄 수 있다. '무료쿠폰'을 통한 방법도 효과적인데 미리 무료쿠폰을 나눠준 후 이를 통해 샘플링을 주는 것을 말한다. 소비자에게 인기 있는 제품이거나 타 브랜드와 컬래버레이션하는 경우 유용하다. 상품 안이나 겉포장에 붙이는 방법도 있는데, 상품의 속성에 영향을 덜 받는 방법으로 알려졌다. 그러나 관련성이 너무 높거나 너무 낮은 제품에 샘플링을 첨부하면 기억하기도 어렵고 임팩트도 약하다. 제품과의 관련성을 '한 번 더 생각해야' 한다.

모니터링(monitoring) 은 샘플링의 결과를 2차적으로 활용하는 방법이다. 소비자에게 체험단 등을 통한 무료제공 등의 방법으로 제품을 써보도록 한 후 사용소감을 적거나 설문에 응답하게 하는 방법이다. 기업블로그를 이용해 제품을 홍보하는 경우도 이와 관련된다. 이렇게 수집된 의견은 제품 및 서비스를 개발하는 데 반영된다. 소비자이자 제작자 역할을 하는 이러한 소비자를 '프로슈머'(prosumer: producer + consumer) 라고 하는데 모니터링이 활동방법 가운데 하나이다. 프로슈머는 제작에 참여하는 소비자라는 뜻으로 소비자의 적극적 역할을 강조하는 개념이다. '크리슈머'(cresumer: creator + consumer) 도 이와 유사한 표현이다.

그림 6-1 서포터즈, 블로그를 이용한 SP, PR

블로그는 소비자의 의견 수집과 홍보, 고객관계 강화를 위한
대표적 수단이다. 위 그림은 주요 블로그의 심벌마크이다.
이 가운데 '위드블로그'는 '위블'로 바뀌었다.

시연(*demonstration*)은 제품의 성능, 효과, 장점을 직접 보여주기 위한 목적으로 길거리 등에서 제품의 사용방법을 직접 보여주거나 샘플을 사용해보도록 하는 것으로 최근에는 체험관을 이용해 다양한 경험을 제공하기도 한다. 이처럼 샘플링을 통해 소비자에게 브랜드 경험을 제공하고 입소문이 나도록 만드는 것을 '트라이버타이징'(*tryvertising*: *trial + advertising*)이라고도 한다. 샘플링은 첫 구매의 부담을 줄여주는 장점이 있다. 그러나 원하는 타깃에 근접해 배포하는지, 브랜드 이미지가 손상되지는 않는지 점검해야 한다. 남자의 왕래가 많은 곳에서 생리대를 배포하는 건 추천할 만한 방법이 아니다.

(2) 프리미엄

　프리미엄(*premium*)은 사은품 혹은 경품을 제공하는 방법이다. 사은품은 일반적으로 제공되는 감사의 선물이고 경품은 추첨(*sweepstakes*)이나 경합(*contest*)을 통해 소수에게 주는 성격이 강하다. 프리미엄을 전달하는 방법으로는 직접전달 방식과 추첨경

그림 6-2 쉐보레 뽑기 프로모션: OOH + 디지털 + 게임

참가자들은 페달과 조이스틱을 이용해 호텔 벽면에 비치는 상품을 뽑는다. 우승자 한 명은 상품으로 자동차(Chevy Sonic)를 차지했다. 인터랙티브 3D 프로젝션 맵핑을 사용했으며 세계에서 가장 큰 3D 프로젝션 맵핑으로 기네스북에 오르기도 했다.

합을 통한 방식이 있다. 직접전달 방식으로는 제품에 부착하거나 재활용 용기, 메일(이메일 쿠폰이나 전단지 쿠폰), 자기정산 프리미엄 등이 있다. '쉐보레(Chevrolet) 뽑기' 프로모션은 건물 외벽을 이용한 프로젝션 맵핑(projection mapping)으로 OOH광고를 통해 경품을 제공함으로써 많은 사람에게 회자되었다. 이외에도 행운추첨, 즉석복권, 게임이나 시합 등 경쟁에서 이긴 사람이 상을 받는 경품 등이 있다.

자기정산 프리미엄(self liquidator premium)은 정해진 조건을 다 채우면(정산되면) 사은품을 제공하는 방법이다. 소비자의 구매를 적극적으로 유도하는 방법으로, 프리미엄 제공에 들어가는 모든 비용을 소비자가 부담한다(Cummins & Mullin, 2002/2006). 일정기간 지속적인 구매를 유도할 수 있어 후에 언급되는 고객관리 시스템으로 활용할 수 있다.

(3) 가격인하

가격인하 방법으로는 할인쿠폰, 환불, 가격할인, 시험제품(trial pack), 라벨 미부착(off label), 보너스 팩(bonus pack) 등이 있다. 가격할인은 판매를 촉진하는 가장 직접적인 방법이다. 가장 확실하게 효과를 거둘 수 있지만 해결해야 할 단점도 많다. 예컨대 쿠폰이나 환불에 비해 '가격할인'으로 인한 직접적 효과를 정확히 파악하기 어려우며 잦은 할인행사로 인해 원래 가격에 대한 불신감이 생기거나 상품 이미지가 하락할 수 있다. 따라서 제품의 종류나 구매시기, 구매량, 마케팅상의 가격정책 등과 연동해 할인 폭을 조정하거나 시행을 결정해야 한다.

(4) 시스템을 이용한 세일즈 프로모션

시스템을 이용한 세일즈 프로모션으로 포인트 카드와 같은 마일리지 적립 프로그램, 공연초대 서비스, 무상점검 서비스 등이 이에 포함된다. 반복구매를 유도하고 고객충성도를 높일 수 있어 고객관계관리를 위한 핵심적 요소로 인식된다. 소비자를 대상으로 하는 이러한 세일즈 프로모션 이외에 도매상이나 점주를 대상으로 하는 세일즈 프로모션도 중요하다. 판매실적에 따른 수당을 지급하거나 리베이트, 포상, 판매장비 지원, 경영지도 및 교육 등 다양한 방법이 있다.

2) 세일즈 프로모션 효과에 영향을 주는 요인

판촉도구는 ① 유인의 성질, ② 혜택의 시점, ③ 조건의 유무 등으로 구분된다. 판촉도구로 인한 판촉효과로는 ① 매출지향적 효과(상표전환, 구매가속, 재이용의도)와 ② 커뮤니케이션 효과(판촉태도, 상표태도, 구매의도)가 있다. 김주영과 민병필(2005)에 따르면 개별 기준별로 가격형 판촉과 즉석형 판촉이 효과가 우수했으며 상표전환에서는 조건형 판촉보다 무조건형 판촉이 더 우수했다. 연구결과, 판촉수단이 분리된 혜택보다는 감소된 손실로 인식시킬 때 효과가 좋아지는 것으로 나타났다(예: 손실 회피 성향). 따라서 마케팅 담당자는 소비자가 구매하면서 희생해야 하는 것을 줄여주는 판촉수단을 만드는 것이 효과적이다.

이들 연구에 따르면 개별 판촉 실행 측면에서도 판촉행동에 대한 이용의도는 개인의 욕구에 기반을 둔 실리적, 쾌락적 가치와 사전태도 등 개인의 내적 요인 등이 판촉에 참여하거나 판촉을 이용하려는 의도에 영향을 주는 것으로 나타났다. 이외에 소비자 요인으로 사전경험과 고객유형(프로모션 인센티브에 대해 평소 생각하는 경향) 요인이 판촉활동을 이용하려는 의도를 조절하는 것으로 나타났다. 다음 그림은 김주영과 민병필(2005)의 연구의 일부를 정리한 것이다.

그림 6-3 판촉행동에 영향을 주는 여러 요인

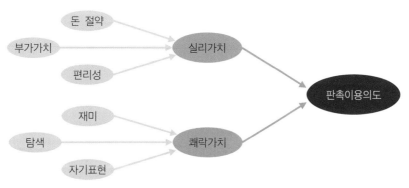

실리가치와 함께 소비자가 느끼는 재미, 탐색, 자기표현욕구에
기반을 둔 쾌락가치 요인이 판촉 이용의도에 영향을 준다.

이처럼 판촉행사에는 물리적 혜택 못지않게 재미나 쾌락가치를 얻는 것이 중요하다. 예컨대 동일한 혜택이라도 실행방법을 달리하는 것이 중요하다.

전통적으로 경품을 주는 방법은 다음의 유형이 있다.

첫째, 무작위형이다. 비구매자를 포함, 행사에 참여하면 무작위로 뽑아서 상품이나 상금을 주는 방법이다. 첨단제품일수록 때로는 단순한 무작위방식이 더 선호될 수 있다. 둘째, 가이드라인형이다. 주어진 조건(예: 광고카피 내용)을 읽고 카피에 나타난 내용(예: 상품명)을 적도록 한다. 셋째, 구매연결형이다. 상품포장에 퀴즈를 인쇄해 퀴즈를 풀어야만 신청할 수 있도록 하는 방법이다. 넷째, 자동가입형이다. 구입 시 자동으로 신청자격이 부여되거나 쿠폰에 이름과 주소를 적도록 해 쿠폰을 이용하기만 하면 자동으로 참여하게 된다.

8. 경험 마케팅 시대 커뮤니케이션 전개 방향 How to say

효과적인 이벤트, 세일즈 프로모션 전략 수립을 위한 방향과 방안은 다음과 같다.

첫째, 현대 브랜드 커뮤니케이션에서는 경험 마케팅, 관계 마케팅이 중심이다.

일대일의 개인화된 커뮤니케이션 아이디어를 생각하자. 고딘(Seth Godin)의 말처럼, 현대 마케팅 전략은 이미 제품 중심에서 소비자 중심으로, 품질 중심에서 경험 중심으로 변화했다. 이러한 맥락에서 소비자와의 직접 커뮤니케이션을 활성하기 위한 이벤트는 경험을 조성하는 수단이자 관계를 만드는 장이다. 말하자면 매체가 아닌, 비매체의 매체라 할 만하다.

공간과 활동, 경험 아이디어가 모두 매체가 된다는 발상이 필요하다. 예컨대, 기업이 이벤트나 스폰서십 활동을 열고 브랜드숍, 브랜드 스페이스를 마련하는 것도 모두 경험적 매체이다. 대중매체와 달리 개인을 대상으로 경험을 창출한다는 전략이 필요하다. 대중을 대상으로 하는 문화예술 이벤트나 판매촉진 행사에서도 개인화된 전개가 필요하다. 고객은 자신이 경험하는 내용으로 브랜드(와 브랜드와 관련된 콘텐츠)를 인식한다. 소비자로 하여금 직접 브랜드를 경험할 수 있는 기회를 늘리는 방안을 생각하자.

둘째, 기존 고객과의 관계를 중시하라.

최근 기업 커뮤니케이션에서 관계 관점의 대두와 관련, 대표적인 마케팅 경향으로 이른바 관계 마케팅(relationship marketing)을 들 수 있다. 관계 마케팅은 '고객관계를 형성, 유지, 강화하는 마케팅 활동'으로 정의하면서 새로운 고객을 유치하는 것은 마케팅 과정에서 중간단계로 인식되어야 하며 관계를 강화하고 고객의 충성도를 높이는 것이야말로 진정한 의미의 마케팅임을 주장한다. 흔히 새로운 고객을 얻기 위해서는 기존의 고객을 유지하는 것보다 6배에서 9배의 비용이 든다고 한다. 또한 고객이 브랜드나 기업과 오랫동안 관계를 유지할수록 고객은 프리미엄 가격을 지불할 의사가 높고, 요구사항이 적으며, 더 많은 돈을 지불한다. 전통적 마케팅 환경에서 강조한 신규 고객보다 기존 고객의 관리에 마케팅 활동이 보다 집중되어야 한다.

셋째, 이벤트, 세일즈 프로모션의 방법론 개발에 더 노력해야 한다.

이벤트를 통해 프리미엄을 제공할 경우, 선물을 받는 그 이상의 반가움, 세렌디피티(serendipity)를 줄 수 있어야 한다. 예컨대 두 가지 방향에서 생각해 볼 수 있다. 하나는 프리미엄을 제공하는 방법을 바꾸는 법, 다른 하나는 경품 자체에 새로움을 부여하는 방법 등이 있다.

프리미엄을 제공하는 방법에서 앞의 판촉물 제공방법을 적절히 변형, 발전시키는 방법도 가능하다. 예를 들어, 가이드라인형은 뻔한 방식이지만 소비자는 이처럼 정답을 쉽게 찾는 방식에서 재미를 느낀다. 반면 이를 타깃에 따라 응용할 수 있다. 타깃에 따라 정답 찾기 수준을 달리하는 것이다. 예를 들어, 모바일 등 디지털미디어와 연계해 정답을 가린 후 손으로 긁거나 벽돌 깨기 등의 방법으로 정답을 노출시킬 수 있다. 반대로 오프라인의 경우 보물찾기 형식처럼 OOH광고 등을 이용한 글자 찾기 등의 방법도 생각해 볼 수 있다. 이외에 경품 자체에 놀라움을 부여하는 방법도 좋다. 앞의 쉐보레 뽑기 프로모션은 두 가지를 만족시키는 사례이다. 경품을 반드시 비싼 상품으로 내걸어야 한다는 의미는 물론 아니다.

넷째, 소비자의 내적 동기 요인을 반영해야 한다.

기존의 마케팅이 대중매체를 통해 제품편익을 강조했다면 경험 마케팅은 소비자의 욕구를 만족시키고 그로 인해 지속적인 관계를 맺고자 하는 것으로 소비자의 감정과 심리에 호소하는 것이다. 소비자가 제품이나 브랜드를 총체적으로 경험함으로써 즐거움, 만족, 몰입할 수 있는 환경을 제공하고 소비자의 내적 심리를 자극해 제품 혹은 브랜드와의 긍정적 관계를 형성하며 소비자의 감동을 지속시켜 믿음과 확신을 가질 수 있어야 한다.

다섯째, 통합적 커뮤니케이션 차원에서 크로스미디어 광고를 적극적으로 활용해야 할 필요성이 있다.

브랜드화한(브랜디드) 콘텐츠와 경험을 제공하기 위해 고객의 접점을 고려한 IMC적인 매체운용이 필요하다. 이때 오프라인 이벤트와 디지털미디어가 기반을 두어야 함은 물론이다. 미디어의 개인화와 개인미디어 이용시간이 증대됨에 따라 스마트미디어 광고의 역할이 갈수록 커졌다.

이는 이벤트 등 BTL 분야에서도 마찬가지이다. 스마트미디어 광고를 활용한 크로스미디어 광고전략하에 소비자의 개인 특성을 고려한 경험형 아이디어가 유효할 것이다. 이러한 다각적인 미디어, 비미디어 콘텐츠를 통해 소비자가 경험하는 내용은 곧 경험 그 이상의 '가치'로 연결되어 장기기억 속에 저장되고 경험을 제공한 스폰서 제품이나 브랜드에 친근감을 가지게 된다.

요약하면, 소비자의 경험과 구전을 하나의 미디어로 보고 커뮤니케이션에 접목시키는 시각(전략)과 콘텐츠를 발상해내는 아이디어 능력(크리에이티브), 그 활용방안을 구성하고 실행하는 방안(사용자 경험, 미디어 운용), 이 세 가지가 함께 움직일 때 까다로운 고객의 마음이 열릴 수 있다.

새로운 BTL 캠페인에서도 미디어 크리에이티브는 중요한 역할을 한다. 광고 중심의 커뮤니케이션에서 벗어나 경험을 통해 브랜드를 마음속에 각인시키는 이벤트 프로모션 아이디어를 기획하고 이를 다양한 고객접점(contact point)에서 실행해나가는 통합적 마케팅 커뮤니케이션이 더 확대되어야 한다.

174

소비자-브랜드 관계

경험(체험)적 요소는 소비자-브랜드 관계에 중요한 영향을 미친다. 최근 기업 커뮤니케이션에서 관계 관점의 연구가 많다. 소비자-브랜드 관계의 개념을 구체화한 대표적 연구자로 포니어(Fournier, 1998)를 들 수 있다. 그는 관계라는 추상적 개념을 구체화하기 위해 6가지 개념을 제안했다. 소비자가 브랜드와 맺는 관계의 질을 구성하는 개념(*brand relationship quality* · BRQ)으로 ① 친밀감, ② 파트너질, ③ 자아연결, ④ 사랑/열정, ⑤ 몰입, ⑥ 상호의존을 들고 이 요인이 브랜드 충성도에 영향을 준다고 했다. 나아가 브랜드는 실제적 관계 파트너로서 역할을 할 수 있으며 소비자-브랜드의 관계는 매일의 일상에서 의미가 있다고 주장했다.

생각해 볼 문제

1. 브랜드 경험이 소비자-브랜드 관계에 어떠한 영향을 주었는지, 자신이 경험한 사례를 예로 들어 설명해 보자.

2. 현대 이벤트에서 제의적 요소를 찾아보자.

3. 판매촉진이 목적인 세일즈 프로모션이 브랜드(브랜딩)에 미치는 영향이 무엇인지 생각해 보자.

참고문헌

김운한 (2012a). "IMC 수단으로서 이벤트 프로모션에 관한 탐색적 연구". 〈옥외광고학연구〉, 9권 1호, 33-62.

_____ (2012b). "스토리텔링 기반의 이벤트 프로모션에 관한 탐색적 연구". 〈옥외광고학연구〉, 9권 2호, 37-61.

김주영·민병필 (2005). "판매촉진 수단 유형의 판촉효과 비교". 〈경영학연구〉, 34권 2호, 445-469.

김현숙·심성욱·김운한 (2011). "이벤트 체험의 효과 과정에서 관여와 기대, 만족의 역할에 관한 연구". 〈한국광고홍보학보〉, 13권 2호, 198-227.

박동준 (2009). 《축제와 엑스터시: 새로운 축제 생산과 개선을 위한 제안》. 파주: 한울.

이진용 (2010). "소비자행동 관련 분야의 행동론적 의사결정이론의 연구동향 고찰". 〈소비자학연구〉, 21권 2호, 193-236.

Brakus, J., Schmitt, B. H., & Zarantonello, L. (2009). Brand experience: What is it? How is it measured? Does it affect loyalty?. *Journal of Marketing*, 73(3), 52-68.

Cummins, J., & Mullin, R. (2002). *Sales promotion: How to create and implement campaigns that really work*. 구자룡·이은주 (옮김) (2006). 《세일즈 프로모션은 왜 마케팅의 핵심인가》. 서울: 거름.

Fournier, S. (1998). Consumers and their brands: Developing relationship theory in consumer research. *Journal of Consumer Research*, 21(4), 343-353.

Healy, M. J., Beverland, M. B., Oppewal, H., & Sands, S. (2007). Understanding retail experiences-the case for ethnography. *International Journal of Market Research*, 49(6), 751-780.

Meenaghan, T. (2001). Sponsorship and advertising: A comparison of consumer perceptions. *Psychology & Marketing*, 18(2), 191-215.

O'Sullivan, E. L., & Spangler, K. J. (1998). *Experience marketing: Strategies for the new millennium*. State College, PA: Venture Publishing.

Pine, B. J., & Gilmore, J. H. (1998). Welcome to the experience economy. *Harvard Business Review*, 76(4), 97-105.

Schmitt, B. H. (1999). *Experiential marketing: How to get customers to sense, feel, think, act, relate to your company and brands*. New York, NY: The Free Press.

제 7 장

콘텐츠로서
제품·유통·가격

1. 콘텐츠가 된 제품 · 유통 · 가격　　　　　　　　Why to say

기업에서 마케팅을 실행하기 위해서는 4가지 요소가 고려되어야 한다. '마케팅 믹스'라 일컫는 전통적 개념의 4P(4P's)이다. 4P는 제품(*product*), 유통(*place*), 가격(*price*), 촉진(*promotion*)으로서 마케팅을 성공시키는 도구와 같다. 4P는 현대 마케팅에서 4C, 즉 고객(*customer*), 편의(*convenience*), 고객에게 돌아가는 가격(*cost*), 커뮤니케이션(*communication*) 등 발전된 개념으로 제안되기도 하지만 여전히 마케팅의 핵심요소로 다룬다.

각 요소를 마케팅 의사결정 관점에서 살펴보면, 제품계획은 제품구색, 제품이미지, 상표, 포장 등을 다루며 가격계획은 제품가격의 수준과 범위, 가격결정 기법, 판매조건 등을 계획하는 것이다. 유통계획은 유통경로와 물류 및 재고관리, 도소매상관리 등의 계획과 관련이 있다. 마지막으로 촉진계획은 광고와 PR, 판매촉진, 인적판매 등의 요소를 계획하고 관리하는 것이다.

이 책에서 다루는 브랜디드 콘텐츠는 촉진 요소에 해당한다. 이 장에서는 촉진 요소와 구분되는 개념인 3P(제품·유통·가격)를 촉진의 관점에서 파악하고 콘텐츠 관점에서 아이디어를 모색하고자 한다.

광고 커뮤니케이터의 주 전공은 물론 프로모션(촉진)이다. 그런데 이들이 요즘은 제품과 유통, 가격 분야에도 관심을 기울인다. 광고가 아닌 솔루션을 제시하기 위해 이 분야들도 중요해졌기 때문이다. 광고대행사는 이미 수년 전부터 제품개발팀을 따로 두고 광고주의 제품개발 과정에 참여하거나 가격과 유통에 관한 아이디어를 제안하기도 하고 사업을 직접 운영하기도 한다. 예를 들어, 광고대행사 HS애드는 '오버더 레인보우'(Over The Rainbow)와 같은 부서를 두고 제품기획에서 개발·광고·판매방식 등의 방안을 제조사에게 제공하고 협업을 통해 신제품을 생산하기도 한다.[1]

2. 제품분석 모델　　　　　　　　　　　　What to say

마케팅 계획을 수립하기 위해서는 먼저 제품에 대한 분석이 전제되어야 한다. 제품 분석 방법은 전통적으로 FCB 그리드 모델(Foote, Cone & Belding grid model)에 근거한 방법과 레비트가 제안한 제품수명주기(product life cycle · PLC) 분석 등이 있다.

1) FCB 그리드 모델

미국 광고대행사 FCB의 광고전략 모델로 소비자 관여도(고/저)와 인간의 사고(이성적/감성적)를 기초로 제품 및 구매의사 결정방식을 4가지로 분류했다. 첫째, 고관여, 이성적 사고가 우세한 제품군에서는 정보를 중심으로 한 이성적 소구가 필요하며 이를 뒷받침할 수 있는 미디어(예: 전통적으로 신문)를 활용할 필요가 있다. 둘째, 고관여, 감성적 제품군에서는 브랜드에 대한 긍정적 이미지와 감성적 전략이 효과적

---

1 2013년 1월에 출범했다. 제품의 이름, 디자인 등은 물론, 기획과 생산, 판매를 통합하는 시스템으로 운영된다. 플라이워크(아웃도어 브랜드 K2 제품)의 경우, 최초에는 등산화로 출시할 예정이었다가 제품 콘셉트와 브랜드 이름을 변경해 신개념 워킹화로 출시했다.

이다. 셋째, 저관여의 이성적 제품군에서는 상품에 대한 환기와 자극을 주는 전략이 요구된다. 넷째, 저관여, 감성적 제품군에서는 상표나 브랜드를 쉽게 회상할 수 있도록 구매시점(*point of purchase*·POP) 등을 활용한 촉진활동이 필요하다.

2) 레비트의 제품수명주기 분석

레비트(Theodore Levitt)의 제품수명주기 분석은 제품도 사람처럼 수명주기가 있다는 관점이다. 새로운 제품이 출시되면 성장기와 성숙기를 거쳐 쇠퇴하는 사이클이 생긴다. 이때 각 단계별 특성을 고려해 마케팅 전략을 수립한다. 특히, 프로모션 효율성을 극대화하기 위해 세일즈 프로모션을 적극적으로 활용한다. 제품의 단계별 특성과 전략적 시사점을 간략히 살펴보면 다음과 같다(안광호·하영원·박홍수, 2010).

- 도입기: 시장규모 확대 및 제품인지도 확대를 마케팅 목표로 설정하고 광고홍보를 강화해야 하는 단계이다. 제품인지도를 위한 노출과 시험구매 유도방법이 유효하다.
- 성장기(확장기): 시장점유율 확대가 주된 마케팅 목표이다. 인적 판매를 강화하고 브랜드나 제품의 강력한 이미지 제고와 단기적 매출증대 강화를 도모해야 한다.
- 성숙기: 이익극대화, 시장점유율의 유지 및 방어를 마케팅 목표로 판매촉진 강화전략을 구사해야 한다. 브랜드의 경쟁우위 유지 또는 충성도 유지가 중요하다.
- 쇠퇴기: 마케팅 목표로는 최저이익의 유지 및 비용절감 또는 독점적 지위 추구 등이다. 이를 위해 자사 브랜드 이미지를 유지하고 제품 재고소진을 소진해야 한다. 촉진은 최소한의 수준으로 실행된다.

현대 마케팅 상황에서 제품수명주기는 갈수록 짧아진다. 또한, 성숙기 시장에서의 경쟁은 더욱 치열해졌다. 아무리 혁신적인 제품이라도 경쟁제품이 금방 따라오거나 대체품이 생긴다. 제품지향적 사고 못지않게 소비자 지향적 자세로 고객을 확보·유지하는 데 초점을 두어야 한다. 이와 함께 쇠퇴기를 최대한 늦추거나 소비자의 개성충족을 위한 소량다품종 생산 등 제품의 롱테일(*long tail*)을 위해 노력해야 한다. 소비자의 욕구와 필요를 제품과 서비스 개발에 지속적으로 반영하는 전략이 중요한 이유이다.

3. 제품이 가져야 할 속성

1) 호감과 매력

현대사회에서 제품은 호감과 매력성이 중요한 평가기준이 된다. 바르가바의 호감경제학에 의하면, 호감의 중요성을 라이크노믹스(Likeonomics: 호감경제학)으로 명명하고 능력보다 호감을 중요시한다. '유능한 밉상보다 매력적인 바보가 낫다'는 이를 가리키는 표현이다. 바르가바는《호감이 전략을 이긴다》에서 성공 제품의 비결을 진실성, 관련성, 이타성, 단순성, 타이밍의 5가지로 꼽았다(Bhargava, 2012/2013).

첫째는 진실성(*trustworthiness*)이다. 미국 방송인 오프라 윈프리가 TV토크쇼 1위를 유지한 것은 사생아로 태어난 그의 '출생의 비밀'을 털어놓는 솔직함에 있다. 이를 '지적 솔직성'이라고도 한다. 도미노피자가 "도미노피자는 마분지 같다"는 등 고객의 비판을 인정하고 SNS 등을 이용해 진정성을 보인 '피자 턴어라운드'(Pizza Turnaround) 캠페인도 같은 맥락이다.

둘째는 관련성(*relevance*)으로, 루이비통이 웹사이트(nowness.com)를 통해 명품에 관한 스토리텔링을 실시하고, 디자이너, 사상가, 고객과 문화를 공유하거나 공감되는 경험을 제공하는 사례는 브랜드와의 관련성을 잘 살린 사례이다.

셋째는 이타성으로, 특히 협업이 중요시되는 현대에서 경쟁에서 이기기 위한 중요한 덕목이라 할 수 있다.

넷째는 단순성(*simplicity*)이다. 레오나르도 다빈치는 '단순함'이 곧 '정교함'이라 했다. 예를 들어, TED 컨퍼런스가 한 번에 한 사람씩 딱 18분만 진행한다거나, 일체형의 휴대폰 디자인을 살리기 위해 디자인 요소를 최소화한 아이폰 등이 이에 해당한다.

마지막으로 타이밍(*timing*)이 중요하다. 최고의 작품은 타이밍이 맞아야 한다. 신문

만화 〈딜버트〉(Dilbert)의 창작자인 애덤스(Scott Adams)는 '역사상 가장 훌륭한 힙합 노래라고 해도 그것이 중세에 쓰였다면 타이밍이 잘못 된 것'이라 했다(Bhargava, 2012/ 2013). TV에서 웃음을 촉진하기 위해 고안된 '가짜 웃음'도 타이밍에 관한 예이다.

2) 역발상

햇반의 경우, '밥은 집에서 해먹는 것'이라는 심리적 장벽을 깨고 제대로 된 즉석 밥으로 포지셔닝한다. 이처럼 이용방식 등 제품에 대한 고정관념에서 벗어나야 한 다. "우리는 아이스크림을 파는 것이 아니라 즐거움을 파는 것"이라는 베스킨라빈스 의 경영철학은 제품을 하나의 문화적 콘텐츠로 바꾸는 힘이 되었다.

이외에 더운 여름에 건강식으로 판매되는 군고구마나 남성의 패션을 위해 개발된 봉제선 없는 속옷도 유통 및 제품개발에서 일반적 상식을 뒤집은 역발상 사례이다. 치약은 소비자가 적당량을 조절해야 한다는 상식에서 벗어나 로션이나 샴푸처럼 한 번에 일회 분량을 덜어내 사용할 수 있는 펌핑 치약도 있다.

최근 1인 방송을 통해 중계되는 게임도 역발상 사례라 할 수 있다. 〈스타크래프 트〉나 〈마인크래프트〉 등의 게임영상에 해설이나 자막을 곁들여 중계방송처럼 내보 낸다. 이른바 'e스포츠'라 부르며 '게임은 하는 것'이라는 생각을 뒤집어 스포츠를 관 람하듯 보는 것으로 만들었다. 실제로 게임을 제작할 때, 중계나 시청하는 측면을 반 영해 게임의 배경이 산만하지 않도록 만들거나 승패를 빠르게 결정지을 수 있도록 제 작하기도 한다. 게임은 이제 게임 그 이상의 소비방식을 제안하는 콘텐츠이다.

노르웨이 슬로TV는 촬영한 영상을 편집하지 않고 그대로 보여주는 TV이다. 짧게는 수 시간에서 길게는 수백 시간 동안 방영한다. 2009년 노르웨이 공영방송 NPK가 처음 시작한 TV프로그램이다. 노르웨이의 서남부 해안도시 베르겐에서 수도 오슬로로 가 는 기차 맨 앞에 카메라를 설치해 기차가 달리는 7시간 동안 찍은 내용을 방영했다. 뜨 개질 장면을 8시간 30분 동안 보여주기도 하고 벽난로에서 장작 타는 모습을 12시간 동 안 보여주기도 한다. 노르웨이 피오르 해안 항해 장면을 무려 134시간 동안 실시간으로 방영하기도 했다. 한때 강을 거슬러 오르는 연어의 모습을 18시간 동안 방송했을 때는 방송시간이 너무 짧다는 항의도 들어왔다고 한다. 슬로TV는 주로 큰 화면을 이용한다. 슬로TV는 현대인에게 느림을 제공하고 자극적이고 선정적 내용에 시달린 사람의 신경을 이완시킨다. 기존 TV프로그램과 비교해 역발상의 매력이 느껴진다.

그림 7-1 노르웨이 슬로TV

항해하며 보이는 단조롭고 평화로운 자연풍경을 약 134시간 동안 방영했다.

그림 7-2 역발상의 힘, 속도감시 카메라 복권

규정속도를 어기면 벌점을 주는 기존의 제도에서
역으로 속도를 지키는 차에게 선물쿠폰을 주었다.

3) 기대위반

(1) 루마니아의 초콜릿 바 롬의 '아메리칸 롬 프로젝트'

루마니아의 대표적인 초콜릿 브랜드인 롬(ROM)이 포장지를 성조기로 바꾸어 '장난을 친' 사례는 이미 고전에 가깝다. 성조기 포장지가 등장하고 1주일 뒤 사측은 '사실 장난이었다. 루마니아 국민이 미국보다 조국을 더 사랑한다는 걸 알게 됐다'고 발표한다. 그리고는 다시 이전의 루마니아 국기가 새겨진 포장지로 바꿨다. 이러한 성조기 포장지가 일으킨 논란으로 롬은 루마니아 초콜릿 바 시장에서 점유율 1위를 탈환했으며 한정판이 된 성조기 포장지는 수집가의 애장품이 됐다. 제품패키지는 기업의 마케팅 커뮤니케이션 수단이자 미디어 역할을 하게 되었다.

(2) 가치 있는 것으로 스토리텔링하기, 이노센트

패키지는 소비자와 가장 가까이 대화하는 공간이다. 영국의 과일음료, 식품 브랜드인 이노센트(Innocent)는 소비자의 재능기부로 짠 털모자를 씌운 병으로 유명하다. 또한 제품에 관한 이야기를 친근하고 익살스럽게 표현한 우유팩 시리즈도 재미있다. "감자스낵, 초콜릿, 도넛 - 3가지 무서운 유혹 대신 우리 스무디를 마셔라", "망고는 나무와 나무 사이가 넓어야 하는 과일. 그렇게 잘 자란 열매를 손으로 따서 제품에 담는다" 등 스토리를 일러스트로 표현하거나 소비자가 보내온 재미있는 질문을 패키지에 싣기도 한다. 먹고 마시는 식품을 넘어서 소비자에게 즐거운 경험을 주고 감성적 느낌까지 충족시켜준다.

스티브 잡스의 말처럼 디자인은 단순히 시각적 요소의 조합이 아니다. 제품이나 서비스로 나타나지만 실은 "창작물에 밴 정신"(the fundamental soul of a human-made creation)이다. P&G의 "프링글스"를 보라. 뒤틀린 곡선으로 디자인된 감자칩에서 우리는 익숙함과 편안함, 자유로움을 함께 경험할지도 모른다.

덴마크의 명품 오디오 회사 뱅앤올룹슨(Bang & Olufsen)은 신제품을 만들 때 디자인을 먼저 정하고 그 뒤에 제품을 만든다. 뱅앤올룹슨은 '5살짜리 아이도 쉽게 쓸 수

그림 7-3 이노센트의 제품

이노센트의 우유팩과 털모자. 건축가 설리반(Louis Sullivan)은 "기능은 형태를 따른다"고
말했다. 1차적으로 생각하면 절대 기능적 디자인이라 보기 어렵지만 한편으로는
이노센트 패키지의 아름다운 형태가 사람의 마음을 움직이도록 하는
기능적 디자인의 힘을 가진 것도 같다. 자료: innocentdrinks.co.uk

있도록 직관적이고 단순한 제품을 만들어라'라는 디자인 철학으로 제품의 품질 외에
디자인으로도 많은 사랑을 받았다.

또한 세계적인 디자이너 로위(Raymond Loewy)의 작품도 있다. 그는 코카콜라의
병 디자인, 엑손 오일 CI 디자인, 나사의 우주복과 우주선 디자인 등 세계적인 작품
을 제작해 20세기 산업디자인에 큰 영향을 미쳤다. 로위의 디자인 테마는 "유선형"으
로 인간의 풍요로운 미래의 생활과 꿈의 이미지를 추구했다.

(3) 제품에 담겨야 할 속성: 기대위반

2007년 건강과자 출시는 과자에 대한 고정관념과 기대를 바꾼 사례이다. 과자에
대한 고정관념이란 "과자는 합성첨가물 덩어리라 건강에 좋지 않다는 것"과 "과자는
아이들이나 먹는 것이다"이다. 그런데 건강과자가 성공하기 위해 고려해야 할 문제
하나는 '과자는 맛있어야 한다'라는 점이었다. 맛과 건강은 서로 상반되는 개념이다.
가격과 품질, 편리성과 내구성처럼 서로 공존하기 어렵다고 생각한다. 이른바 '지각
적 추론'의 결과이다. 과자는 과자다워야 한다는 인식(추론)이 존재했지만 이러한 인
식으로 인해 오히려 몸에 좋은 과자 영역도 만들어질 수 있었다. 트라우트(Jack
Trout)와 리스(Al Ries)가 말한 이른바 인식의 법칙이다.

한편, 술을 테이크아웃하는 제품이 나온 적이 있다. 술을 거리에서 마시는 것은 가

치나 문화가 걸린 문제이다. 우리나라는 물론이고 세계적으로 쉽게 받아들여지지 않는 문화라 할 수 있다. 이 제품 아이디어는 독창성(기대위반)은 있을지 몰라도 타당성은 의심스럽다.

4) 소셜, 공익성

(1) 소셜 프로덕트

제품의 개발과 개선을 위해 소셜의 힘이 필요하다. SNS 등 '소셜 네트워크'에 기반을 두고 사회구성원이 함께 작품을 만들거나 제품을 생산한 결과물을 소셜 프로덕트라 부른다. 유튜브의 '라이프 인 어 데이'(Life in a day) 프로젝트나 현대자동차의 '소셜 이모션 필름'(Social Emotion Film) 캠페인이 바로 그 예이다. 일종의 소셜 프로덕트이다. 현대자동차의 경우 앱으로 "지금, 나는 ○○하러 가는 길"이라는 내용으로 위치, 감정상태, 사진, 동영상 등을 올리면 이 사이트에서 세계 각 지역의 다른 이들이 올린 것을 함께 감상할 수 있다.

(2) 착한 아이디어, 피푸백

세계인구의 40%는 번듯한 화장실이 없는 곳에서 살고 이런 화장실의 부족으로 인한 수질오염으로 많은 어린이가 질병에 걸린다. 이 때문에 '피푸백'(Peepoo bag)이라

그림 7-4 비료로 사용되는 1회용 변기가방, 피푸백

는 이름의 봉투가 나왔다. 위생상태가 열악한 남반구 개발도상국을 위해 스웨덴의 디자이너들이 만들었다. 천연소재로 된 봉투에 용변을 보면 2~4주 안에 비료로 변한다. 한마디로 친환경 화장실이다.

5) 관계성

(1) 스토리텔링

패키지는 소비자에게 말을 거는 도구이다. 제품의 이미지와 인지도를 높이는 한편 제품을 선택하는 데 결정적 역할을 하기도 한다. 요즘 소비자는 제품의 이야기를 듣거나 나누며 제품과 연결(connection)을 느끼고 싶어 한다. 일종의 관계를 형성하는 것이다. 이런 소비자에게 일방적으로 자랑을 늘어놓는 광고로는 더 이상 설득력을 얻기 어렵다. 이 때문에 소비자가 직접 대면하고 이야기를 경험할 수 있는 패키지 디자인이 중요해진 것이다.

영화 〈장화 신은 고양이〉(Puss in boots, 2011)의 캐릭터를 활용하거나(현대백화점), 세계적 팝아티스트인 제프 쿤스의 작품이 그려진 신세계백화점의 쇼핑백, 프랑스의 유명 일러스트레이터 아이작 제노가 디자인한 갤러리아백화점의 쇼핑백 등이 있다.

(2) 역발상

생활용품 및 화장지 사례로 미국 킴벌리클라크(kimberly-Clark) 사의 크리넥스 티슈를 들 수 있다. 'Slice of Summer'(한 조각의 여름)라는 이름의 삼각형 패키지로 정형화된 네모에서 벗어나 삼각형의 수박 한 조각 모양으로 만들어져 깜찍한 느낌을 준다. 패키지 디자인상인 펜타어워드(Pentawards)를 수상했다.

음료부문으로는 고전적 사례이지만 미네워터 바코드캠페인을 들 수 있다. 바코드캠페인은 가치 있는 것을 뜻밖의 모습으로 보여준다는 점에서 역발상 사례이다. CJ제일제당 생수 브랜드인 미네워터의 '바코드롭(Barcodrop) 캠페인'도 뛰어난 패키지 전략으로 호평을 받았다. CJ제일제당과 보광훼미리마트(지금은 BGF리테일)가 공동으로 기획한 이 캠페인은 제품용기에 2개의 바코드를 부착해 소비자가 원할 경우 물 부족으로 허덕이는 아프리카 어린이에게 기부할 수 있다.

'미네워터 바코드캠페인'을 상식파괴 마케팅 사례로 보는 시각도 있다. 제품가격을 소비자가 결정한다는 점, 제품가격의 부담을 더 높였다는 점 때문이다. 그래도 패키지를 이용한 이 캠페인으로 매출이 크게 증대되었다니 그만큼 착한 소비자가 늘었다는 뜻이다. 이 캠페인의 성공을 뒷받침한 요인이 '착한 의도'뿐만이 아니다. 수준 높은 패키지 디자인 요소(투명병과 물방울과 아이 일러스트)도 한몫했음을 기억해야 한다.

(3) 가장된 우연

'우연을 가장한' 계획된 광고가 있다. PPL 및 광고는 아니지만 유명인(*celebrity*)을 이용한 홍보(매장방문 또는 사진)가 그것이다. 제품의 노출환경을 바꾸어 소비자의 상업적 메시지에 대한 부담감을 줄이려는 의도에서이다. 그러나 제품이 성공적인 브랜디드 콘텐츠로서 발전하기 위해서는 고려되어야 할 점이 많다.

PPL의 경우 드라마 내용과 제품 간의 관련성, 일치성 등 여러 요소를 점검해야 하고 유명인 마케팅(셀럽 마케팅)의 경우 단순한 유명인 노출이나 사인회 같은 평범한 방식이 아닌 유명인의 요소가 어우러진 캠페인이 되어야 한다. 계절이나 유통별, 타깃별로 유명인의 '스토리'를 접목하는 것도 하나의 방법이다.

6) 일관성

마지막으로 브랜드의 자산화를 위한 시작으로서 일관성이 필요하다. 일관성은 제품을 브랜딩(*branding*)하는 전략의 시작이기도 하다.

'바꾸어라, 그러면서 바꾸지 마라'(Change it, but do not change it). 세계적인 명품 포르쉐의 디자인 정책을 말해주는 슬로건이다. 자기다움을 지키는 일은 제품개발에도 중요하다. 제품이 속한 업(業)의 본질과 정신을 잊지 말아야 한다. "그 회사답다, 그 제품답다"의 평판을 유지할 수 있어야 한다. 마구잡이식 변화가 아니라 중심 콘셉

그림 7-5 베스파 클래식 스쿠터

트를 지키는 변화일 때 장기적으로 브랜드 자산이 커진다.

지난 2014년 동대문디자인플라자에서는 〈BEAUTY beyond BEAUTY〉(아름다움, 그 이상의 아름다움)이라는 전시회가 열렸다. 헵번(Audrey Hepburn)이 직접 소장하던 한정판 포스터와 지방시가 헵번만을 위해 제작한 의상 등이 전시되었다. 그중 눈길을 끄는 것은 〈로마의 휴일〉(Roman holiday, 1953)에서 헵번이 탔던 베스파(Vespa) 클래식 스쿠터였다. 이탈리아의 스쿠터 브랜드인 베스파는 디자인 콘셉트를 바꾸지 않기로 유명하다. 오랜 세월이 지나도록 전체적인 디자인 콘셉트는 그대로 유지하되 유행과 감각을 적절히 반영함으로써 여전히 많은 이에게 사랑받는 스쿠터이자 스쿠터브랜드이다.

4. 리포지셔닝을 위한 TPO

TPO 전략, 즉 시간(time), 장소(place), 상황(occasion) 요소를 경쟁력 있게 활용하는 전략은 차별적인 제품 포지셔닝(positioning)을 위해 유용한 시사점을 제시한다. 사람들의 인구통계학적 특성과 심리통계학적 특성을 기반으로 라이프스타일을 제안하는 것도 좋은 방법이다. 예컨대 시간의 경우 아침에 마시는 주스, 오후 3시에 간식으로 먹는 요구르트, 일요일에 요리해 먹는 짜장면 등이 있다. 밥을 말아 먹는 라면, 여자친구를 만날 때 어울리는 패션, 자동차에 놓아두고 씹는 껌, 가정용 섬유탈취제를 식당에서 사용하는 경우 등이 장소를 확대한 사례이다. 집에 밥이 떨어져 난감한 경우를 강조하는 즉석식 밥 등은 상황을 확대한 사례이다.

5. 디마케팅 전략

자사의 제품을 사지 말라고 광고하는 파타고니아(Patagonia)는 소비보다는 절약을 강조한 마케팅으로 유명하다. 고객에게 필요하지 않은 제품이나 유행으로 오래 입지 못할 제품은 사지 말라는 광고를 내보내기도 했다. 파타고니아는 2013년 미국 아웃도어 의류시장 점유율 2위에 올랐다. 고객과 사회에 대한 기업의 책임을 다하겠다는 CSR은 그 자체로 기업의 신뢰이미지를 높임으로써 마케팅에 긍정적 영향을 주었다. 메시지 전략 관점에서도 "상업적 관점에서 부정적" 메시지가 오히려 긍정적 세렌디피티(serendipity) 효과를 가져왔을 것으로 본다. 반상업적(de-marketing) 메시지가 소비자의 눈길을 끌어 제품과 품질에 대한 흥미와 기대를 높이고 신뢰를 준 것으로 해석할 수 있다.

6. 유통과 소비자 경험 `What to say`

1) 온라인과 오프라인의 협업

제품의 브랜디드 콘텐츠화를 위해서는 소비자의 경험을 단순한 구매 이상의 행동적 영역에서 확대해야 한다. 이때 유통은 소비자가 제품을 만나는 장으로 체험적 미디어 역할을 한다. 유통에 관한 주요 키워드는 협업이다. 인터넷 쇼핑몰과 케이블 등을 이용한 홈쇼핑, 온라인 직접구매(최근 '해외직구'라는 이름으로 많은 사람이 이용하며 온라인을 통한 해외직구가 점점 늘어나는 추세이다) 등 다양한 대체유통망이 확대되었고 패션 등 제조업 브랜드는 멀티숍 등 자체유통망을 늘리고 PB(*private brand*) 등으로 교섭력을 확보했다. 이에 따라 전통적 유통 강자의 힘과 지위가 달라졌고 경쟁 또는 협업 관계가 다양하게 얽혔다.

특히, 최근에는 O2O(*online to offline*) 마케팅이 중요시되며 온라인 및 모바일 상황에서의 정보탐색 및 가상체험과 오프라인에서의 제품경험 및 접촉(*touch*)이 상호작용함으로써 제품구매에 직접적 영향을 미친다.

백화점과 편의점과 할인점, 전문점, 온라인 쇼핑몰 등 온·오프라인 유통 네트워크는 곧 소비자를 만나는 접점이다. 소비자가 단순히 물건을 구입하는 공간이 아닌 체험과 관계(*customer relationship*)가 만들어지는 곳이다. 대고객서비스 관점에서 제품이 아닌 감동을 주도록 새로운 서비스를 제공함으로써 '세렌디피티'를 경험할 수 있게 해야 한다. 이 장에서는 유통 아이디어 중심으로 소개하고 소매상과 도매상에 대한 유통관리는 "제 10장 OOH 브랜디드 콘텐츠"에서 다시 다룬다.

2) 유통전략 시 고려되어야 할 요소

유통경로를 설계하기 위해서 고려되어야 할 요소는 다음과 같다.

- 입지의 편의성: 도소매업체가 시장 내에 분산된 정도를 말한다. 유통경로가 고르게 분산될수록 고객의 여행거리와 탐색비용은 감소하므로 고객만족이 증가된다.
- 최소 구매단위의 크기: 소비자가 소량으로 제품을 구매하기를 원한다면 많은 도소매상이 개입·포진되어야 한다. 이를 위해 소비자가 원하는 구매단위를 파악할 필요가 있다.
- 대리점 체제: 중소기업으로서는 폭넓은 대리점 체제 구축을 위한 비용을 감당할 수 없다. 대신 자동판매기 등 대체유통망을 고려하고 택배 등을 활용해야 한다. 이러한 무인 또는 대체유통망을 이용할 경우 고객의 신뢰를 잃지 않는 것이 과제이다.
- 대기시간(*waiting time*): 주문한 제품을 인도받을 때까지의 기간이다. 대기시간이

길수록 제품이나 브랜드에 대한 신뢰도가 낮아질 수 있다.
- 소비제품 구색: 다양한 제품 구색을 갖출 경우 일괄 구매를 가능하게 만들어 소비자의 정보탐색 비용을 줄일 수 있다.

이상의 요인을 고려하되 기업규모와 예산, 고객의 욕구 등을 고려해 유통경로를 설정해야 한다. 경로서비스 수준을 높일수록 유통비용이 증가하고 이는 결국 제품가격에 영향을 주어 가격에 민감한 고객을 잃을 수 있기 때문이다.

한편, 유통 운용전략은 푸시와 풀 전략으로 구분된다. 푸시 전략은 최종소비자에게 제품을 밀어낸다는 의미로서 유통경로 구성원을 중심으로 촉진방법을 구사하는 것을 말한다. 업체의 마진을 올려주거나 판매원에게 인센티브를 제공하는 방법 등을 사용한다. 구체적 방법으로는 유통점주대상 이벤트, 신제품과 판촉활동에 초점을 맞춘 안내서, 상품에 대한 뉴스를 다룬 업계간행물 기사 등을 지원하는 것이다.

풀 전략은 소비자를 끌어들이는 의미로서 최종소비자를 대상으로 구매를 유도하는 것을 말한다. 광고, PR 등을 실시하고 체험단 평가단을 운영하거나 고객대상 경품제공 및 할인행사를 실시하는 것이 대표적이다. 장기적으로 브랜드 이미지를 알리거나 제품의 가치를 높이는 데 주력한다. 생필품이나 보험 등 일반적으로 브랜드 의존도가 낮은 상품이나 신상품은 소비자에게 직접 홍보하는 것(풀 전략)보다 푸시 전략이 더 효과적일 수 있다. 푸시와 풀 전략의 구분 자체가 목적이 되어서는 안 된다. 단기적, 장기적 목표에 따라 이를 실현하기 위해 두 전략을 균형감 있게 배합하는 것이 필요하다.

유통관리자는 전통적이고 전형적인 유통방법이 아닌, 새로운 유통방법을 모색해야 한다. 이는 판매에 직접적 도움을 줄 뿐 아니라 장기적으로 고객관계 형성에도 긍정적 영향을 줄 수 있다. 특히, 최근 고객관계관리 마케팅이 중요해짐에 따라 단기적인 판매성과 이외의 고객애착과 고객신뢰 등 긍정적 관계를 구축, 유지하는 것이 중요한 과제가 되었다. 이를 위해 유무형의 유통경로를 통해 대고객서비스를 강화할 필요가 있다.

3) 유통 아이디어의 속성

(1) 채널을 결합하거나 복합적으로 운영하라

전통적 유통업체의 온라인 쇼핑몰 구축, 기업의 SNS 창구를 이용한 판매 등도 소비자에게 제품구매 라인에 대한 인식을 바꿈으로써 만족도를 높인다. 델(Dell)의 경우 한 판매원이 자신의 트위터 팔로워에게 특별할인 가격으로 판매하는 등 SNS를 통해 수백만 달러의 판매실적을 올렸다.

과거 오프라인은 서로 다른 가치를 갖는 영역이었지만 현재는 ICT, 모바일 환경의 활성화로 그 경계가 허물어졌다. 온라인과 오프라인이 상호작용하는 O2O 유통환경이 조성된 것이다. 앞으로 고객접점이 세분화되며 유통에 대한 기대위반의 힘을 가져오는(기존의 기대를 위반하는) 아이디어가 많이 등장할 것이다.

국내의 경우에도 2010년을 전후로 대형 백화점의 온라인판매가 강화되어 온라인과 오프라인의 결합채널이 더욱 강화되었다. 전통적 유통 강자라 할 롯데백화점, 신세계백화점, 현대백화점 등은 온라인 쇼핑몰 서비스 강화, 간편결제 서비스 도입 등으로 선두 입지구축을 위해 노력한다. 특히, 제품전략에서 오래 살아남아 캐시카우 역할을 해주는 제품이 필요하듯, 유통에서도 일종의 롱테일 전략이 중요하다. 온라인과 모바일을 이용해 작지만 오래가는 유통전략을 수립해야 한다.

그림 7-6 신세계그룹의 SSG닷컴 광고

오전에 장을 보면 오후에 쓱(SSG) 배달이 된다는 메시지로 온라인 유통망의 편리함을 말한다. 출처: tvcf.co.kr

(2) 물건이 아닌 감성을 팔아라

스타벅스는 지금까지 '고객의 감성을 충족하는 공간'이라는 포지셔닝을 성공적으로 유지한다. 이를 통해 고객은 스타벅스만의 로열티를 유지하는 것이다. 제품을 만나는 공간에 감성을 충족시킬 체험적 요소와 스토리텔링 요소를 넣어보자. 소비자에게 즐거움을 주는 것도 중요하다. 이를 위해 역발상을 통한 세렌디피티를 만나게 하는 것이 방법이다.

(3) 기대를 만들면 유통이 반갑다

'랜덤'(random)은 예측불가가 세렌디피티를 만나게 한다. 이용자가 제품을 고르는 것이 아닌, 버튼을 누르면 상품이 무작위로 선택되어 나오는 '랜덤' 자판기가 있다. 말 그대로 잡히는 대로 주는, 미국의 온라인 랜덤 쇼핑몰 섬씽스토어(somethingstore)의 이야기이다.

섬씽스토어의 홈페이지에 들어가서 배달 주소를 입력하고 10달러를 결제하면 상품이 하나 배달되는데 이때 배달하는 상품은 '무작위'로 선택한다. 한마디로 주인 마음대로 주는 가게인 것이다 (www.somethingstore.com). 인간의 기대와 호기심(내가 받을 상품은 무엇일까?)을 이용한 상품판매 방법으로 유통(쇼핑몰)의 역할을 한다. 이처럼 소비자에게 만들어준 기대는 결국 소비자에게 놀라움을 제공한다. 섬씽스토어를 사용하는 소비자에게는 무작위로 배송되는 제품이 곧 자신에게 보내는 깜짝 선물이 된다.

이외에도 다양한 아이디어 상품이 있다. 그 가운데 자판기는 재미있는 아이디어가 담긴 상품이 많다. 예를 들어, 담배를 한 개비씩 파는 자판기, 생화와 케이크를 파는 자판기(일본), 자동차 자판기(중국) 등이 있다. 마약하는 사람을 위한 주사바늘 자판기(호주), 자동 소포 발송기(영국), 저명인사와 사진권(8천 달러)과 페라리자동차 대여권(1만 달러)을 파는 자판기(미국) 등도 재미있다.

요약하면, 유통에서의 세렌디피티 아이디어를 만드는 팁은 호기심을 이용하고 기대를 만들어주는 것이다. 인간의 호기심을 상품화하는 것은 유통전략으로도 매우 효과적이다.

(4) 사람도 중요한 유통미디어이다

건물과 물리적 공간이 아닌 사람이 중심이 된 유통이어야 한다. '야쿠르트 아줌마'는 단순한 영업, 판매직원으로서 뿐만 아니라 제품을 홍보하는 '걸어 다니는 광고판'으로서 '신제품 구전 마케터'로 중요한 역할을 했다. 야쿠르트 아줌마가 40여 년 동안 건재할 수 있었던 데에는 브랜드 아이덴티티가 된 유니폼의 역할도 크다. 시각적 통일성을 주는 살구색 유니폼은 길거리 어디에서나 친숙한 이미지를 전달하며 커뮤니케이션의 장이 되었다. 이처럼 디지털 시대일수록 유통의 수단이자 브랜드 커뮤니케이션의 핵심은 바로 사람이다. 디지털에 빠져 사람을 놓치지 말자.

7. 심리적 요소로서의 가격 `What to say`

1) 가격의 기능

가격은 소비자가 제품 또는 서비스를 사기 위해 지불해야 하는 금액이다. 소비자는 가격을 통해 제품 또는 서비스의 가치를 평가한다. 이 점에서 가격은 시장경제에 참여하는 주체 간 의사소통의 수단이 된다. 또한 가격은 마케팅 믹스 중 유일하게 수익을 창출한다는 면에서 매우 중요한 전략적 결정대상이다.

가격책정 방법은 첫째, 고객의 관점에서 제품 및 서비스의 가치를 평가해야 한다. 둘째, 경쟁자의 반응을 고려해 신중하게 결정해야 한다. 셋째, 고객의 가격민감도를 파악해야 한다. 넷째, 묶음가격으로 책정할 것인지 부품별 개별적으로 가격을 책정할 것인지를 결정해야 한다.

가격책정을 위해 가격 포지셔닝이 중요하다. 가격 포지셔닝이란 제품의 편익이나 시장의 특성 등을 고려해 가격수준을 정하는 것을 말한다. 전통적으로 고가전략과 저가전략 등으로 구분할 수 있다.

고가전략이란 편익보다 가격이 높은 경우로, 기업이 시장이 독점, 신제품, 고급브랜드 제품 등을 이용해 이윤을 확보하려 할 때 주로 사용한다.

반대로 저가전략은 편익이 높거나 동일함에도 불구하고 낮은 가격을 책정하는 경우이다. 이는 생존차원일 수도 있고 기업이 원가우위의 경쟁력을 이용한 장기전략의 일환일 수도 있다. 고가전략은 프레스티지(*prestige*) 또는 매스티지(*mastige*)[2] 마케팅의 일환으로 전개된다. 저가전략은 박리다매나 PB 형태로 전개된다.

2) 가격 정책

(1) 가격을 낮게 책정하는 경우

PB 상품에 적용된다.[3] PB란 대형소매업자 등 유통업체가 독자적으로 제작한 자체 브랜드로 제조사로부터 상품을 저렴하게 공급받는다. 주로 해당 점포에서만 구매할 수 있다. PB는 광고비 등의 마케팅 비용과 재고부담을 줄여 기존의 브랜드보다 가격이 저렴하다. 이마트 TV PB상품(시네마 플러스), 롯데마트 '통큰' 브랜드(통큰TV, 통큰치킨) 등이 이에 해당한다. PB와 대별되는 이름으로 일반적인 제조업체 브랜드로서 NB(*national brand*)가 있다.

(2) 가격을 높게 책정하는 경우

애플의 고가전략처럼 일반적으로 고급 아파트나 자동차(예를 들어, 에쿠스 풀 체인지 모델인 제네시스 EQ900) 등에 적용한다. 일반적으로 고소득층 시장에서 취할 수 있는

---

2 매스티지란 명품(*prestige product*)과 대중(*mass*)을 조합한 용어로 준명품을 의미한다. 고급품을 일반 대중이 비교적 쉽게 살 수 있도록 만들어 새로운 브랜드로 내놓은 것을 말한다.
3 PB 상품은 박리다매, 차별화를 통한 품질중시, 고객 어필, 홍보비 절약 등의 목적으로 개발된다. 제네릭 브랜드(*generic brand*), 스토어 브랜드(*store brand*) 등이 있다. 제네릭 브랜드는 포장지, 라벨 인쇄 등을 없애거나 값싼 소재를 사용한다. 일종의 노브랜드(*no-brand*) 제품으로 이쑤시개, 쓰레기통, 면봉 등에서 많이 볼 수 있다. 스토어 브랜드는 자사 가맹점이나 독자적 브랜드명을 사용한 것으로 빵이나 의류, 음료수, 커피 등에 자주 사용한다. NC백화점의 아동PB 브랜드 인디고키즈 등이 이에 해당하는 사례이다. 특히, 대형마트에서 PB 상품을 쉽게 찾아 볼 수 있다.

전략이다. 가격-품질 연상법칙을 따를 때, 소비자는 고가의 제품에 대해 고품질을 연상하므로 이를 노리는 의미도 있다. 지금은 세계적 명품으로 대접받는 샤넬(Chanel)이 저가로 출발했다는 점을 아는 사람은 적다.

창업자 샤넬(Gabrielle Chanel)의 성공기가 영화로 제작되고 그녀의 성공 이미지가 스토리텔링되며 브랜드 가치도 높아졌다. 이후 여성적이며 도시적이자 고급스러움의 아이콘, 여성의 환상이라는 명품 이미지를 가질 수 있었다. 이 점에서 샤넬의 고가는 브랜드 이미지를 고려한 전략에서 나온 것이라 할 수 있으며 가격이 상승하는데도 수요가 증가하는 '베블런 효과'(Veblen effect)와도 관련이 있다.

(3) 소비자가 직접 가격을 책정하는 경우

가격선(price line)의 주문형식 가격책정, 티켓판매 중개업자와 협력해 구매자가 부르는 값으로 티켓판매 방식을 말한다.

(4) 심리적 가격책정

심리적 가격책정에는 대표적으로 단수가격 전략을 들 수 있다. 단수가격 전략이란 가격의 맨 끝자리를 9 등으로 표기함으로써 단위를 줄이는 것을 말한다. 소비자에게 훨씬 저렴하다는 이미지를 전달하며 가격이 0이 아니므로 합리적이라는 인상을 줄 수 있다. 소비자가 심리적으로 정해놓은 가격단위가 0단위(예를 들어, 5만 원, 10만 원)이므로, 이러한 심리적 저항을 줄이는 효과가 있다.

8. 제품·유통·가격 아이디어의 적절성

제품·유통·가격에서의 발상은 적절성과 독창성의 중재가 필요하다. LG생활건강의 '이자녹스 브랜드'가 내놓은 '아이디얼 링거 세럼'이란 브랜드네임은 같은 제품을 다르게 보이게 하는 힘이 있다. 몸이 피곤하면 링거를 맞듯 피부도 피곤하거나 지

그림 7-7 스틱버터와 카멜레온 힐스 슈즈

스틱버터(왼쪽)는 버터를 바를 때 버터가 손에 묻지 않고 손쉽게 바를
수 있으며 카멜레온 힐스 슈즈(오른쪽)는 굽의 높이를 조절할 수 있다.
그러나 소비자가 이런 기능적 아이디어를 어떻게 받아들일지에 대한
적절성이 검토되어야 한다. 출처: www.camileonheels.com

치면 링거를 맞아야 한다. 뷰티제품에 병원 냄새가 풍기는 링거라는 이름을 붙이다
니, 적절성의 논리를 뛰어넘는 발상이 제품을 차별화했다.

적절성이란 아이디어를 버리기 위한 것이 아니라 발전시키기 위한 것이며 아이디
어가 너무 '나가지는' 않았는가를 점검하는 기준이다. 적절성(혹은 타당성)의 잣대를
어디까지 적용할지는 여전히 중요하고도 어려운 문제이다. 빵에 버터를 바를 때 풀
을 바르듯 바를 수 있는 스틱형 버터 제품은 어떤가? 편리함은 좋지만 식감은 떨어진
다. 대중적이라기보다 일회적 홍보용 아이디어로 적합하다.

굽 높이를 조절할 수 있는 구두 역시 적절성의 논리가 중요하게 느껴진다. 내구성
은 차치하고라도 과연 구두 굽을 조절해야 할 상황이 많이 있을지, '패션'이 핵심 인
사이트인 구두제품에 굽 조절이라는 '기능성'이 과연 필요한지, 제품의 격을 떨어뜨
리지는 않을지 짚어볼 일이다. 또한 가격을 책정할 때도 가격만족도를 높이기 위해
적절성 요인을 고려해야 한다. 가격은 심리적 요소이자 제품 포지셔닝을 위한 요소
이다. 가격-품질 연상법칙처럼 가격은 지각된 품질을 높여준다.

관 여

관여(*involvement*)란 대상에 대한 지각된(*perceived*) 관련성 혹은 지각된 중요도를 의미한다. 구체적으로 관여도는 '어떤 개인이 특정한 상황에서 특정대상에 대해 지각하는 느낌이나 관심의 정도'로 정의된다. 대상이 제품이라면 그 제품에 대해 자신이 느끼는 중요성이 관여이다. 예를 들어, 가구는 일반적으로 대학생에게 크게 중요하지 않지만 신혼부부에게는 중요한 제품이다. 즉, 신혼부부에게 가구는 고관여 제품인 것이다. 중요성은 연속된 개념이지만 관여도를 실제 적용할 때는 '고관여' 또는 '저관여'의 두 차원으로 구분한다. 원래 사회심리학 개념이었는데 1966년 크루그만이 소비자 행동이론에 적용하면서 소비자학의 핵심적 변인이 되었다 (Krugman, 1965, 1966).

관여도가 중요한 이유는 소비자가 제품이나 브랜드에 가진 태도나 행동에 영향을 주기 때문이다. 예를 들면, 관여도의 수준에 따라 동기욕구나 조건이 결정되며 이는 소비자의 제품 혹은 브랜드 태도에 영향을 주며 제품태도나 구매의도를 조절하는 역할을 한다거나 관여도가 높은 상황에서는 자신이 선택한 제품이나 브랜드에 대해 차후 높은 충성도를 보인다는 연구결과들이 있다. 즉, 관여도가 정보를 처리하는 과정에 개입하는 것으로 나타난다. 자신에게 중요한 제품은 메시지 정보 자체에 주의를 기울이지만 상대적으로 덜 중요한 제품은 광고모델이나 음악과 같은 실행적 단서에 주로 영향을 받는다. 이것이 바로 페티와 카시오포(Petty & Cacioppo, January 01, 1986)가 말하는 정교화 가능성 모델이다. 전통적 이론이지만 현대 마케팅 커뮤니케이션 연구에서도 활용되는 개념이다.

관여의 대상은 제품, 상황, 광고 등을 들 수 있다. 소비자의 제품에 대한 관여, 소비나 구매상황에 대한 관여, 촉진에 대한 관여를 살펴보아야 한다. 매장 분위기, 온라인 홈페이지 구축 등 유통전략과 실행계획에도 소비자의 관여를 고려해 볼 수 있다.

생각해 볼 문제

1. 소비자의 인사이트란 무엇인가? 자신이 최근 구입한 제품 가운데 하나를 골라 어떠한 욕구에서 구입했는지 생각해 보자.

2. 현대 마케팅 상황에서 유통의 푸시 전략과 풀 전략에 어떤 의미가 있을지 생각해 보자.

3. 가격정책이 성공한 사례와 실패한 사례를 들어보고 이유를 설명해 보자.

4. 제품의 리포지셔닝하기 위해 중요한 요소는 무엇이 있을지 생각해 보자.

참고문헌

안광호 · 하영원 · 박흥수 (2010). 《마케팅원론》. 파주: 학현사.

Bhargava, R. (2012). *Likeonomics: The unexpected truth behind earning trust, influencing behavior, and inspiring action.* 이은숙 (옮김) (2013). 《호감이 전략을 이긴다》. 서울: 원더박스.

Krugman, H. E. (1965). The impact of television advertising: Learning without involvement. *The Public Opinion Quarterly, 29*(3), 349-356.

Krugman, H. E. (1966). The measurement of advertising involvement. *The Public Opinion Quarterly, 30*(4), 583-596.

Petty, R. E., & Cacioppo, J. T. (January 01, 1986). The elaboration likelihood model of persuasion.

http://www. brandingstrategyinsider. com
http://www. bang-olufsen. com

제 8 장

공간 브랜디드 콘텐츠

1. 경험을 만드는 미디어

Why to say

브랜드 경험이 중요한 시대이다. 소비자가 개인적 취향과 감성에 맞는 상품을 선호하고 브랜드의 경험적 가치를 중시하는 경향이 커진다. 소비자는 자발적 참여를 통해 적극적으로 의견을 개입하고자 한다. 이른바 BTL 커뮤니케이션이 주목받는 이유이다. 이벤트를 비롯해 상업적인 쇼, 전시, 박람회 등을 통해 기업과 소비자 간의 쌍방향적 커뮤니케이션이 활성화되고 4대 매체 중심의 ATL의 단점을 보완할 수 있다. 이때 공간은 커뮤니케이션을 촉진하는 미디어이다.

공간 미디어를 활용해 사람들에게 경험을 만들어내는 총체적 경험 마케팅 활동을 '공간 마케팅'(space marketing)이라 한다. 공간 마케팅에서는 꼭 필요한 타깃에게 정확히 도달하는 것이 중요하다. 무엇보다 브랜드 경험을 통해 소비자가 브랜드와 관계를 맺고 몰입하게 하는 것이 중요하다. 이를 '인게이지먼트'라 한다. 즉, 경험 마케팅은 브랜드 경험을 높이는 마케팅 전략을 통해 브랜드에 대한 인게이지먼트를 높이는 전략을 말한다.

경험 마케팅에서는 감각, 감성, 인지, 행동, 관계의 5가지 요소가 적극 활용된다.

각 요소는 '공간'이라는 미디어에서 구체화된다. 단순히 일반적인 미디어가 아니라 시각, 청각, 후각, 촉각, 미각을 전달할 수 있는 통합적 감각미디어이다.

마케팅에 활용되는 공간은 소비자가 브랜드를 경험하고 브랜드와 관계를 갖게 한다. 이 점에서 브랜디드 콘텐츠이다. 공간을 통해 소비자와 브랜드가 커뮤니케이션하는 시도가 다양하게 이루어졌다. 전통적인 매체광고처럼 일방적 전달이 아닌, 이벤트, 전시 등의 요소를 통해 경험하게 하고 보여주고 기념하고 느끼게 한다. 브랜드가 소비자에게 말을 걸고 소비자는 모든 감각을 통해 브랜드를 경험한다. 공간은 이러한 상호작용을 통해 소비자와 브랜드를 감각적으로 연결해주는 관계지향적 BTL 미디어이다.

BTL의 범위와 커뮤니케이션이 활발해짐에 따라 경험적 콘텐츠도 늘어난다. 과거의 전시나 설명, 홍보 수준에서 벗어나 스토리텔링이 어우러진 공간이 된다. 예컨대 많은 엑스포(EXPO: *exposition*의 줄임말로 전시, 박람회를 뜻함)에서 소비자는 대형영상 주제관, 경험과 작동에 의한 전시 등으로 오감을 이용해 경험할 수 있다. 이렇게 경험하고 즐기면서 습득한 메시지는 쉽게 각인되고 오래 지속된다. 이제 소비자는 브랜드 아이덴티티가 아닌 브랜드 경험을 통해 브랜드를 떠올린다.

2. 공간 마케팅　　　　　　　　　　　What to say

공간 마케팅은 '장소나 건축, 공간을 매체로 활용해 브랜드에 관한 경험을 제공하는 마케팅 활동'으로 경험에 방점이 찍힌다. 공간 마케팅은 "브랜드 경험"을 만드는 것으로 경험 마케팅의 한 방법이자 파인과 길모어(Pine & Gilmore, 1998)가 말한 '경험경제'(*experience economy*)의 요체라 할 수 있다.[1]

---

1 공간 마케팅은 장소 마케팅(*place marketing*)과 혼용되지만 다소 차이가 있다. 장소 마케팅은 마케팅의 대상을 장소(상품을 파는 것이 아닌 장소를 파는 것)에 두는 반면, 공간 마케팅은 공간이

그림 8-1 REI 백화점의 플래그십 스토어

REI는 소비자 협동조합 형식으로 설립·운영되는 아웃도어 백화점으로 아웃도어 이미지를 강조하기 위해 나무와 돌, 세계 유명 고산을 소개하는 산악시계 등을 배치한다.

공간 마케팅의 장점으로는 ① 특정 타깃에 도달하기 쉬우며, ② 소비자의 감각을 자극하고, ③ 감동과 공감을 이끌어냄으로써, ④ 그들의 라이프스타일에 영향을 줄 수 있다는 점이다. 공간을 이용한 아이디어 유형은 크기와 규모에 따라 분류될 수 있다. 예컨대, 건물이 아닌 공간 자체를 대상으로 할 경우 브랜디드 스페이스이며 점포 (shop)를 대상으로 할 경우 브랜드숍, 브랜드 빌딩 등으로 불린다. 지역 전체를 일컫는 개념으로 브랜드 랜드도 있다. 브랜드숍 등은 브랜디드숍으로 부르기도 한다.

브랜디드 스페이스로는 노키아의 'Silence Booth', 코닥의 'Kodak One Gallery',

어떤 상품을 마케팅하는 도구로서 활용하는 의미가 강하다. 후자의 공간 마케팅 개념에서는 공간 자체가 상품이 될 수도 있다. 즉, 공간 마케팅에서 공간은 마케팅 대상이자 마케팅 수단이 될 수 있으며 이 점에서 공간 마케팅이 보다 넓은 의미이다(한현석, 2012).

P&G의 Charmin 'NYC Restroom' 화장실 캠페인(건물뿐 아니라 캠페인이 펼쳐진 공간 자체를 말한다) 등을 들 수 있다. 브랜드숍으로는 REI(Recreational Equipment, Inc.) 백화점의 플래그십 스토어(flagship store), 프라다, 삼성, 애플, 스타벅스 등이 있다. 브랜드 빌딩으로는 나이키타운, 프라다, BMW, 아모레퍼시픽 뮤지엄 등을 들 수 있다. 브랜드 랜드란 상대적으로 가장 넓은 범위의 지역 또는 공간을 말하며 디즈니랜드, 커넬시티, 폭스바겐의 VW 아우토스타트(Autostadt) 등이 이에 해당한다.

공간 마케팅이 갖추어야 할 요건은 콘텐츠 측면과 운영 측면으로 나눌 수 있다. 콘텐츠 측면에서는 적절성과 참신성, 운영 측면에서는 일관성과 지속성, 세밀함 등이 고려되어야 한다.

먼저, 콘셉트 측면에서는 전달하고자 하는 콘셉트가 브랜드가 추구하는 방향에 일치해야 한다. 이를 위해 브랜드 아이덴티티를 반영해 디자인하는 방법도 좋다. 하이네켄(Heineken)이 녹색의 브랜드 컬러를 이용해 사무실을 꾸민다거나, 레고(Lego)가 터키 사무실에서 장난감의 이미지를 배치한 것 등이 이에 해당한다. 또한 주위 환경과의 적절성을 고려해야 한다.

그러나 지나치게 환경에 매몰되지 않도록 참신성 혹은 현저성을 갖추어야 한다. 공감을 주기 위한 스토리텔링과 감성적 요소가 담겨야 한다. 공간 마케팅은 곧 감성 마케팅이다. 소비자는 공간이 갖는 감성적 요소를 통해 자아이미지 일치성을 경험할 수 있다. 이는 공간(및 브랜드)에 대해 긍정적 태도를 갖도록 만들고 장기적으로 브랜드 충성도를 높이는 역할을 한다.

운영 측면도 결코 소홀히 할 수 없다. 공간은 브랜드 관리를 위한 미디어이자 콘텐츠이기 때문이다. 브랜드 콘셉트를 공간 전체와 세부적 요소에 일관되게 유지하되 시대 변화에 따른 세부 요소를 변화시켜가야 하며 무엇보다 장기간에 걸쳐 지속적으로 운영할 필요가 있다. 나이키타운은 1990년 건립 이래 스포츠 상품 관련 이미지를 지키면서 테크놀로지와 대학 시절의 스포츠에 대한 향수 등 다양한 엔터테인먼트 요소를 결합해 1위 브랜드 이미지를 꾸준히 지켜간다.

이 장에서는 공간 마케팅을 크게 두 가지 측면에서 다루었다. 첫째는 공간 마케팅의 세부 유형과 주요 기본 개념을 다루었다. 둘째는 공간을 확장 운용하는 개념으로서 전시컨벤션 등 MICE 산업 관련 요소를 살펴보고자 한다.

3. 플래그십 스토어

공간 마케팅에서 공간은 크게 '판매공간'과 '엔터테인먼트 기능공간'이라는 두 성격을 갖는다. 이 두 성격이 적절히 조화되거나 전략적으로 강조되면서 공간 마케팅이 이루어진다. 플래그십 스토어가 대표적이다.

플래그십 스토어는 브랜드와 공간이 결합된 개념으로 '상품의 이미지를 전달하고 홍보하기 위해 고객과 커뮤니케이션하는 공간'을 말한다. 플래그십(*flagship*)이란 해군 함대에서 가장 중요한 기함(모함)을 뜻한다. 여러 브랜드를 대표하는 매장(*store*)에 깃발(*flag*)을 꽂듯이 사람들에게 브랜드를 알리는 목적을 갖는다. 주로 상업적 교환을 위한 물리적, 환경적 요소와 엔터테인먼트와 판타지 등 브랜드 이미지와 명성을 유지하고 홍보하기 위한 환경적 요소가 결합된다. 광고를 비롯해 스폰서십, 촉진 등 브랜드를 대상으로 한 홍보 이벤트 효과를 제공한다.

플래그십 스토어는 공간 마케팅의 주요 유형으로 단순히 판매를 위한 매장 그 이상의 상징성을 갖는다. 브랜드 커뮤니케이션의 주요 콘텐츠이자 그 자체로 또 하나의 브랜드 역할을 하는 셈이다.

플래그십 스토어는 매장 내의 테마에 따라 크게 4가지 유형으로 분류할 수 있다. 구체적으로 엔터테인먼트 요소가 ① 자연적으로 형성된 것인지, ② 인공적으로 만들어진 것인지, ③ 물리적 특성을 갖는지, ④ 정신적 특성을 갖는지로 구분된다. 각 유형별로 경험하는 내용이 다르다.

자연형(*landscape*)은 도시인에게 땅, 나무, 신선한 공기를 재현하거나 풍경을 활용해 자연적 경험을 제공하는 형태를 말한다. 도시인이 일상에서 놓치는 자연 감각을 제공한다. 이를 위해 자연친화적 공간을 구성한다. REI 플래그십 스토어가 이에 속한다. 지역형(*marketscape*)은 매장의 물리적 구조(건물과 매장의 레이아웃)는 거의 동일하게 유지하면서 내용은 지역별로 개별화하는 것이다(예술작품 혹은 디스플레이). 지역별, 도시별로 변화를 주면서 급속하게 변하는 문화적 취향도 맞추고자 하는 유형으로 랄프 로렌(Ralph Lauren) 등이 이에 속한다. 물리적(*cyberscape*) 유형은 온라인 매장과 오프라인 매장의 경계 없이 한 번에 경험할 수 있는 형태를 말한다. 애플의 전시장이 이에 속한다. 추상형(*mindscape*)은 소매 점주에 의해 만들어진 비현실적 내부 공간 형태를 말한다. 신비한 느낌을 주거나 비현실적으로 구성해 방문객에게 일탈 등 특별한 감정을 느끼게 한다.[2] 프라다 플래그십 스토어가 이에 속한다.

4. 장소 만들기

'장소 만들기'는 최근 도시나 지자체를 개발 관리함으로써 새로운 가치를 부여하는, 이른바 도시 재생 전략에 자주 등장하는 개념이다. 장소를 만든다는 것은 물리적 공간으로서의 장소를 경험적이고 상징적 공간으로 바꾸는 것을 말한다. 단순한 디자인 이상으로 건물 속의 사람과 공간의 상호작용, 사람과 사람 간의 연결감과 관계성을 중시한다. 미국 쇼핑몰 건축의 아버지로 불리는 저디(John Jerde)는 '장소 만들기'(*place making*)와 관련해 경험이 장소를 만든다(Experience makes the place)고 주장했다.

장소 만들기를 위해 환경과의 관련성을 고려할 필요가 있다. 건축에도 맥락이 있다는 뜻이다. 프랑스 건축가 페로(Dominique Perrault) 같은 사람은 건축물이 갖는 주변의 맥락을 중시한다. 예를 들어, 건축물 주변의 환경을 연구하고 환경이 지니는 의미와 관련성이 있는 건축물을 짓는 것이다. 경험이 장소를 만든다는 말은 역으로, 장소가 사람의 경험을 만들어 낼 수 있는 아이디어가 필요함을 의미하기도 한다.

---

2 코지네츠 등(Kozinets, Sherry, DeBerry, Duhachek, Nuttavuthisit, & Storm, 2002)의 논문과 블로그(http://mbanote2.tistory.com/71) 글을 바탕으로 재작성함.

그림 8-2 미국의 창조적 장소 만들기 운동 사례

자동차 공장을 개조한 아트스페이스 버펄로 로프트(왼쪽) 시애틀의 지원으로
열리는 새스콰치 뮤직 페스티벌(오른쪽). 출처: http://artnetworking.org/59

그림 8-3 도시문화 콘텐츠의 4요소

장 소
장소성
• 창조도시 가치증대를 위한 지역 명소화 전략
• 지역이미지 구축 등 브랜드 관리
• 랜드마크 속성
• 사회환경의 창조성

경 제
경제성
• 광고 및 기업투자 유치
• 관련 인센티브
• 지역상권 활성화
• 미디어 노출을 통한 장소 마케팅

문 화
문화성
• 문화융합 계획
• 문화창작자, 전시공연 지원
• 문화예술 관광 인력창출
• 생활예술 지원
• OOH광고 콘텐츠의 차별성, 예술성, 공익성

사 람
인적 자원 및 운영(거버넌스)
• 지속가능한 발전을 위한 휴먼웨어
• 창의성과 개방성
• 자원의 창조적 개발과 활용
• 제휴 관계의 구축과 유지 등
  협업과 통제 측면

흔히 볼 수 있는 장소 만들기의 예로 도심의 버스정류장을 새롭게 꾸민 사례가 있다. 오븐처럼 만들어 따스한 느낌을 주는 버스정류장, 사진 액자 등으로 꾸며진 거실 같은 버스정류장 등 다양한 아이디어가 있다. 이와 관련해 미국에서는 창조적 장소 만들기(*creative placemaking*) 운동이 일어난다. 예술가가 빈 공장이나 창고 등의 공간을 새롭게 꾸며 자신의 작업실 혹은 주거지로 바꾸거나 주변 동네에 예술, 디자인 작품을 배치해 창조적 공간으로 바꾸는 운동이다. 버펄로 시의 아트스페이스 버펄로 로프트(Artspace Buffalo Lofts), 포틀랜드의 새로운 환승역에 만들어진 각 동네를 반영하는 예술작품, 산호세의 창조적 기업가 등이 그것이다. 건축 디자인을 비롯해 음악, 공연, 조각, 조경 등 다양한 장르의 프로그램이 전개된다.

한편 창조도시(*creative city*)란 도시를 대상으로 한 창조적 장소 만들기이다. 창조도시를 만들기 위해서는 문화예술 측면을 기반으로 돼야 하며 경제성, 장소와 시설, 이를 운영하는 조직과 시스템의 소통 측면이 잘 갖추어져야 한다. 즉, 창조적 도시 콘텐츠의 핵심요소는 문화·경제·장소·사람이다(그림 8-3 참고).

그 밖에 도시와 문화 컨설팅의 권위자인 랜드리(Charles Landry)는 도시 창조성 평가 항목으로 10개의 항목을 제안했다. 각 항목은 환경적 측면〔정치적·공적 토대, 재능개발, 학습/교육 풍경, 장소 및 장소 만들기, 생활여건 및 복지〕, 문화적 측면(독특성, 다양성, 활력, 표현성, 개방성, 신뢰성, 접근성, 참여성), 인적·운영 측면(기업가정신, 탐험성, 혁신성, 전략적 리더십, 민첩성, 비전, 커뮤니케이션, 연결성, 네트워킹, 전문성과 효율성) 등으로 구분할 수 있다. 이는 도시문화 콘텐츠를 기획할 때 고려해야 할 요건이다.

5. 공간 마케팅을 이해하는 개념: 제 3의 공간

제 3의 공간이란 공간예술 마케터로 불리는 미쿤다(Christian Mikunda)가 《제 3의 공간》(*Brand lands, hot spots & cool spaces: Welcome to the third place and the total marketing experience*, 2004)에서 제시한 개념이다. '제 3의 공간'이란 경험공간으로 제 1의 주거공

그림 8-4 **축제용(Desperados Hof)으로 만든 팝업 바**

미쿤다가 제안한 제 3의 공간의 요소는 랜드마크, 몰링, 콘셉트라인, 핵심 어트랙션이다.
이 4가지가 바로 아이디어의 핵심 재료이다. 출처: horeca.com.pl

간(집)이나 제 2의 근무공간(일터)과 구별된다. 제 3의 공간은 레저, 휴식 그리고 타인과 공유하는 커뮤니티 공간을 말한다. 최근 공간에 대한 인식이 변화함에 따라 주목받는 개념으로서 환상적 '경험'을 제공하는 공간연출 마케팅의 주요 개념으로 활용된다. 예를 들어, 쇼핑몰, 극장, 브랜드 스토어나 플래그십 스토어, 박물관, 식당, 호텔, 야외 공원 등이 있다. 제 3의 공간을 대표하는 미디어가 바로 경험형 OOH이다.

최근 주목받는 '팝업 브랜치'(pop-up branch)도 재미있다. 인터넷 팝업창처럼 한시적으로 문을 열었다 닫는 소형 점포를 말한다. 주로 컨테이너로 지으며 정식 점포가 생기면 컨테이너를 트레일러에 실어 다른 곳으로 옮긴다. 은행이나 소형 공장, 도서관 등 공공기관에서 주로 활용된다.

미국의 경우 PNC은행이 애틀랜타에 팝업 브랜치를 최초로 개설한 적이 있다. 고객을 직접 찾아간다는 편의성 때문이 아니다. 은행이라고 하면 엄격하고 까다로우며 품격이 느껴져야 한다는 고정관념을 뒤집어 신선한 이미지를 줄 수 있기 때문이다. 국내의 경우 2백 개의 컨테이너를 쌓아올려 만든 서울 건대입구역 근처의 '커먼그라운드'를 비롯해 서울 창동역의 '플랫폼 창동 61', 서울숲 근처의 '언더스탠드 애비뉴' 등이 유명하다. 컨테이너 방식은 '집은 고정된 것'이라는 고정관념을 깬다. 예전의 낡은 가건물의 이미지가 아니라 감각적이고 세련된 느낌을 준다. 따라서 젊은 층을 위한 마케팅 공간이나 문화예술 공간으로 활용하기 좋다.

1) 랜드마크

랜드마크(*landmark*)가 되기 위해서는 먼저, 외형적으로 눈에 띄어야 한다. 이를 위해 건물의 규모를 키우거나 상징물 걸기, 간판을 새롭게 하기, 건물 외형을 독특하게 하기, 건물 자체가 하나의 메시지가 되게 하기 등의 방법이 있다.

리베스킨트(*Daniel Libeskind*)가 설계한 유대인박물관은 산산조각 흩어놓은 다윗의 별(*Star of David*)을 형상화한 독특한 외형을 통해 건물 전체가 하나의 메시지를

그림 8-5 유대인박물관

다윗의 별을 산산조각 흩어놓은 것을 형상화한 독특한
외형을 통해 건물 전체가 하나의 메시지를 담았다.

210

그림 8-6 롱가버거 사옥

출처: archidialog.com

담았다. 이처럼 특색 있는 사옥은 회사 홍보는 물론이며 지역사회의 중요한 상징물이 된다. 수제 바구니 제조회사 롱가버거(Longaberger)의 사옥도 독특한 건물외형으로 랜드마크 역할을 하는 경우이다.

2) 몰링, 몰링족

몰링(malling)은 복합 쇼핑몰 등에서 쇼핑뿐만이 아니라 여가를 즐기는 소비행태를 말한다. 몰링족(族)이란 쇼핑, 놀이, 공연, 교육, 외식 등의 여가활동을 한꺼번에 즐기는 소비계층을 말한다. 몰워커(mall-walker) 혹은 몰고어(mall-goer)라고 한다. 쇼핑이 단순한 물건 구입을 넘어 하나의 '놀이'로 즐기는 문화가 확산되었다. 거꾸로 전시나 문화예술을 즐기면서 쇼핑을 추구하는 경우도 많다.

그림 8-7 서스펜스 축

미쿤다는 몰링과 관련해 다음과 같이 주장한다.

사람들이 건물 안에 들어온 후 여기저기 돌아다니고 싶게 만들어야 한다. 이를 위해, 광장이나 중앙홀 등을 이용해 중심축을 강조하고, 서스펜스 축으로 시선을 끄는 등의 방법이 있다. 비엔나의 르 메르디앙 호텔 바닥에 깔린 빛 선은 서스펜스 축의 역할을 하며 사람들을 새로운 장소로 이끈다(《제 3의 공간》, p. 51).

이러한 추세에 따라 백화점이나 대형 문화시설은 공간 설계 시 '몰링' 요인을 중요시한다. 소비자가 안전하고 쾌적하게 그리고 효율적으로 몰링을 즐길 수 있는 동선을 고려한 최적의 공간 설계를 추구한다는 것이다.

3) 콘셉트 라인

콘셉트 라인(concept line) 은 콘셉트를 전달하되 전체적으로 일관된 느낌을 주어야 한다. 이미지를 대비하거나 전체를 테마화하는 방법(정통 혹은 첨단적인) 이 있다. 비엔나의 랜드마크역할을 하는 개소미터 타운(Gasometer Town) 은 가스탱크를 개조한 건물로 옛 원형과 현대적 이미지, 직선과 곡선을 대비해 독특한 콘셉트 라인을 보여준다.

그림 8-8 개소미터 타운

옛 원형을 살리면서 현대 건물을 추가하는 등 대비와 공존의 미학이 느껴진다.

4) 핵심 어트랙션

핵심 어트랙션(core attraction) 은 눈길을 확 끄는 볼거리를 말한다. 구조물과 영상물 등 하드웨어를 비롯해 신체적 감각을 자극하는 쇼를 펼치거나 긴장감(서스펜스) 을 유발하는 이벤트를 보여주는 것이 이에 해당한다. 이러한 볼거리는 집객과 제품 메시지 전달에 중요한 역할을 한다. 라스베이거스 만달레이베이 호텔의 오리올(Aureole) 레스토랑에 있는 17m 높이의 투명한 와인타워가 좋은 예이다.

암스테르담의 '시티 브랜딩' 사례는 공간 그 자체가 마케팅 소재로 사용된 경우이

그림 8-9 공간 마케팅의 주요소로서 핵심 어트랙션

라스베이거스 오레올 와인바 와인타워(왼쪽)와 I amsterdam 홍보영상(오른쪽).
여자종업원(Wine Angel)이 4층으로 된 와인바를 케이블로 오르락내리락하며
주문한 와인을 가져오거나 보관해준다. 퍼포먼스가 어트랙터 역할을 하는 경우이다.
출처: I amsterdam 홍보영상(thisisnotadvertising.wordpress.com).

다. 홈페이지, 조형물, 할인카드, 홍보영상, 사진전 등 여러 가지 커뮤니케이션 활동이 전개되었지만 그중에서 건물 자체를 활용한 건물 앞 슬로건이 가장 돋보인다. 암스테르담 국립 현대미술관 앞에 슬로건으로 된 대형 표지판을 세워둔 것이다. 영어의 *am* (이다) 과 Amsterdam의 Am을 조합시켜 단순하고 기억하기 쉽다. 초기 캠페인의 목적이 암스테르담의 부정적 이미지를 개선하는 데 있다는 점에서 이 슬로건의 의미 자체는 지나치게 1차적이고 포괄적이다. 그러나 도시인의 자부심을 높이고 새롭게 탄생하겠다는 선언적 이미지를 갖는다는 점에서 의미가 있다.

6. 전 시

전시회 (*exhibition*) 에 관한 정의는 다양하다. 그중 하나를 인용하면, 전시회란 '유형 또는 무형의 상품을 매개로 제한된 장소에서 일정한 기간 동안 구매자를 대표하는 참관객 (*visitor*) 과 생산자를 대표하는 전시자 (*exhibitor*) 간에 거래와 상호이해를 주목적으로 진행되는 일체의 마케팅 활동'을 말한다.

구체적으로 전시회의 목적은 ① PR의 목적, 예컨대 고객관계관리나 미디어 관계관

리 등을 비롯해, ② 신제품 소개, ③ 판매, ④ 시장조사, ⑤ 기업 및 제품 인지도 제고 등 브랜드 자산 구축 등이 있다.

미국 전시산업연구원(CEIR)에 따르면, 전 세계적으로 매년 1만 5천회 이상의 전시회가 개최되는데 미국의 경우 전시회 예산이 마케팅 전체 예산의 약 14%를 차지하며 독일의 경우도 총 무역거래의 60~70%가 전시회를 통해 성사된다고 한다.

1) 전시회의 장점

전시회의 주요 장점으로는 정확한 타기팅(targeting)과 경험제공, 구매촉진을 들 수 있다. 정확한 타기팅이란 주요 고객 및 잠재고객을 중심으로 대상으로 하므로 집중적 접촉이 가능함을 의미한다. 경험제공이란 참여자(구매자)가 제품 또는 서비스를 작동시켜보거나 사용해 보는 등 직접 경험해 볼 수 있다는 것이다. 동일한 공간에서 경쟁업체와의 제품을 직접 비교해 볼 수 있어 편리하다. 경험은 '기억'을 오래 지속시키는 힘이 있다. 미국 전시산업연구원의 보고서에 따르면 실제 전시회의 시각적 영향이 인쇄광고보다 14배 정도 오래 지속된다는 보고도 있다. 마지막으로 전시장에서 이루어지는 인적 접촉은 구매결정을 가속화할 수 있다. 일반적으로 커뮤니케이션 경로를 비교할 때 영업사원은 제품구매 단계에 중요한 영향을 미친다. 안면 때문에 — 상대방의 안면을 생각해서 또 내 안면을 세우기 위해서 — 구매하는 경향이 크다는 의미일 것이다.

2) 전시회의 구성주체

전시회에 참여하는 사람 또는 조직은 크게 4가지로 구분된다.

첫째, 전시회 참가기업으로 제품 또는 서비스를 고객에게 소개하고 판매, 커뮤니케이션하는 주체이다.

둘째, 전시회 주관사(organizer)로, 전시회 기획, 관련 산업/시장 분석, 참가업체 유치, 부스임대, 전시시설 운영, 사후평가 등의 전시 전반의 업무를 담당하는 주체이다. 예를 들어, 독일에서 열리는 정보통신기술(ICT) 전시회 CeBIT의 경우 독일의 전시기획사(Deutsche Messe AG)가 담당하며 미국에서 열리는 전자제품박람회(CES)의 경우 미국 가전협회(CEA)가 주관사이다.

셋째, 전시회에 참관하는 방문객이다. 딜러(dealer), 점주(retailer), 매체사, 협회, 정부기관 등의 전문 관람객과 일반 소비자 관람객으로 나뉜다.

넷째, 전시 관련 서비스를 제공하는 업체(service contractor)로서 부스 디자인 및 시공 회사, 물류 회사, 식음료 서비스 회사 등을 말한다.

3) 전시회의 고려사항

점검 대상은 부스 디자인(부스 타입의 점검 등)에서 색깔(구조물부터 소도구, 유니폼, 디스플레이까지), 태그 라인(tag line)을 포함한 사인물, 제품 디스플레이, 유니폼, 이벤트, 장식, 홍보물, 선물(give away)에 이르기까지 다양하다. 각각의 요소에 세렌디피티(serendipity) 아이디어가 들어있는지를 점검해 보아야 한다. 이와 함께 제품특성과 커뮤니케이션 목적을 고려해 전체적으로 일관성이 있어야 한다.

4) 전시 대상

세상을 깜짝 놀라게 할 전시품을 찾기 전에 먼저 그 전시품에 어떤 스토리를 담을 것인가를 고민하는 것이 필요하다. 낡은 것이나 죽은 것, 고정된 것만이 아니다. 살아 움직이는 생활을 전시할 수도 있고 춤, 퍼포먼스도 전시품이 될 수 있다. 예를 들어, 미국 유타 주와 애리조나 주 사이에 자리한 '모뉴먼트 밸리'(Monument Valley) 인디언 자치마을은 나바호 부족의 생활 자체가 전시품이다. 안동하회마을, 제주도, 인사동 등 우리의 관광지는 살아있는 사람과 생활을 볼 수 있는가?

움직이는 춤을 전시할 수도 있다. 미국의 무용가 브라운(Trisha Brown)은 전시 벽면에 올라가 자신에게만 들리는 음악에 맞추어 춤을 추는 장면을 전시한다. 독일 작가

얀콥스키(Christian Jankowski)는 관객이 퍼포먼스 영상을 보며 음악에 맞춰 훌라후프를 직접 돌릴 수 있는 관객참여형 작품을 선보이기도 한다(곽아람, 2012. 6. 12.).

이처럼 사람 또는 사람의 행위를 전시한 것은 오랜 역사를 지닌다. 1889년 파리박람회 전시장에서는 서구 제국주의 국민에게 자부심을 심어주기 위해 아프리카계 '원주민'과 식민지촌이 전시되기도 했다. 초기 박람회는 이처럼 제국주의 국가의 위상을 과시하기 위한 것이었다. [3]

전시는 다른 요소와 결합되어 산업적으로 다양한 모습으로 확장된다. 대표적인 것이 전시컨벤션산업, 즉 MICE 산업이다. 전시와 회의가 결합된 형태이다.

7. MICE

MICE란 회의(meeting), 포상관광(incentives), 컨벤션(convention) 그리고 전시회(exhibition)의 앞 글자를 딴 것이다. MICE는 파생효과가 큰 고부가가치 산업이다. 세계적 관광도시 라스베이거스를 지탱하는 힘이 카지노(casino)로 버는 돈이 아니라 전시컨벤션으로 파생되는 부가가치에 있다고 할 정도이다.

먼저, 컨벤션과 박람회, 전시는 서로 관련이 있는 분야로 간단히 개념을 비교 정리해 본다. 컨벤션은 한마디로 국제회의이다. 컨벤션을 학술적으로 정의하면 '정치, 사회, 무역, 과학 등의 다양한 분야에서 특정한 주제에 관심을 가진 참가자의 모임'이다. 참가자는 모임을 통해 정보를 교환하고 지식을 습득한다. 컨벤션은 회의만 하는 경우도 있고 전시와 함께 이루어지기도 한다. 신상품이나 신기술의 도입, 문화예술 분야의 발전전략의 수립 등과 같은 여러 목적을 위해 컨벤션이 열리는데 연차총회(annual meeting)처럼 정기적으로 열리는 경우가 많다. 컨벤션은 가장 보편화된 용어

---

3 박람회의 역사적 의의에 관한 자세한 내용은 주강현의 《세계박람회: 1851~2012》(2012)를 참고하라.

로 소규모 회의나 위원회까지도 포괄한다.

컨벤션은 종종 대규모 국제회의를 뜻하는 컨그레스(congress)란 말과 혼용된다. 학술적 의미가 강한 컨퍼런스(conference)가 사용될 때도 있다. 이외에 우리가 흔히 듣는 말로, 전문가 발표 형식의 '포럼'(혹은 심포지엄), 전문가 중심으로 교육적 성격을 띠는 '세미나'(seminar)라든가, 단체 공동의 참여 성격이 강조된 '워크숍'(workshop), 연사 중심의 토론이 이루어지는 '패널'(panel) 등도 소규모의 컨벤션 성격을 갖는다.

박람회는 흔히 '엑스포'로 알려졌다. 박람회는 최근 상업적 경향을 띠지만 근본적으로는 교육적 성격이 강하다. 따라서 개별 기업이 참여하는 전시와 달리, 정부나 지방자치단체가 개최하는 것이 일반적이다. 국제적으로 공인받는 행사가 되기 위해서는 국제기구의 승인을 받아야 한다.

BIE(Bureau of International Exposition)라는 국제박람회기구가 있어 박람회의 성격과 기간, 주최국의 의무사항, 개최 규모와 횟수 등이 조건에 합당해야 승인받을 수 있다. 물론 승인받지 않은 비공인 엑스포도 가능하지만 BIE의 공인을 받을 경우 거의 모든 회원국가가 참가하는 등 수준 높은 전시가 보장된다. 1993년 열렸던 "대전엑스포"가 BIE 승인을 받은 우리나라 최초의 박람회이다.

반면 전시는 앞에서 설명한 것처럼 상품이나 서비스를 디스플레이와 부스에 전시해 홍보하거나 판매하기 위해 실시되는 행사이다. 컨벤션이나 컨퍼런스와 함께 열리거나 독립적으로 열린다. 박람회가 직접적 수익보다 산업, 경제, 문화사회적 파급효과에 목적을 둔 행사라면 전시는 이윤추구의 성격이 강하다. 그래서 전시회를 산업의 꽃으로, 박람회를 문화의 꽃으로 비유하기도 한다.

그러나 박람회(엑스포)가 가져오는 생산유발효과를 감안하더라도 당장의 수익이 지나치게 '밑지는' 장사여서는 안 된다. BIE에서는 등록된 엑스포에 대해 참가국이 공동으로 부담하는 등 경제적 부담을 줄이고자 한다. 2012년 여수엑스포의 경우는 사정이 좀 달랐는데 수천억의 적자를 국가가 떠안는 구조였다고 한다. 상하이와 같은 '등록' 엑스포가 아닌 '인정' 엑스포였기 때문이다.

특히, 현대 산업사회에서는 엑스포의 효과에 대해 무작정 긍정적으로 생각할 수만은 없을 것 같다. 경제성이 중요한 덕목이 된 시대이기 때문이다. 대중은 결국 볼거리로 움직인다. 국제행사 계획을 세우기 전에 먼저 대중의 오감을 만족시킬 볼거리, 경험거리를 어떻게 제공할 것인가라는 근본부터 점검해야 한다.

1) 전시의 종류

전시의 종류는 실제 작동해 보는 작동전시, 연출전시 그리고 체험전시로 구분할 수 있다. 작동전시는 관람객이 전시물을 직접 또는 간접적으로(모니터, 온라인 등으로) 체험(경험)해 보는 것을 말한다. 작동전시를 좀더 확장한 유형이 체험전시이다. 작동전시는 실제 전시물을 움직여보는 것에 초점을 둔 개념인 반면, 체험전시는 전시물에 의해 경험되는 모든 것을 의미하는 개념이다. 예컨대, 벽에서 저절로 나오는 향기를 경험하는 것은 체험전시이다. 작동전시나 체험전시를 할 때 연출전시를 병행하면 다양한 내용을 더 쉽게 전달할 수 있다. 연출전시는 영상, 음향, 조명 등을 이용한 콘셉트를 표현해내는 개념이다.

전시방법으로는 전시장에 개별적으로 전시하는 이외에 벽면이나 바닥, 천정을 이용한 전시, 파노라마, 디오라마 기법과 같은 특수전시 등이 있다. 디오라마는 하나의 장면이나 풍경을 일정 공간 안에 입체적 구경거리로 구성한 것을 말한다. 미니어

그림 8-10
서울교육박물관의 디오라마 전시

미니어처나 실물 크기의 사물을 제작해 배경의 원근을 조작하거나 조명 연출을 통해 입체적으로 보이게 한다.

처나 실물크기의 사물을 제작한 후 배경의 원근을 조작하거나 조명연출을 통해 입체적으로 보이게 한다. 이와 대비되는 개념으로 파노라마(*panorama*)는 '전경'(全景)이라는 뜻으로 다면적으로 볼 수 있다.

2) 전시기획 요소

전시기획 시 고려해야 할 점으로는 전시장 콘셉트 설정, 조닝(*zoning*: 공간구성), 동선계획, 세부연출 등이 있다.

첫째, 전시장 콘셉트를 어떤 내용으로 꾸밀 것인가이다. 전시장 콘셉트 설정은 전시공간 전체에 적용해야 하지만 테마관이나 주제행사를 통해 이미지를 연출하는 경우가 많다. 2012년 광주 광(光) 엑스포는 '빛을 연주하다'라는 주제행사를 통해 행사 콘셉트를 전달했다. 또한, 삼성전자는 2013년 CES(소비자가전쇼)의 전시 콘셉트를 '경이로움의 여행'(Journey of Wonder)으로 잡고 글로벌 위상을 전달하고자 참가업체 중 최대규모의 전시공간으로 참가했다. 또한, 초대형 시장을 리드하는 이미지를 드러내기 위해 전시관으로 들어가는 입구부터 초대형 TV로 구성된 '빅 스크린 TV 존'을 설치했다. 이는 첨단제품을 체험하는 '체험 존'이면서 그 자체로 관람객의 시선을 사로잡는 어트랙터(*attractor*)의 역할을 한다.

그림 8-11 2013년 CES의 삼성전자 "빅 스크린 TV 존"

출처: www.samsung.com/uk/

그림 8-12 전남 순천시 호수공원의 음악분수

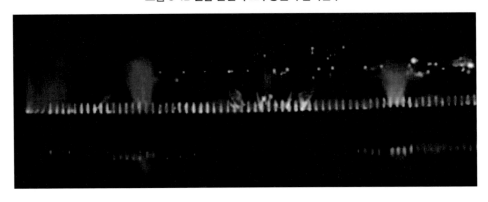

둘째, 조닝(zoning: 공간구성)은 각 전시물마다 전시공간을 어떻게 배정할지를 결정하는 문제이다. 조닝의 기본 원칙은 각 존별로 독창적이면서 전체적으로 하나의 논리적 연결성을 갖게 연출하는 것이다. 최근에는 대부분의 전시가 체험 중심으로 변화해 체험 존에 대한 아이디어가 중요하다. 이와 함께, 전시 시나리오를 흥미롭게 구성해야 한다. 예를 들어, 먼저 관람객의 호기심을 자극한 후 재미와 흥분으로 이어지게 하고 이어서 '안정'으로 이끌어가는 구성이 좋다.

이러한 원론적 가이드라인 이외에도 전시의 세렌디피티(serendipity)를 높이기 위한 방법을 모색해야 한다. 예를 들어, 일반적인 조닝의 '명쾌성'에 머물지 말고 여기에 더해 '미로성'이라는 모순적 성격을 조화롭게 적용시켜 보는 것도 좋은 방법이다.

셋째, 동선계획의 기본 원칙은 동선의 체계가 짧고 간단할수록 좋다는 점이다. 관람객 동선과 함께 전시회 진입 동선, 나아가 광역 진입 동선에 이르기까지 전체적으로 고려되어야 한다. 진입 방식은 개방형(오픈, OP형), 구획형 등이 있다. 개방형은 전시공간 전체가 구획됨이 없이 개방된 형식을 말한다. 참고로, 공연 장르나 전시 규모 등에 따라 차이가 있지만 일반적으로 동선의 폭은 3m 이상이며 관람자가 단독으로 통과 시 1.5m 이상이다.

넷째, 존별 세부계획에 대한 연출 아이디어가 필요하다. 먼저, 평면적 구성에서 벗어나 '퍼포먼스' 요소를 삽입해 보자. 예를 들어, 스크린의 영상과 함께 무대에서는 쇼

형태의 퍼포먼스를 연출해 본다. 관람객이 직접 체험할 수 있는 오감자극물을 전시장 곳곳에 삽입하는 것도 좋다. 교육이 목적인 경우 경험형 에듀테인먼트가 제공되어야 한다. 특히, 영상연출을 위해 특수효과나 스크림 스크린(scrim screen) 등 입체음향을 활용한 첨단영상 퍼포먼스를 실시하는 것도 좋은 아이디어이다. 또한 워터스크린이나 분수, 포그스크린 등을 적극 활용하는 것도 세렌디피티를 높이는 방법이다.

3) 영상의 종류

영상의 종류로는 고전적 정지영상 시스템(슬라이드)을 비롯해서 동적 영상 시스템(비디오, 멀티스크린, 멀티비전), 특수영상 시스템〔예: 아이맥스(IMAX)〕, 레이저영상 시스템(레이저, PIGI 시스템), 기타 워터스크린, 분수, 포그시스템(포그스크린) 등이 있다. 이 중에서 워터스크린이란 수막에 영상을 투사하는 시스템으로 분수와 같이 노즐을 통해 수막을 형성한 후 수막에 빛과 그림을 비춰 레이저로 영상을 표현하는 것을 말한다. 영상미가 뛰어나며 밤하늘에 영상을 띄울 수 있다는 장점이 있다. 포그스크린이란 안개에 상을 형성시키는 영상을 말한다. PIGI (Projection des Images Geantes Informatisees) 시스템이란 레이저, 조명, 불꽃, 입체음향을 함께 사용하는 3차원 영상 프로젝터를 말한다. PIGI 프로젝터를 중심으로 비디오, 사운드 시스템 등이 포함

그림 8-13 PIGI 시스템을 이용한 쇼(영국 리버풀, 2005)

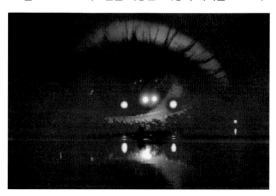

그림 8-14
나무를 비추는 실루엣 라이팅과 구조물 조명

실루엣 라이팅(위)은 숲, 나무, 빽빽한 숲 등을 비출 때 효과적이다. 배경과 뚜렷한 대비를 줌으로서 피사체를 더욱 강조하는 효과를 준다. 미국 볼티모어의 한 영화관에 설치된 구조물 조명(아래)은 깔끔하고 세련된 분위기를 연출한다.

되어 하나의 시스템으로 불린다. 대형 엑스포나 공연에 자주 사용된다.

조명 연출을 위한 조명의 종류로는 하이라이트 조명, 실루엣 조명, 구조물 조명, 하향 조명 등이 있다.

실루엣 조명(*silhouetting*)은 '그림자 영상'이라 하며 빛의 강한 대비로 물체의 전체적 윤곽만을 강조함으로써 시각적으로 눈부심을 없애는 대신 물체 전면의 섬세함을 소멸시키는 효과를 준다.

구조물 조명(*structural lighting*)은 주택, 상점 등 건축 구조물이나 가구 등에 설치하는 것으로 깔끔하고 세련된 연출이 가능하다.

하향 조명(*down lighting*)은 전체의 전반 조명용으로 수평만을 밝히므로 시각적으로 흥미를 잃기 쉽다. 자연 채광과 인공조명을 병행하는 방식 등이 있다.

8. 공간 브랜디드 콘텐츠 기획

1) 대형화하고 참여시켜라

공간 커뮤니케이션 방식은 대형화된 미디어에 기반을 둔 '일대다(多)' 방식이다. 이는 경험을 보다 직접적으로 느끼게 하는 의미가 있다. 대형의 공간에서 참여함으로써 경험하는 경험 내용은 더욱 직접적이고 강렬하게 각인되기 때문이다. 한편으로 공간 미디어가 매력적일 수 있는 이유는 모바일로 대변되는 디지털미디어 시대에 대한 반작용 때문이기도 하다.

디지털 기술이 발달할수록 아날로그적 경험을 원하고 손안의 좁은 화면에서 느낄 수 없는 감동을 오프라인에서 만나고자 한다. 공간은 지구상의 가장 큰 미디어이다. 그 안의 콘텐츠가 주는 감동 역시 어떤 미디어보다 크다고 할 수 있다.

2) 복합적 콘텐츠로 구성하라

전시는 기본적으로 아날로그여야 한다. 경험적 이벤트, 대형영상, 오감을 활용한 전시기법, 참여전시 등 공간을 이용한 커뮤니케이션은 아날로그적 콘텐츠로 기능한다. 또한 전시는 종합예술이다. 공간미디어 환경에서는 아티스트를 이용한 컬래버레이션이나 키네틱(kinetic) 등 디지털 기술을 이용하면서도 감성이나 아날로그적 요소를 앞세워 메시지 전달을 좀더 감각적이며 강렬하게 각인시킬 수 있다. 따라서 경험 강도를 높이기 위해서 공간과 디지털 기술이 결합되는 방식이 필요하다.

물리적 방식의 전시뿐 아니라 감성적 콘텐츠와 이벤트, 공연을 결합한 복합적 방식으로 메시지를 전개하는 방법이 필요하다. 또한 전시는 소비자가 적극적으로 개입하고 참여하는 미디어이다. 1인칭 주인공의 시점에서 직접적 환경을 경험할 수 있도록 한다. 이를 위해 디지털 기술에 기반을 둬 상호작용성을 높여주는 인터랙티브 콘텐츠를 개발해야 한다.

3) 문화 콘텐츠로 발전시켜라

전시는 오락 이상의 문화이다. 미디어가 발달함에 따라 전시 콘텐츠를 비슷하게 접할 기회는 많다. 전시가 단순히 일회적인 오락거리로 그치지 않기 위해서는 문화적 가치를 지녀야 한다. 이를 위해 전시 업체의 자격, 초대 인사의 선정, 교육 콘텐츠의 배치 등에 신중해야 한다. 문화적 행사나 문화상품과 결부지어 진행하는 것도 좋다. 전시는 기본적으로 감성적 경험이므로 교육 그 이상의 대중의 감성을 충족시킬 경험형 콘텐츠가 필요하다.

4) 시장점유율보다 시간점유율이 중요하다

흔히 시장점유율(*market share*)에서 나아가 마음점유율, 시간점유율이 중요한 시대라고 한다. 경쟁사보다 더 높은 판매량을 차지하는 것도 중요하지만 고객이 쉽게 떠올리는 브랜드가 되어야 한다는 말이다. 코카콜라가 콜라 시장에서 차지하는 점유율이 아닌 '콜라 하면 떠오르는 마음속의 비율'이 중요하다. 이는 잠재적 구매욕구로 이어져 시장점유율도 높아질 수 있기 때문이다. 이제 미래는 고객의 시간을 차지하는 기업이 이기는 시대이다. 소주업체의 경쟁은 동종의 주류업체가 아니라 커피점이 될 수 있다. 술 대신 커피를 마시는 추세가 늘어나기 때문이다.

전시라는 브랜드 역시 고객이 경험하는 '재미'와 고객이 이용하는 '시간'이라는 자원을 놓고 경쟁해야 한다. 전시기획 시 넓은 시장점유를 목표로 시간과 비용을 투자하면 오히려 실패할 수 있다. '내셔널지오그래픽' 전시는 영화, 드라마, 스포츠 경기와 경쟁해야 한다. 경쟁 업종과 타깃을 재정립하고 고객이 원하는 재미가 무엇인지를 파악하는 것에서 기획이 시작되어야 한다.

자아이미지 일치성

자아이미지란 자아개념과 비슷한 개념이다. 자아개념(*self concept*)은 자아이미지를 구성하는 핵심개념으로, 소비자가 자신을 하나의 사물로서 파악할 때 자신에 대해 갖는 생각이나 느낌의 합을 뜻한다. 자아개념은 크게 실제적 자아개념과 이상적 자아개념으로 구분되며 세분화해 ① 실제적 자아이미지, ② 이상적 자아이미지, ③ 사회적 자아이미지, ④ 이상적·사회적 자아이미지의 4가지 유형으로 나누기도 한다(Sirgy, 1982).

　일반적으로 소비자는 자신의 자아이미지를 잘 말해주거나 자아존중감을 보호하는 제품을 더 좋아하며 자신이 동일시할 수 있는 광고모델을 선호한다. 이때 중요한 역할을 하는 것이 브랜드와 자아개념의 일치성이다. 제품에 대해 느끼는 인간적 특성, 즉 브랜드 개성이 소비자의 자아개념과 일치할수록 광고에 대해 더 긍정적 반응을 보이는 것이다.

　기존의 연구에서 광고모델의 이미지는 광고되는 제품이나 브랜드에 전이되어 브랜드 이미지 또는 개성의 형성에 영향을 미치는데(Kamins, 1990) 광고모델의 효과과정에서 제품과의 일치성 및 소비자의 자아이미지 일치성이 중요한 역할을 한다. 안광호, 유창조, 김수현(2004)은 아바타를 단순한 사이버캐릭터 이상의 의미로 보고 아바타와 사용자 간의 일치성 정도가 사이트 태도와 충성도를 형성하는 데 중요한 요인임을 밝힌다.

생각해 볼 문제

현재 마케팅 커뮤니케이션이 이루어지는 하나의 브랜드를 선택해 다음의 질문에 답해 보자.

1. 커뮤니케이션 과제는(해결해야 할 문제는 무엇인가)?

2. 컨벤션, 전시회, 세미나 등에서 어떤 형식을 중심으로 할 것인가? 이벤트와 결합은?

3. 표현 테마는?

4. 어트랙터 아이디어는?

5. 동선과 조닝 아이디어는?

6. 경험(체험) 아이디어는?

_____

_____

_____

7. 영상 아이디어는?

_____

_____

_____

8. 선물 아이디어는?

_____

_____

_____

9. (이벤트의 경우) 집객 및 홍보 아이디어는?

_____

_____

_____

참고문헌

곽아람 (2012. 6. 12). "조각 대신 댄서, 그림 대신 벽지…미술관의 변주". 〈조선일보〉. URL: http://news.chosun.com/site/data/html

기획이노베이터그룹 (2008). 《세상에 없는 마케팅을 하라》. 서울: 토네이도미디어그룹.

안광호·유창조·김수현 (2004). "아바타에 대한 꾸밈욕구, 아바타동일시 및 사이트 태도와 충성도에 관한 구조적 모형에 관한 연구", 〈소비자학 연구〉, 15권 2호. 19-38.

한현석 (2012). "엑스포 및 미디어 전시에 기반한 참여적 커뮤니케이션 매체 변화에 대한 연구: 2012 여수엑스포 독립기업관 사례를 중심으로". 〈브랜드디자인학연구〉, 10권 3호, 313-322.

황희곤·김성섭 (2003). 《(미래형) 컨벤션산업론: 마케팅과 경영》. 서울: 백산출판사.

Kamins, M. A. (1990). An investigation into the "match-up" hypothesis in celebrity advertising: When beauty may be only skin deep. *Journal of Advertising*, 19(1), 4-13.

Kozinets, R. V., Sherry, J. F., DeBerry, S. B., Duhachek, A., Nuttavuthisit, K., & Storm, D. (2002). Themed flagship brand stores in the new millennium: theory, practice, prospects. *Journal of Retailing*, 78(1), 17-29.

Pine, B. J., & Gilmore, J. H. (1998). Welcome to the experience economy. *Harvard Business Review*, 76(July-August), 86-91.

Sirgy, M. J. (1982). Self-concept in consumer behavior: A critical review. *Journal of Consumer Research*, 9(3), 287-300.

http://www.mmca.go.kr/notice/n7/7-d.html
https://thisisnotadvertising.wordpress.com/
www.windworksdesign.com

제 9 장

스포츠 마케팅과 스폰서십

1. 스포츠 마케팅 개념의 확산   Why to say

스포츠가 산업으로 주목받기 시작한 것은 19세기 초 스포츠 자체가 팀 또는 국가 간 경쟁의 형식을 띠면서부터이다. 이후 좋은 경기장과 스포츠용품이 개발되었고 미디어의 발달로 경기장 밖에서도 관람이 가능해지면서 스포츠산업은 급격히 발전했다. 1960년대에는 스포츠미디어의 발달로 인한 스포츠의 관람화가 이루어졌으며 1970년대에는 스폰서십 프로그램의 등장으로 스포츠의 상품화가 이루어졌다. 1980년대 이후부터 메가(대형) 스포츠 이벤트가 발전하고 스포츠용품의 과학화와 더불어 세계화가 가속화되었으며 2010년 이후부터는 스포츠의 사회적 기여 및 참여가 중요한 화두 (話頭)가 되기 시작했다.

스포츠산업은 세계적으로 가장 빠르게 성장하는 산업 가운데 하나이다(김운한·김현정·손영곤, 2015). 글로벌 스포츠산업 시장이 2012년 기준 매년 6.5% 이상 성장하며 국내 스포츠산업도 꾸준히 증가하는 추세이다. 2013년 국내 스포츠산업 매출은 40조 원 이상으로 국가 GDP 대비 연평균 성장률이 10% 정도로 높게 나타났다. 산업 분류별로는 경기 및 오락 스포츠업의 매출비중이 약 60%에 달하는 것으로 조사되었다. 또한 스포츠산업은 취업유발계수가 14.4(명/10억 원)로 전 산업 평균(12.4)보다 높아 성장잠재력과 고용창출 효과가 큰 산업이기도 하다. 스포츠산업의 성장은 여가시간의 증대, 건강과 스포츠에 대한 인식의 변화, 스포츠 이벤트의 활성화와 미디어의 발달 등에 기인하는 바가 크다. LA올림픽은 스포츠를 하나의 사업으로 간주하고 스포츠의 상업화가 본격적으로 대두되기 시작한 시기이기도 하며 스포츠 마케팅이란 개념이 확산된 계기이다.

스포츠산업 및 관련 마케팅 산업에 대한 전망보다 실제 운용과 적용을 위한 다각적 연구는 부족하다. 스포츠산업의 물리적, 구조적 환경개선에서 나아가 스포츠를 이용하는 소비자 관점에서의 심리적 연구가 활성화되어야 한다.

이러한 현상은 외국의 연구경향과 차이가 있다. 외국의 경우 스포츠 마케팅이나 스포츠 관광 연구흐름에서 종목별로 '이벤트'가 가장 많이 다루어지나 '아웃도어'나 '모험 스포츠'와 관련된 연구가 뒤를 이으며 주제별로 '행동'에 대한 연구도 많이 발견된다(Weed, 2006). 다시 말해 기업의 마케팅이나 커뮤니케이션 효과를 보기 위한 접근 못지않게 사람들이 스포츠 행동을 왜 경험하는가에 대해서도 폭넓게 살펴본다고 할 수 있다. 실제로 스포츠를 하는 목적이나 동기, 가치 등과 관련된 이유를 탐색하는 행동에 대해서도 연구함으로써 연구의 깊이가 더해진다.

스포츠 행동을 전반적으로 스포츠를 기업의 이익창출을 위한 마케팅 도구로 보는 것에 그치지 않고 스포츠 자체의 산업적 활용가치를 높이고 본질적 차원에서 여가나 레저생활의 일환으로 연구하려는 움직임이 늘어난다. 이로 인해 스포츠산업을 장기적 관점에서 스포츠 관광, 스포츠 경영, 스포츠 커뮤니케이션 등으로 확대하는 방향의 학제 간 접목도 가능할 것으로 보이며 스포츠 공급자가 아닌 스포츠 이용자 중심으로 시각의 변화를 가져올 수 있다.

2. 스포츠 마케팅의 정의

'스포츠 마케팅'이라는 용어는 1978년 미국의 광고잡지 〈Advertising Age〉에 처음 등장했다. 스포츠 마케팅은 스포츠를 통해 제품판매를 촉진하는 것으로 스포츠가 하나의 촉진 수단으로 사용됨을 의미한다. 구체적으로 스포츠 마케팅은 기업이나 국가 등 조직의 인지도를 높이고 이미지를 개선하거나 유지하기 위해 스포츠 활동에 재정적 또는 이에 상응하는 지원을 제공하는 활동이라 할 수 있다. 기업의 관점에서 보면 커뮤니케이션 효과를 얻거나 제품판매를 위해 스포츠를 활용하는 것으로 볼 수 있다.

스포츠는 현대 기업의 주요한 커뮤니케이션 수단이다. 미국 기업의 2/3 이상이 기업홍보의 주요 수단으로 스포츠 커뮤니케이션을 활용한다고 한다. 나이키는 세계 정상권 선수와 팀을 지속적으로 후원함으로써 선두기업의 이미지를 유지한다. 현대자동차는 국내 유일의 FIFA 공식 후원사 겸 브라질 월드컵 공식 파트너로 스포츠를 통해 글로벌 기업이미지를 강화한다. 삼성이나 대한항공 등 국내 주요 기업도 올림픽 후원 및 스포츠 구단을 후원함으로써 기업의 브랜드 이미지를 높인다. 또한, 메이저리그(MLB)를 비롯해 프리미어리그나 프리메라리가와 같은 프로축구 리그, 북미 프로농구 리그인 NBA 등 프로 경기 대회를 움직이는 힘은 스포츠 마케팅에서 나온다고 해도 과언이 아니다.

맨체스터 유나이티드(Manchester United FC)가 대표적 사례이다. 맨체스터 유나이티드는 현재 세계에서 가장 많은 돈과 서포터를 가진 팀으로 레알 마드리드와 함께 구단가치 1, 2위를 다툰다. '스포츠 팀'이라기보다 하나의 '대기업'이라 할 수 있다. 맨체스터 유나이티드가 성공할 수 있었던 것도 뛰어난 실력 못지않게 브랜드를 키워가는 마케팅 능력이 뛰어났기 때문이다.

삼성전자의 첼시 후원도 성공적 사례로 꼽힌다. 삼성전자는 2005년부터 2015년까지 첼시의 후원사로 스폰서십 계약금으로 총 1,500만 파운드(약 270억)를 지불했다. 첼시에 대한 후원은 지난 2015년에 끝났으나 첼시 스폰서십을 통해 유럽에서의 인지도가 50% 가까이 오르는 등 성공한 마케팅 사례로 기록됐다. 삼성은 최근 삼성중공업, 삼성증권을 해체했으며 프로야구를 포함한 프로스포츠 팀을 제일기획이 운영해 '그룹'과 분리된 스포츠 사업을 운영하는 등 사업을 대폭 조정했다. 이에 따라 삼성의 스포츠 사업 투자에 대한 우려도 생긴다.

3. 스포츠 마케팅의 유형

기업이 스포츠 사업을 하는 방법은 두 가지이다. 하나는 선수나 구단을 직접 운영하는 방법, 다른 하나는 선수나 구단, 행사를 후원하고 그 이미지 등을 사용하는 방법이다. 전자가 스포츠 자체의 마케팅, 즉 '스포츠를 파는' 것이라면, 후자는 스포츠를 이용한 마케팅, 즉 '스포츠로 파는' 것이다. 스포츠의 마케팅은 스포츠를 관람하는 행동 또는 스포츠에 참여하는 행동을 촉발하기 위한 마케팅 활동이며 스포츠를 이용한 마케팅은 기업에서 스포츠를 판매촉진 수단으로 이용하는 마케팅 활동을 가리킨다.

1) 스포츠를 팔기

스포츠를 파는(*marketing of sports*) 사업은 직접 사업에 해당한다. 이는 스포츠를 관람 또는 참여하게 하거나 시설(경기장)을 임대해 수익을 얻는 것, 스포츠용품을 판매하는 행위 등을 말한다. 스포츠 경영학의 시각으로 관람 스포츠와 참여 스포츠에서 많은 관중이나 회원을 확보하기 위한 활동과 각종 스포츠 단체가 재원을 확보하기 위해 집행하는 마케팅 활동이 대표적이다.

스포츠 자체를 상품화하는 방법은 다양하다. 영국의 맨체스터 유나이티드를 중심으로 예를 들면, 해외사업(외국선수 영입, 친선경기, 머천다이징 사업)과 관광사업(구단 박물관 사업, 경기장 주변 호텔 사업 등)과 어린이 대상 사업(MU의 경우 지역사회 유소년 축구 프로그램 운영, 좌석 일부 가족석 운영, 어린이용 마스코트), 매체 출판 사업(홈페이지, 구단잡지, 유료 케이블TV 등을 통한 홍보 및 상품판매, 시청료), 기념품점(공식기념품점 'Megastore'), 상품판매(구단의 로고가 달린 피자, 맥주, 포도주, 샴페인 등), 팬을 위한 신용카드, 예금통장 등 기타 사업이 있다. 15억 달러를 들여 지은 뉴욕 양키스 양키 스타디움도 스포츠 자체를 상품화한 방법 가운데 하나이다.

2) 스포츠로 팔기

스포츠로 파는(*marketing through sports*) 사업은 간접 사업에 해당한다. 스포츠 상품을 제조하지 않는 기업이 스포츠 선수나 팀, 단체의 광고나 이미지를 활용해 기업의 이미지를 향상시키거나 제품판매를 증대시키기 위한 활동을 말한다. 스포츠 스타나 팀, 경기 장소 등을 지원함으로써 자신의 상품을 간접적으로 홍보하는 방식이다.

(1) 이서

이서(*endorsement*)란 사인(*sign*) 등을 통한 보증을 의미한다. 이서에는 제품 이서(*product endorsement*)와 광고 이서(*advertising endorsement*)가 있다.

제품 이서란 선수 · 팀 · 단체이름 · 사진 · 사인 · 로고 · 심볼 등을 제품에 부착판매하는 것을 말한다. 예를 들어, 미국 스포츠 브랜드 언더아머(Under Armour)는 미국 프로농구 NBA의 스타인 커리(Stephen Curry)의 이름을 따 '커리 2'(Curry 2) 농구화를 판매했다.

광고 이서란 자사의 제품광고에 특정 선수 · 팀 · 단체를 등장시키는 것을 말한다. 박지성, 김연아 등과 같은 유명 스포츠 선수가 나이키 광고에 등장하거나 맨체스터 유나이티드의 소속 선수들이 오뚜기 브랜드 광고에 등장하는 것을 예로 들 수 있다.

그림 9-1 오뚜기 제품 프로모션에 등장한 박지성

(2) 스폰서십

스폰서십이란 대회를 위해 협찬을 제공하거나 선수, 팀을 지원하는 것을 말한다. 흔히 스포츠의 3대 수입원으로 입장권, 중계권, 스폰서십을 든다. 과거에는 전체 스포츠 수입에서 입장권 수입이 차지하는 비중이 가장 컸지만 스포츠 중계가 활성화되면서 중계권료와 스폰서십을 통한 수입 비중이 대부분을 차지한다. 특히, 최근 들어 스폰서십은 기업의 경영활동을 지원하는 매우 효과적인 마케팅 활동으로 인식되며 실제 활용사례도 크게 늘어난다.

스폰서십의 내용은 VIK (*value in kinds*) 로 요약된다. VIK는 물품과 서비스 등 현금 가치가 있는 것을 제공하는 것을 말한다. 기업은 스포츠 이벤트, 팀, 선수에게 현금 또는 제품, 서비스를 제공하고 대신 그에 따른 권리 (*right*) 와 편익을 제공받는다. 구체적으로 제공받는 권리와 편익으로는 동일 업종에 대한 독점적 후원 권리, 대회와 관련된 마크, 엠블럼 등을 활용한 광고권, 광고물 제공 (보드광고, 매체광고 시 후원 고지, 중계스폰서 우선 권리) 이 있다. 공식후원사 명칭 사용권 (예: ○○은 한국축구 국가대표팀 공식후원사입니다) 등이 그것이다. 이외에 특허 (*licensing*) 관련 권리나 입장권 우선구매 등의 혜택이 있다.

최근에는 경기장 자체에 스폰서하는 스폰서십 사례가 늘어난다. 기업은 일정기간 동안 일정금액을 후원하고 그 대가로 경기장의 이름에 자사의 이름 혹은 상품의 이름을 붙이는 구장명칭권 (*naming right*) 이 활성화된다. 1973년 NFL의 버펄로 빌스의 구장을 '리치푸드'라는 식료품 회사가 구장 명칭권을 사들여 리치 스타디움으로 부른 것이 효시이다. 국내의 경우 SK 올림픽 핸드볼 경기장, 광주-KIA 챔피언스 필드, 수원 KT위즈파크, 대구 삼성라이온즈 파크 등의 사례가 있다.

한편, 스포츠 경기장을 매체로 이용하는 경우 A보드 (*A-board*) 가 중요한 매체가 된다. A보드란 공인된 주요 광고 면을 말하며, 축구, 농구, 배구 등에 다양하게 적용된다. 월드컵의 경우 A보드 광고권은 양 측면 (펜스) 과 골대 1개 면 등 총 3개의 펜스 광고 면으로 되었다. 야구의 경우 불펜 (*bullpen*) 이 대표적 광고 면이 되며 배구에서는 코트 바닥이 중요한 A보드가 된다.

그림 9-2 알바몬의 미디어 스폰서십

그림 9-2 알바몬의 미디어 스폰서십

(3) 미디어 스폰서십

전광판 광고권, 입장권 안의 로고표기권, 배너광고권, 경기장 외 판촉행사, 훈련 복 광고 등 이외에도 스포츠 중계권이 있다. 세계 3대 스포츠 이벤트라 할 수 있는 월 드컵, 올림픽, 세계육상선수권대회는 세계 각국의 방송사가 독점중계권을 위해 경 쟁을 벌이기도 한다. 월드컵의 경우 입장권과 스폰서십, TV 중계료는 FIFA(국제축 구연맹)의 3대 주요 수입원이다.

스포츠 마케팅의 가장 큰 장점은 '스포츠 지원'이라는 형태의 사회공헌을 통해 호의 (*goodwill*)를 획득한다는 점이다. 공익적 이미지를 바탕으로 판촉(세일즈 프로모션) 프 로그램과 연결시켜 판매 확대를 도모할 수 있으니 광고 등 상업적 메시지에 대한 거부 감 없이 상대적으로 효과적으로 받아들여질 수 있다.

그림 9-3 중계권 및 광고권: 올레TV 배너광고

4. 스포츠 이벤트

1) 스포츠 이벤트 마케팅

스포츠 이벤트는 스포츠에 이벤트 요소가 결합된 것을 말한다. 스포츠 이벤트는 관전형과 참가형으로 구분된다(김희진, 2013).

관전형 스포츠 이벤트는 기업이나 특정 단체가 소비자, 관객에게 화제나 볼거리를 제공하기 위해 스포츠와 관련된 프로나 유명 선수를 초청해 주최하는 여러 형태의 행사나 대회를 말한다. 한편, 참가형 스포츠 이벤트는 지방자치단체나 기업, 학교 등의 조직체가 참가자의 건강증진과 공동체 의식의 강화를 목적으로 자발적 참가를 유도해 개최하는 스포츠 행사로 공익성이 크고 교류나 친선 목적의 성격이 강하며 일반인이 직접 참가해 경험하는 이벤트 형태이다.

실행적 측면을 보면, 관중친화형 이벤트 마케팅, 선수 초청 이벤트, 숫자 등 마케팅 요소와 연계한 이벤트 마케팅 등 오프라인에서 진행되는 이벤트 마케팅과 온라인 스포츠 연계 마케팅 등이 있다.

(1) 관중친화형 이벤트 마케팅

경기장을 찾은 관중을 직접 참여시켜 구단 및 연고지 팀에 대한 소속감을 극대화하고 팬으로 만드는 방법을 말한다. 예로 들어, 프로농구의 경우 매 경기 시작 전 3점 슛 대회를 선보이거나 홈경기 승리 때 식당에서 공짜로 맥주 1병 또는 안주를 제공하는 것 등이 있다.

(2) 선수 초청 이벤트

스포츠 선수를 초청해 고객과 대담하거나 시범, 팬 사인회 등을 실시하는 방법을 말한다. 2015년 현대자동차가 양준혁·송진우 선수를 초청해 사회인을 대상으로 한 '야구 클리닉'을 개최한 이벤트도 이에 해당한다.

(3) 온라인 스포츠 연계 마케팅

사람들의 관심이 큰 스포츠 경기와 연계해 사이버 공간상에서 펼치는 다양한 마케팅 활동을 말한다. 기타 브랜드나 상품 특성을 나타내는 숫자와 연관된 이벤트를 통해 브랜드와 상품의 인지도를 높이는 숫자 마케팅 등이 있다.

2) 비인기 종목과 스포츠 마케팅

비인기 종목 위주의 스포츠 마케팅을 펼침으로써 효과를 보는 경우도 많다. 이 경우 주로 대형 이벤트가 펼쳐지기 1년 전부터 비인기 종목 위주의 스포츠 마케팅을 펼치고 이슈를 선점하는 전략을 취한다(장승규, 2009. 9. 22). 현대캐피탈 카드가 사이클 선수 암스트롱(Lance Armstrong)을 초청하거나 리듬 체조의 신수지 선수를 세계 체조 갈라쇼에 참가시켜 공연하게 하는 등이 이에 해당한다. 축구, 골프 등 인기 종목의 경우 메인 스폰서 비용에 수십 억 원이 들어가지만, 그에 반해 상대적으로 비인기 종목인 경우 비용이 적게 들기 때문에 마케팅이 성공한다면 효과 면에서도 큰 수익으로 이어질 수 있다.

5. 스포츠와 가상광고

최근 보편화된 가상광고도 중요한 광고 유형이다. 가상광고(*virtual advertising*)란 텔레비전 방송에서 전자적 영상합성 장치를 이용해 현실적으로 존재하지 않는 가상의 광고 이미지를 창출해 시행하는 방송광고를 말한다. 스포츠 중계, 오락, 스포츠, 보도 프로그램, 케이블 TV 방송에 허용되며 프로그램 시간의 7% 이내에서 3초, 5초, 10초, 15초 등으로 상품이 구성되었으며 광고비는 입찰방식으로 결정된다. 이는 2015년 9월 21일 가상광고 규제의 완화(〈방송법〉 시행령 개정안 시행)에 따른 것이다.

TV 야구중계 도중 비친 보름달에 '올레'(Olleh) 로고를 합성한 가상광고를 선보인 KT의 사례는 고전적로 많은 인기를 끌었다. 비록 가상이긴 하지만 세렌디피티

(serendipity)를 주는 아이디어이다. 2015년 프로야구 중계에는 아나운서가 이야기하는 장면에 제품의 이미지가 등장한다.

- 허용 대상 프로그램: 스포츠 중계 프로그램, 오락 프로그램, 스포츠 보도 프로그램
- 시간: 노출 위치와 시점에 따라 3초, 5초, 15초 등
- 전체 프로그램 시간의 7%, 전체 화면의 4분의 1을 넘지 못함

6. CSR 핵심수단으로서의 스포츠

최근 스포츠 마케팅 영역이 스포츠 영역을 넘어서 CSR과 맞물려 사회공헌 마케팅 수단으로 활용된다. 스포츠를 통해 소외 계층과 유소년을 후원하고 인류 공통의 주제인 자연과 환경, 에너지에 초점을 맞춘 콘셉트를 실현하기 시작한 것이다. 글로벌 메가스포츠 이벤트를 비롯해 2000년대 이후 팬페스트(fanfest), 즉 팬들을 대상으로 하는 축제 이벤트 그리고 지역팀을 통한 마케팅 행사에 이르기까지 다양한 활동이 펼쳐진다. 해외의 경우 NFL, NBA, MLB 등 전문 스포츠 리그가 사회 공익적 프로그램을 전개하며 개별 팀이나 선수도 직접 공익활동에 참여한다.

스포츠 조직은 다양한 스포츠 스타를 보유한다. 스포츠 이벤트, 리그, 팀 그리고 개별 선수의 미디어 노출이 활발히 이루어짐으로서 공익활동(교육, 건강, 환경, 사회문화적 풍요로움)에 상대적으로 더 큰 공익적 효과를 거둔다. 따라서 스포츠 조직을 통한 CSR 활동 그리고 기업 PR 커뮤니케이션 활동은 영향력이 크며 기업시민으로서 긍정적 평가를 받도록 해준다.

공익적 스포츠 활동 사례를 몇 가지 들면 다음과 같다.

LG전자는 남아프리카공화국 월드컵을 앞두고 아프리카 사람과 함께하려는 의도에서 아프리카 인종갈등 해소를 상징하는 인물인 '남아프리카공화국 축구선수'를 후원하는 마케팅을 펼쳤다. 나이키는 소웨토 지역에 축구 트레이닝 센터를 건립하고

축구가 지역사회에 지속가능한 유산으로 자리매김하는 마케팅을 전개하기도 했다. 코카콜라는 NASCA 자동차 경주에 재활용 수거함을 설치하고 스포츠팬을 위해 자원 재활용 운동을 펼쳤다. 현대자동차는 아프리카 아동을 위해 백만 개의 축구공을 전달하는 드림볼 프로젝트를 실행했다. 그 밖에 NFL, MLB, NBA의 50여 개 팀은 재활용, 에너지 절감 및 효율성 증대, 수자원 절약, 대중교통 이용하기 등 다양한 그린 마케팅을 펼쳤다(임원기·안정락·김주완, 2010. 6. 24).

7. 성공적인 스포츠 마케팅을 위한 요건　　　　　How to say

1) 전문인력

국내 스포츠 마케팅의 과제 중 하나는 스포츠 에이전트를 중심으로 하는 스포츠 인력의 전문화가 필요하다는 점이다. 스포츠 에이전트란 연봉협상을 대행하거나 선수의 인지도를 높이고 이미지 개선을 위한 마케팅 활동, 선수보증 광고, 재무관리, 경력관리, 법적 자문, 특히 각종 계약과 관련된 법적 문제를 검토하고 자문하는 역할을 한다. 이 때문에 미국의 많은 에이전트는 변호사 출신이다.

이와 함께 마케팅적 지식과 안목도 필수적이다. 국내 몇몇 대학의 학부과정에서 스포츠 관리 등 스포츠와 마케팅을 접목한 학과, 학제 프로그램이 생겨나지만 업계에서는 MBA 출신의 마케팅 전문가를 요구하는 실정이다. 국내의 몇몇 유명 스포츠 스타의 경우 부모가 직접 스포츠 에이전시를 설립해 관리하는데 마케팅 서비스의 전문화 측면이 보완되어야 한다. 오늘날처럼 거대 자본과 미디어의 영향력이 커진 시대에 스포츠 마케팅 전문가로서의 스포츠 에이전트에게 요구하는 수준은 더욱 커졌다.

국내 대형 스포츠 마케팅회사로는 IB스포츠, 세마스포츠 마케팅, 스포티즌, FC 네트워크, 올댓스포츠 등이 있다. 반면 광고대행사의 경우는 제일기획, 이노션, HS애드 등이 스폰서십을 중심으로 다양한 글로벌 스포츠 마케팅 활동을 전개한다.

2) 프로퍼티의 개발, 운용 노하우

프로퍼티(*property*)란 스포츠 마케팅의 재산(프로퍼티)이 되는 구단, 구단 내 선수, 스포츠 행사 등을 일컫는다. 프로퍼티를 개발하고 이에 따른 서비스를 제공함으로써 스포츠 마케팅이 형성된다는 점에서 스포츠 마케팅의 콘텐츠라 할 수 있다. 김연아 선수가 소속된 스포츠 에이전시 올댓스포츠의 경우, 프로퍼티 매니지먼트 사업이 프로퍼티의 기획/실행, 스폰서십, 카운슬링, PR 등으로 구성되었다(출처: 올댓스포츠).

스포츠 마케터는 스포츠팬이 아니라 스포츠팬을 생산하는 사람으로서 마케팅 능력을 키워야 한다(이승용, 2013). 스포츠를 좋아하는 것 이상으로 스포츠라는 상품 마케팅 전문능력이 우선되어야 한다. 스포츠를 하나의 상품으로 볼 때, 스포츠 분야는 아직 마케팅 아이디어를 적용할 미지의 땅이나 마찬가지이다. 스포츠의 역사는 오래됐지만 스포츠를 상품으로 보고 마케팅 전략, 전술을 적용한 지는 오래 되지 않았다. 스포츠 자체가 '상품'이 되고 '미디어'가 되는 시대이다.

3) 엔터테인먼트와의 결합

최근 스포츠 마케팅 분야에 엔터테인먼트 영역이 결합되는 추세이다. 스포츠와 엔터테인먼트를 결합해 '스포테인먼트'(*spo-tainment*)라는 이름으로 부르기도 한다. 예컨대, 국내 최대 규모의 스포츠 마케팅 회사인 IB월드와이드와 엔터테인먼트 회사인 SM엔터테인먼트가 전략적 제휴를 체결해 탄생시킨 '갤럭시아 SM'도 이와 관련되었다. 갤럭시아 SM은 현재 박인비, 손연재, 추신수, 심석희, 유소연, 최재우, 차준환 등의 선수를 관리한다.

자료에 따르면 향후 소속 연예인과 스포츠 스타를 공동으로 활용한 스포테인먼트 방송 콘텐츠 개발, 머천다이징 사업, 신체 관리 시스템 개발 등을 통한 헬스케어 사업 진출, MCN(*multi channel network*: 다중 채널 네트워크)을 통한 디지털 마케팅 사업, 기타 신규사업 등을 한국 및 중국을 비롯한 글로벌 시장을 대상으로 단계적으로 추진할

계획이라 한다(강필주, 2015. 8. 26). 향후 스포츠 마케팅이 다양한 엔터테인먼트와 결합하는 중심축이 될 수 있음을 암시하는 대목이다.

8. 스포츠 마케팅 콘텐츠 기획

스포츠 마케팅은 에이전트 개인의 처지에서 보면 매우 제한된 영역으로 보일 수도 있지만 스포츠 마케팅의 영역 자체를 넓게 생각하면 큰 가능성을 갖는 분야이기도 하다. 물론 모두가 언론재벌 머독(Rupert Murdoch)처럼 스포츠 구단 자체를 직접 운영하는 미디어 재벌이 되기는 어렵다. 그러나 '스포츠를 이용한' 마케팅 가능성은 무한하다. 스포츠는 그 자체로 감동적 수단이지만 적절한 브랜디드 콘텐츠와 결합할 때 마케팅 콘텐츠도 즐거움을 전달할 수 있다.

스포츠 마케팅 전략과 실행 시 참고할 만한 가이드라인은 다음과 같다.

첫째, 스폰서십의 일치성을 확인하라.

스폰서십 활동을 구상하기 위해서 가장 일반적이고도 중요한 점이 '일치성' (match-up)이다. 이른바 매칭효과(matching effect)를 염두에 둘 필요가 있다. 스폰서십 전개 시 기업이 대상으로 하는 목표시장과 스포츠가 대상으로 하는 목표시장이 일치하는 것이 중요하다. 또는 기업의 이미지와 스포츠의 이미지가 일치하는 점도 중요하다. 이러한 일치 정도를 파악해 기업의 경영활동 특성과 이에 적합한 스포츠 이벤트, 팀, 선수 등을 스폰서하는 것이 효과적이다. '한화'는 유벤투스의 공식 스폰서이며 함부르크의 친환경 구장에 광고를 게재하는데, 이는 태양광 에너지에 기반을 둔 한화의 기업이미지와 잘 부합한다. 최근에는 사회공익적 기업이미지를 구축하기 위해 그에 부합하는 공익적 성격의 스포츠 캠페인도 활발히 실시한다.

둘째, 때와 장소가 중요하다.

어떤 유형의 스포츠 경기를 이용할 것인지, 어떤 공간(유니폼, 펜스, 전광판 혹은 입장권 등)을 활용해 광고할 것인지 등 다양한 마케팅 아이디어가 필요하다. 스포츠는 기업(상품)과 스포츠와의 컬래버레이션과 같다. 아트 컬래버레이션은 예술이 주는 미적 감흥을 브랜드에 부여한다. 마찬가지로 스포츠 컬래버레이션은 극적인 승부가 주는 감동과 짜릿함을 경험하게 한다. 스포츠는 소비자이자 팬이 이용하는 상품이자 브랜드를 감동적으로 전달하는 수단이기도 하다. 또한 스포츠팬과 스포츠 경기, 중계 매체와 스포츠 선수 및 단체 그리고 이들을 후원하는 기업이 만나고 상호작용하는 생동하는 플랫폼이다.

셋째, 공익적 기업PR 콘텐츠를 개발하라.

스포츠는 대의 마케팅을 통해 기업-소비자 간의 관계를 증진시키는 PR 또는 공공 커뮤니케이션의 핵심수단이다. 스포츠 빅이벤트와 광고 마케팅 수단을 통해 대중과의 쌍방향 소통과 구전을 불러옴으로서 자연스러운 브랜드 홍보가 가능하다. 이를 '스포츠 소셜 마케팅'이라 한다. 글로벌 기업은 빅스포츠 이벤트일수록 자사를 홍보하고

그림 9-4 스포츠 마케팅 요소와 상호작용

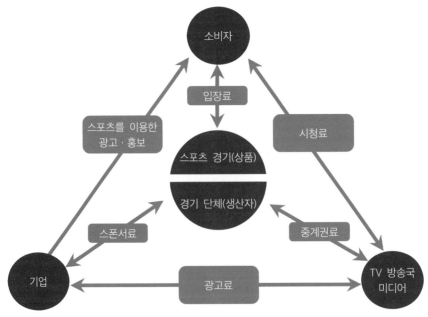

스포츠 상품을 소비자가 직접 소비하거나 소비자에 대한 기업 커뮤니케이션 과정을 미디어가 매개한다. 출처: 아이엠(IM) 편집부(2011).

고객과의 관계를 구축하는 PR 커뮤니케이션의 핵심수단으로 인식한다.

국민체육진흥공단의 자료에 따르면 2010년 밴쿠버 동계올림픽에서 기업매출 및 홍보효과는 약 7,513억 원에 이르며 2012년 런던올림픽의 경우 스포츠 브랜드 휠라 (FILA) 가 국가대표팀의 선수단복에 로고를 새김으로써 약 3천억 원대의 홍보 마케팅 효과를 얻었다. 이처럼 최근 진행되는 공익 연계 마케팅 사례를 되짚어보고 스포츠와 공익성, 사회적 가치를 연계시키는 방향을 생각해 보자. 무엇보다 기업이미지와 스포츠 스토리 간 연계성(일치성)을 높이는 방안이 필요하다.

넷째, 스포츠 마케팅은 스토리텔링 마케팅이다.

스포츠 마케팅 커뮤니케이션은 소비자 곁에 사람들을 하나로 만들고 감동시킨다는 점에서 가장 가까이 있는, 가장 살아있는 PR미디어라 할 수 있다. 이러한 감동을 만드는 데에는 스토리텔링 방식이 유효하다. ADT(한국기업은 ADT캡스)의 스포츠 마케팅은 대표적인 스토리텔링형 성공사례라 할 수 있다(〈헤럴드스포츠〉, 2015. 12. 14). 'ADT캡스 챔피언십'이라는 미국 LPGA 대회를 후원하며 '안전'이라는 콘셉트를 전달하기 위해 대회마다 가장 어려운 홀을 안전하게 파 세이브하는 최고 선수를 별도로 시상해 많은 관심을 받았다. 또한 야구대회에서도 '안전한 지킴이' 역할을 강조해 철통수비한 선수를 응원하는 'ADT캡스 플레이' 이벤트도 펼쳤다.

코오롱스포츠 역시 2015년 '안타티카, 펭귄 날다' 캠페인을 통해 이색 스토리텔링 마케팅을 선보인 바 있다. 다운제품인 안타티카와 남극의 상징인 펭귄을 소재로 한 온·오프라인 캠페인으로 귀엽고 친근한 '펭귄'이라는 캐릭터를 통해 고객에게 다가갔으며 SNS에서 '플라잉 펭귄의 디지털 입양소' 등 참여형 콘텐츠로 소비자의 이목을 끌었다(이선애, 2015. 12. 23).

스포츠 스타 역시 스토리텔링의 수단으로써의 가치가 크다. 광고 또는 1인 방송 등 1인 미디어 소재로 활용하는 것도 한 방법이다. 또한 스포츠 스타는 곧 '이야기' 스타이다. 이야기 경제를 분석한 미래학자 옌센(Rolf Jensen)이 역경을 이겨낸 스포츠 스타의 성공 이야기는 현대판 영웅신화라 한 것도 스포츠 마케팅에서 스토리텔링의 중요성을 역설한 것이다. 우리나라에도 권투, 탁구, 핸드볼, 마라톤 등 여러 영역에서 다양한 이야기가 있었으며 영화나 홍보, 마케팅 등에 사용되어 가치를 키우는 데 기여했다.

2016년 프리미어리그 우승팀인 레스터시티(Leicester City FC)의 경우 선수단 전체의 몸값이 첼시나 맨체스터 유나이티드의 4분의 1 수준 정도였지만 아무도 예상하지 않았던 우승을 차지했다. 프로 선수로 집중하기에 어려워 보이는 다양한 이력, 누구도 기대하지 않았던 혹은 못했던 우승 등과 같은 스토리텔링이 있어 스포츠에서의 승리는 승리 이상의 감동이 된다. 이처럼 스토리텔링 수단으로써 스포츠의 중요성이 갈수록 커진다.

이론 및 개념

(시간적 거리에 대한) 해석수준 이론

최근 조절초점 이론은 해석수준과 결합해 연구한다. 촉진초점은 방어초점보다 추상적 목표를 추구하는 데 더 큰 가중치를 두기 때문에 상위수준으로 해석하는 경향이 있으며 방어초점은 촉진초점보다 구체적 목표를 추구하는 데 더 큰 가중치를 두기 때문에 하위수준으로 해석하는 경향이 있다. 이러한 경향은 사람이 느끼는 심리적 거리에 대한 해석에 따라 달라진다. 즉, 어떤 행동을 결정하려고 할 때 '결정하려는 시점'과 그 결정으로 인해 '결과를 얻는 시점'이 차이가 날 경우 행동선택에 대한 평가도 달라질 수 있다. 예를 들어, '좋은 일'(예: 헬스)이라 해도 그 결과 (예: 신체의 건강기능 증진)가 '먼 미래의 일'이라고 지각하면 행동의향이 낮아질 수 있다. 이것이 해석수준 이론(construal level theory)이다.

해석수준 이론은 심리적 거리에 따른 해석을 다룬다. 심리적 거리는 트로프와 리버만(Trope & Liberman, 2010)이 제안한 개념으로 사람이 인식하는 사건의 근접성을 의미한다. 이론에 따르면, 사람은 시간(시간적 거리)과 공간(공간적 거리), 사회적 관계(사회적 거리)와 가상의 거리에 대해 자기중심적으로 판단한다. 또한 어떤 사건에 대한 심리적 거리가 멀수록 추상적, 본질적 측면과 관련된 상위수준으로 추론하고 심리적 거리가 가까울수록 구체적, 부수적 측면과 관련된 하위수준으로 추론한다. 조절초점 개념과 결부해 생각하면 사람은 시간적 거리가 멀수록 향상 동기에 초점을 맞추고 시간적 거리가 가까워질수록 예방동기에 초점을 맞춘다.

생각해 볼 문제

1. 공익 커뮤니케이션 콘텐츠로 사용되는 스포츠 사례를 들어보자.

_____

_____

_____

2. 오프라인과 온라인이 결합된 스포츠 마케팅 아이디어를 생각해 보자.

_____

_____

_____

3. 중소기업이 참여할 수 있는 스포츠 마케팅 사례를 생각해 보자.

_____

_____

_____

참고문헌

강필주 (2015. 8. 26). IB월드와이드-SM엔터테인먼트, 상호 투자 및 전략적 제휴. 〈OSEN〉. URL: http://osen. mt. co. kr

김운한·김현정·손영곤 (2015). "조절 초점 성향과 해석수준이 모험스포츠 이용의향에 미치는 영향". 〈광고연구〉, 107호, 226-258.

김은혜·조수영 (2013). "메시지 프레이밍과 수용자의 미래지향적 성향이 건강메시지 설득효과에 미치는 영향: 전망이론의 적용". 〈홍보학연구〉, 17권 3호, 77-119.

김충현·고준석 (2012). "스포츠 구단 SNS 동일시와 스포츠 팬의 상호작용 및 행동의도 간의 구조적 관계". 〈광고학연구〉, 23권 8호, 87-111.

김충현·조재수 (2007). "소비자들의 OSE (Orientation toward Sporting Event)에 따른 기업의 스포츠 마케팅에 대한 태도: 스포츠 스폰서십과 앰부시 마케팅을 중심으로". 〈광고학연구〉, 18권 5호, 321-337.

김희진 (2013). 《이벤트》. 서울: 커뮤니케이션북스.

신재휴 (2010). "한국 종합광고회사의 스포츠마케팅 특징". 〈한국콘텐츠학회 논문지〉, 10권 3호, 381-391.

아이엠(IM) 편집부 (2011). [스포츠 마케팅의 이해] 국내외 스포츠 마케팅 현황과 전망. 〈월간IM〉, 38권. URL: http://www.worldweb.co.kr/articles/articles

이병관·윤태웅 (2012). "공익광고의 프레이밍 효과에 관한 연구: 메타 분석". 〈한국광고홍보학보〉, 14권 2호, 33-60.

이선애 (2015. 12. 23). 고객과 밀착교감 아웃도어 스킨십 마케팅. 〈이투데이〉. URL: http://www.etoday.co.kr/news/section/newsview.php?idxno=1257962

이승용 (2013). 《스포츠 마케팅 쪼개기》. 서울: 북마크.

임원기·안정락·김주완 (2010. 6. 24). LG '인종 화합'·맥도날드 '월드컵 에스코트'로 사회 공헌. 〈한국경제〉. URL: http://www.hankyung.com

장승규 (2009. 9. 22). 스포츠만큼 흥미진진한 스포츠 마케팅의 세계. URL: http://blog.daum.net/jangun

조우진·윤나라·김장현 (2014). 스포츠 팀, 스폰서, 그리고 스포츠 소비자 간 일치성이 스포츠 마케팅 효과에 미치는 영향: 애착성향의 조절적 효과. 《광고학연구》, 25권 7호, 81-110.

〈헤럴드스포츠〉 (2015. 12. 14). ADT캡스, 참고할 스포츠마케팅 성공사례. 〈헤럴드POP〉. URL: http://pop.heraldcorp.com/view

홍문기 (2010). "스포츠 웹사이트를 이용하는 온라인 스포츠 팬들의 태도와 만족도에 대한 스포츠 마케팅 전략 모델 연구". 〈한국광고홍보학보〉, 12권 2호, 63-95.

Trope, Y., & Liberman, N. (2010). Construal-level theory of psychological distance. *Psychological Review*, 117(2), 440-463.

Weed, M. (2006). Sports tourism research 2000-2004: A systematic review of knowledge and a meta-evaluation of methods. *Journal of Sport & Tourism*, 11(1), 5-30.

제 10 장

OOH 브랜디드 콘텐츠

1. 전통과 디지털이 결합된 정보매체, OOH

`Why to say`

OOH(*out of home*: 옥외) 광고는 가장 오래된 전통매체이자 새로운 유형의 브랜디드 콘텐츠가 다양하게 시도되는 첨단매체이기도 하다. 특히, 고객과의 관계가 중요시되는 현대 마케팅 상황에서 디지털 사이니지를 중심으로 하는 OOH광고는 브랜드 커뮤니케이션을 수행하는 중요한 미디어로 기능한다. 이 장에서는 OOH광고를 소비자가 능동적으로 소비하고 경험하는 하나의 브랜디드 콘텐츠로 파악하고자 한다.

OOH광고는 집 밖의 공적 환경에서 우연적으로 노출되는 광고 속성을 가졌다. 평범한 옥외 생활공간이나 뜻밖의 상황에서 노출됨으로써 사람들의 기대를 위반하는 표현전략을 구사하기도 한다. 뜻밖의 노출은 반가움과 즐거움을 제공할 수 있다. OOH광고가 반가움과 즐거움을 준다는 관점은 디지털 광고의 편재성 및 그에 따른 긍정적 측면을 주장하는 학자에 의해 주장되었다(Ranganathan & Campbell, 2002). 이는 OOH광고가 오락과 유용성을 제공하는 브랜디드 엔터테인먼트 역할을 함을 의미한다. 특히, 현대사회에서 OOH광고는 모바일 등 ICT 기술에 기반을 둬 다양한 브랜드 경험을 창출한다. 디지털 사이니지로 대변되는 이러한 디지털 OOH광고는

247

복합적 매체로써 IMC의 핵심 미디어 역할을 한다.

OOH광고는 빌보드 등의 전통적 OOH광고, 디지털 사이니지(signage) 도로나 거리 시설물 및 POP광고물, 교통광고, 대안매체를 이용한 특수광고 등의 유형으로 분류된다. 법적으로나 사전적으로는 비교적 협의로 정의하지만 미국옥외광고협회는 외부의 활용 가능한 매체를 모두 OOH광고로 규정해 범위를 매우 포괄적으로 정한다. 이러한 추세에 맞추어 현대에는 '옥외광고'를 'OOH광고'로 부른다.

먼저 빌보드 광고는 대표적인 전통적 옥외매체로서 OOH광고의 수입 중 가장 높은 비중을 차지한다. 현재 미국의 경우 빌보드의 73%를 지역광고가 차지하며, 중앙정부 광고가 18%, 공공광고가 약 9%를 차지한다.

둘째, 도로나 거리시설 유형으로는 버스정류장, 신문가판대, 키오스크(Kiosk), 전화부스 광고 등이 있다. 이 유형은 주로 도심에 등장하며 일반적으로 지역사회나 도로교통 시설 관련 공공기관이 유지보수를 책임진다.

셋째, 교통광고는 버스, 지하철, 트럭, 택시 등 움직이는 운송기관을 비롯해 고정된 매체, 즉 지하철 승강장이나 버스정류장, 나아가 공항과 주변 환경을 매체로 이용한 광고이다.

마지막으로 대안(alternative) 광고를 들 수 있다. 대안광고는 스포츠 경기장(트랙), 주유소, 자전거 거치대, 휴게소 등 비전통적 환경을 이용한 광고를 말한다. 미국옥외광고협회에 따르면 "대안광고란 우리가 상상할 수 있는 모든 매체를 말하는 것으로 새로운 매체가 계속적으로 개발되는 실정이다. 낙엽이나 나무, 하늘, 세면대, 분수대 등 일상생활이 이루어지는 환경을 미디어로 이용한 앰비언트 광고도 이에 해당한다. 이처럼 대안광고는 소비자가 광고를 예상하지 않는 장소에서 광고를 접하는 속성을 가졌다.

이렇게 예상하지 않던 장소에서 만나는 광고는 의외성을 갖는데 의외성은 적절하고 가치 있는 정보 콘텐츠와 결합할 때 재미와 반가움 같은 긍정적 효과를 줄 수 있다. 이 장에서는 디지털 사이니지와 대안매체를 이용한 특수광고(앰비언트, 게릴라 마케팅), POP광고에 대해 자세히 알아본다.

2. 디지털 사이니지

디지털 사이니지는 전광판과 같은 기존의 사이니지(*signage*)에 디지털 네트워크 기술 및 디스플레이 기술이 접목된 것이다. 전통의 사이니지가 IT 기반의 LCD, LED, PDP, AMOLED 등 디스플레이 기술과 결합하면서 다양한 정보와 엔터테인먼트, 프로모션, 광고 등을 위한 첨단 디지털미디어로 발전했다. 디지털 사이니지는 광고 매체에서 나아가 공간 마케팅, 광고PR, 문화예술, 도시디자인의 장으로 이해된다.

1) 디지털 사이니지의 정의와 영역 What to say

교통정보나 상가의 쇼핑정보, 지역정보, 정책 안내문 등이 모니터에 제시되며 소비자가 원하는 정보를 직접 찾아볼 수 있도록 한 인터랙티브 광고(정보) 형태, 즉 디지털 사이니지란 공공장소나 개인 사업장에 설치해 정부 정책 안내문에서 지역의 생활정보에 이르기까지 다양한 정보를 제공하는 디지털 전광판을 말한다. 디지털 네트워크로 통제가 가능하기 때문에 지역이나 시기별 그리고 고객특성별로 맞춤정보를 실시간으로 제공할 수 있다. 상품정보를 제공하는 것뿐이 아니다. 이벤트 등을 통해 소

그림 10-1
프랑스 미네랄워터 콘트렉스 OOH광고

프로젝션 맵핑을 이용해 소비자가 러닝머신을 밟으면 빛이 나오거나 물줄기가 나오는 형식으로 소비자에게 재미있는 경험을 줬다.

비자의 참여를 유도하고 기업과 소비자간 관계를 구축, 확대하는 쌍방향 커뮤니케이션 플랫폼으로 기능할 전망이다.

디지털 사이니지의 개념을 이해하기 위해 유의해야 할 점이 있다. 우선, 디지털 사이니지는 OOH광고의 형태이지만 집에서도 활용되는 인홈(*in-home*) 앱이 포함되어야 한다. 또한 디지털 사이니지에 나타나는 콘텐츠는 광고 메시지에 제한을 두어서는 안 되며 비상업적 디지털 내용도 포함되어야 한다. 예컨대 교육이나 환경에 기여하는 내용이라든가 기분전환 메시지 등도 포함되어야 한다. 이 밖에 디지털 사이니지는 비행기나 기차의 정보용 스크린이나 회의실, 로비, 교육시설 등 기업 커뮤니케이션용 기기, 안전을 위한 앱, DVD와 같은 이동식 미디어, 기타 대기실과 같은 특정 장소에서의 특정 타깃 오디언스를 대상으로 하는 채널 등을 모두 포함한다.

앞으로 디지털 사이니지는 단순히 상업적 개념만이 아닌, 사회적이고 공익적 측면의 디지털 디스플레이 미디어 전반을 다루어야 한다. 전 세계적으로 정보 콘텐츠를 제공하는 디지털 사이니지 유형은 다양하며 그중 일부분이 상업적 기반의 디지털 '광고' 사이니지인 것이다.

디지털 사이니지는 상업적, 비상업적 내용을 모두 포함하며 옥외와 실내 모두를 포함하는 개념이다. 점포 내외에서 제품을 광고하는 POP물이나 디스플레이 등 상업적 정보에서부터 공해, 날씨 등 생활안전 정보와 공연, 문화예술 정보 등 공익적 정보에 이르기까지 그 운용대상 영역이 매우 다양하다. 디지털 사이니지는 일반적인 생활공간 곳곳에서 활용될 수 있다.

장소는 OOH 브랜디드 콘텐츠 아이디어의 핵심요소이다. 장소의 특성과 의미 등 맥락적 정보를 활용해 맥락효과를 높일 수 있는 아이디어가 필요하다. 디지털 사이니지는 네트워크 통제가 가능하기 때문에 지역별, 시기별 맞춤 정보를 제공할 수 있다. 예컨대 국내의 경우 KT 또는 LG유플러스 등이 대학교 및 대형병원 등 대형시설과 엘리베이터와 버스정류장, 편의점 입구 등으로 사업영역을 확대한 바 있다. 중요한 것은 어떤 형태를 띨 것이며, 앱이 양적으로 얼마나 발전할 것인가 하는 문제이다.

어느 경우든 디지털 사이니지는 디지털 기술에 힘입어 해당 제품을 경험하게 하고

표 10-1 디지털 사이니지(DS)의 현황 및 발전방향

구분	현재 시행중인 DS	기술개발 및 진행 중인 DS	미래의 DS
서비스	네트워크 기반 광고 서비스 공공/재난/알림정보 서비스	개인단말, DS연동 서비스	현실과 가상공간 접목을 통한 공간재창조
입출력	푸시형 단방향 서비스	푸시 + 풀형 양방향 연동형 서비스	공간정보연계형 오감서비스3D/ 증강현실/인공지능형 홀로그램
콘텐츠	광고/정보전달/문화예술	개인단말 활용 인터랙티브 기능 추가	오감 사이니지 기능 추가
설치유형	옥내외 고정형 DS	옥내외 고정형 & 이동형 DS/ DS의 개인화	특정 공간에서 오감 사이니지/ 가상공간 디지털 사이니지
가능영역	정보제공단계: 사용자가 정보를 요구하면 즉각적으로 해당 정보를 제공		
		상황인지단계: 사용자가 지시한 내용에 따라 지속적으로 상황을 파악하며, 요구사항이 발생하는 경우 제공	
			추론제안 및 자율지능 단계: 상황에 따라 정 보를 추천 제공하며 조치를 스스로 수행

출처: 한국OOH광고학회 특별세미나 "옥외광고법 개정에 따른 전망과 방향" 발제집(2016.1.29) 내용 수정.

관계를 구축, 유지하게 한다. 일회적 광고는 물론 장기적으로 고객과의 관계를 구축 유지하는 데도 도움을 준다. 따라서 홍보적 성격이 강하다.

한편 디지털 사이니지의 종류는 설치장소와 기능, 기기 또는 역할에 의해 구분된다. 대부분의 디지털 사이니지는 LED, LCD/PDP, 프로젝터 등의 디스플레이 기기의 종류에 따라 이름을 붙이기도 하며 장소와 기능을 기기와 섞어서 이름을 붙이기도 한다. 예를 들면, 지하철 정보안내 시스템이라고 부르기도 하고 지하철 LCD, 지하철 정보안내 LCD라고 불리기도 한다. 전광판 역시 마찬가지로 철도역 홍보판이라 부르기도 하고 철도역 LED 또는 철도홍보용 LED라고 부르기도 한다.

즉, "장소와 기능", "장소와 사양", "장소와 기능과 사양"을 결합한 형태의 이름이 새로운 디지털 사이니지가 생길 때마다 늘어난다(심성욱·박현, 2012).

2) 디지털 사이니지의 특성

셰플러(Schaeffler, 2008)는 디지털 사이니지를 통해 전달되는 콘텐츠의 특성을 크게 4가지, 즉 상업적, 정보적, 경험적, 행동적 유형으로 구분했다. 경험적 유형과 행동적 유형은 중첩되는데 행동적 유형이 상호작용적 행동과정이나 결과 등을 의미하는 개념이라면, 경험적 유형은 감각에 기반을 둔 경험 측면이 강조된 개념이라 할 수 있다. 이를 토대로 정보재현적 특성, 상호작용적 행동특성, 경험적 특성으로 세분화했다.

(1) 정보재현적 특성

디지털 사이니지에서 정보재현적이란 네트워크를 통해 전송된 정보 등 콘텐츠를 디스플레이하는 측면을 말한다. 정보적 유형의 대표적 사례는 공항에서 만나는 디스플레이이다. 이러한 디스플레이는 지금까지는 주로 비행정보에 관한 것이지만 앞으로는 상업적으로 활용될 가능성이 크다. 또한 디지털 사이니지는 국제 여행객의 대기행렬을 대상으로 하는 정보판으로 흔히 사용된다. 여행객을 대상으로 이민에 관한 정보를 제공함으로써 방문객의 불안을 덜어주거나 관세 담당자와 커뮤니케이션을 쉽게 할 수 있다. 이외에 이상적 사례로 병원의 대기석을 들 수 있는데 이곳에서 디지털 사이니지를 통해 환자에게 병원의 제품 및 서비스에 관한 정보를 제공할 수 있다.

그림 10-2 가상 프레젠터

실제 인물처럼 보이지만 빛을 이용해 만든 가상의 이미지이다.
출처: 지식경제부, 2013.

- 가상 프레젠터(*presenter*) 및 후사 투영 필름(*rear projection film · RPF*)

  3M이 개발한 호텔, 레스토랑에서 활용할 수 있는 대화형 디지털 사이니지이다. 뒤에서 빛을 비추어 인물의 형태를 만든다. 영국 Tensator 사(社)의 가상도우미 사례 등이 있다.

- 웨어러블 디지털 사이니지, 'iWork'

  노마딕스(Nomadix)가 2013년 개발한 것으로, 17.5인치 LED 디스플레이와 스피커가 탑재되었다. 스마트폰, 아이패드와 호환이 되며 플레이스테이션, 위(Wii) 등과도 연동된다.

- 대화형 LED 전광판

  센서를 통해 외부 환경을 감지하고 콘텐츠를 제안한다. 패션회사 '라흐두뜨'(La Redoute)의 대형 LED전광판 등이 있다.

- 매핑 프로젝트

그림 10-3 매핑 이미지를 이용한 작은 요리사 (Le Petit Chef)

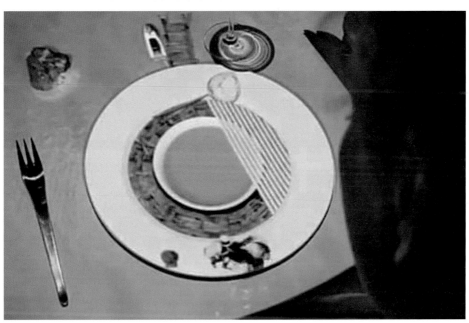

손님이 기다리는 동안 식탁 위에 가상의 꼬마 셰프가 등장해 생선을 잡아 부야베스라는 해산물 스튜를 만드는 장면을 보여준 후 테이블에 음식이 서빙되어 영상과 현실이 연결된다. 특수영상 매핑 프로젝트를 이용한 홍보영상이다. 출처: https://www.youtube.com/watch?

(2) 상호작용적 행동특성

편의점이나 은행, 우체국 고객은 서비스를 받기 위해 줄을 서서 기다린다. 이러한 상황은 일종의 '포로로 잡힌 청중'(captive audience)이라 할 수 있다. 달리 할 일이 없는 고객은 그저 기다리며 아무 생각 없이 시간을 보내게 된다. 이때 잘 만든 디지털 사이니지는 시간을 보내는 데 도움을 줄 뿐 아니라 상품 혹은 서비스에 몰입하게 한다. 사이니지의 ITC 기술, 예컨대 센싱 기술이나 NFC, 비콘(beacon)을 이용해 소비자의 정보를 현장에서 인식하고 QR(quick response), 모바일과 연동해 소비자가 입력하는 정보에 즉각 반응하는 등 상호작용할 수 있다.

- 터치스크린 기반 키오스크: LG T-LCD, 서울 강남역 신분당선 환승 통로의 투명 LCD, 스타벅스 유비쿼터스 테이블
- 커뮤니케이션: QR, NFC, 비콘, 고주파 등을 이용
- 센싱(sensing): 터치스크린, 옵티컬, 페이스 디텍트(Face Detect)
- 증강현실: 미디어파사드 + 센싱, 전광판 + 홀로그램 등으로 구성되며 모바일 앱, Forever 21, 아식스(ASICS), 지니(Genie), 링크스(Lynx) 사례, 에버랜드 라이프 밸리 스마트미러 등
- 모바일 연계: 빅토리아 시크릿(Victoria's Secret, 모바일 + QR)의 OOH광고, 에스티 모트(Estimote)의 스티커형 센서태그, 던킨도너츠의 울트라 사운드(Ultra Sound) 태깅 기술을 이용한 할인쿠폰 등
- 모션센싱(motion sensing): 바카디(Bacardi)의 모션센싱
- 기타, 안면인식 기술을 이용한 정보수집과 상호작용 사례

(3) 경험적 특성

경험적(experiential) 속성은 소비자가 경험하는 모든 것을 포함하는 포괄적 개념이다. 사이니지 콘텐츠에 입력된 컴퓨터 기술을 통해 소비자는 더 많은 경험을 더 쉽게 할 수 있다. 예컨대, 병원이나 의사의 방에서 환자는 불안이나 걱정이 많으며 시간은 느리게 지나간다. 이러한 불안이나 걱정은 대개 질병이나 치료에 관한 정보의 부족에서 비롯된다. 이러한 상황을 이용한 Baby-TV와 같은 디지털 사이니지가 대표적

이다. 사업주나 콘텐츠 제공자, 기기 담당자는 환자의 불안을 해소하고 환자의 상태에 대한 정보를 제공하며 어려운 상황을 극복할 수 있도록 도와준다.

또한 호텔, 스파(spa), 식당 등 환대와 관련된 장소에도 디지털 사이니지가 중요한 역할을 한다. 병원에서와 마찬가지로 디지털 사이니지는 '지각된 대기 시간'에 영향을 준다. 콘텐츠 내용은 주로 레시피, 메뉴 등에 관한 것에서부터 공공을 위한 방송, 상품, 기타 호텔 안내자에 관한 정보에 이르기까지 다양하다.

- 가상 피팅 시스템: 60인치 대형 스크린, 태블릿, 카메라를 이용한 유니클로의 가상 피팅 시스템
- 증강현실 기술: 영국 런던의 뉴 옥스퍼드 버스정류장 쉘터(shelter)에 가상 사물과 정보를 합성한 펩시콜라 맥스 버스 쉘터 광고
- 인터랙티브 터치스크린: 아식스·뉴욕 지하철 역사의 마라톤 캠페인, 인텔과 아디다스의 컬래버레이션 사례(3D 가상 시스템을 이용한 가상매장 디스플레이) 등

그림 10-4 카페펠레의 디지털 사이니지

숨은 디지털 사이니지 기술이 상호작용을 만들고 관계를 만든다(브라질 상파울루, 2015).

대표적 사례로 브라질 상파울루 한 지하철역에서 진행된 광고를 들 수 있다. 지하철 내 LED 디스플레이 화면 속 한 남자가 승객을 향해 하품을 하기 시작하며 사람이 많아질수록 하품을 자주한다. 이를 보고 하품을 따라 하는 시민이 생기기 시작하는 순간 판매원이 등장해 커피로 피로를 풀어볼 것을 권유한다. 이때 영상 속 화면에 "다행히 우리에겐 커피라는 치료제가 있습니다"라는 카피가 뜨며, 판매원은 시민에게 카페펠레(Cafe Pele)를 권한다. 하품은 전염된다는 발상을 현실로 옮긴 것도 기발하며 예쁜 여성이 오프라인에 나타난 프로모션도 기발하다. 고객은 이벤트를 포함한 이러한 즐거운 경험을 통해 은연중에 브랜드와 기분 좋은 관계를 맺는다. 즉, 지하철 디지털 사이니지가 경험을 만들고 체험은 다시 관계를 만든다. 이때 디지털 사이니지는 광고가 아니라 브랜디드 콘텐츠이다.

3) 디지털 사이니지의 기술적 이해

(1) 통신기술

주요 통신기술로 5G 이동통신기술, 근거리 통신기술로서 NFC, 위치기반 서비스로서(location based service · LBS) 비콘, M2M(machine to machine: 사물지능통신), IoT로 용도가 확대되는 블루투스 등이 있다. 그 밖에 와이파이, 와이기그(WiGig) 등이 결합되어 나타난다. 이 중 NFC와 블루투스, 비콘의 차이는 다음과 같다.

NFC(near field communication)는 10㎝ 이내의 가까운 거리에서 다양한 무선 데이터를 주고받는 통신기술이다. RFID(radio frequency identification: 무선인식) 기술 중 하나로 13.56MHz의 주파수대역을 사용하는 비접촉식 통신기술이다. 블루투스 등 기존의 근거리 통신기술과 비슷하지만 블루투스처럼 기기 간 설정을 하지 않아도 된다.

비콘은 저전력 블루투스(BLE)를 통한 차세대 스마트폰의 근거리 통신기술이다. 반경 50~70m 범위 안에 있는 사용자의 위치를 찾아 메시지 전송, 모바일 결제 등을 가능하게 해주는 스마트폰 근거리 통신기술이다. GPS보다 정교한 위치파악이 가능하지만 스마트폰 사용자의 위치파악으로 개인정보 수집활용 가능성이 있다.

(2) 인터랙티브 기술

인터랙티브 기술로는 실내 위치기반 서비스 및 이와 관련한 사용자 인터페이스 (*interface*) 기술, 개별적 생체의 특성을 인식해 보안시스템 등에 활용할 수 있는 생체 인식기술, 상황인지 (*context awareness*) 형 인터랙티브 기술, 그리고 가상현실 및 3차원 가상공간 터치기술이 있다.

가상현실 및 3차원 가상공간 터치기술이란 현실의 이미지나 배경에 3차원 가상이미지를 겹쳐서 하나의 영상으로 보여주는 기술이다. 안경처럼 쓰는 홀로렌즈 등을 통해 영화, 오락, 게임 등에 적용될 예정이다. 홀로렌즈는 3D 홀로그램과 키넥트 (*Kinect*) 라는 동작인식 기술을 이용해 컴퓨터 사용자 인터페이스를 획기적으로 바꿀 전망이다.

(3) 영상재현 기술

디지털 사이니지에서 광고물을 구현하기 위한 기술은 매우 다양하다.

영상재현 기술은 주로 빔 또는 증강현실 기술을 통해 구현된다. 디지털 사이니지에서 광고물을 구현하기 위한 기술은 매우 다양하다. 특히, 최근 미디어 파사드가 확대

그림 10-5 '벤츠' 증강현실 광고

증강현실을 이용한 벤츠 버스정류장 광고에서는 현실을 배경으로 가상의 자동차가 등장한다.

되면서 빔버타이징이나 증강현실 기술이 자주 활용된다.

'빔버타이징'이란 빔(beam)과 광고(advertising)의 합성어를 말한다. 광고를 거대한 빔 프로젝터로 건물 벽면에 쏘는 형식으로 나타난다. 해외의 경우 2013년 H&M의 Micro beamvertising 사례가 있으며 국내의 경우 도심에 하트빔을 쏜 오리온 '발렌타인데이' 프로모션 등이 있다.

한편, 증강현실 광고란 실제공간과 가상공간을 결합한 광고를 말한다. 인터랙티브 속성을 갖는다. 2015년 국내 신논현역 버스정류장에 게재된 벤츠 GLA 클래스 광고가 이에 해당한다.

4) 디지털 사이니지의 유형별 사례

기업홍보나 마케팅 목적으로 사용되는 OOH광고물은 메시지 지향 및 추상성을 강조하는 유형을 비롯해 스토리텔링 유형, 예술가적 아우라를 활용하는 유형, 그 밖에 광범위한 의미의 공간디자인 유형 등으로 구분될 수 있다. 여기에서는 기술속성, 설치형태, 사용목적과 용도에 따른 디지털 사이니지의 유형을 살펴보고자 한다.

(1) 기술속성에 따른 유형

맞춤형, 개인화, 상호작용, 리치미디어(rich-media), ICT 복합성 등으로 요약된다. 맞춤형(customized) 속성은 특정 공간에 맞는 맞춤형 정보제공 미디어의 성격을 띤다. 미디어 플레이어와 광고 저장장치, 광고 전송장치 그리고 디스플레이 부품으로 구성되어 고객맞춤형 광고를 제공하는 시스템이다. 개인화(personalized) 속성은 메시지 및 전달방식이 개인에 맞춰진 것을 말한다. 광고, 정보, 오락, 타깃 오디언스에 대한 마케팅을 위한 텍스트나 애니메이션, 비디오 형태의 메시지를 전송하며 중앙시스템을 통해 조작되며 개별적으로 접근할 수 있다. 또한 디지털 사이니지는 쌍방향적 특성으로 정확한 타깃에 접근하는 장점이 있어 성장가능성이 크다.

인터랙티브 속성은 예컨대, 터치센서의 경우 스마트폰에 내장된 중력센서나 터치

센서를 이용해 직접 게임이나 이벤트에 참가하도록 유도하는 메커니즘을 말한다. 증강현실도 '인간과 컴퓨터의 상호작용'이라는 점에서 인터랙티브 속성을 갖는다. 리치미디어 속성이란 동영상의 풍부한 표현성을 뜻하며 LCD, PDP, LED 등의 디스플레이 패널을 통해 다양한 정보와 광고 등의 콘텐츠를 표출하는 디지털미디어의 속성에 근거한다. ICT 복합성은 디스플레이와 네트워크, 통신 기술이 복합되어 나타나는 것을 말한다. 소프트웨어, 하드웨어, 콘텐츠, 네트워크 등 다양한 IT기술이 복합적으로 결합된 디스플레이 정보매체를 의미한다.

(2) 설치형태에 따른 유형

설치형태에 따른 유형으로는 미디어 파사드형, 휴대형/웨어러블형(디지털액자, 태블릿), 미디어 월/미디어 폴, 쇼케이스/스크린도어, 키오스크형 그리고 제품융합형 등이 있다. 의류 판매처 등에서 쓰이는 VR(*virtual reality*) 기술이 접목된 디지털 사이니지의 경우, 실제로 기술이 구현된 경우가 거의 없어 실용성보다는 재미를 제공하는 성격이 짙다. 극장에서 영화를 기다리며 경험할 수 있는 디지털 사이니지의 경우

그림 10-6 일본 하라주쿠 푸마 매장에 설치된 디지털 사이니지

고전적 사례이지만 보편적인 유형이다. 인터랙티브 미러(*mirror*)라는 타이틀로
소개되었으며 자신의 체형에 잘 어울리는지를 거울을 보고 알 수 있다.

독립적인 광고미디어 개념보다 극장 내부광고에 서비스 형태로 제공되는 광고 서비스에 가깝다.

미디어 파사드는 상호작용 요소에 초점을 두기보다는 규모감이 큰 광고 면을 바탕으로 새로운 경험을 하게 함으로써 소비자에게 호의적 반응을 얻는다. 강남역 사거리 미디어 파사드 전광판은 가로 10. 8 × 세로 11. 5m의 크기에 높이가 낮은 건물벽면에 입체적으로 설치되어 차량운전자는 물론 보행자에게도 노출도가 높다. 나아가 단순

그림 10-7
서울스퀘어 미디어 캔버스(미디어 파사드)

찰스 장 작가의 영상작품 '해피하트'를 캡처한 것으로 건물 외벽에 빔(프로젝터)을 쏘거나 LED 조명을 이용해 이미지를 구현한 것이다.

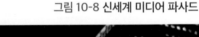

그림 10-8 신세계 미디어 파사드

한 전광판 역할에 그치지 않고 미디어아트 영상전시 및 전면의 광장과 연계해 프로모션을 제공하는 등 디지털 사이니지의 보편화에 기여했다는 평이다.

최근 멀티터치 스크린을 이용한 사이니지가 주목받는다. 멀티터치 스크린이란 컴퓨터 스크린에 센서를 설치해 여러 개(사람)의 터치를 인식할 수 있게 한 것이다. 대표적으로 상암 CGV에 설치된 초대형 'Stickus Wall' 디지털 사이니지가 있다. 사용자는 초대형 멀티터치 스크린을 통해 사진 촬영과 데커레이션은 물론 휴대폰 MMS(multimedia messaging service) 및 이메일 전송, 터치스크린 밖 공간으로 사진을 전달해 다른 사람과 콘텐츠를 공유할 수 있다. 이 밖에도 사용자가 직접 참여한 그림이나 게임이 실시간으로 터치스크린에 반영되어 참여자의 집중력을 증대시키는 것이 특징이다.

(3) 사용목적과 용도에 따른 유형과 사례

사용목적과 용도에 따른 유형으로는 공공목적용, 교통(지하철·철도·공항·버스)용, 전시·공연·관광, 유통·금융·외식, 재난 및 안전, 건강 피트니스, 교육용(수업 활용, 학내정보 공유), 게임과 관련한 영화체험, 소셜미디어 연계체험 등이 있다.

5) 한계점

디지털 사이니지의 한계점으로는 실제성과 지속가능성을 들 수 있다. '지속적' 참여 또는 몰입을 유도하기 어려우며 지속가능한 캠페인이 되기 어렵다. 유동인구 밀집지역의 경우 목적을 갖고 걸어가는 사람이 붐비는 환경에서 주의 깊게 들여다보거나 사용해보고자 하는 사람이 적다.

현재 디지털 사이니지에서 경험을 유도하는 기능에는 카메라, 지역지도, 이벤트 등이 대표적인데 스마트폰으로 이미 구현할 수 있기 때문에 기능적 한계도 있다. 이를 극복하기 위해서는 디지털 사이니지를 이용할 이유를 제공해야 한다. 또한 이러한 아이디어를 실제로 구현해내고 지원해낼 기술적 문제도 해결해야 한다.

3. 디지털 사이니지의 발상

디지털 사이니지를 이용한 광고발상을 위해서는 광고목표 수립과 타깃 오디언스 파악과 같은 전통적 기획과정이 전제되어야 한다. 그러나 무엇보다 ① 광고가 집행될 환경에 대한 분석이 이루어져야 하며 이를 토대로, ② 맥락에 맞는 아이디어 발상이 이루어져야 하고, ③ 효과에 대한 사전 탐색을 실시한 후에 광고집행 결정이 이루어져야 한다. 특히, 디지털 사이니지는 초기 투자비용이 큰 광고미디어이다. 따라서 ④ 광고집행에 신중해야 하며 수익이나 성공가능성을 예측함에 장기적 관점을 가져야 한다. 디지털 사이니지의 발상을 위해서는 먼저 표현 특성과 기술에 대한 이해가 필요하다. 주요 기술속성에 따른 사례 및 발상법은 다음과 같다.

1) 모바일과 연계된 경험을 생각하라

디지털 사이니지가 주목받는 중요한 이유는 경험적 속성 때문이다. 경험속성은 소비자의 주목도를 높임으로써 그 자체로 홍보효과를 지닌다. 디지털 사이니지가 반짝

그림 10-9 **모바일과 OOH가 연계된 맥도널드 OOH 인터랙티브 핑퐁**

홍보효과로 그치지 않고 꾸준히 인기를 얻기 위해서는 예컨대 스마트폰과 연계한 흥미 있는 서비스가 지속적으로 개발되어야 한다(예: 맥도널드 모바일-OOH 연계 사례). 스마트폰이 보편화됨에 따라 스마트폰과 연계해 이벤트를 제공하거나 스마트폰으로 조작하고 디지털 사이니지로 감상하는 모니터나 보드(board)로 활용하는 방안을 생각해볼 수 있다. 대형 LCD 전광판을 스마트폰과 연계해 상호작용을 일으키거나(예: 스마트폰 화면을 그대로 대형 디스플레이에 옮겨 표현하기), 이슈 영상을 만들어 단기간 이벤트를 만드는 미디어로 활용할 수 있다. 이외의 버스 쉘터 등 이용자가 멈춘 공간을 중심으로 상호작용을 유도하되 모바일 등과 연계되어 직접적 이익(쿠폰, 포인트 등)으로 연결할 수 있는 방안을 고려하는 것도 좋다.

2) 적정한 수준의 상호작용을 지켜라

소비자의 경험과 상호작용 요소를 강조하더라도 자극의 강도가 지나치면 오히려 외면당하기 쉽다. 사람들은 옥외 상태에서 광고정보에 특별히 목말라 하지 않는다. 또한 앞으로 디지털 사이니지가 보편화된다고 할 때 오히려 광고혼잡도가 증가하면서 광고의 경험 및 상호작용 요소에 대해 부정적 사전태도가 형성될 수 있다. 상호작용의 정도보다 더 중요한 것은 상호작용하는 콘텐츠이다. 의외성을 자극할 수 있는 내용, 시의성을 반영한 내용 등이 필요하다. 단순히 상호작용이 커뮤니케이션의 해결사라는 생각을 버리고 정보의 질을 높여야 한다. 최근 들어 미디어 파사드 등에 디스플레이를 중심으로 하는 정보재현적 속성이 더 주목받는 이유도 이와 관련이 있다.

3) 시각적 현저성을 높여라

디지털 사이니지의 세 번째 속성은 화면의 크기와 기술 등 물리적 속성에 기반을 둔 시각적 현저성을 들 수 있다. 서울스퀘어에서 하이네켄 맥주의 미디어 파사드, 뉴질랜드에서 설치된 비가 오면 피눈물을 흘리는 교통사고 예방 광고판, 그리고 2015년 11월에 운영이 중단되었지만 독특한 화면비율로 사람들의 눈을 끈 미디어폴 등이 주요 사례이다. 이와 함께 첨단영상 기술을 바탕으로 시선을 끌며 도시 랜드마크의 일부가 되는 디지털 사이니지가 늘어난다. 광고와 프로모션 이외에 미디어아트 영상전시회나 영상문화제, 거리응원 등의 이벤트가 함께 개최됨으로써 하나의 미디어 문화 거리가 된다. 이는 디지털 사이니지가 지역의 브랜드 가치를 높여 도시 브랜딩 요소로 기능함을 의미한다.

특히, LED, 3D 입체영상, 홀로그램 등 다양한 디스플레이 기술을 활용해야 한다. 2015년 말 〈옥외광고물 등의 관리와 옥외광고산업 진흥에 관한 법률〉(이하, 〈옥외광고법〉)이 개정됨에 따라 자유표시구역을 중심으로 시각적 현저성이 높은 광고 거리가 대거 생겨날 전망이다.

그림 10-10 시각적 현저성을 높인 사례

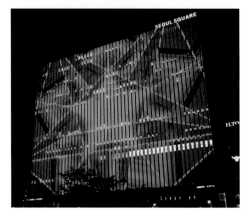

뉴질랜드 로드니주의 비가 오면 피눈물을 흘리는 광고(위)와 서울스퀘어의 하이네켄 미디어 파사드(아래).

4) 문화적 관점에서 커뮤니케이션하라

디지털 사이니지는 단순한 전자 간판이 아니라 대중과 상호작용하며 다양한 경험을 가능하게 하는 미디어 공간이다. 또한 네트워크로 연결되어 콘텐츠를 원격으로 한꺼번에 제어할 수 있고 주목성이 뛰어나 정보전달력이 높다. 따라서 디지털 사이니지를 미디어 보드로 다양한 문화를 경험할 수 있으며 공공 커뮤니케이션을 공유, 확산할 수 있다. 예를 들어, 소비자의 눈높이에 맞추거나 신체적으로 상호작용하는 등의 방법으로 메시지 기억을 높이고 공감을 이끌어낼 수 있다.

그 자체로 음악과 춤, 영상 콘텐츠를 담은 문화예술적 미디어이자 자연환경, 생활안전, 음주 등 교통안전, 산업재해, 공익캠페인 등 생활과 산업현장에서 공익적 메시지를 던지고 사람들의 행동을 변화시킬 수 있는 살아있는 교육적 매체로 활용성이 높다. 이외에 도시 브랜딩 미디어로써 홍보와 산업, 미적 감흥을 전달한다.

4. 앰비언트 광고의 정의와 특성 What to say

앰비언트(*ambient*)는 1999년 영국의 광고산업에서 사용하던 전문용어였으나 최근 OOH광고산업에서 보편화된 용어로 자리 잡았다. 비전통매체 또는 대안매체(*alternative media*)의 하나로서 대안적 OOH광고를 의미한다. 주변에서 흔히 볼 수 있는 사물이나 자연환경 등을 이용한 OOH광고 등이 앰비언트(미디어) 광고에 해당한다. 길바닥, 가로수, 전봇대, 벤치 등 모든 생활시설이나 공간이 광고매체로 활용되며 행인, 지하철이나 버스 승객 등 사람을 광고모델로 활용하기도 한다. 앰비언트 미디어는 예측불가능하다는 점에서 세렌디피티를 주는 가장 적절한 매체라 할 수 있다.

앰비언트 광고는 주변에서 흔히 볼 수 있는 사물이나 자연 등을 매체로 사용하는 것으로 소비자가 접하는 모든 것이 광고매체가 될 수 있다는 특성을 갖는다. 따라서 앰비언트 미디어는 타깃, 노출, 빈도, 흥미 등과 관련한 속성이 강하다. 즉, 익숙한 사물을 광고목적에 부합되는 형태로 보여줌으로써 소비자의 흥미를 자극해낼 수 있도록 재창조하는 장점이 있다.

대표적 사례로 빨대를 광고매체로 개발한 중국 상하이의 '와이플러스' 요가센터를 들 수 있다. 빨대의 구부러지는 부분에 요가하는 사람의 사진을 실어 식당, 커피숍, 바 등에 제공했다. 국내 사례로는 두산주류가 서울 동대문의 두산타워 지하 1층과 지상 1층, 3층 화장실 전체를 소주 '처음처럼' 이미지로 꾸몄다. 주요 특성으로는 소비자의 흥미와 주목도를 높이며 옥외의 상황(맥락)을 이용해 광고 인게이지먼트를 높였다는 점이다.

5. 앰비언트 광고의 발상 How to say

주변 환경의 맥락을 이용하는 앰비언트(*ambient*) 광고는 장소의 의외성, 은닉성, 재미 요소 등이 중요하다. 이하는 힘프의 《(생각의 스위치를 올려라) 크리에이티브 게릴라》의 내용을 참고했다(Himpe, 2006/2008).

1) 장소의 의외성

광고가 예상될 수 있는 환경을 배반하라. 이는 앰비언트 미디어의 본질적 속성이기도 하다. 공장 굴뚝, 빌딩 전체, 숲, 사막 한가운데 등 광고를 예상하기 어려운 곳일수록 아이디어는 눈에 띈다. 즉, 광고의 '세렌디피티'를 높인다.

나이키 러닝화의 앰비언트 광고는 실제상황에서 쉽게 예상하기 어려운 아이디어를 제시한다. 젊은 선수가 훈련하는 대학교 육상트랙에서 8번 레인 출발선을 정상보다 훨씬 뒤로 정해 그곳에 나이키 로고와 메시지를 새겨놓았다. 실제 위치보다 훨씬 뒤에서 출발해도 될 만큼 기능이 개선되었다는 뜻이다. 이 아이디어는 대학교라는 실제공간을 이용해 의외성이 더욱 높다.

그림 10-11 나이키 러닝화 앰비언트

2) 브랜드 은닉성

앰비언트 아이디어 발상법 두 가지는 '브랜드를 영리하게 숨길 것', 그리고 '스스로 찾게 할 것'이다. 마케팅 아이디어를 소비자가 싫어하는 이유는 상업성 그 자체보다 노골적이고 일방적 노출방식 때문인 경우가 많다. 너무 쉽게 식별되는 광고에 대해 크게 기대를 걸거나 관심을 두지 않는다.

따라서 첫째, 마케팅 목적을 적당히 감추어야 한다. 둘째, 아이디어의 의도를 적당히 감추어야 한다. 상업적 목적이 너무 뻔하거나 무엇을 말하는지 너무 쉽게 이해되는 광고 아이디어는 금방 질린다. 광고처럼 보이지 않거나 실제 생활과 흡사해 광고인지 아닌지 구분하기 어려울 정도가 될 필요가 있다.

하수구를 이용한 아모라(Amora)의 다이어트 마요네즈 광고는 브랜드를 숨기지는 않았으나 너무 날씬해 길을 걷다 하수구 사이로 빠질 수도 있다는 아이디어가 적당히 숨겨져 보는 재미가 있다. 앰비언트는 아니지만 무버셜과 같은 브랜디드 콘텐츠나 애드버토리얼, PPL, 플래시몹 등을 이용한 게릴라 마케팅 등이 그렇다.

3) 아이디어의 재미

상업적 의도가 드러난다 하더라도 아이디어가 재미있으면 적극 참여하고 즐긴다. 소비자는 물질적 혜택이든 정신적 만족이든 무언가 얻을 수 있는 광고를 좋아한다. 그리고 재미는 그 자체로 소비자에게 만족감을 준다.

리크루트 사이트인 몬스터닷컴(Monster. com)의 캠페인은 재능을 살리지 못하고 엉뚱한 곳에서 일하는 모습을 재연해 사람들의 눈길을 끈다. 자신의 사이트를 이용해 적합한 일자리를 찾으라는 상업적 메시지가 분명한데도 소비자는 실제 거리에서 벌이는 재미있는 장면 자체를 즐기게 된다. 인력거를 끄는 F1 선수, 행인을 대상으로 하는 스포츠 심판 등의 아이디어가 시리즈로 진행되었다. 재미를 주어 일단 소비자를 참여하게 하는 것이 첫 번째 과제이다.

이 밖에 앰비언트 광고 아이디어를 실행에 옮기기 전에 '적절성'을 충분히 따져야

그림 10-12 리크루트 사이트인 몬스터닷컴 캠페인

절취형 광고 사례로 헬스트레이너 구인광고이다. 하나씩 뜯어갈수록 날씬해지는 모습을 보여주며 절취하라는 흔한 아이디어를 과장을 통해 재미있게 표현했다.

한다. 또한 재미를 주는 것에 그쳐서는 안 되며 당면한 마케팅 과제를 해결하는지, 커뮤니케이션 목적에 부합하는지를 고려해야 한다.

어느 광고회사의 슬로건인 "Idea is in the air"처럼 아이디어는 우리가 사는 곳곳에 가득하다. 가장 평범한 곳에서 만나는 가장 기발한 광고가 있다면 아마 앰비언트 광고일 것이다. 가장 세렌디피티하게 다가오는 광고가 앰비언트 광고라는 뜻이다.

6. POP `What & How to say`

POP는 구매시점(*point of purchase*)의 약자이다. POP광고는 구매장소에서 접촉하는 모든 광고로, 구매현장에서 소비자의 구매욕구를 자극해 구매로 연결시키는 세일즈 프로모션 매체이다. POP는 판매자 관점에서 POSM(*point of sale material*: 판매시점)이라고도 한다.

POP광고는 미국의 유통망이 변화하면서 생겨났다. 1930년경 '슈퍼마켓'이라는 셀프서비스 방식의 할인유통점이 생겨나면서 가격은 싼 대신 종업원의 도움 없이 소비

그림 10-13
시가스토어의 POP: 인디언 목재인형

당시에 문맹이 많았기 때문에 초기의 POP물은 주로 시각적 상징물로 만들었다. 담뱃가게의 인디언(혹은 목재 인디언)은 최초의 POP 사례로 알려졌다. 인형은 담뱃가게임을 의미한다. 유럽인에게 담배를 소개한 사람이 인디언이었기 때문이다. 이는 오늘날의 브랜드 캐릭터에 해당한다.

자 스스로 제품을 구입해야 했다. 이 때문에 상품을 선택할 때 참고가 되는 광고수단으로 POP광고가 중요한 역할을 하게 된 것이다.

현대 마케팅 커뮤니케이션 영역에서 POP광고의 영향력은 갈수록 커진다. 매스미디어 광고와 연동해 시너지 효과를 높이거나 스마트폰 등을 이용한 세일즈 프로모션 이벤트로 판매를 촉진할 수 있기 때문이다.

한 조사에 따르면 대형 할인점의 경우 소비자가 구매 리스트를 작성해서 가는 비율이 18% 정도에 불과하다고 한다. 대부분은 매장을 둘러보다가 매장 안에서 브랜드를 직접 선택한다. 패키지를 비롯한 POP광고가 중요해진 이유이다. 주요 유통채널로는 소규모 가게(Mom & Pop이라고 한다), 편의점(convenient store · CVS), 대형마트와 같은 하이퍼마켓(hyper market) 등이 있으며, 호텔 음식점을 중심으로 HORECA(hotel, restaurant, cafe의 앞 글자를 딴) 숍이 있다.

1) POP광고의 유형

POP광고의 유형은 테이블 윗면에 설치하는 배너와 패널, 계산대 디스플레이 등이 있다. 스탠딩 형태로 X배너(X-banner), 우드락 스탠드(woodrock stand), 인포메이션 스탠드(information stand), 카탈로그 스탠드(catalog stand) 등이 있다. 회전형으로 테이블톱(table top), 엔드캡(end cap), 섬처럼 독립된 공간에 설치된 아일랜드 유니트(island unit) 등이 있다. 엔드캡은 각 전시라인의 통로 맨 끝 쪽을 말한다. 매장 통로를 걸어가는 사람이 상품을 정면으로 바라보는 곳으로 할인상품이나 특별가격으로 판매되는 제품을 쌓아두는 것이 바람직하다.

이외에 제품별로 제작한 별도 패키지와 LED 패널, 터치스크린, 롤링스크린, 트라이비전(tri-vision), 플로어 매트(floor mat) 등 다양한 유형이 있다. 사은품 등 프로모션 물품도 POP에 포함될 수 있다.[1]

---

1 광고물 형태에 관한 더 많은 정보는 http://pinterest.com/balu007/pos-pop-displays/를 참조.

그림 10-14 X배너, 별도 패키지, 플로어 매트 사례

X배너 형태인 피에르 가르뎅의 '아로마 릴렉스' 디스플레이(스탠드형),
아이의 눈높이에 맞춘 비스듬한 디자인이 재미있는 '츄파춥스' 별도
패키지, 쇼핑 공간 바닥에 대형 그림을 그려 사람이 벼룩처럼 보이게 한
강아지 벼룩약 '프론트라인'의 플로어 매트(왼쪽부터 순서대로).

2) 진열형태

상품의 진열형태도 중요하다. 이론적으로 소비자(매장입구)의 오른쪽 공간에 중요한
상품과 POP광고를 배치해야 하며 통로에서 진열대를 45도 각도로 비스듬히 배치하는
셰브로닝(chevroning) 방식이 상품의 가시성을 높인다고 한다(Underhill, 1999/2000).

3) 매장위치

'곤돌라'라고 부르는 5~6단 진열대에서 고객의 눈높이에 위치한 2, 3단을 '골든존'
이라 한다. 통로 중간에 위치한 평대(平臺)와 진열대의 양쪽 끝인 엔드캡도 명당으로
꼽힌다. 엔드캡은 고객이 가장 오래 머무를 수 있는 공간이다. 업계에 따르면 이처럼
물건이 놓이는 위치에 따라 매출이 8배까지 차이가 난다고 한다.

7. 게릴라 마케팅

뉴욕의 타임스퀘어(Time Square)나 런던의 피커딜리 서커스(Piccadilly Circus) 광장은 세계 최고의 OOH광고 명소라 불리지만 꼭 광고를 걸어야 하는 것은 아니다. 게릴라 마케팅 관점에서 보면 생활현장이나 도심거리, 공공장소 곳곳이 모두 광고판이 된다. 게릴라 마케팅이란 대안 마케팅 전략을 말한다. 잠재적 고객이 많이 모인 장소에 마치 게릴라가 적을 기습 공격하듯이 갑자기 제품을 광고하거나 판매촉진을 전개하는 방법으로 진행된다. 대개 후발기업이 시장경쟁력을 확보하기 위해 선발기업이 진입하지 않은 틈새시장을 공략하거나 적은 비용으로 고객에게 밀착한 마케팅을 펼치기 위해 이용된다. 예컨대 지하철 안에서 홍보요원이 시민과 제품에 관한 이야기를 자연스럽게 나눔으로써 은연중에 구매욕구를 자극하는 방식이 있다.

이른바 스텔스 마케팅(stealth marketing)이나 앰부시 마케팅도 게릴라 마케팅의 일종이다. 또한 광의로 보면 앰비언트 등 대안 미디어를 이용한 광고도 게릴라 마케팅 커뮤니케이션의 일종이라 할 수 있다.

8. OOH 브랜디드 콘텐츠 기획　　　　How to say

2015년 말 OOH광고업계에 새로운 변화와 발전에 대한 기대감이 폭발적으로 커졌다. 〈옥외광고법〉이 2015년 12월 9일 국회를 통과해, 디지털 사이니지(디지털 OOH광고물) 등 OOH광고 관련 산업의 성장 기반이 마련된 것이다. 도시 미관과 조화를 전제로 미디어 파사드 광고, 건물 외벽 랩핑 광고, 공공시설물의 한시적인 광고물 집행이 허용될 전망이다. 이와 함께 디지털 광고물의 법적 근거 마련, OOH광고물 자유 표시 구역, 거리 입간판의 허용 등 〈옥외광고법〉과 관련한 전향적인 법제개정 방안이 하나씩 현실화되었다. 앞으로 커뮤니케이션 기획 시 고려되어야 할 요소는 다음과 같다.

첫째, 융복합적 기술의 활용방안이다.

〈옥외광고법〉 개정과 맞물려 OOH광고업계에서는 기술적 변화에 많은 기대를 건다. 그 중심축의 하나가 디지털 사이니지이다. 디지털 사이니지는 사물인터넷, 모바일 분야 등의 영역에서 OOH광고와 첨단 ICT와의 융합으로 다양한 방면으로 확대되고 전통 옥외매체의 성격과 기능을 변화시킨다. 디지털 사이니지를 주요 축으로 OOH광고 시장에 새로운 변화와 가능성이 나타나는 것이다. 디지털 융합을 통한 창조경제로서의 디지털 사이니지는 디지털 OOH광고물을 제도권으로 가져옴으로써 창조경제의 중심축인 네트워크와 디스플레이, OOH광고산업이 진흥할 수 있는 기반을 갖추었다. 이러한 관점에서 다양한 미디어의 융복합을 통한 시너지 효과를 구체화할 수 있어야 한다.

둘째, 영상 및 디스플레이 기술변화와 콘텐츠 개발에 주목해야 한다.

미디어 이전에 콘텐츠를 고민해야 한다. 아무리 구현기술이 뛰어나도 유효한 아이디어가 마련되지 않으면 소용없는 것과 같은 의미이다. 특히, 앞으로는 첨단 디스플레이, 영상기술을 통해 광고의 재현성과 상호작용적 속성 등 효과성이 높아질 것이다. 대표적 영상기술로 들 수 있는 3D 입체영상은 입체감을 통한 사실적 시청환경을 제공하는 미디어적 특성으로 커뮤니케이션 과정에서도 긍정적 역할이 기대되며 효과적인 광고수단으로 주목받는다. OOH광고의 기술 및 매체환경에 기반을 둬 사람들에게 광고를 보는 즐거움과 감동을 주고 영화 속 한 장면처럼 몰입하게 함으로서 콘텐츠에 대한 경험과 관여, 즉 인게이지먼트를 높여주는 방향으로 기획되어야 한다.

셋째, 체감형 OOH광고의 효과평가 방안이 마련되어야 한다.

일본 도쿄역의 '야에스' 지하상가에는 음식점의 영상과 함께 음성정보를 내보내는 디지털 사이니지가 설치되었다. 대형 디스플레이 밑에는 쿠폰이 놓였고 이곳 디지털 사이니지에서는 향기도 나온다. 디스플레이 상단에는 카메라가 장착되어 단말기 이용자의 연령과 성별, 화면을 본 시간 등을 측정할 수 있다. 모니터에 탑재된 카메라로 고객의 성별과 연령대를 인식해 맞춤형 광고를 내보이는 등 다양한 인터랙티브 기술이 현실에 적용된다. 이러한 인터랙티브 기술을 활용한 콘텐츠의 핵심은 효과측정이다. 광고주에게 신뢰를 줄 수 있는 과학적 효과측정 지표와 수단이 개발되어야 한다. 이와 함께 단순히 구전을 통한 홍보효과에서 나아가 실제 지속적으로 참여하고 활용될 수 있도록 생활형 브랜디드 콘텐츠 개발에 노력해야 한다.

넷째, OOH 영역 전반에서 글로벌 파워를 갖추어야 한다.

OOH미디어는 옥외광고보다 확대된 개념으로 집밖에서 일어나는 모든 미디어라는 의미이다. 옥외매체가 갖는 다양한 기술적 배경과 영역을 고려해 통합적 커뮤니케이션 전략을 수립해야 한다. 이와 관련해 국내 시장은 옥외매체의 디지털화, 다른 매체와의 통합화 전략을 선호하는 추세이다. 이에 더해 업계 내 M&A가 활발히 이뤄지며 다국적 옥외매체사의 자본유입이 가속화되는 실정이기도 하다. 그동안 디지털 사이니지 시장은 유럽과 미국이 70%를 차지했지만 앞으로는 신흥국이 견고한 성장세를 보일 것이다.

다국적 옥외매체사와의 경쟁에서 이길 수 있는 힘은 무엇일까? 무엇보다 디지털 기술 기반의 미디어 경쟁력이 중요하다. 국내 OOH광고 매체사나 대행사는 신규 미디어의 개발과 운용을 포함하는 미디어 크리에이티브 개발에 주력해야 한다. 이 모든 새로운 움직임의 중심은 소비자며 핵심 무기는 차별화된 크리에이티브여야 한다. 스마트미디어 기술을 중심으로 급변하는 OOH 시장 - 소비자의 개인 상황과 욕구에 맞춘 커뮤니케이션 콘텐츠 개발에서 경쟁력을 찾아야 한다.

이론 및 개념

POP광고와 소비자 심리

• 프라이밍 이론
프라이밍(*priming*, 점화)은 인지심리학의 연상망 이론에 근거하는 개념으로 시간적으로 먼저 제시된 특정 자극이 두뇌 속 연상망을 자극해 추후에 진행되는 정보처리에 영향을 주는 현상을 말한다. 프라이밍 효과란 어떤 정보가 잘 회상될 수 있도록 관련된 자극을 주어 그 정보를 활성화시키는 것을 말한다. 예컨대, 기존의 다른 경로(예를 들어, TV광고)를 통해 알던 상품정보를 POP광고를 보면서 기억이 되살아나는 경우에는 POP가 기억의 프라이밍 역할을 했다고 할 수 있다.

- 색채, 패키지의 감각 전이

색채심리학자였던 체스킨(Louis Cheskin)은 제품에 대한 소비자의 인식이 포장의 색이나 디자인에 의해 영향을 받는다고 하고 이를 '감각 전이'(*sensation transference*)라 명명했다. 제품의 색이나 패키지 디자인이 사람들의 태도나 욕구에 영향을 미친다는 것이다.

- 차이 식역

POP광고효과는 인지심리학에서의 차이식역(J.N.D) 개념으로도 설명할 수 있다. 광고 제작자가 식역 수준을 파악해 유리한 정보는 더욱 잘 판단할 수 있게 자극을 현저하게 하고 불리한 정보는 지각이 어렵도록(지각용이성을 최소화) 현저성을 낮춘다. 가격과 디자인, 용량 등 여러 제품 속성 중 강점을 가장 두드러지게 하는 것도 이러한 관점에서 이해할 수 있다.

- 상황변수

벨크(Belk, 1979)는 점포 내 환경, 소비자의 기분 상태 등 "상황변수"가 구매에 중요한 영향을 미친다고 주장했다. 매장의 성격에 따라 매장 내 음악이나 디자인 요소가 달라질 필요가 있음을 의미한다.

생각해 볼 문제

1. 정보재현적 미디어와 인터랙티브 미디어 간 차이점과 적절한 활용방안에 대해 생각해 보자.

_____

_____

_____

2. 디지털 사이니지를 중심으로 한 OOH광고의 융·복합적 기술활용 사례를 찾아보자.

_____

_____

3. 효과적인 POP광고 사례를 찾아 효과 과정을 설명해 보자. 아울러 각 사례를 직접 찾아 그 사례가 나오게 된 배경을 설명해 보자.

_____

_____

_____

4. 주변의 앰비언트 광고 사례를 찾아 흥미로웠던 점을 설명해 보자.

_____

_____

_____

참고문헌

김운한 (2014). "OOH 광고의 세렌디피티 속성에 관한 탐색적 연구". 〈광고PR실학연구〉, 7권 3호, 29-56.

박진표 (2013). "OOH 미디어의 역할과 위상 재정립을 위한 탐색적 연구". 〈옥외광고학연구〉, 10권 2호, 19-38.

방송통신위원회 (2014). 〈방송통신진흥본부 미디어산업진흥부 보고서〉. URL: http://www.kcc.go.kr/user.do

송기수 (2010). 《마케팅의 시작은 옥외광고다》. 서울: 월간 팝사인.

심성욱·김운한·신일기 (2011). 《인터랙티브 광고론》. 서울: 서울경제경영출판사.

심성욱·박 현 (2012). 《신옥외광고론》. 서울: 서울경제경영출판사.

이하나 (2011). "광고매체로서 디지털 사이니지(Digital Signage) 활성화 방안에 관한 연구". 〈한국디자인문화학회지〉, 17권 2호, 502-517.

전종홍·이승윤 (2011). "모바일 증강현실 기술 표준화 동향". 〈전자통신동향분석〉, 26권 2호, 61-74.

정원기·조재수·김충현 (2013). "3D 입체영상 광고의 제품유형별 광고효과". 〈광고연구〉, 통권 99호, 5-37.

지식경제부 (2013). "해외 디지털 사이니지 동향". 〈KATS 기술보고서〉, 20.

차유철 (2007). "새로운 광고 매체의 분류를 어떻게 할 것인가?". 〈한국광고홍보학보〉, 9권 4호, 105-134.

최민욱 (2013). "뉴미디어 광고로서 옥외광고의 변화 및 성장에 관한 연구". 〈옥외광고학연구〉, 10권 1호, 141-166.

한국광고총연합회 (2008). "옥외광고시장의 새로운 패러다임: 무한 크리에이티브 이색 옥외광고". 〈광고계동향〉, 2008년 6월호.

Himpe, T. (2006). *Advertising is dead: Long live advertising!*. 김홍탁 (옮김) (2008). 《(생각의 스위치를 올려라) 크리에이티브 게릴라》. 서울: 디자인하우스.

Mathwick, C., Malhotra, N., & Rigdon, E. (2001). Experiential value: Conceptualization, measurement and application in the catalog and Internet shopping environment. *Journal of Retailing*, 77(1), 39-56.

Pine, B. J., & Gilmore, J. H. (1999). *The experience economy: Work is theatre & every business a stage*. 김미옥 (옮김) (2010). 《체험의 경제학: 비즈니스는 마음을 훔치는 연극이다》. 파주: 21세기북스.

Ranganathan, A., & Campbell, R. H. (2002). *Advertising in a pervasive computing environment*. In Proceedings of the 2nd international workshop on Mobile commerce (pp. 10-14). ACM.

Rekimoto, J., & Ayatsuka, Y. (April, 2000). *Cyber code: Designing augmented reality environments with visual tags*. In Proceedings of DARE 2000 on Designing augmented reality environments (pp. 1-10). ACM.

Schaeffler, J. (2008). *Digital signage: Software, networks, advertising, and displays: A primer for understanding the business*. Amsterdam: Focal Press.

Schmitt, B. (2003). *Customer experience management: A revolutionary approach to connecting with your customers*. New York: Wiley.

Underhill, P. (1999). *Why we buy: The science of shopping*. 신현승 (옮김) (2000). 《쇼핑의 과학》. 서울: 세종서적.

www.mediapole.kr

온라인 브랜디드 콘텐츠

제 11 장

1. 무엇이 온라인 광고를 성장하게 하는가?   Why to say

오늘날 광고PR 산업의 새로운 변화는 디지털미디어를 기반으로 한 새로운 디바이스의 출현과 온라인 네트워크를 기반으로 한 뉴 플랫폼 형성을 기반으로 한다. 특히, 모바일 기술의 발달과 더불어 이른바 핑거콘텐츠(*finger contents*)가 확대되고 바이럴 영상, 카드뉴스, 모션그래픽, 웹툰 등 새로운 디지털 플랫폼의 출현은 콘텐츠 산업의 새 지평을 여는 것은 물론 광고PR 산업의 새로운 기회로 다가온다.

이처럼 미디어 플랫폼을 중심으로 광고PR 산업구조가 재편됨에 따라 업계에서는 이에 대응하는 콘텐츠 생산에 많은 노력을 기울인다. MCN 등 다양한 플랫폼과 디바이스에 부합되는 콘텐츠가 활발히 생산되며, 브랜드 저널리즘(*brand journalism*) 또는 네이티브 광고 등 상업적 콘텐츠와 비상업적 콘텐츠가 뒤섞이면서 미디어 간 콘텐츠를 변형시켜 이를 유통, 확산시키는 노력이 가속화된다.

이 장을 포함한 다음 세 장에서는 디지털미디어의 진화에 따른 광고 콘텐츠의 변화 내용을 다룬다. 이 장에서는 먼저 온라인미디어에서의 광고 및 브랜디드 콘텐츠를 살펴본다.

온라인 광고란 인터넷을 매체로 노출되는 모든 광고를 말한다. 인터넷이 광고매체로 등장하기 시작한 것은 1994년 핫 와이어드(Hot Wired)가 자사 사이트에 유료 배너 광고를 올린 다음부터이다. 국내에서는 1996년 한국IBM이 처음으로 배너광고를 소개한 이후 매년 지속적으로 성장했다.

한국방송광고진흥공사가 발표한 2015년 방송통신 광고비 조사에 따르면 모바일을 포함한 온라인 광고시장이 여러 매체 중 가장 높은 성장률을 보인 것으로 나타났다. 인터넷 광고와 모바일, IPTV, 디지털 사이니지 광고비를 합친 '스마트 광고비'는 3조 2,938억 원이다. 온라인 광고비는 2조 3,473억 원으로 2014년보다 3.4% 증가했으나 모바일 부문(약 18% 증가)이 성장률을 끌어올린 것이다. 온라인 광고는 방송광고와 함께 양대 매체 광고로서 지속적으로 성장할 것이다.

인터넷과 모바일을 포함하는 온라인 광고는 모바일광고와 함께 전통매체 대비 타깃 맞춤형, 계량적 효과측정이 쉽다. 기업이 온라인 콘텐츠 중심의 커뮤니케이션을 전개해야 하는 이유는 온라인 광고의 특성에 기인한다. 즉, 온라인 광고의 장점은 타깃지향의 맞춤형 광고가 가능하며 계량적 광고효과 측정이 쉬운 점 그리고 여전히 광고비용이 상대적으로 저렴하다는 점이다. 광고비의 부담을 줄이면서도 광고의 제작과 게재, 갱신이 쉽다.

온라인 광고의 가능성과 장점에도 불구하고 실제 기획에서는 고려해야 할 요인이 많다. 가장 큰 요인은 광고혼잡도이다. 광고혼잡도는 광고의 양이나 경쟁정도, 광고 침입성에 따라 달라지므로 경쟁상황을 포함한 자사의 광고 커뮤니케이션 환경과 여건을 면밀히 파악하고 실행해야 한다.

광고침입성이란 '광고가 기사나 프로그램의 흐름을 방해하는 것'을 말한다. 즉, 한곳에 주의를 기울일 때 다른 대상이 주의를 빼앗는 것을 말한다. 소리, 깜빡이는 속성, 애니메이션, 시각에서의 변화 등에 의해 침입성을 지각하는 정도가 달라질 수 있다.[1]

---

1 침입성은 침투성과 구분되는 개념이다. 효과 관점에서 볼 때 침투성(*pervasiveness*)은 온라인 광고효과를 위한 긍정적 측면의 특성이지만 침입성(*intrusiveness*)은 광고회피 그리고 이로 인한 광

무엇보다 온라인 광고의 기획에서 가장 염두에 두어야 할 점은 소비자의 광고회피를 극복하는 문제이다. 온라인은 양방향적 커뮤니케이션이 가능하다. 그러나 그러한 상호작용성 때문에 광고회피도 쉬워진다. 인터넷 환경은 소비자의 양방향성 또는 자발적 행동이 유발되는 환경(클릭, 하이퍼링크)이므로 의도적으로 광고를 무시하거나 클릭하지 않을 수 있기 때문이다. 이로 인해 네이티브 광고, 1인 방송광고, 바이럴 영상 등 소비자의 주의를 끌기 위한 시도가 더욱 늘어난다.

앞으로 네이티브 광고, 유튜브와 웹 TV 등을 통한 방송영상 콘텐츠가 급증할 것으로 판단된다. 이러한 점에서 온라인 광고는 온라인 브랜디드 콘텐츠로서 전개되어야 한다. 가능성만큼이나 변화 요인이 많은 온라인 광고시장에서 대응하기 위해 온라인 마케터의 예견력과 추진력이 필요하다.

2. 온라인 광고의 종류 · What to say

온라인 광고 및 온라인을 기반으로 둔 브랜디드 콘텐츠에는 디스플레이 광고 (*display ad* · DA), 검색광고(*search ad* · SA), 이메일, 네이티브 광고, 게임 브랜디드 콘텐츠, 기업블로그나 브랜드 카페 등을 통한 PR 커뮤니케이션 활동 등이 있다.

각 광고는 커뮤니케이션 목적(예를 들어, 브랜드 인지도 제고, 판매, 고객커뮤니케이션 강화, 이슈 만들기 등)을 고려해 서로 병행하기도 한다. 대표적으로 바이럴 영상이나 네이티브 광고처럼 광고화된 콘텐츠의 확산과 구전의 결과를 캠페인의 성과평가의 근거로 삼으면서 온라인을 비롯한 방송영상, 디지털 콘텐츠가 결합되는 형태로 커뮤니케이션이 전개될 전망이다. 이 중 블로그에 기반을 둔 PR활동은 "제 13장 1인 미디어 · 영상 브랜디드 콘텐츠"에서 별도로 소개한다. 각 광고 유형별로 살펴보면 다음과 같다.

고효과 감소와 같은 부정적 관점에서의 특성이다.

1) 디스플레이 광고

디스플레이 광고는 '노출형' 광고를 말한다. 소비자의 의도와 관계없이 웹사이트 상에 표출되는 모든 유형으로 전통적으로 배너광고와 리치미디어 광고 등이 있다. 최근에는 인터넷상의 1인 미디어가 성장하면서 1인 방송 등 영상 콘텐츠를 통한 광고 PR도 중요한 인터넷 광고 유형이 된다. 이외에도 유튜브 등 SNS와 연계된 바이럴 영상이나 일종의 광고형 기사인 네이티브 광고도 새로운 개념의 디스플레이 광고 범주에 포함될 수 있다.

리치미디어 광고는 배너광고가 발전된 개념이다. 리치미디어 광고란 텍스트나 이미지가 아니라 비디오, 오디오, 사진, 애니메이션 등을 결합한 멀티미디어 형태의 인터넷 광고이다. 전형적인 배너광고에서 벗어나 화면을 떠다니는 플로팅 광고, 키워드 검색어 입력 시 다른 사이트가 위, 아래로 열리는 팝업/후팝업/팝언더(pop-under) 광고, GDN 네트워크 앱이나 콘텐츠 본문 내 삽입되는 삽입형 광고, 롤오버형 광고 등 소비자에게 강제적으로 노출되는 광고 등이 이에 해당한다. 네이티브 광고는 해당 웹사이트에 맞게 고유한 방식으로 기획 및 제작된 광고를 말한다.

(1) 배너광고

배너광고는 일반적으로 웹사이트 내에서 이미지 형태로 보이는 띠 모양의 광고를 말한다. 인쇄매체의 변형광고처럼 좌우의 여백을 활용한 여백광고도 있다. 여백을 이용하므로 눈에 잘 띄며 여백 콘텐츠를 맥락적 요소로 활용할 수 있어 아이디어를 구성하기 좋다.

(2) 여백광고

여백광고는 좌우 여백에 빅 스킨 및 브랜드 아이콘을 노출할 수 있는 광고상품이다. 매체 내의 메인화면 여백을 활용해 주목도를 높일 수 있다. 애니메이션 영화 〈몬스터 대학교〉(Monsters university, 2013)의 경우, 개봉 당시 포털사이트 다음(Daum)에서 월페이퍼 광고를 진행했다. 다음의 월페이퍼 상품은 메인화면의 로그인 박스 아래에

그림 11-1 영화 〈몬스터대학교〉의 개봉 당시 광고

자리한 작은 광고 위에 마우스를 갖다 놓기만 해도 여백에 스킨이 노출되는 형태이다.

(3) 플로팅 광고

플로팅(*floating*) 광고는 클릭 등 사용자의 반응에 따라 광고 내용이 확장되어 전개될 수 있다. 콘텐츠 위를 움직이는 형식이라 임팩트가 있지만 콘텐츠를 덮거나 떠돌아다니며 사용자가 웹페이지 콘텐츠를 클릭하는 것을 방해하기도 한다. 이로 인한 부정적 인식을 극복할 수 있기 위해서는 적절성 있는 크리에이티브 아이디어가 필요하다.

(4) 텍스트형 광고, 고정형 광고

텍스트형 광고는 웹페이지 상단에 이미지 없이 글로만 표현하는 광고이다. 포털 초기 면에 고정된 형태로 나타나는 고정형 광고도 있다. 포털 초기면의 고정형 광고는 가장 비싼 광고로 이용자와 강력한 상호작용을 바탕으로 아이디어를 확장 전개해 다양한 정보를 흥미롭게 제시할 수 있다. 네이버에서는 '브랜딩 보드'라 한다. 사용자 행동(예: 클릭)에 따라 말풍선이 변화하거나 그림 내용이 움직일 수 있다.

(5) 리치미디어 광고

리치미디어 광고란 텍스트나 이미지가 아니라 비디오, 오디오, 사진, 애니메이션 등을 결합한 멀티미디어 형태의 인터넷 광고이다. 배너광고에서 발전된 동영상광고로서 상호작용성을 지원한다.

같은 맥락에서 인터랙티브 배너광고도 리치미디어 광고에 포함된다. 리치미디어 광고는 배너 내 동영상, 선 시청(pre-roll), 후 시청(post-roll) 비디오 광고, 검색결과 페이지 내 동영상광고(특정 브랜드 검색 시 관련 동영상광고가 콘텐츠 형식으로 노출되는 것) 등이 있다. 디스플레이 광고는 이벤트(예: 명예블로거 모집), 세일즈 프로모션과 결합하기도 한다.

이 밖에도 팝업 광고, 팝언더 광고, 삽입형 광고, 롤오버형 광고 등이 있다. 팝업 광고란 사이트 이동 시 새로운 웹브라우저가 열리면서 나타나는 광고이며 팝언더 광고는 이와 반대로 웹페이지를 닫을 때 동시에 새로운 독립된 창으로 노출되는 광고이다. 삽입형 광고는 특정 콘텐츠가 로딩(loading)되는 사이에 웹페이지 중간에 일정 시간 동안 뜨는 광고이다. 마지막으로 롤오버형 광고는 배너 위에 마우스가 올라오면 광고가 확장되어(펼쳐져서) 제시되는 광고를 말한다.

2) 영상

브랜디드 콘텐츠를 이용한 온라인 캠페인은 다양한 플랫폼을 기반으로 두며 SNS, 오프라인 이벤트 등과 연동되어 통합마케팅 커뮤니케이션 형식으로 전개된다. 따라서 각 형식을 하나의 독립된 유형이라고 보기는 어렵다.

표 11-1은 주요 플랫폼과 관련된 내용을 정리한 것이다. 앱, 게임, 소셜미디어, 필름 등 다양한 플랫폼이 있으며 재미, 몰입, 성취감, 관계 등의 커뮤니케이션 효과가 있다. 소비자가 느끼는 편익 및 가치는 캠페인의 내용에 따라 달라지지만 콘텐츠의 성격에 따라 예상할 수 있는 내용을 예시한 것이다. 각 형식은 서로 연계해 복합적으로 운용된다.

표 11-1 브랜디드 콘텐츠를 만드는 플랫폼과 내용

주요 기반 형식	아이디어 소재 및 사례	소비자 편익 및 심리적 가치
온라인, 소셜 연계 퀴즈 이벤트	• 와퍼의 TV 쳐다보기 • 시간 등을 경쟁한 샘플 마케팅 • 친구 관계 끊기 • 덴츠의 아이(i)버터플라이	• 상품 획득 • 재미적 요소 중요
온라인, 소셜 연계 영상 콘텐츠	• 타인에 대한 관심 • 소셜미디어를 이용한 콘텐츠 제작 - 유튜브 음악 만들기 • 콜한의 구두 스타일을 알려주는 웹필름 • 적십자 페이스북 연동 비디오 〈Witness〉	• 동질감 • 훔쳐보기 • 관계
온라인, 소셜 연계 오프라인 이벤트	• 폭스바겐 피아노 계단 • 음악 쓰레기통 • 야생동물 보호기금 • 네이처 밸리의 "세상에서 가장 조용한 콘서트"	• 자기존중감 • 소속감 • 유익함
소셜미디어 단독	• 콜게이트의 "당신의 트윗에 뭔가 끼었어요" • 아비치의 트위터를 이용한 앨범홍보	
웹필름, 소셜무비	• 크리넥스의 "엑스페리먼츠" 캠페인 • 에어비앤비의 영화 〈할리우드 앤 바인즈〉 • 치폴레의 〈처음으로 다시〉 캠페인	• 즐거움
인터랙티브 광고	• 〈아바타〉를 이용한 코크제로(CokeZero) 증강현실 캠페인 • 빈폴의 2NE1 광고	• 참여 • 몰입
온라인 경험 콘텐츠 (단순 놀이)	• 피자헛 캐나다의 〈Dip hop〉 비디오 • 나이키(일본)의 〈Music shoe〉 비디오 • Hotels.com의 〈Trip your face〉 비디오	• 재미 • 획득
게임형 광고	• 구글 지도와 자동차경주를 이용한 MINI 게임광고	• 흥분, 성취감
게임형 콘텐츠	• 〈심즈 2: 이케아 홈데코〉 PC게임	• 성취감, 관계, 소속감

(1) 인터랙티브 비디오

디지털미디어별 프로모션은 앱, 게임, 소셜미디어, 필름 등 다양한 온라인 플랫폼이 연계된다. 대표적 예로 인터랙티브 비디오 영역을 들 수 있다. 인터랙티브 비디오는 디지털 영역과 아날로그 영역을 결합한 것이다. 디지털 영역의 경우 상호작용성은 가능하지만 소비자의 감성을 움직이기에 한계가 있고 아날로그 영역의 경우 소비자의 감성은 자극하지만 적극적 참여를 이끌어내기에는 힘이 든다. 대표적으로 필립스 센소터치, 뉴트로지나 맨, 필립스 에어 프라이어 등의 인터랙티브 비디오 등이 있다. 웹필름(web film)으로도 부르며 바이럴 영상과 같은 개념이다.

인터랙티브 배너광고의 고전적 사례로 티펙스 수정액 광고를 들 수 있다. 유튜브 비디오에 등장하는 곰을 죽일지 살릴지를 이용자에게 묻고 이용자의 요구에 따라 행동하는 내용으로 구성되었다. 만약 죽이라는 대답이 있다면 주인공이 화면 밖에 있는 티펙스 수정액을 꺼내서 그 글자를 지운다. 이후 시청자가 특정 행동(곰 간지럼 태우기, 곰과 함께 사진 찍기 등)을 글로 적으면 직접 실행한다.

폭스바겐(Volkswagen)의 New Golf GTI 캠페인은 인터랙티브 아이디어가 현실에 기반을 둘 때 파괴력이 더 커짐을 알 수 있다. 온라인의 자동차는 주행능력을 보여주기 위해 빠르게 주행하는 실제의 차(오프라인)로서 온라인상에서 이 차를 가장 빨리 클릭하는 사람이 이기는 게임 형식의 배너광고이다. 캠페인명은 '배너반'(Bannerbahn, 'bahn'은 도로라는 뜻으로 배너도로라는 의미)으로 '아우토반'(Autobahn)에서 따왔다.

그림 11-2 **티펙스의 인터랙티브 배너광고**

그림 11-3 **New Golf GTI의 배너반 캠페인**

출처: http://creativity-online.com

콜게이트(Colgate)는 새로 나온 칫솔을 알리기 위해 "당신의 트윗에 뭔가 끼었어요"(There's Something In Your Tweet) 캠페인(아이디어 영역: 소셜미디어)을 실시했다. 만약 주변 친구의 이빨에 음식물이 끼었을 때 트위터로 알려주면 트위터가 대신

그림 11-4 트위터를 이용한 콜게이트 신제품론칭 아이디어

그림 11-5 네이처 밸리의 공원보호 캠페인 '세상에서 가장 조용한 콘서트'

그림 11-6 Witness 공익광고 캠페인

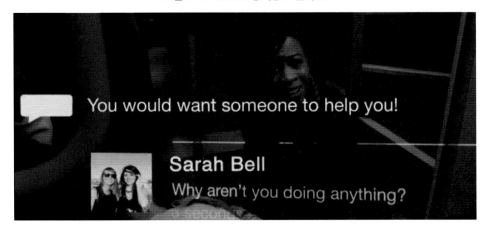

해서 익명으로 문자('음식물이 끼었다')를 보내준다. 소셜미디어를 통해 소비자와 적절히 상호작용하면서 제품과의 연관성이 높아 커뮤니케이션 효과를 높일 수 있다.

그래놀라 바를 생산하는 회사 네이처 밸리(Nature Valley)는 공원보호 캠페인의 하나로 '세상에서 가장 조용한 콘서트'(The Quietest Show on Earth)(아이디어 영역: 오프라인, 인터랙티브의 플랫폼)를 실시했다. 캠페인 구성은 ① 게임을 통해 우승자 5명을 선정하고, ② 5명의 우승자와 그 가족만을 위한 팝가수(앤드류 버드)의 콘서트 공연이 있으며, ③ 콘서트가 끝나면 대중에게 온라인 사이트로 음악을 들을 수 있게 하고, ④ 콘서트를 포함한 콘텐츠로 다큐멘터리 영화를 제작해 인터랙티브, 소셜미디어에 배포하며 공연된 음악은 국립공원보호협회에 기증한다. 온·오프라인, 소셜미디어를 연이어서 또는 동시에 사용하는 구조이다. 이 프로모션의 핵심은 '오프라인에서의 소수를 위한 콘서트'라 할 수 있다. 이처럼 인터랙티브 캠페인에서도 오프라인 이벤트가 전체 캠페인의 플랫폼 역할을 하는 경우가 많다.

구두 브랜드인 콜한(Cole Haan)은 홈페이지(아이디어 영역: 웹필름)를 통해 소비자에게 패션, 음악 등에 관한 간단한 질문과 응답 내용을 통해 소비자에게 맞는 구두 스타일을 알려준다. 내용 구성은 단순하지만 자신의 스타일을 묻는 내용과 퀴즈형식이 설득력 있다. 온라인 사이트, 소셜미디어 등으로 연계되며 소비자의 반응에 맞춰 구두 등 패션정보를 제시한다.

아비치(Avicii)의 트위터를 이용한 앨범 홍보(아이디어 영역: SNS)는 2013년 12월 오픈한 트루튜브(TrueTube)는 클릭에 따라 아티스트 앨범이 소개되도록 한 것이다. 사용자가 유튜브에 존재하는 수많은 영상 중 하나를 선택해 거기에 아비치의 음악을 삽입할 수 있다. 매시업된 영상은 트루튜브 메인 페이지에 섬네일 프리뷰 형식으로 게재된다. 기대를 만든다는 점에서 티저광고와 유사하지만 티저광고는 광고주가 정한 간격에 따라 보이지만 인터랙티브 티저 광고는 사용자의 사용 빈도에 따라 콘텐츠가 앞당겨 보인다. 이와 함께 독자로 하여금 유튜브의 동영상에 자신의 트랙을 믹스할 수 있는 기능을 제공하기도 했다.

그림 11-7 구두 스타일을 알려주는 콜한의 홈페이지

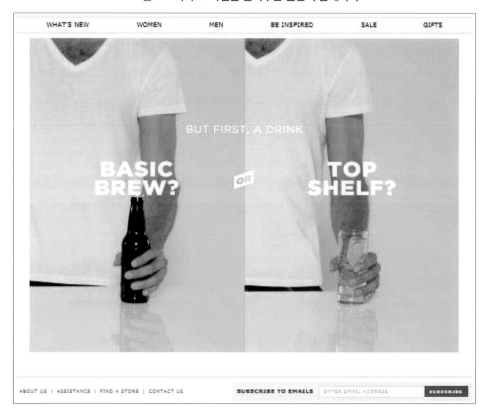

(2) 웹필름

치폴레(Chipotle)의 온라인 광고(아이디어 영역: 웹필름, 게임)는 단편영화 성격을 띤다. 2012년 〈처음으로 다시〉(Back to the start) 캠페인은 농부가 산업화된 공장에서 가축을 기르다 지속가능한 농업의 중요성을 깨닫고 농장을 환원시킨다는 내용이다. 스톱모션 애니메이션 기법으로 제작되었으며 독특한 표현과 감동적 스토리가 잘 어우러진 작품으로 클리오광고제, 칸 국제광고제의 필름 부문과 브랜디드 콘텐트 앤 엔터테인먼트(Branded Content & Entertainment) 부문 그랑프리를 수상했다.

이어 2013년의 〈허수아비〉(The Scarecrow) 캠페인은 주인공 허수아비가 사악한 거대 식품회사의 식품 제조과정을 보고 반성해 자신의 집에서 직접 기른 채소로 음식을 만들어 판매한다는 내용으로 소셜과 디지털 플랫폼을 중심으로 전개되었다. 이 캠페인 역시 2014년 칸 국제광고제에서 사이버 부문과 PR 부문 대상 등을 수상하며 크리에이티브를 높이 평가받았다. 치폴레라는 브랜드명은 영상 마지막에 단 한 번만 나온다. 이 영상과 함께 스마트폰을 이용한 인터랙티브 게임도 제작했다.

숙박 공유 사이트(앱)인 에어비앤비(Airbnb)는 트위터의 '바인'(Vine, 트위터의 6초짜리 동영상 공유 앱)과 컬래버레이션해 단편영화 〈할리우드 앤 바인즈〉(Hollywood & Vines)(아이디어 영역: 크라우드 소싱, SNS, 웹필름)를 만들었다. 트위터를 통해 소비자에게 촬영장면에 관한 지시를 주고 사람들이 그 장면을 찍어 보내면 영화제작진이 이를 편집했다. 요즘 보편화되는 '크라우드 소싱'을 활용한 사례이다. 소비자는 영화제작에 참여한다는 즐거움과 함께 자연스럽게 브랜드에 대해 좋은 이미지를 갖는다.

그림 11-8 에어비앤비의 〈할리우드 앤 바인즈〉

출처: bizion.com

3) 게임

게임광고는 게임을 이용함으로써 느끼는 즐거움과 몰입감을 활용해 브랜드를 홍보한다. 광고가 아닌 게임으로 인식하기 때문에 브랜드가 전하고자 하는 메시지를 거부감 없이 자연스럽게 전달한다. 여기에서는 온라인 플랫폼에 기반을 두되 영상 형식인 게임 콘텐츠를 소개한다.

크리넥스(Kleenex)의 엑스페리먼츠(Xperiments) 캠페인(아이디어 영역: 영상, 오프라인 이벤트)은 온라인에서 '제품 갖고 놀기' 형식이다. 제품을 실험도구로 사용해 흡수력, 강도 등의 특장점을 직접 보여준다. 실험의 형식을 가졌지만 오락적 요소가 들어 제품을 재미있게 경험할 수 있도록 만든다.

슈퍼셀(Supercell)의 〈클래쉬 오브 클랜〉(COC)(아이디어 영역: 영상 콘텐츠, OOH 조형물)은 시리즈물로 제작되었으며 영상뿐만 아니라 다양한 캐릭터 콘텐츠로 개발, 활용된다. 웹을 통한 영상 콘텐츠 소개 및 코엑스에 옥외 콘텐츠물(조형물/100M 벽화/디지털 갤러리)을 설치하기도 했다. 〈심즈〉(아이디어 영역: 게임)는 생활 시뮬레이션 게임으로 가상의 인간인 심을 이용해 활동하고 관계를 구축한다. 이케아와 EA는

그림 11-9 〈클래시 오브 클랜: 클랜전〉(2014)

그림 11-10 〈심즈 2: 이케아 홈데코〉 PC게임

게임 〈심즈 2〉의 여덟 번째 확장팩인 〈이케아 홈데코〉(아이디어 영역: 게임)를 통해 가상의 공간인 '집'을 자신의 취향에 맞게 꾸밀 수 있도록 도와준다.

4) 검색광고

최근 인터넷 신문이나 포털사이트에 검색기사와 연관된 광고가 종종 등장한다. 부동산 기사 옆에 '강남 2차 시티 ○○ 분양'과 같은 광고가 있고, 경제면에는 '매수와 매도 타이밍을 알려주는 ○○'와 같은 증권사 광고가 함께 실리는 식이다. 이렇게 기사를 읽다가 같은 내용의 광고가 등장하면 어떤 효과가 있을까? 광고 옆면 기사에 의해 광고를 주목할 가능성도 커진다. 이처럼 기사에 대한 주목도가 클수록, 기사와 광고 내용 간 관련성이 클수록 광고효과도 크다는 것이 최근 연구결과이다.

미국의 아메리칸 익스프레스(American Express) 광고 캠페인에는 테니스 선수가 모델로 등장하는데 이 광고모델에 관한 기사가 광고 옆면에 함께 등장한 적이 있다. 독자가 이 테니스 선수 기사를 읽으면 그 선수가 등장하는 광고에도 주목할 가능성이 클 것이다. 이처럼 광고를 보는 시점에서 광고와 관련된 상황적 요인에 의해 메시지 관여도가 유발되거나 증가되는 것을 '인게이지먼트 효과'라 한다(Wang, 2006). 디지털미디어 환경에서 상품정보를 스스로 찾으려는 소비자의 능동성이 중요시됨에 따라 광고효과 과정에서 인게이지먼트 개념이 주목받는다.

(1) 검색광고의 요소

인터넷 검색사이트를 이용한 검색광고는 브랜드 및 일반명사로 키워드를 검색할 때 노출되는 광고이다. 2002년부터 시작되었으며 지속적인 광고상품 및 운영 툴 개발로 2014년 1조 2천억 원이 넘는 거대한 광고시장으로 성장했다. 국내 검색광고의 시장규모는 디스플레이 광고(display advertising) 시장의 약 2배이다. 이는 전 세계적으로 비슷한 추세로 검색광고, 디스플레이 광고, 소셜, 동영상광고 순으로 검색광고가 가장 큰 비중을 차지한다. [2]

검색광고는 크게 '문맥광고'와 '키워드광고'로 구분된다. 문맥광고는 텍스트 내의 키워드를 통해 검색이 일어나는 광고를 말하며 키워드광고는 검색 키워드 리스트가 입력되어 검색이 일어나는 광고를 말한다.

먼저 문맥광고(contextual advertising)는 콘텐츠 내의 키워드와 광고하려는 상품의 키워드 사이의 문맥을 최대한 일치시켜야 한다. 잘못된 문맥을 활용함으로써 부정적 효과를 불러올 수도 있기 때문이다.

예를 들어, 박스와 관련된 광고를 노출하고자 '박스'(box)라는 글자를 지정했는데 "… 시체 토막을 박스에 넣어 …"라는 살인 관련기사에 박스 광고가 연결된다면 광고하는 제품의 이미지나 광고효과에 결코 긍정적 효과를 기대하기 어렵다.

그래서 아예 광고하는 제품과 관련된 기사를 만들고 주변에 광고를 실어 통째로 제시하는 문맥광고를 시도하기도 한다. 이 경우 광고는 디스플레이 형태를 띠더라도 문맥과 연관되어 제시되는 방식이므로 문맥광고, 즉 검색광고로 분류한다.

---

2 MAGNA GLOBAL Forecasts Global Advertising Revenues in 2015. 출처: http://www. magnaglobal. com

그림 11-11 키워드광고의 구성

키워드광고(*keyword advertising*)의 요소는 제목(*title*), 설명문구(*description*), 사이트 주소(URL), 랜딩페이지가 있다. 제목과 설명문구는 제품에 관한 정보를 담은 카피적 요소로서 제목은 전통 광고의 헤드라인, 설명문구는 전통 광고의 바디카피에 해당한다. 제목과 설명문구를 합쳐서 T&D(*title & description*)라 한다. 사이트 주소는 광고에 표시되는 사이트 주소이며 랜딩페이지는 광고를 클릭했을 때 링크로 연결되는 페이지를 말한다.

키워드를 포함한 T&D는 광고효과에 중대한 영향을 주는 핵심요소이다. 하나의 키워드를 입력했을 때 20여 개 이상의 키워드광고가 제시한다. 이때 T&D는 여러 광고 중에서 광고를 클릭하게 하는 중요한 역할을 한다. 형식적 측면에서 제목은 12~15자 내외이어야 하며 설명문구는 제목을 포함해 40~60자 내외이다.

검색광고의 효과를 높이기 위해서는 광고를 게재하는 순서 등도 중요하지만 이와 함께 T&D를 중심으로 하는 표현적 요소도 잘 관리해야 한다. 일반적인 T&D 관리 전략으로는 ① 검색결과와 일치하는 제목을 설정해야 하며, ② 지역이 가진 업종의 이미지 및 신뢰성을 강조해야 하고, ③ 사실적이고 진실한 사진을 제공해 고객의 궁금증을 해소하고, ④ 솔직한 사용후기를 제시해야 하며, ⑤ 검증되지 않은 문구는 배제하며, ⑥ 제품특성을 고려하되 사용 전후, 스토리텔링 등에 바탕을 둔 새로운 광고문구를 꾸준히 발굴하고 제시해야 한다.

검색어는 일반이용자의 검색어에 의해 결정되며 경쟁이 치열한 카테고리에서 검색 쿼리 수가 증가하는 단어는 가격도 증가한다. 광고주의 관점에서 검색어 사용은 대체로 광고비용이 결부된 선택의 문제이지 새로운 단어를 창출해내야 할 문제는 아니다. 그러나 T&D의 경우는 다르다. 광고주가 신규 키워드를 개발하거나 선정할 수 있으므로 효율적인 표현문구 개발이 중요한 문제가 된다.

한편 최종 구매를 유도하는 데는 랜딩페이지의 역할이 매우 중요하다. 따라서 랜딩페이지를 두는 것은 당연하다. 여기에 그치지 말고 랜딩페이지의 콘텐츠를 좀더 매력적으로 만들어 구매 전환율을 극대화해야 한다.

검색광고가 성장한 이유 중 하나는 인터넷 이용자의 정보검색에 대한 욕구가 커졌기 때문이다. 한국인터넷진흥원의 조사(2015)에 따르면 인터넷 이용목적으로는 자료 및 정보에 대한 접근과 검색이 가장 크며 그다음으로 커뮤니케이션, 여가활동 순이었다.

검색광고는 전통적인 매체광고보다 비용이 저렴한 반면 타기팅과 정보접근성이 쉬우며 투자 대비 수익(return on investment·ROI)이 높아 중소기업에게 인기가 높다. 검색광고는 대부분 소비자의 필요에 따른 '의도적' 노출 형식을 띠기 때문에 광고정보에 대한 관련성이 높아 정보검색도 활발하다. 따라서 검색광고는 미디어별 광고 중에서 소비자의 반응성과를 가장 많이 기대할 수 있는 광고이다.

검색광고는 각 매체마다 상품의 구성이 다양하다. 특히, 검색광고, 그중에서 키워드광고는 각 매체마다 다양한 이름의 상품을 구성해놓는다. 예컨대 네이버의 경우 스폰서링크, 파워링크, 플러스링크, 비즈사이트 이외에 광고 더 보기 페이지, 지식iN 페이지, 블로그 페이지 등으로 구성되었다. 검색광고는 광고상품(예컨대 웹페이지)의 구성이 비교적 단순한 편이며 광고 요소가 대체로 유사하다.

(2) 검색광고의 효과변인

검색광고의 효과에 영향을 주는 변인은 무엇일까? 검색광고 상품의 효과를 결정하는 가장 중요한 요소는 상위 위치이지만 그다음으로 효과적인 키워드 발굴, 유인력 있는 랜딩페이지 구성 등도 중요한 역할을 한다. 따라서 상위 위치와 같은 물리적 측면 이외에도 이용자의 니즈와 관련된 카피 등 메시지의 속성 측면도 중요하다.

업계에서는 원하는 검색정보 중 상위노출에 대한 욕구가 강하며 상위노출 욕구를 충족시킬 다양한 상품을 개발한다. 이로 인해 상위노출 상품에 대한 광고주 집중화 현상이 심화된다. 소비자와 크리에이티브 간 인게이지먼트를 높이는 방안도 필요하다. 크리에이티브에 대한 인게이지먼트를 높이기 위해서는 제품 등에 대한 경험, 사전관련성, 몰입, 감정고양 측면을 고려해 적절히 반영된 키워드를 운용하는 것이 필요하다.

반면 키워드와 광고(본문) 내용 간의 연관성이나 키워드와 사이트 간의 연관성이 문제시되는 검색광고가 과도하게 노출되는 실정이다. 따라서 검색광고의 효율성을 높이기 위해서는 키워드의 CTR을 높여야 하며 이를 위해 효과적인 제목과 설명문구로 메시지 관련성을 높일 수 있어야 한다.

검색광고의 효과를 높이는 요인을 요약하면 다음과 같다.

- 물리적 측면(상위 위치)
- 메시지 속성: 이용자의 니즈 반영, 효과적인 제목과 설명문구, 키워드와 본문과 사이트 간 연관성 등
- 랜딩페이지 구성 측면: 검색어와 콘텐츠의 연관성, 단순하고 명확한 제시, 피드백 요소, 안전성 등

5) 네이티브 광고

(1) 시대적 배경 및 정의

스마트폰의 발달은 뉴스 분야에도 많은 영향을 미쳤다. 과거에는 TV나 신문, 라디오를 통해 뉴스를 접했지만 오늘날은 스마트폰을 통해 실시간으로 언제 어디서나 뉴스를 접할 수 있다. 단순히 접하는 것 이상으로 정보원과 쌍방향 커뮤니케이션도 가능하다. 뉴스는 그 어느 때보다도 뛰어난 접근성과 편의성, 다양성을 갖게 되었

다. 전통적 언론매체 관점에서 보면 새로운 수익사업 모델을 찾아야 했다.

한편, 스마트폰의 등장에 힘입어 스마트폰 등을 이용한 뉴스소비가 증가한다. 2015년 한 조사자료에 의하면 트위터와 페이스북 사용자의 63%가 SNS를 통해 뉴스를 접했다(〈뉴스와이어〉, 2015. 9. 8).[3] 광고매체로서 모바일 SNS의 성장가능성도 그만큼 커졌다고 할 수 있다. '네이티브 광고'(*native advertising*)는 바로 이러한 맥락에서 주목받는다.

네이티브 광고란 의미적으로 매체 고유의 성격(네이티브)과 색깔에 맞게 만든 광고를 뜻한다. 즉, 매체나 기사, 콘텐츠 등 '해당 플랫폼의 핵심 콘텐츠를 광고화해 보여주는 것'으로 재정의된다. 마케팅(커뮤니케이션)과 저널리즘(정보)의 동거인 셈이다. 유사한 개념으로 '후원 콘텐츠'(*sponsored contents*)를 들 수 있다(Matteo & Zotto, 2015).

현재 네이티브 광고는 SNS를 중심으로 활성화된다. 예컨대 페이스북의 타임라인을 보면 마치 친구의 타임라인처럼 보이지만 실은 광고 형식인 '스폰서 광고'가 등장한다. 네이티브 광고는 언론기사의 역할을 한다는 점에서 언론매체의 콘텐츠라 할 수 있다. 또한 '브랜디드 콘텐츠'의 관점 및 브랜드 문화전략 관점에서 설명되기도 한다.

(2) 속성

해당 웹사이트에 맞게 고유한 방식으로 기획 및 제작된 광고(기사광고의 한 형태)를 말한다. 기존 광고와는 달리 웹사이트 이용자가 경험하는 콘텐츠 일부로 작동해 기존 광고보다 사용자의 관심을 거부감 없이 적극적으로 끄는 형식을 사용한다.

애드버토리얼(*advertorial*)과의 차이점을 살펴보면, 우선 애드버토리얼은 기사형 광고로 광고를 의미하는 '*advertisement*'와 편집기사를 의미하는 '*editorial*'을 합성해 만든 용어이다. 언론이 기업으로부터 제작비를 받고 작성한 광고형 기사를 말한다. 반면 '네이티브 광고'는 언론이 기업으로부터 제작비를 받고 작성한다는 점에서 근본

---

3 Pew Research Center (2015). Social Media and News Survey. 뉴스와이어의 공식블로그에서 재인용했다. 출처: http://blog.newswire.co.kr/?p=4014

적인 속성은 애드버토리얼과 같다.

그러나 애드버토리얼이 본질적 속성상 광고에 가깝다면, 네이티브 광고는 본질적으로 콘텐츠적 성격에 가깝다. 네이티브의 뜻도 '토박이의, 태어난 곳의'라는 뜻으로 광고가 해당 웹사이트나 플랫폼 그곳에서 태어난 것 같다는 의미이다. 네이티브 광고는 멀티미디어 기술과 융합된 진보된 기술의 광고방식이라는 점에서도 애드버토리얼과 구분된다. 언론사는 가치 있는 콘텐츠를 기사 형식으로 작성해 수익을 낼 수 있고 독자는 네이티브 형식의 질 높은 콘텐츠를 이용할 수 있다.

(3) 사례

실제 사례로는 케이웨더(Kweather) 광고와 델(Dell)의 〈뉴욕타임스〉광고 등을 들 수 있다. 기상정보업체 케이웨더의 정보 콘텐츠를 이용한 네이티브 광고는 전통적인 간접광고 형식에 가깝다. 여름에 자주 발생하는 갈증과 무좀을 해결할 수 있는 제품을

그림 11-12 케이웨더 네이티브 광고

날씨정보 앱인 케이웨더 앱과 결합시켜 갈증해소나 무좀치료에 관한 광고를 실었다. "무더위를 이겨내는 수분보충의 힘", "여름 더위와 함께 오는 무좀에 라미실원스"라고 광고카피를 사용했다. 여름철 날씨와 어울리는 적절한 앱을 이용함으로써 광고의 효과를 높인 사례이다.

그림 11-13 델의 〈뉴욕타임스〉 네이티브 광고

델의 〈뉴욕타임스〉 네이티브 광고는 기사 자체가 하나의 광고이다. 다른 네이티브 광고가 광고라는 성격을 노출하지 않고 자연스럽게 기사에 녹아든 반면, 콘텐츠가 광고라는 것을 명확히 규정하고 기사를 작성했다. 기사의 상단에는 델 로고와 함께 델이 지불하고 게재했다는 내용(Paid for and posted by DELL)과 하단에는 델이 추천하는 기사(Selected by DELL)임을 밝힌다.

(4) 기획 및 제작 가이드라인

브랜디드 콘텐츠는 상업적, 비상업적 콘텐츠가 혼합된 경우를 말한다. 그 대표적인 사례가 네이티브 광고이다. 기사(저널리즘)와 광고가 혼합된 네이티브 광고와 관련한 커뮤니케이션 전개도는 그림 11-14와 같다.

브랜드에 기반을 둔 저널리즘이란 의미의 '브랜드 저널리즘' 또는 '브랜드 퍼블리싱'(*brand publishing*)은 직접적 혹은 간접적(브랜디드 콘텐츠)으로 미디어에 전달되고 이는 소셜미디어 등 획득매체의 성과로 이어진다. 이 개념의 핵심은 기업이 생산한

그림 11-14 **콘텐츠에 기반을 둔 마케팅 커뮤니케이션 전략도**

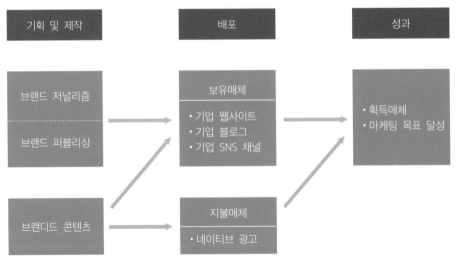

'브랜드 퍼블리싱' 또는 '브랜디드 콘텐츠'가 지불매체에 등장한 것이 네이티브 광고이다.
문장호(2014)의 콘텐츠 마케팅의 과정을 브랜디드 콘텐츠에 초점을 두어 일부 수정했다.

브랜디드 콘텐츠가 자사의 보유매체를 거치지 않고 지불매체를 통해 확산된다는 점이다. 지불매체를 통해 게시되는 콘텐츠가 네이티브 광고이다.

이러한 커뮤니케이션 전개도를 기준으로 미디어 집행에 대한 투자가 적절히 이루어져야 한다. 이와 함께, 콘텐츠 제작에 유의해야 할 점은 다음과 같다.

첫째, 단기적 성과보다는 장기적 브랜드 인지도 확산 관점으로 집행하는 것이 유리하다.

둘째, 브랜드 성격에 적합한 매체를 선택하고 타깃에 맞는 브랜드 콘텐츠 전략을 수립해야 한다. 이른바 '맥락효과'를 높이는 것이다. 예컨대 자동차 보험상품이라면 자동차, 교통안전 등 관련 페이지에 실리는 것이 맥락에 부합한다.

셋째, 철저히 풀(pull, 소비자를 자발적으로 참여하는 것) 형으로 콘텐츠를 생산해야 한다. 보도자료 형식의 푸시(push, 마케터에 의해 정보가 임의로 전송되는 것) 형 콘텐츠로 진행할 경우 고객반응이 급격하게 감소함을 기억해야 한다.

넷째, 콘텐츠 발행으로 모든 것이 해결됐다고 생각하지 말고 해당 콘텐츠 확산을 유도하고 자연스럽게 브랜드 웹사이트와 SNS 채널에 타깃 고객이 유입될 수 있도록 다양한 경로를 제공해야 한다.

다섯째, 성공한 디지털미디어 채널의 독자를 가장 잘 이해하는 것은 해당 미디어이므로 그들의 콘텐츠 제작 관점을 신뢰해야 한다(문용희, 2015).

여섯째, 읽고 싶고 읽을 만한 가치가 느껴져야 한다. 소비자가 능동적으로 찾는 기사인 만큼 무엇보다 표현 내용 면에서 읽을 가치가 담겨야 한다.

일곱째, 상품유형이나 소비동기 등 측면을 고려해야 한다. 기사와 기사 사이에 제공되는 네이티브 광고는 양날의 칼을 가진 방식이라 할 수 있다. 기사의 성격을 가지므로 신뢰를 줄 수 있지만, 거꾸로 광고, 나아가 언론 콘텐츠 자체에 대한 신뢰를 떨어뜨릴 수도 있다. 네이티브 광고에 광고(예: 후원 콘텐츠)임을 알리기도 하지만 이와 관련해 어떤 방식으로, 어느 수준으로 알려야 하는지에 관한 세부적 실행방안은 여전히 논의 중이다. 애드버토리얼의 경우, '광고'임을 명시하는 경우가 다른 형식으로 표시(예: special topic)하거나 표시하지 않는 경우보다 광고효과가 더 낮은 것으로 나타났다(이현선, 2007).

반면 문장호(2014)의 연구에서는 콘텐츠의 출처가 대가를 받은 블로거이거나 브랜드의 공식 블로그인 경우, 블로그 포스팅의 상업성 정도는 블로그 포스팅에 대한 태도에 영향을 미치지 않았다. 반면에 일반 블로거의 블로그 포스팅에서는 콘텐츠의 높은 상업성이 부정적 영향을 초래하는 것으로 나타났다. 이는 블로그 콘텐츠가 일반 소비자를 화자로 사용할 때보다 기업이 직접 화자가 되거나 대가성을 밝힌 블로거가 화자가 될 때 긍정적인 소비자 반응을 끌어낼 수 있음을 시사한다.

네이티브 광고가 성공하기 위해서는 기사의 객관성과 공정성 확보를 위한 언론사의 노력이 필수적이다. 네이티브 광고는 본질적으로 하나의 콘텐츠를 지향하기 때문이다. 그래서 언론사 네이티브 광고의 전문인력 확보가 필요하다. 〈뉴욕타임스〉는 이미 2009년부터 편집국 내에 '인터랙티브 뉴스팀'을 신설하고 30여 명의 기자와 다양한 포맷의 콘텐츠 제작을 시도한다. 네이티브가 독자로부터 신뢰를 얻고 언론사의 안정적 수익모델로 정착하기 위해 관련 법제 마련과 소비자 인식 및 뉴스 소비행태 변화 등 선결해야 할 문제가 많다.

6) 이메일 광고

이메일 광고란 소비자의 메일함(mailbox)에 전달되는 광고를 말한다. 전통적 형태의 이메일 광고는 발송이 빠르며, 즉각적 응답을 기대할 수 있으며, 고객과 상호작용이 가능하며, 상대적으로 비용이 저렴하다는 장점이 있다. 그러나 스팸메일로 인한 부정적 인식이 과제이다. 이러한 문제에 대한 해결방안의 하나로서 기존의 '퍼미션 마케팅'(permission marketing)의 효율적 실행방안을 모색해야 한다.

최근 콘텐츠 등과 연계된 퍼미션 마케팅을 도입하는 방식을 취한다. 브랜드 로열티가 있는 고객을 중심으로 전개하고 지속적 관계유지 관점에서 접근하는 것이 필요하다. 그러나 퍼미션 역시 일반적으로 사이트 가입 등 반강제적으로 얻은 경우가 많음을 고려할 때 이메일 카피를 작성할 때 고객의 긍정적 반응과 참여를 유도할 수 있도록 작성해야 한다.

일반적으로 디스플레이 광고는 창의적 크리에이티브를 통해 브랜드 인지도를 높이고 고객을 유치(acquisition)하는 역할을 하고, 이메일은 허락받은 고객과의 커뮤니케이션 활동을 통해 고객을 유지(retention)하고 수익으로 전환(conversion)하는 역할 분담 방식이 적절할 것이다.

7) 위젯, 스크린세이버, 지도아이콘, 위치기반 서비스 광고

위젯(widget)이란 블로그 등 사이트 한쪽에서 날씨나 시간 알림, 달력 등 생활 정보를 제공하는 일종의 웹 액세서리를 말한다. 웹브라우저를 통하지 않고 구동하는 프로그램으로 설치형 미디어로 불리기도 한다. 스크린세이버(screen saver)란 화면보호기

그림 11-15 네이버 블로그 위젯

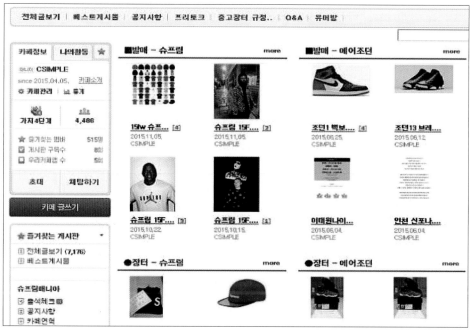

출처: 네이버블로그 csimple

로 위젯의 한 종류이다. 예를 들어, 일본의 캐주얼 의류 브랜드 유니클로(Uniqlo)가 만든 '유니클락'(Uniqlock)은 고전적 사례이지만 매력적인 여성 모델 등장과 독특하고 감각적인 디오라마(*diorama*) 표현기법 등으로 크게 인기를 끌었다.

한편, 지도아이콘 광고도 모바일과 연계되면서 매우 중요해졌다. 지도아이콘 광고는 실제 브랜드 관련 장소를 알리는 데 유용하며 지도서비스 내 가상광고를 통해 웹 사이트로 이동을 유도할 수 있다는 장점이 있다. 이외 온라인 광고로 이용자 위치기반 서비스 등이 있다.

3. 온라인 브랜디드 콘텐츠 발상　How to say

뛰어난 브랜디드 콘텐츠가 갖추어야 할 핵심적인 속성 두 가지로는 '공감'과 '경험'을 들 수 있다. 공감과 경험을 창출하기 위한 세부지침으로 무엇이 있을까? 인게이지먼트(*engagement*), 오락성(*playfulness*), 조직성 또는 구조성(*organization*)의 세 요소를 들 수 있다. 이하 내용은 심성욱 등(2012)의 문헌을 발췌했다.

1) 브랜디드 콘텐츠의 공감, 경험 창출을 위한 가이드라인

(1) 인게이지먼트

인게이지먼트는 '메시지에 대해 타깃이 유대감을 형성하는 것'으로 정의한다. 브랜디드 콘텐츠에 대한 인게이지먼트는 '메시지의 개인화', '맥락의 제시' 등을 통해 유발된다. 인게이지먼트는 아이디어와 메시지, 미디어 영역에서 일어날 수 있으며 브랜드에 대한 신뢰가 더해져 브랜드 영향력을 높이게 된다.

구체적으로 크리에이티브에서 인게이지먼트는 어떻게 실현될 수 있는가? 전통적인 적절성 개념이 메시지의 적절성에 초점을 두었다면 인터랙티브 환경에서 인게이지먼트는 메시지의 공감과 참여를 증폭시킬 수 있는 사전 관련성에 초점을 둔다. 소비자 개인이 사전 관련성을 형성할 수 있어야 마케터 혹은 브랜드와의 상호적 커뮤니케이션이 가능할 수 있다. 인게이지먼트를 높이는 인터랙티브 광고형태로는 게임형 광고, UCC형 광고, 검색형 광고, 콘텐츠형 광고, 그 밖에 메시지의 적시성(timeliness)을 높이거나 몰입을 자극하는 유형이 이에 해당한다.

(2) 오락성

브랜디드 콘텐츠가 갖추어야 할 두 번째 요인은 오락성이다. 오락성이란 흥미는 물론 경험적 측면을 포함하는 개념으로 경험을 위해 쉽게 접근 가능해야 하며 이용이 쉬워야 한다. 여러 선행연구의 결과, 오락과 기분전환 요인은 인터넷과 모바일 등 뉴미디어를 이용하는 주요 동기 가운데 하나로 나타났다. 미디어가 다양해질수록 이용자가 재미를 느낄 무엇, 즉 재미를 만들어내는 것이 필요하다.

대표적인 방법으로 인터랙티브 광고에 게임광고를 결합한 것을 들 수 있다. 게임요소를 도입하는 이유는 오락성 중 경험적 성과를 거두기에 유리하기 때문이다. 게임요소를 활용하는 방법은 기존 게임을 이용하는 PPL 방법과 가상의 시뮬레이션 게임을 이용하는 방법 두 가지가 있다.

콘텐츠 자체의 오락성도 중요하다. 오락성에는 즐거움과 같은 감성적 내용도 포함된다. 인터랙티브 크리에이티브에서는 콘텐츠가 중요한 요소이다. 상업적 메시지보다 이용자가 이용하는 콘텐츠 그 자체나 콘텐츠 광고가 더 힘을 낸다. 현대의 광고 크리에이티브의 핵심은 CR(creative)을 넘어 CO(contents)에 있다. '애드버테인먼트'라는 개념처럼, 콘텐츠를 이용한 광고 또는 광고를 콘텐츠화함으로써 사람들의 구전 확산효과를 거둘 수 있었다.

(3) 조직성

인터랙티브 커뮤니케이션 환경에서는 브랜디드 콘텐츠의 인게이지먼트, 오락성 못지않게 크리에이티브의 조직성 또는 구조성이 매우 중요하다. 조직성이란 여러 매체의 시너지를 높이기 위해 콘텐츠 아이디어를 효과적으로 구성하는 것이라 할 수 있다. 이때 구성은 전통적 의미의 믹스(mix) 개념에서 나아가 융합 또는 복합(cross-lining)을 의미한다. 구체적으로, 콘텐츠가 마케팅 목적달성에 효율적으로 기여할 수 있도록 매체별로 적절한 아이디어를 담았으며 각 아이디어는 사람들에게 널리 유통될 수 있도록 통합되거나 내용이 조정되고 관리되는 것을 말한다. 이를 위해 전체 커뮤니케이션 아이디어의 시나리오가 중요하다.

'크로스라이닝'이란 ATL과 BTL을 넘나드는 크로스미디어(복합적 매체 사용) 전개를 의미한다. 이를 위해 제공하는 콘텐츠나 정보가 자사 사이트에 한정되거나 폐쇄적이지 않아야 한다. 이러한 '횡단적' 콘텐츠의 노출이 결과적으로 자사 사이트 유입으로 이어지는 순환구조 형태 커뮤니케이션을 만들어낼 수 있다.

궁극적으로 크리에이티브의 관리가 중요한 이유는 크리에이티브 효과를 극대화하기 위해서이다. 인터랙티브 환경에서는 여러 뉴미디어가 대두되고 이를 통한 캠페인의 다양화가 쉽다. 따라서 자칫 미디어가 분산되어 비용만 들일 뿐 메시지의 효과는 떨어지기 쉽다. 단순히 미디어에 맞춰 크리에이티브를 분산하는 것은 흔히 얘기하는 통합적 크리에이티브가 아니다. 핵심 메시지(아이디어)를 중심으로 주력 매체를 운영하고 기타 매체는 크리에이티브의 확산을 도와주어야 한다.

2) 인터랙티브 크리에이티브의 발상

첫째, 게임요소를 삽입하라.

게임요소를 활용하는 방법은 크게 두 가지이다. 앞서 말한 바와 같이, 하나는 기존 게임에 브랜드나 브랜드네임을 배치하는 PPL 방법이고, 다른 하나는 가상의 시뮬레이션을 기반으로 브랜드를 경험하게 하는 방법이다.

둘째, 이용자가 직접 만들게 하라.

UCC는 온라인 바이럴에 위력적이다. 이용자와 유사한 평범한 일반인이 만든 콘텐츠라는 점에서 친숙감과 호의도, 신뢰도가 증가한다. 만든 사람이나 이용하는 사람이나 인게이지먼트가 증가한다. 몇 가지 명심해야 할 점은 UCC와 같은 콘텐츠인 경우 이용자가 작품(콘텐츠) 제작에 참여하기 쉽도록 여러 가지 기술적 지원방안을 마련해주어야 한다.

셋째, 비현실적 기술과 현실적 공간을 결합하라.

가상의 기술을 이용하는 것은 디지털미디어를 중심으로 하는 인터랙티브 크리에이티브가 누릴 수 있는 가장 큰 장점 중 하나이다. 가상의 표현은 제작자에게는 표현이 자유롭다는 장점이 있으며 이용자에게는 가상화면의 특성상 상상과 몰입이 쉽다는 장점이 있다. 특히, 소비자의 마음을 끌어들이려면 소비자에게 다가가라.

넷째, 오프라인 이벤트에서 시작하라.

먼저 오프라인에서 이벤트를 벌이고 이를 온라인으로 연결하는 캠페인이 실제 임팩트가 크다. 게릴라 마케팅, 플래시몹(flash mop) 같은 아이디어도 이러한 사례에 해당된다. 가상이 대부분인 세상에서 오히려 손에 잡히는 실제적인 것에 환호하는 심리라 할 것이다. 사각의 인터넷 화면에서 그려지는 내용을 거대한 바깥세상에서 보여주거나 실연(demonstration) 함으로써 신선한 충격을 줄 수 있다.

다섯째, 시나리오에 따라 단계적으로 접근하라.

전통적 매체광고보다 디지털 크리에이티브 콘텐츠는 잘 짜인 시나리오에 따라 단계적으로 진행되는 것이 특징이다. 매체가 다양해지며 크로스미디어적 캠페인 전개가 증가했기 때문이다. 매체별 특성을 고려해 인지(認知)는 신문, TV, 인터넷 등에서, 콘텐츠 전개는 온라인에서, 행동반응은 모바일에서, 피드백은 다시 온라인 등과 같이 하나의 캠페인에 다양한 미디어를 활용할 수 있다.

브랜디드 콘텐츠 발상에서 중요한 점은 소비자에게 꾸준히 즐거움을 주고 서서히 캠페인 메시지에 공감, 참여하게 하는 것이다. 또한 미디어 운용에서 길게 보고(전통매체에서 첨단매체에까지), 넓게 보아야 한다(미디어의 다양한 유형과 속성 활용).

설득지식 (*persuasion knowledge*)

'설득지식'이란 광고(또는 마케터)가 갖는 설득 의도와 내용, 전략 등을 알아차리는 것을 말한다. 설득지식이 활성화되면 마케터의 내재된 동기를 의심한다. 예를 들어, 광고주장에 대해 회의적으로 바뀌고 조작성을 의심한다. 이렇게 기업행동의 숨은 동기나 조작된 의도에 대해 의심을 가지면 설득에 저항하고 따라서 브랜드 태도나 기업에 대해 덜 호의적인 태도를 갖기 쉽다.

설득지식의 활성화에 영향을 주는 요인으로는 설득 메시지의 실행적 측면과 개인의 조절초점 등 두 가지를 들 수 있다. 설득지식은 목표지향적 개념으로 조절초점 이론 관점과 연관되었다. 조절초점(촉진초점, 예방초점)은 설득지식을 활성화하고 사용하는 데 영향을 준다. 정보검색 시 촉진초점 사람보다 예방초점 사람이 광고주의 조작의도에 더 민감하게 반응하는 것으로 나타났다(Kirmani & Zhu, 2007).

네이티브 광고에 대한 후원(광고) 명시 문구의 커뮤니케이션 효과도 설득지식 개념에서 설명된다. 설득지식 모델에 따르면 설득지식이 부재하거나 부족한 소비자의 경우 광고카피를 주어진 그대로 받아들이는 경향이 높기 때문에 광고문구에 쉽게 영향을 받는다.

이처럼 광고의 상업적 의도에 대한 이해는 광고에 대한 인지적 방어를 가능하게 만들어 광고에 대한 비판적이고 회의적인 태도를 유도한다(Robertson & Rossiter, 1974). 즉, 광고라는 단서(예를 들어, '*paid post*')가 명백히 제공되면 광고의 설득적 의도를 쉽게 자각하고 따라서 상업 메시지에 대한 인지적 방어능력을 높일 수 있다는 것이다.

한편, 광고 커뮤니케이션 효과는 소비자가 그 메시지를 수용하려는 동기와 이로 인한 추론에 따라 달라질 수 있다. 예컨대, 비영리기관이나 정부와 달리 일반기업이 제작한 공익연계 광고 메시지에 대해 소비자가 상업적 의도를 더 크게 지각하거나 거꾸로 일반기업보다 비영리기관이나 정부광고를 더 신뢰하는 것이 이와 관련이 있다.

생각해 볼 문제

1. 리치미디어적 디스플레이 광고의 유형과 사례를 찾아보자.

_____

_____

_____

2. 문맥형 광고 등 검색광고의 여러 변화된 유형과 사례를 찾아보자.

_____

_____

_____

3. 네이티브 광고의 장점과 단점을 생각해 보자. 이렇게 콘텐츠화된 광고의 효과에 대해 어떻게 생각
   하는가?

_____

_____

_____

참고문헌

김운한 (2013). "키워드 광고에서의 크리에이티브 인게이지먼트 요인 탐색". 〈광고연구〉, 97권,
    39-77.

김재휘·김용환 (2003). "인터넷 광고의 침입성과 관여가 광고효과에 미치는 영향". 〈광고연
    구〉, 60호, 7-35.

김재휘·김지호·김용환 (2002). "인터넷 검색 사이트의 키워드 광고효과 연구". 〈광고학연
    구〉, 13권 4호, 91-109.

문용희 (2015). "실제 사례로 본 네이티브 광고 성공전략". 〈월간 IM〉. 2월호.

심성욱·김운한·신일기 (2011). 《인터랙티브 광고론》. 서울: 서울경제경영출판사.

윤혜정·안승혜·이중정 (2012). "파워블로그의 신뢰요인이 제품 및 서비스 구매의도에 미치
    는 영향". 〈한국콘텐츠학회논문지〉, 12권 2호, 411-419.

이근영·김위근·권상희 (2007). "상호작용성(Interactivity)과 맥락(Context)이 인터넷광고 효
    과에 미치는 영향". 〈광고학연구〉, 18권 1호, 131-160.

이시훈·김경수 (2008). "인터넷 검색광고의 유형이 광고효과에 미치는 영향에 관한 연구: 제품에 대한 지식수준의 매개효과를 중심으로". 〈한국광고홍보학보〉, 10권 2호, 186-217.

이현선 (2007). "기사형 광고의 내용 형태, 광고표식 및 작성자 형태에 따른 효과차이에 관한 연구". 〈한국광고홍보학보〉, 9권 2호, 177-206.

전종근·최영신 (2011). "제품 관련 온라인 블로그의 정보원천 특성에 따른 소비자 반응". 〈e-비즈니스연구〉, 12권 1호, 207-227.

Ephron, E. (2005). Delivering the message: How consumer involvement flows from magazine edit to advertising. *Mediaweek*, June20.

Kirmani, A., & Zhu, R. (2007). Vigilant against manipulation: The effect of regulatory focus on the use of persuasion knowledge. *Journal of Marketing Research*, 44(4), 688-701.

Matteo, S., & Zotto, C. D. (2015). Native advertising, or how to stretch editorial to sponsored content within a transmedia branding era. In *Handbook of media branding* (pp. 169-185). Springer International Publishing.

Robertson, T. S., & Rossiter, J. R. (1974). Children and commercial persuasion: An attribution theory analysis. *Journal of Consumer Research*, 1(1), 1-13.

Sterne, J. (1997). *What makes people click: Advertising on the Web*. Indianapolis, IN: Que.

Wang, A. (2006). Advertising engagement: A driver of message involvement on message effects. *Journal of Advertising Research*, 46(4), 355-368.

http://below.co.kr/

http://searchad.naver.com

http://blog.naver.com/csimple/220535424799

제 12 장

게임 브랜디드 콘텐츠

1. 게임과 공공 커뮤니케이션의 만남 `Why to say`

연 매출 10조 원, 세계 게임시장 5위. 국내 게임산업의 현 위치이다. 이 중 온라인 게임이 55.6%, 모바일게임이 29.2%이다. 현재 65조 원 규모의 국내 콘텐츠 산업 중 출판에 이어 두 번째로 큰 시장이다. 국내의 게임제작 및 배급업체는 2014년 현재 기준으로 834개이며 이 중 NHN, 엔씨소프트, 네오위즈게임즈 등 20여 개의 회사가 증시에 상장되었다(한국콘텐츠진흥원 산업정책개발실, 2015). 반면 거대한 중국자본의 진출로 한국 게임산업이 예전의 주도권을 지킬지는 의문이다.

게임이 마케팅에 본격적으로 등장한 것은 2005년부터이다. 〈카트라이더〉 내의 코카콜라 광고를 비롯해 〈테일즈런너〉와 나이키 등 다수의 게임광고를 통해 본격적으로 등장했다. 최근에는 주요 이동통신사와 오프포털(off-portal), 배급사(publisher) 등이 모바일광고 전문업체와 함께 광고에 기반을 둔 모바일게임을 속속 출시한다.

게임은 커뮤니케이션 영역에서 가장 오래된 소재 가운데 하나이다. 사람들의 호기심을 이용하는 문답법이라는 수사법이 고대부터 사용되었으며 추첨이나 퀴즈를 통해 당첨자나 정답자에게 경품을 주는 세일즈 프로모션 기법이 마케팅 역사 초기부터 있었다. 모두 게임요소가 포함되었다. 최근에는 스마트폰의 보편화로 게임 또는 '게임화'를 적용하려는 움직임이 많다. 모바일 콘텐츠를 활용해 공익적 목적을 수행하는 공공 커뮤니케이션 콘텐츠가 대표적이다.

공공 커뮤니케이션 콘텐츠를 이 책에서는 '소셜 콘텐츠'라 부른다. 소셜 콘텐츠는 개인과 조직, 대중의 행동변화를 목적으로 사용되는데 주로 모바일게임 앱 형태로 나타난다. 환경보호 목적의 〈트리플래닛〉은 게임에서 가상 나무를 키우면 실제 숲에 옮겨 심어주는 웹·모바일 게임이다. 스폰서를 선택하면, 스폰서는 나무 심기나 빈곤 어린이 돕기 등 사회공헌 활동을 대신 실행한다. 이렇게 사회공헌을 목적으로 하는 '후원형' 콘텐츠를 '소셜 벤처'라고도 한다. 소셜 벤처란 공공 커뮤니케이션을 위한 투자와 지원을 마련하는 데 기여하는 플랫폼의 역할을 의미한다. 소셜 벤처처럼 소셜 목적을 이루려 하는 게임을 '소셜 게임 콘텐츠' 또는 '게임형 소셜 콘텐츠', 줄여서 '소셜 게임'이라 부를 수 있다. 이 책에서는 '소셜 게임 콘텐츠'로 통일해 부르기로 했다.

게임과 관련된 주요 사례로는 〈월드 오브 워크래프트〉(World of Warcraft)에서 일어난 전염병에 대한 반응을 실제상황 발생 시의 대처방안을 마련하는 데 활용하거나 (터프츠대학), 미국 육군의 게임을 이용한 응급처치법 교육 프로그램 등 다양한 교육 및 헬스 프로그램 등이 있다. 최근에는 교육, 헬스, 자동차 등 그 영역이 확대되며 게임, 웹툰, 1인 방송 등 다양한 미디어를 활용한 융합형 콘텐츠로 확장된다.

2. 소셜 게임 콘텐츠

'소셜 게임 콘텐츠'란 공공 커뮤니케이션이 목적인 게임 콘텐츠를 말한다. 소셜 게임 콘텐츠 개념에서 주목해야 할 개념은 당연히 게임이다. '공익적 목적'이라 해서 기업 혹은 메시지 전달자의 일방적이고 딱딱한 커뮤니케이션 도구가 아니라는 점이다. 게임하듯 즐겁게 자발적으로 참여하도록 만든 이용자 중심의 콘텐츠이다. 〈트리플래닛〉의 경우, 앱 이용자에게는 '게임'이라는 형식으로 재미를 주고 공익활동(환경문제 해결)에 참여하

312

게 하며 기업에게는 환경과 관련된 CSR 활동과 자사를 홍보할 수 있는 창구 역할을 한다.

소셜 게임 콘텐츠는 게임요소와 결합하는 게이미피케이션(*gamification*: 게임화) 을 중심으로 보다 확대된 의미에서 게임을 포함한 엔터테인먼트 요소와 결합한 이른바 에듀테인먼트(*edutainment*) 형식으로 전개된다. 에듀테인먼트는 학습을 촉진하기 위해 교육적 콘텐츠와 엔터테인먼트 활동이 접목된 장르이다. 게임에만 국한되지 않으며 전자책, 영화, TV 등에서 상호작용을 가미한 교육의 목적을 담은 형태를 띤다. 인포테인먼트(*infotainment*), 교육용 게임 등도 유사한 개념이다. 이러한 소셜 게임 콘텐츠를 이해하기 위해 게임 관련 이론을 살펴보자.

3. 소셜 게임 콘텐츠의 성격과 특징 [Why to say]

소셜 게임 콘텐츠, 그중에서도 공공 커뮤니케이션 목적의 게임 앱은 주로 기능성 게임 형식으로 전개된다. 기능성 게임에 관한 내용은 뒤에 다시 언급한다. 이들 소셜 게임 콘텐츠는 건강·의료, 교육, 사회적 사안에 대한 관심 제고, 행동변화 유발, 각종 업무 등 다양한 목적을 효율적으로 수행하거나 이에 대한 동기를 부여한다는 의도된 효과를 구현하기 위해 게임화된 시스템이다.

소셜 게임 콘텐츠의 특징은 다음과 같다. 소셜 네트워크에 구축된 사회적 관계를 활용할 수 있으며 기업이미지를 제고하는 CSR 기능을 수행할 수 있다. 또한 광고의 한 유형으로서 게임을 제작하거나 홍보수단으로 자연스럽게 활용되며 게임 공간에서 이루어지므로 광고와 가상의 상품으로 수익을 거둘 수 있다. 아울러 게임의 반복성을 활용할 수 있어 반복노출이 필요한 광고에 잘 부합한다. 다만, 광고 기반 무료 서비스가 게임 콘텐츠의 질 저하를 가져올 수 있다는 부정적 측면을 고려해야 한다.

소셜 게임 콘텐츠는 게임 공간이 사회적 공간으로 확장될 수 있다는 가능성을 보여주며 SNS의 장점과 게임의 재미를 융합하는 형태로 게임을 즐기며 공익적 활동에 참여할 수 있는 새로운 형태의 '공공 커뮤니케이션 수단'이라 할 수 있다.

4. 게임과 관련 개념

1) 게임의 요소 및 구조

(1) 게임의 요소

게임은 놀이의 맥락에서 시작되어 web 2.0 시대로 접어들며 컴퓨터 및 온라인게임을 포함하는 엔터테인먼트 게임으로 성장했다. 엔터테인먼트 게임에 공익적이고 긍정적 개념이 부여된 대표적 장르가 바로 기능성 게임(*serious game*)이다. 기능성 게임은 기획 단계부터 정보전달 및 홍보, 인식과 행동의 전환, 교육, 훈련 등 의도적 목적을 갖는 목적성 콘텐츠로서 공익적 설득 커뮤니케이션 매체로 활발하게 활용된다.

게임은 주로 이용자 인터페이스(*user interface*), 게임공학(*game mechanics*), 게임플레이(*game play*)의 3가지 요소로 구성된다. 인터페이스란 게임 화면이나 음향효과 같은 외형적 표현 특성을 말하며, 게임공학은 게임 속에 내재된 규칙이나 도구를 설정하는 부분이며, 게임 플레이는 게이머가 게임 시스템과 상호작용(*interaction*)을 통해 게임의 목표를 해결하는 작업을 의미한다. 이 중에서도 상호작용은 핵심적 개념이다.

특히, 최근 디지털 기술이 진보함에 따라 게임의 상호작용이 획기적으로 증대한다. 2016년 세계적 인기를 끈 닌텐도의 모바일게임 〈포켓몬 고〉(PokéMon Go)의 경우 증강현실과 모바일 기술, 현실공간과 가상공간의 혼재, 이를 통한 활발한 상호작용 등 성공적인 게임 요소를 고루 갖추었다.

게임의 재미는 다양한 게임활동을 통해 경험하게 되는 정서적 요인이자, 그 행동을 지속하게 하는 동기요인이다. 또한 게임의 스토리는 이용자에게 환상을 경험하게 한다. 이용자는 실제 세계에서 일어날 수 없는 일에 대해서도 감정적으로 몰입한다. 이용자에게 현실인식보다는 현실이 아닌 환상의 세계에 기꺼이 빠져들기 위한 마음의 준비가 필요하다. 이때 마음의 준비는 개인의 내적 성향에 의해 영향을 받을 수 있다. 예컨대, 지나치게 현실적이고 비판적인 시각보다는 낭만적이고 낙천적인 성향 등 긍정적 측면이 환상에 쉽게 빠져들 수 있다(Crawford, 1984).

314

(2) 게임의 효과구조

게임은 인지적 능력과 운동능력을 요구함으로써 린들레이(Lindley, 2005)가 말한 이른바 '게임운동 게슈탈트'에 기여한다. 게임운동 게슈탈트란 문제해결에 대한 게임 참가자의 이해방식이 게임 속 상황에 대한 활동과 지각적 재구조화를 통해 일어나는 것을 말한다. "전체는 부분의 합보다 크다"라는, 이른바 형태심리학(게슈탈트 심리학)의 핵심개념을 떠올리면 쉽다.

게임에 대한 내용이 이용자의 지각적 구성을 통해 구체화하는 것으로 이해하면 된다. 이 관점에서는 게임플레이를 상호작용적 형성과정으로 이해한다. 게임 자체의 특성이 아니라 게임에 대한 내용과 이용자가 상호작용하고 이 과정에서 이용자의 지각이 (인지적으로) 게임을 구성한다는 것이다. 이는 게임과 이용자 간의 상호작용을 통해 일어나며 상호작용 과정에서 게임 플레이어의 지각적 참여가 필수적이다.

퀘클리히(Kücklich, 2001)도 게임 플레잉(*game playing*)을 상호작용을 통해 게임의 규칙을 이해하는 일이라 했다. 게슈탈트는 게임과 관련해 플레이어가 보이는 감각적, 인지적 활동 및 운동신경 활동 형태로 정의된다. 컴퓨터 게임 등 게임의 내러티브에 관한 연구에서도 게임과 게임플레이의 메커니즘을 통해 플레이어가 상호작용적 내러티브를 경험하는 것으로 주장한다(Kücklich, 2001; Lindley, 2002). 게임에서 상호작용적 경험은 언제 일어나는가? 순간적인 반사운동에서부터 신중한 의사결정과 문제해결 전략을 구사하는 일까지 다양한 상황에서 생긴다.

2) 게이미피케이션

(1) 게이미피케이션의 정의

'게이미피케이션'(*gamification*)이란 게임화, 게임화하기, 게임처럼 만들기를 뜻한다. 게임이 아닌 분야에 게임요소와 메커니즘을 적용해 문제를 해결하고 행동변화를 유도하는 것이다. 주로 게임 이외의 맥락에 게임이 활용되는 것을 말한다. 나아가 사람들이 쉽고 재미있게 문제에 몰입하도록 하며 여러 분야와 결합해 효과를 얻을 수 있다는 점에서 환경문제나 공공안전 등과 같은 지속적이고 세계적인 문제를 해결하려는 데 많이 활용한다. 게이미피케이션이 보편화된 이유로는 스마트폰의 확산과 마케팅 활동을 게임처럼 즐기려는 경향 증대, 게임 연령대의 확대 등을 들 수 있다.

가장 고전적 사례는 기업의 지속(continuity) 프로그램 사례이다. 예컨대 백만 원 구매자에게 만 원 상품권을 증정하는 이른바 자기정산 프로그램에도 게임요소가 들었다. 페이스북이나 트위터에서의 '좋아요'나 '리트윗' 수도 게임에서의 '게임포인트'에 해당한다.

TV 프로그램에서도 게임요소를 이용한 게임화 사례는 많다. 매번 새로운 미션에 도전하는 〈무한도전〉, 출연자 간 추격전을 다룬 〈런닝맨〉, 숨겨진 가수를 찾는 〈히든싱어〉나 〈복면가왕〉 등도 게임화의 사례이다. 이외에도 추천을 많이 받은 댓글을 가장 위에 따로 보여주는 '추천 댓글' 코너도 '추천 수 경쟁'이라는 점에서 게임요소를 담았다고 할 수 있다(김정태, 2015a, 2015b).

(2) 게이미피케이션의 요인

게이미피케이션은 주로 기업의 이익을 위해 고안되어 기업 수준에서 고객의 행동을 유도하기 위한 과정으로 활용된다. 이때 기존의 소비자나 이용자, 시청자는 게임에서의 플레이어(player)로 간주된다. 플레이어는 특별한 보상을 얻기 위해 기업이 내건 조건을 달성하기 위해 노력한다.

시모스, 레돈도, 빌라스(Simões, Redondo & Vilas, 2013)는 게이미피케이션의 메커니즘을 게임공학(mechanics)과 게임역학(dynamics)으로 구분해 설명한다. 게임공학 관점에는 '포인트, 레벨, 도전, 가상 상품, 리더보드[Leader board(PBL)]'의 5개 하부요인이 있다. 이 요인에 각각 대응하는 게임역학 요인으로 '보상, 상태, 성취, 자기표현, 경쟁, 이타성' 등 6개이다. 공학 관점의 요인이 게임을 구성하는 물리적 요인이라면 이를 통해 소비자가 얻는 요소, 즉 게임역학은 게임을 하는 동기로서 심리적 요인이라 할 수 있다.

게이미피케이션이 성공하기 위해서는 다음 요건을 갖추어야 한다.

그림 12-1 스타벅스 회원보상 체계

별★을 모아 등급별 특별한 혜택을 누리세요!

Welcome Level
스타벅스 카드를 최초 등록 시

Green Level
별★을 5개 모았을 경우

Gold Level
별★을 30개 모았을 경우

기업은 고객을 대상으로 보상과 차별적 대우, 관계구축 등을
목표로 다양한 게임 형식의 도입한 프로모션을 전개한다.

첫째, 보상이 가시화되어야 한다. 성취가능한 조건을 달고 성취되는 중임을 알려야
한다. 도장을 찍어주거나 전화나 문자 등으로 포인트를 알려주는 것이 한 방법이다.

둘째, 차별적 대우가 추가되어야 한다. 스타벅스의 '커피 10잔 구매하면 1잔은 공짜'
와 같은 '쿠폰 프로그램'도 게이미피케이션의 사례이다. 단순히 커피 한 잔을 제공하는
것(보상) 뿐 아니라 단골손님의 취향 등을 기억해 특별함(지위)을 느끼게 하고 신제품
이 출시되면 최초 시식권(접근)을 제공해 대접받는 느낌(파워)을 느끼게 해야 한다.

셋째, 포인트(point), 배지(badge), 리더보드 디자인의 핵심요소가 포함되어야 한다.

넷째, 재미를 주고 목표성취 동기를 불러일으켜야 한다.

최근 게이미피케이션은 디지털미디어 영역에서도 다양하게 활용된다. 초기 인기
를 끌었던 위치기반 SNS '포스퀘어'(Foursquare)처럼 게임이 아닌 맥락에 게임요소
를 넣어 게임화한 것이 대표적 예이다.

이외에 '에코아일랜드'(EcoIsland)와 같은 에너지 절약 분야, 소셜 TV 앱 분야인
'겟글루'(GetGlue), 건강관리 분야인 '피토크라시'(Fitocracy), 일생의 목표를 본인이
계속 인지하고 관여할 수 있도록 도와주는 웹 앱인 '마인드 블룸'(Mind Bloom) 등 게
임화 대상영역이 더욱 다양해진다.

'소셜 TV'란 TV 시청 자체를 소셜화한 것이다. TV 또는 방송 콘텐츠와 소셜미디어
콘텐츠를 함께 이용해 TV를 시청하면서 시청 중인 콘텐츠와 관련된 의견을 다른 사
람과 교환하고 소통할 수 있다.

(3) 기능성 게임

기능성 게임은 현실에서 일어날 상황을 가상으로 경험하거나 특정 문제를 해결하는 방안을 찾기 위해 설계된 게임을 말한다. 상업용 게임과 달리 엔터테인먼트, 흥미, 재미만을 목적으로 만든 것은 아니다. "정부나 기업체의 훈련, 교육, 건강, 공공정책 그리고 의사소통 목적전략을 위한 구체적 규칙을 컴퓨터에 적용한 것으로 스토리나 예술, 소프트웨어 그 이상의 것을 포함하고 교육할 수 있는 교수법을 포함하는 진지한 게임"(Zyda, 2005)으로 정의한다. 교육목적과 게임의 재미를 결합해 플레이어의 학습을 돕기 위해 만들어진다.

기능성 게임은 오락적 요소만을 추구하는 것이 아니라 현실에서 당면하는 실질적 문제를 해결하고자 하는 목적성을 지닌 게임이다. 기능성 게임은 오락적 요소나 재미만을 추구하지 않는다는 점에서 상업용 게임과 구분되고 결과론적 학습효과만 중시하지 않는다는 점에서 교육용 콘텐츠와도 구별된다. 기능성 게임은 기존의 게임이 가졌던 단순한 재미 요소 외에 교육, 학습, 훈련, 치료 등의 특별한 목적을 접목시켜 게임의 순기능을 더욱 확장시키고자 한다(전경란, 2014).

5. 게임의 소비심리

1) 재미

(1) 재미의 종류

앞서 설명했듯, 게임의 재미는 다양한 게임 활동을 통해 경험하게 되는 정서적 요인이자 그 행동을 지속하게 하는 동기 요인이다. 게임 기획자인 라자로(Lazzaro, 2004)는 게임을 통해 느끼는 재미를 성취의 재미(*hard fun*), 단순한 재미(*easy fun*), 의미 있는 재미(*serious fun*), 사람과의 재미(*people fun*)로 구분했다.

성취의 재미는 목표를 달성하고 숙련되는 과정에서 느끼는 재미로 사용자의 도전

표 12-1 라자로의 4가지 재미

유 형	내 용	재미의 근원
성취의 재미	• 목표를 달성하고 승리를 통해 얻는 재미(때론 좌절을 불러올 수도 있다) • 도전과 정복에 관한 재미	게임 내부
단순한 재미	• 미지의 세계를 개척하며 새로운 사실을 알아가는 재미 • 호기심과 탐험의 재미	
의미 있는 재미	• 의미 있는 일을 하며 얻는 만족감에 따른 재미 및 시뮬레이션 • 흥분과 안정(스트레스 해소)의 재미	게임 외부
사람과의 재미	• 다른 사람과 교감하고 상호작용하며 갈등을 해소하는 재미 • 경쟁과 협력의 재미	

정신과 이를 달성했을 때의 성취감을 바탕으로 하는 재미이다. 하지만 목표를 달성하지 못했을 때는 좌절을 불러올 수도 있다. 단순한 재미는 게임 속 미지의 세계를 탐험하고 이를 개척하며 새로운 사실을 알아가는 재미이다. 의미 있는 재미는 게임을 진행하면서 변화하는 감정을 통해 느끼는 재미이다. 사람과의 재미는 다른 사람과 상호작용하는 재미로 게임을 통한 경쟁 또는 협력이 이에 해당한다.

주목할 점은 게임 외적 환경으로서 모니터 밖에서 경험하는 진지한 재미와 사람과의 재미 측면이다. 이용자는 게임 서비스 자체의 요소와는 별개로 게임을 통해 일종의 사회적 재미를 경험한다. 따라서 게임 이용자를 확보하고자 할 때 단순한 보상보다는 지속적 관계를 통한 사회적이고 상징적인 가치를 부여할 필요가 있으며 이와 관련한 제품 콘셉트를 적용한 마케팅이 필요하다.

(2) 지각적 재미와 인지적 재미

게임에서 재미는 지각적 재미와 인지적 재미로 나눈다. 지각적 재미란 현장감과 환상감으로 구성되며 이는 방향과 시간, 모양 표현, 소리와 동영상에 의해 만들어진다. 인지적 재미란 도전감과 만족감으로 구분할 수 있으며 이는 게임 내 인물 및 대상 간 관계의 변화, 능력의 변화, 문제해결 과정과 진행방식 등으로 구성된다(최동성·김호영·김진우, 2000). 즉, 지각적 재미는 신체적·물리적 요소에 기반을 두며 인지적 재미는 캐릭터와의 상호작용 등을 통한 관계구축과 문제해결에 기반을 둔다.

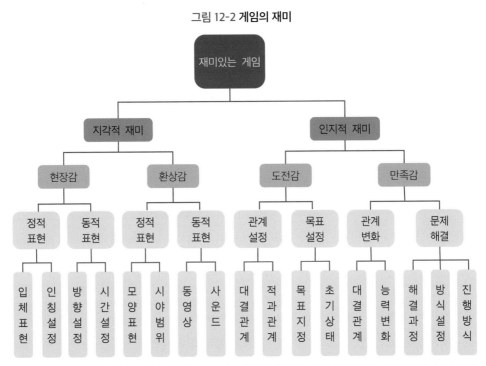

그림 12-2 **게임의 재미**

재미있는 게임

지각적 재미

인지적 재미

현장감

환상감

도전감

만족감

정적 표현

동적 표현

정적 표현

동적 표현

관계 설정

목표 설정

관계 변화

문제 해결

입체표현

인칭설정

방향설정

시간설정

모양표현

시야범위

동영상

사운드

대결관계

적과관계

목표지정

초기상태

대결관계

능력변화

해결과정

방식설정

진행방식

게임의 재미를 지각적 재미(신체적, 물리적 요소에 기반)와 인지적 재미(캐릭터와의 상호작용을 통한 관계 구축과 문제해결)의 두 요소로 구분한다(최동성·김호영·김진우, 2000).

2) 보상심리

게임 속에서 이용자가 수행해야 하는 특정 행동인 '임무'(quest)와 이에 따른 '보상'(reward)은 게임의 주요 기법이다. 이 보상전략은 성취 욕구를 자극해 참여율을 높이는 가장 일반적 방식이다(이동엽, 2011). 보상을 받는 과정에서도 도전과 성취의 요소가 발생한다.

예를 들어, 나이키는 '나이키플러스' 앱에서 운동량 체크뿐만 아니라 보상요소를 결합해 운동의 재미를 더했다. 운동화에 나이키플러스 센서를 달고 활동하면 운동량이나 운동경로, 이용자의 칼로리 소모량 등의 데이터가 아이폰으로 전송되며, 신기록을 달성할 때마다 축하 음성 메시지와 트로피 같은 보상이 따른다.

그림 12-3 나이키플러스의 러닝 앱

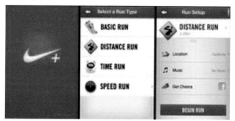

3) 환상과 몰입

게임의 스토리는 이용자에게 환상을 경험하게 한다. 이용자는 현실에서 일어날 수 없는 일에 대해서도 감정적으로 몰입하는데 이용자에게 현실인식보다는 현실이 아닌 환상의 세계에 기꺼이 빠져들기 위한 마음의 준비가 필요하다. 이때 마음의 준비는 개인의 내적 성향에 의해 영향을 받을 수 있다. 예컨대, 지나치게 현실적이고 비판적인 시각보다는 낭만적이고 낙천적인 성향 등 긍정적 측면이 환상에 쉽게 빠져들 수 있다(Crawford, 1984).

6. 효과와 관련한 이용자 변인

1) 감정성향

사람들이 게임을 하는 이유 중 하나는 즐거움을 얻을 수 있기 때문이다. 다시 말해 사람들은 게임을 통해 즐거움(enjoyment)과 같은 긍정적 유인물, 즉 보상을 얻는다. 이러한 경우 긍정적 유인물에 대해 개인이 갖는 태도는 개인의 내적 성향에 따라 차이가 있을 수 있다. 즉, 게임에 내포된 긍정적 요소(즐거움 등)에 대해 부정적 내적 성향이 약한 사람이 부정적 내적 성향이 강한 사람보다 더 긍정적 반응을 보일 수 있다

(예: Larsen & Ketelar, 1991). 내적 성향 개념은 미디어 엔터테인먼트에 관한 연구에서 종종 사용되지만 주로 감정기반 이론으로 응용될 뿐 개인이 선천적으로 갖는 내적 성향에 따른 효과에 관한 연구는 찾아보기 어렵다.

사람에게는 각자 '감정성향'이라고 할 수 있는 특성이 있는데 모든 것을 부정적으로만 받아들이는 사람이 있고 반대로 상대적으로 덜 부정적인 것으로 받아들이는 사람이 있다(Watson & Clark, 1984). 개인의 부정적 감정성향 변수는 조직의 임파워먼트와 조직의 효과성 등에 조절역할을 한다(Brief, Butcher, & Roberson, 1995). 특히, 부정적 감정성향이 1980년대에 제기된 후 그동안 많은 연구자가 개인이 갖는 긍정적 혹은 부정적 태도의 영향을 조사했다. 관련 연구에 따르면 부정적 감정의 요소인 불안, 근심, 신경질, 조바심 등은 서로 상관관계가 높으며 한 사람에게서 일정하게 발휘된다고 본다(Watson & Clark, 1984). 이렇게 부정적 감정요소에 기반을 둔 성향을 '부정적 감정성향'이라 한다.

부정적 감정성향은 강하게 나타나는 사람이 있는가 하면 약하게 나타나는 사람이 있다. 예를 들어, 부정적 감정성향이 강한 사람은 모든 환경에 비판적 태도를 가지며 모든 일을 비판적으로 바라보는 경향이 있다(Watson & Clark, 1984). 부정적 감정성향은 하나의 인지적 편견(*cognitive bias*)이며 개인이 세상을 보는 인지방식, 즉 인지 스타일일 수 있다(Levin & Strokes, 1989).

부정적 감정성향이 강할수록 세상을 부정적으로 보기 때문에 긍정적 자극을 받았을 때도 상대적으로 부정적으로 바라보는 경향이 있다. 반면 부정적 감정성향이 약한 사람은 긍정적 관점에서 사물을 평가하기 때문에 부정적 성향이 강한 사람보다 긍정적 자극을 더 긍정적으로 평가하고 더 만족스럽게 생각하려 한다(Staw, Bell, & Clausen, 1986).

일반적 인지이론에 따르면 감정에 앞서 인지가 선행되어 감정을 유발한다. 반면 감정이 인지에 선행되어 인지를 유발하는 데 영향을 줄 수 있다는 보고도 있다. 디스테노 등(DeSteno, Petty, Rucker, Wegener, & Braverman, 2004)의 실험에 따르면, 실험자에게 슬픔 혹은 분노를 유도한 후 장래에 화가 나거나 슬픈 일이 일어날 가능성에 대해 예측하도록 한 결과, 각성된 특정 감정과 감정적으로 비슷한 사건이 일어날 가능성을 크게 지각하는 것으로 나타났다. 이는 감정성향이 추후 대상에 대한 인지에 영향을 줄 수 있음을 시사하는 결과이다.

이처럼 개인의 긍정성향은 행동촉진 체계에, 개인의 우울성향은 행동방어 체계에 영향을 주리라 예상된다. 개인은 자신의 감정성향에 따라 그 성향과 관련된 동기체계에 부합하는 행동을 옹호하는 메시지에 상대적으로 더 많이 반응할 것이다. 긍정성향은 행복 추구와 같은, 긍정적 동기에 부합하는 행동을 옹호하는 메시지에 더 쉽게 반응할 수 있다. 즉, 행복하고 긍정적인 내적 성향을 가진 개인은 성공이나 보상 등 획득프레임(*gain frame*)을 갖고 지시적이고 권위적인(*prescriptive*) 소구에 보다 더 민감하게 반응할 것이다. 한편, 우울하고 부정적인 내적 성향을 가진 개인은 손실프레임(*loss frame*)을 갖고 금지하고 억제하는 메시지에 더 민감하게 반응할 것이다(Yan, Dillard, & Shen, 2010).

성형수술 광고를 예로 들면, 긍정적 성향의 사람은 '성형수술에 대한 약간의 투자로 더 예뻐지고 행복해질 수 있다'와 같은 메시지에 쉽게 반응할 것이다. 부정성향은 불행 회피와 같은, 부정적 동기에 부합하는 행동을 옹호하는 메시지에 더 쉽게 반응할 수 있다. 즉, '성형수술, 쉽게 생각했다가는 돌이킬 수 없는 위험에 빠질 수 있다'와 같은 방어적 메시지에 더 쉽게 반응할 것이다.

2) 상호작용성

상호작용은 게임을 구성하는 주요 요소(Crawford, 1984)로서, 게이머가 게임에 재미를 느끼는 과정에서 중요한 역할을 한다. 상호작용은 주로 게임공학 등에 사용되어 디바이스와 이용자의 상호작용적 관계를 주로 언급하는 개념이다. 비슷한 개념으로 상호작용성(*interactivity*)이 있다. 이는 상호작용적 속성 자체에 관한 포괄적 개념으로 커뮤니케이션학에서 대상과 수용자 간의 양방향성에 초점을 둔다.

콘텐츠의 주요 속성으로서 상호작용성은 '커뮤니케이션의 양방향성', '동시성', '대인간(*interpersonal*) 커뮤니케이션 촉진' 등의 항목으로 구성되었다(Heeter, 1989). 이

들 상호작용적 속성과 관련한 요소가 적절히 포함되었을 때 소셜 콘텐츠의 커뮤니케이션 효과를 높일 수 있다.

3) 몰입

게임적 속성인 재미와 오락과 함께 몰입은 에듀테인먼트 및 소셜 콘텐츠의 효과작용에 중요한 요소로 제안된다. 몰입은 동기유발을 위해 필수적 요인이다(Boston, 2009). 몰입적 경험을 의미하는 칙센트미하이(Mihaly Csikszentmihalyi)의 플로(*flow*) 개념 역시 최근 디지털 게임에서의 몰입현상을 설명하는 데에 적용된다. 몰입경험에서 중요한 개념으로는 자율성, 통제, 사회적 상호작용을 비롯해 근본적인 인간의 욕망과 욕구에 기반을 둔 동기유발 요인 등을 들 수 있다.

몰입은 프레즌스(*presence*: 실재감) 현상을 설명하는 주요 개념이기도 하다. 프레즌스란 매체에 의해 매개된 실제적 경험으로 정의된다. 이전에는 전혀 가능하지 않았던 자연스럽고 직접적이고 실제적인 것을 경험하는 경우를 말한다. 프레즌스란 원래 있는 사실이 아니라 사람들이 지각하는 사실성 혹은 생동감이다. 몰입을 통해 사람들은 게임 속에서 실제는 존재하지 않는 가상의 창작물을 살아있는 것으로 느끼며 현실세계에서 경험하듯 생생함을 느낄 수 있다.

블레이크 등(Blake et al., 2007)은 프레즌스를 공간적 실재감, 개입, 자연성 등의 차원으로 구분했는데 공간적 존재감과 자연성은 사실성(실제적 느낌)을 의미하며 개입은 관여와 몰입상태를 의미하는 것으로 보인다. 게임 콘텐츠에 대한 몰입수준을 높이기 위해 고려해야 할 요건은 다음과 같다.

- 이용자 측면: 콘텐츠의 내용(스토리, 등장인물)에 대한 감정이입이 쉬워야 하며, 이는 개인의 내적 성향, 관여, 동기, 사전경험 등에 영향을 받는다.
- 콘텐츠 측면: 콘텐츠의 내용과 관련한 사실성과 적절성, 이용자의 자아일치적 측면 그리고 세부적 표현요소로서 표현의 완성도 등을 갖추어야 한다.

4) 심리적 저항과 접종이론, 정교화 가능성 모델

최근 사회변화를 겨냥한 미디어 커뮤니케이션의 설득효과가 감소되고 있는 것으로 알려졌다. 광고에 대한 소비자의 심리적 저항감으로 설득 메시지에 대해 반대하려 하기 때문이다. 그러나 기능성 게임이나 이른바 에듀테인먼트는 하나의 엔터테인먼트처럼 보이므로 설득하고자 하는 내용에 반대하는 태도를 갖기 어렵고 따라서 태도변용이 보다 쉬워진다(Slater & Rouner, 2002).

접종이론은 반태도적(태도에 반대되는) 메시지의 효과를 감소시키는 것으로 알려졌다(예: An & Pfau, 2004). 이로 인해 사회변화를 위한 커뮤니케이션 효과를 높이는 데 문제가 되었다. 사회변화에 저항하는 체제(agent)가 있어 집단 구성원에게 일종의 사전접종(inoculation)이 이루어지는 경우 더욱 그렇다. 엔터테인먼트 매체 역할을 하는 게임의 경우 이러한 접종효과를 회피할 수 있게 한다.

설득 메시지가 명확한 콘텐츠에 직면할 때보다 게임을 통해 나타날 경우 '반대되는 설득'(counter persuasion)에 대한 태도가 약화되고, 따라서 설득효과가 높아질 가능성이 커진다(An & Pfau, 2004). 이것은 이용자의 신념과 반대되는 방향의 설득을 말하며 이용자의 신념이 강하거나 관여가 높을수록 반대되는 설득에 강하게 저항한다. 이는 태도변화에 관한 페티와 카시오포의 정교화 가능성 모델(ELM)과 관련된다.[1]

어떤 정보(상품정보나 공공캠페인 설득정보)가 게임을 통해 보일 때는 후자의 경우를 취하기 쉽다. 게임이 주는 재미 등 엔터테인먼트 요소로 인해 설득정보에 대한 지각적 중요성이 낮아져 자신이 평소 가졌던 태도나 신념에 반하는(반대되는 설득) 메시지도 쉽게 수용할 수 있다. 후자의 주변경로를 거치게 된다. 엔터테인먼트 요소는 감정적 연상을 쉽게 만들어 메시지에 대한 저항성을 떨어뜨리는 단서 역할을 한다.

---

[1] 소비자의 태도변화는 사안의 중요성(관여)에 따라 서로 다른 경로를 거쳐 이루어진다. 중요한 사안의 경우 제품에 관한 중심정보(단서)에 의한 중심경로를 거치며 상대적으로 덜 중요한 사안의 경우 광고음악 등 주변정보(단서)에 의한 주변경로를 거친다. 주변경로를 거칠 경우 태도변화는 감정적 연상을 제공하는 간단한 단서(cues)나 비교적 단순한 추론 등을 통해 이루어진다.

5) 관여

즐거움은 관여도를 높이고 게임 콘텐츠에 대한 정교화 동기를 높인다. 일반적으로 콘텐츠 이용자는 콘텐츠에 대해 일종의 준사회적 관계를 형성하기 때문에 콘텐츠 (예: 스토리)에 등장하는 인물 혹은 페르소나에 대해 깊이 관여하고 이용자는 그러한 인물을 게임 일상생활에서도 자주 떠올린다(Klimmt, Schmid, Nosper, Hartmann, & Vorderer, 2006).

기능성 게임에 몰입한 사람의 경우도 이와 유사한 인지과정이 발생한다. 정교화 과정을 거치며 게임 속 동기요소와 효과적으로 결합함으로써 메시지의 촉진효과를 높일 수 있다.

7. 사례: 게임, 소셜 콘텐츠, CSR

최근 소셜미디어를 활용해 주로 다양한 사회문제 해결을 위한 콘텐츠 제작에 참여하거나 사회문제에 개입한다. 소셜 콘텐츠는 사회와 환경에 대한 문제해결에 기여하기 위해 소비자와 상호작용하는 활동으로, 주로 소셜미디어를 활용해 전개하는 경우를 일컫는다. 기업이 주체가 되어 자발적으로 실시할 경우 CSR 활동의 일환으로 간주할 수 있다. 스마트폰으로 게임을 즐기며 기부도 할 수 있는 이른바 '퍼네이션' 콘텐츠도 있다.

현대에 들어 전통적 자선활동에서 더 나아가 기부나 지역사회 활동을 비즈니스 이익 차원과 결합해 나타나는 경우가 많다. 따라서 대중을 대상으로 하는 공익적 목적을 띠는 동시에 기업의 이미지 개선이나 제품홍보 측면도 갖는다(Cupta & Pirsch, 2005). 기업으로서는 비즈니스에 기여하기 위해서도 필요하지만 비즈니스 목적(이윤이나 이미지 차별화 등)이 소비자의 반발 없이 여하히 자연스럽게 접목되고 소비되느냐가 중요한 과제일 것이다.

1) 게임광고

게임요소를 활용한 광고를 '게임 속 광고' 또는 '게임광고'라고 부른다. 게임 속 광고란 게임 콘텐츠 내 가상공간에서 광고를 보여주는 것을 말한다. 게임요소 활용방법은 크게 다음의 두 가지이다.

(1) PPL(*product placement*)

하나는 기존 게임에 브랜드나 브랜드네임을 배치하는 PPL 방법이다. 게임에 등장하는 아이템이나 게임의 배경에 제품을 삽입하는 방식이 그것이다. 게임의 론처(*launcher*)나 로딩타임, 대기방 등에 디스플레이 광고나 배너, 동영상광고를 집행하는 광고 유형도 있다. 이러한 게임광고를 게임 속 광고와 구분해 '어라운드 게임광고'(*around game advertising*)라 한다. 카트라이더 경기에 MINI를 PPL한 경우가 이에 해당한다.

(2) 버추얼 콘텐츠

버추얼 콘텐츠는 가상(*virtual*)의 시뮬레이션을 기반으로 브랜드를 경험하는 방법이다. 이는 보다 적극적인 게임요소 활용방법으로서 광고 자체가 새로운 게임적 콘텐츠 및 게임 기법을 개발하는 것을 말한다.

MINI가 구글 지도의 지원으로 자동차 레이싱 게임을 개발한 광고가 이에 해당한다. 참가자는 페이스북상의 친구 또는 낯선 사람을 선택해 경기할 수 있으며, 플래시 형태의 'MINI 프랑스'의 차종은 물론 레이싱 코스나 날짜, 트랙 길이 등을 선택할 수 있다. 또한 앱을 통해 게임 지역의 날씨 등을 알 수 있고, 원하는 차종을 지정하거나 소리까지 정할 수 있어 실제적 느낌을 경험할 수 있다.

그 밖에도 보물찾기를 이용하거나[예: 매장 내에서 진행되는 이벤트로서 위치기반 게임인 〈숍킥〉(shopkick), 보물찾기처럼 타깃의 매장 내에 숨겨둔 추천제품 찾기 게임, 폭스바겐의 빈 병 수거함 두더지 잡기 게임 등], 실험을 이용한 게임, 오프라인과 결합된 사례로 삼성전자의 런던올림픽 이벤트인 '골드러시'도 큰 반향을 일으켰다. 그 밖에 증강

그림 12-4 구글 지도와 자동차경주를 이용한 MINI 게임광고

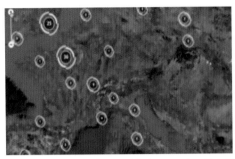

구글 지도와 자동차경주를 이용한 BMW의 소형 브랜드
MINI 게임광고(왼쪽)와 MINI의 자동차경주 게임 앱(오른쪽).

현실 등의 기술이 결합된 게임(*Avatar* + *CokeZero* 증강현실 캠페인) 등이 있다. '온라인 게임의 종주국'이라 불리는 우리나라의 광고 가운데서도 다양한 게임광고를 볼 수 있다. 또한 IT 기업도 게임광고 회사를 속속 사들인다.

2) 기능성 게임

기능성 게임은 특별한 목적을 위해 재미있게 설계한 게임을 말한다. 게임의 주요 목적인 오락성보다는 특별한 목적에 비중을 두며, 건강, 홍보, 교육, 경영, 의료, 광고, 복지 등 다양한 범위로 확장된다.

기능성 게임을 지칭하는 '시리어스 게임'(*serious game*)이라는 용어는 앱트(Clark Abt)의 1970년 저서 《시리어스 게임》(*Serious game*)에서 유래했다. 현실에서 일어날 상황을 가상으로 경험하거나 특정 문제를 해결하는 방안을 찾는 방향과 방법으로 설계된다.

기능성 게임은 다양한 영역에 적용되어 효과를 인정받았다. 과거에는 교육적 측면만 중시되다 보니 그래픽이나 영상을 상대적으로 소홀히 했다. 앞으로는 기술의 발전으로 콘솔게임이나 온라인게임에서 구현되는 고화질의 사실적 표현이나 체험적 기술이 확대되어 적용될 전망이다. 기능성 게임 유형을 주요 목적과 영역에 따라 분류하면 다음과 같다(Charsky, 2010).

(1) 건강 기능성 게임

게임과 운동을 결합해 만든 게임이다. 운동의 성과를 게임으로 표현하는 등 운동용 기구에 컴퓨터 게임의 요소를 더해 운동효과를 높이려는 시도이다. 이러한 사례로는 닌텐도 〈위 피트〉(Wii fit)가 있다. 개인의 건강상태를 알려주며 신체정보와 목표 등을 입력하면 칼로리 연소, 요가 등 필요한 운동을 시키고 세부적으로 지도한다.

(2) 교육 기능성 게임

학습효과를 극대화하기 위해 개발된 게임을 말한다. 교육과 엔터테인먼트의 합성어인 '에듀테인먼트'도 같은 개념이다. 학생에게 교과 내용을 재미있게 전달하기 위한 게임, 전문직에 종사하는 근로자를 훈련시키기 위한 게임 등이 있다.

예를 들어, 케네디(John F. Kennedy) 대통령 암살사건, 아프리카 수단에서 벌어지는 인종학살, 이스라엘과 팔레스타인과의 갈등현장 등 학습자가 경험해 보지 못한 장소로 안내하고 게임 캐릭터를 제공해 다양한 미션을 수행하게 한다. 이 과정에서 당시 상황을 이해하고 새로운 견해를 내놓는다. 이러한 사례로는 가상 수술 게임, 학교 내 수업이 있다.

그림 12-5 바이오디지털(BioDigital) 사가 제작한 임플란트 시술 교육 게임

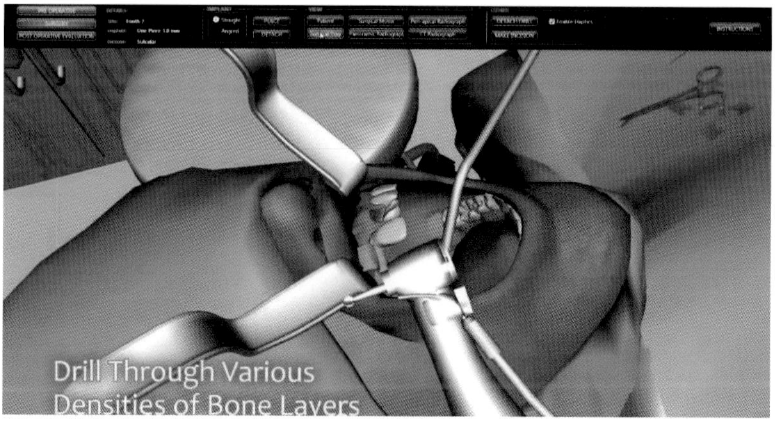

Drill Through Various
Densities of Bone Layers

게임형식이라기보다 시술단계를 알려주고 실제로
경험해 볼 수 있도록 한 강의와 실습형식에 가깝다.

(3) 치료 기능성 게임

게임 플레이를 통한 가상체험을 통해 질병에 대한 정보, 예방 및 대처 방법을 알 수 있도록 하는 게임이다. VR(*virtual reality*) 기술을 이용해 직접 치료하기 힘든 공황장애 등을 치료하는 게임도 있다. 이러한 사례로는 리미션(*Re-mission*)이 있다. 소아암 환자에게 왜 항암제를 맞아야 하고 암을 이기려면 무슨 치료를 받아야 하는지 알리는 게임이다.

(4) 군사훈련 기능성 게임

가상의 군사훈련을 위한 게임이다. 실제장비로 훈련하기에는 비용이 많이 드는 경우나 환경이 적합하지 않은 경우(예: 비행 시뮬레이션) 등에 사용된다. 이러한 사례로는 〈아메리카 아미〉(America's Army · AA)가 있다. 초기 미군의 모병홍보용으로 개발되었고 이후 실전에 가까운 경험도 쌓을 수 있어 군사훈련용으로도 사용한다. 제작에 5백만 달러 이상이 투입된 프로젝트로 개발자가 실제로 훈련을 받는 등 게임의 완성도를 높인 덕분에 홍보용 이상으로 사랑받으며 신병모집 등에서 큰 홍보효과를 누렸다.

그림 12-6 〈America's Army proving grounds〉

일반적인 게임 형식과 내용을 따라 쉽게 제작된 버전이 많다.

(5) 공익 영역

미국 ALS협회의 '아이스 버킷 챌린지'(Ice Bucket Challenge)는 루게릭병에 대한 관심을 환기하고 기부를 활성화하기 위한 사회적 운동이다. 참가자는 SNS를 통해 다음 참가자 3명을 지목하고, 지목받은 이는 24시간 안에 도전을 받아들여 얼음물을 뒤집어쓰거나 100달러를 ALS 관련단체에 기부해야 한다. 공익적 캠페인임에도 자발적으로 참여해 SNS를 통해 널리 퍼졌다. 페이스북 등록된 챌린지영상은 240만 개에 이르며 2014년 8월 기준으로 모금된 액수는 우리 돈으로 1,025억 원에 이른다. 아이스버킷챌린지에 담긴 게임 요소는 릴레이, 단순 호기심 자극, 도전, 성취, 재미 등이다.

(6) 상업 영역

영어학습 전문 교육기업 스픽케어(Speakcare)의 '스피킹맥스'(Speaking max)는 원어민과의 영상교육 형식으로 진행하며 음성분석시스템을 통해 발음을 교정해주는 교육 프로그램이다. 또한 '열정레이싱'이라는 게임 콘텐츠를 접목해 학습 능력치를 게임 레벨과 동일시해 공부를 게임화했다. 일정 수준의 학습량을 달성하거나 우수자에게 아이템이나 상품을 지급한다. 이로 인해 2014년 2월 기준 홈페이지 방문 수는 6백만 명 이상이며, 소셜커머스 교육부문 판매 1위를 기록했다. 스피킹맥스에 담긴 게임 요소는 포인트, 보상, 문제풀이 형식 등이다.

8. 게임 브랜디드 콘텐츠 기획　　　How to say

1) 게임광고의 접근성, 개인과의 관련성을 높여라

게임광고가 인기 있는 이유는 매스미디어와 타깃미디어의 장점을 함께 갖기 때문이다. 온라인게임 인구가 감소한다고는 하나 약 1,800만 명이나 되는 사용자가 게임을 즐기는데다, 각 게임별로 연령과 성별이 구별되니 원하는 타깃에 접근하기 쉽다는 장점이 있다.

반면, 게임광고가 성공하기 위해서는 게임에 등장하는 제품과 게임이 서로 관련성이 있어야 한다. 예컨대 자동차 액세서리 제품은 축구 게임보다 자동차 경기 게임에 어울릴 것이다.

2) 쉽게 참여할 수 있는 모든 방법을 동원하라

쉬운 것이 효율적이다. 게임이 인터랙티브 광고소재로 유용한 이유는 쉽게 소비자를 끌어들여 브랜드를 경험하도록 만들기 때문이다. 게임광고를 기획할 때 염두에 두어야 할 점은 ① 게임은 물론 광고의 비주얼 완성도가 게임의 흥미와 몰입을 방해하지 않아야 하며, ② 게임의 참여방법 등을 이용자가 직접 선택함으로써 게임 참여가 자유롭고 흥미로워야 하며, ③ 난이도를 단계별로 나누어 도전욕구를 자극해야 하며, ④ 게임과 제품 간의 관련성 등이 적절히 갖추어져야 한다(한민옥, 2008. 6. 11).

3) 영상을 활용하고 교육을 얹어라

흥미가 없는데 창의성이 생길 수 없다. 청소년의 흥미를 끌어내는 좋은 방법은 게임과 함께 영상을 제공하는 것이 중요하다. 교육과 엔터테인먼트의 결합, 이른바 '에듀테인먼트'이다. 흥미 있는 영상이 되기 위해서는 교육적 목표를 반영한 스토리텔링이 필요하다. 교육적 가치를 가질 때 부모가 움직인다.

4) 개인화에 집중하라

게임업체 간 경쟁이 치열해지면서 단순히 그래픽, 타격감 등 기존의 구성요소와 차별화할 수 있는 새로운 요소도입이 늘어난다. 이처럼 앞으로 게임 콘텐츠는 점점 개인화될 전망이다. 게임 연령층도 다양해진다. 기존의 게임은 10대와 20대의 젊은 연령층이 즐겼다. 사람들의 취미와 생활도 한정되었고 수준도 비슷했다. 그러나 모바일 시대에 들어서면서 게임은 남녀노소 누구나 즐길 수 있는 대상이 되었다. 사용자 간의 이용행태도 다르고 수준도 벌어지기 시작했다.

이는 게임을 이용한 광고 타기팅에 중요한 의미를 갖는다. 단순히 게임 내 콘텐츠의 차별화뿐 아니라, 게임을 이용하는 사람의 성향을 파악해 개인화된 메시지를 제공할 필요가 생겼다. 예컨대 레벨, 게임숙련도, 해결할 과제의 수준, 나아가 개인별 선호하는 게임 진행방식, 이용시간 등을 파악하고 그 맥락을 반영한 광고 메시지를 수립해야 한다. 이를 위해 빅데이터, 인공지능 등 개인화된 기술도입이 필요하다.

5) 기능성 게임의 활용성을 높이는 방법

기능성 게임의 효용성에도 불구하고 실제 실적은 미미한 수준이다. 한국콘텐츠진흥원의 자료에 따르면 기능성 게임을 통해 실적을 거둔 사업체가 14% 정도라고 한다. 이유는 게임의 가치를 살리지 못하기 때문이다. '기능성'이라는 꼬리표가 붙는 순간 재미없는 게임이 되고 타깃도 제한된다. 그러나 기능성 이전에 게임이어야 한다. 게임의 본질적 요소인 재미를 담아내지 못하고 특별한 목적을 담아내는 데만 집중해서는 생명이 짧다. 기능성 게임의 활용성을 높이기 위한 제안점은 다음과 같다(한국콘텐츠진흥원 산업정책개발실, 2015).

(1) 게임의 질을 업그레이드하자

기능성 게임도 게임이다. 사용자의 관점에서는 '게임'이라고 보기 어려운 정도의 단순(교육용) 콘텐츠를 기능성 게임으로 부르는 경우가 많다. 게임다운 콘텐츠, 시장을 매료시킬 만한 콘텐츠 개발이 시급하다. 사용의 용이성은 물론 영상과 내러티브 등 콘텐츠의 질적 측면이 먼저 보강되어야 한다. 이를 위해 시장의 발전을 위한 장기적 투자가 필요하다. 또한 기능성 게임 개발사가 안정적으로 게임을 개발할 수 있도록 지원체계를 갖추어야 한다.

(2) 기존 게임에서 기능을 찾아보자

기능성 게임의 기능적 측면에만 사로잡혀서는 좋은 콘텐츠로 발전하기 어렵다. 2014년 마이크로소프트가 〈마인크래프트〉의 개발사 모장(Mojang)을 25억 달러라는 거금에 인수한 사례는 시사점을 제공한다. 〈마인크래프트〉는 기능성 게임은 아니지만 게임 속에 자연스럽게 녹아든 '기능'의 가치를 알아본 것이다.

그 밖에 〈앵그리버드〉에 적용된 물리법칙을 교육에 활용하는 사례도 있다. '기능'의 잠재력을 가진 기존 게임은 없는가? 질 높은 게임 콘텐츠가 될 때 기능성 게임의 기능도 제대로 된 역할을 할 수 있다.

6) 데이터분석에 관한 협력이 필요하다

게임 이후, 데이터분석에 관한 방대한 협력이 필요하다. 현재 게임업체는 빅데이터나 인공지능을 가미한 게임 서비스 엔진(engine)을 개발 중이다. 방대한 양의 데이터를 분석하고 트렌드를 파악하는 일에서 개인별 분석에 이르기까지 시간과 인력이 많이 드는 작업이다. 이용자 데이터분석 등과 관련한 기술, 인력투자에 광고대행사와 관련 업계의 공조가 필요하다.

7) 게임의 사회적 기능을 활용하라

인터넷 기반의 네트워크 게임과 스마트폰 게임 앱이 확산되면서 게임은 여러 긍정적 커뮤니케이션 기능을 한다. 게임 자체에서 얻는 집단적 즐거움뿐만이 아니다. 게임은 순간적 상황대처 능력을 비롯해 심사숙고에 기반을 둔 의사결정 능력과 인지적 문제해결 능력을 길러준다. 게임은 영감을 주는 과정이기도 하다. 또한 사용자 간 소통을 확장하면서 게임 그 자체로 사회적 기능을 한다.

앞으로 게임 이용자도 아동 및 청소년층에서 점차적으로 확대되어 성인의 정신적 유희활동으로 부상할 것이며, 특히 기능성 게임 등 공공(소셜) 목적의 커뮤니케이션 콘텐츠로서 그 활용도가 크게 증대될 전망이다. 게임의 창조적이고 생산적인 가치는 무한하다. 게임광고나 PPL 등 상업적 수단뿐 아니라 공익적 관점에서의 활용성을 높여 새로운 공공 커뮤니케이션 문화로 정착될 수 있도록 많은 투자와 지원이 있어야 한다. 이를 위한 기업과 정부의 컬래버레이션이 절실하다.

전망이론과 프레이밍 효과

전망이론(*prospect theory*)은 메시지 프레이밍 방식에 따라 사람들의 의사결정 및 설득효과가 다르게 나타남에 초점을 둔다. 메시지 프레이밍(*framing*)이란 메시지를 바라보는 틀(*frame*, 관점으로 이해하면 된다)을 어떻게 만드느냐를 말한다. 예를 들어 '현금으로 결제시 5% 할인'이라는 메시지와 '카드로 결제시 5% 수수료부과'라는 메시지에서 전자를 더 매력적으로 느낀다.

전망이론의 주요 개념으로 손실회피 성향(혹은 손실 프레이밍)을 든다. 이익과 손실 측면을 비교함에 이익이 예상되는 상황에서는 안전한 대안을 선택하고(위험회피), 손해가 예상되는 상황에서는 아주 작은 이익이라도 얻을 수 있는 성향(위험추구)을 보이는 것을 말한다.

또 하나 중요한 개념은 의사결정 가중치 함수이다. 이는 기대가치를 산출함에서 주관적 확률을 적용하는 경우로서 확률이 낮은 대안보다는 확률이 높은 대안을 선호하며 이렇게 선택한 대안의 발생가능성을 보다 확실한 방식으로 프레이밍하는 경우이다(김은혜·조수영, 2013).

전망이론은 동일한 가치를 어떻게 프레이밍하느냐에 따라 사람의 행동이 달라질 수 있다는 점에서 메시지 '프레이밍 효과'를 강조한다. 손실 프레이밍 메시지가 이익 프레이밍 메시지보다 상대적으로 효과가 높다는 연구들이 그러하다(예를 들어, Meyerowitz & Chaiken, 1987).

한편 이병관과 윤태웅(2012)의 연구에서는 공익광고에 대한 태도가 부정적으로 프레임된 메시지보다 긍정적으로 프레임된 메시지에서 더 호의적인 반면, 행동의도는 긍정적으로 프레임된 메시지보다 부정적으로 프레임된 메시지가 더 효과적인 것으로 나타났다. 이에 근거할 때, 기능성 게임을 통한 설득 커뮤니케이션 과정에서 부정적으로 프레임된 경우(예를 들어, 금연 기능성 게임에서 점수가 낮으면 질병이나 사망)와 긍정적으로 프레임된 경우(예를 들어, 높은 점수를 획득할수록 건강기능 증진) 간에 어떠한 효과 차이가 있는지 살펴볼 수 있다.

생각해 볼 문제

1. 생활 속에서 경험한 게임화 사례를 하나 들고 게임적 요소를 찾아보자.

_____

_____

_____

2. 게임의 원리는 무엇인가? 게임화 개념을 찾아 응용해 보자.

_____

_____

_____

3. 게임 브랜디드 콘텐츠의 효과에 영향을 주는 요인은 어떠한 것이 있는지 생각해 보자.

_____

_____

_____

4. 게임 브랜디드 콘텐츠가 갖는 일반적인 단점 또는 개선점은 무엇인지 생각해 보자.

_____

_____

_____

참고문헌

권용만 (2014). "게임의 정의 및 속성에 관한 연구". 〈한국컴퓨터게임학회 논문지〉, 27권 4호, 221-227.

김은혜·조수영 (2013). "메시지 프레이밍과 수용자의 미래지향적 성향이 건강메시지 설득효과에 미치는 영향: 전망이론의 적용". 〈홍보학연구〉, 17권 3호, 77-119.

김정태 (2015a). 《게임의 역사와 이해: 게임의 인문학에서부터 게이미피케이션까지!》. 서울: 홍릉과학출판사.

_____ (2015b). "'게이미피케이션 PX(플레이어 경험)'을 위한 '게임의 인문학' 연구". 〈한국컴퓨터게임학회 논문지〉, 28권 2호, 221-230.

김종우·김상욱 (2014). "게임요소가 재미와 몰입에 미치는 영향". 〈한국엔터테인먼트산업학회 2014 추계학술대회 논문집〉.

성윤숙 (2003). "청소년의 삶의 질과 온라인 게임 이용동기 및 결과에 관한 연구". 〈아동학회지〉, 24권 2호, 93-108.

이동엽 (2011). "게이미피케이션의 정의와 사례분석을 통해본 앞으로의 게임시장 전망". 〈디지털디자인학연구〉, 11권 4호, 449-457.

이혜림·우정현·박만수·이대영·정의준 (2014). "게이미피케이션 사례분석을 통한 효과적 개발방향 연구: 게임 메커닉과 다이내믹 개념을 중심으로". 〈한국컴퓨터게임학회 논문지〉, 27권 1호, 141-151.

전경란 (2014). 《디지털 게임이란 무엇인가》. 서울: 커뮤니케이션북스.

최동성·김호영·김진우 (2000). "인간의 인지 및 감성을 고려한 게임 디자인 전략". 〈Asia Pacific Journal of Information Systems〉, 10권 1호, 165-187.

한국게임산업개발원 (엮음) (2006). 《게임과 광고의 비즈니스 모델에 관한 연구: 게임 내 PPL 광고 비즈니스 모델》. 서울: 한국게임산업개발원.

한국콘텐츠진흥원 산업정책개발실 (2015). 《2015 대한민국 게임백서》. 나주: 한국콘텐츠진흥원.

한민옥 (2008. 6. 11). '게임 내 광고' 시장 가파른 상승세. 〈디지털타임스〉. 5면.

An, C., & Pfau, M. (2004). The efficacy of inoculation in televised political debates. *Journal of Communication*, 54(3), 421-436.

Charsky, D. (2010). From edutainment to serious games: A change in the use of game characteristics. *Games and Culture*, 5(2), 177-198.

Crawford, C. (1984). *The art of computer game design*. Berkeley, Calif: Osborne/McGraw-Hill.

DeSteno, D., Petty, R. E., Rucker, D. D., Wegener, D. T., & Braverman, J. (2004).

Discrete emotions and persuasion: The role of emotion-induced expectancies. *Journal of Personality and Social Psychology*, 86(1), 43.

Emmons, R. A., & McAdams, D. P. (1991). Personal strivings and motive dispositions: Exploring the links. *Personality and Social Psychology Bulletin*, 17(6), 648-654.

Heeter, C. (1989). Implications of new interactive technologies for conceptualizing communication. In J. Savaggio, & J. Bryant (Eds.), *Media use in the information age: Emerging patterns of adoption and consumer use* (pp. 53-75). Hillsdale, NJ: Erlbaum.

Heeter, C. (2000). Interactivity in the context of designed experiences. *Journal of Interactive Advertising*, 1(1), 3-14.

Klimmt, C. (2009). Serious games and social change: Why they (should) work. In U. Ritterfeld, M. J. Cody, & P. Vorderer (Eds.), *Serious games: Mechanisms and effects* (pp. 248-270). New York: Routledge.

Klimmt, C., Schmid, H., Nosper, A., Hartmann, T., & Vorderer, P. (2006). How players manage moral concerns to make video game violence enjoyable. Communications, 31(3), 309-328.

Kücklich, J. (2001). Literary theory and computer games. In Proceedings of the First Conference on Computational Semiotics for Games and New Media (COSIGN).

Larsen, R. J., & Ketelaar, T. (1991). Personality and susceptibility to positive and negative emotional states. *Journal of Personality and Social Psychology*, 61(1), 132.

Lazzaro, N. (2004). *Why we play games: Four keys to more emotion without story.* In Game Developers Conference.

Lindley, C. A. (2002). The Gameplay Gestalt, Narrative, and Interactive Storytelling. In CGDC Conf.

_____ (2005). The semiotics of time structure in ludic space as a foundation for analysis and design. *Game Studies*, 5(1), 1-5.

Meyerowitz, B. E., & Chaiken, S. (1987). The effect of message framing on breast self-examination attitudes, intentions, and behavior. *Journal of Personality and Social Psychology*, 52(3), 500-510.

Moyer-Gusé, E., Chung, A. H., & Jain, P. (2011). Identification with characters and discussion of taboo topics after exposure to an entertainment narrative about sexual health. *Journal of Communication*, 61(3), 387-406.

Russell, J. A. (1980). A circumplex model of affect. *Journal of Personality and Social Psychology*, 39(6), 1161-1178.

Simões, J., Redondo, R. D., & Vilas, A. F. (2013). A social gamification framework for a K-6 learning platform. *Computers in Human Behavior*, 29(2), 345-353.

Slater, M. D., & Rouner, D. (2002). Entertainment-education and elaboration likelihood: Understanding the processing of narrative persuasion. *Communication Theory*, 12(2), 173-191.

Staw, B. M., Bell, N. E., & Clausen, J. A. (1986). The dispositional approach to job attitudes: A lifetime longitudinal test. *Administrative Science Quarterly*, 56-77.

Watson, D., & Clark, L. A. (1984). Negative affectivity: The disposition to experience aversive emotional states. *Psychological Bulletin*, 96(3), 465.

Wouters, P., Van der Spek, E. D., & Van Oostendorp, H. (2009). *Current practices in serious game research: A review from a learning outcomes perspective* (pp. 232-255). Games-based learning advancements for multisensory human computer interfaces: Techniques and effective practices.

Yan, C., Dillard, J. P., & Shen, F. (2010). The effects of mood, message framing, and behavioral advocacy on persuasion. *Journal of Communication*, 60(2), 344-363.

Zyda, M. (2005). From visual simulation to virtual reality to games. *IEEE Computer*, 38(9), 25-32.

제 13 장

1인 미디어·영상
브랜디드 콘텐츠

1. 새로운 비즈니스 모델, 1인 미디어   `Why to say`

　고객관계관리 개념이 중요해짐에 따라 인터랙티브 미디어를 이용한 커뮤니케이션 활동이 활발해졌다. 이와 관련해 인터랙티브 광고는 온라인 커뮤니케이션에서 다양한 콘텐츠를 통해 기업 및 브랜드와 이용자의 직·간접적 커뮤니케이션이 중요해졌다.

　전통적인 블로그를 비롯해 UCC와 1인 방송 등을 게재하는 유튜브 등과 관련 미디어 플랫폼의 역할도 커졌다. 이에 더해 브랜드 카페, 게임 등 소셜미디어와 연계된 공익적 캠페인 혹은 PR 커뮤니케이션 등도 CRM의 주요 수단이 되었다. 1인 미디어를 비즈니스화하려는 노력이 한창이다.

　1인 미디어는 인터넷 공간 속에 나의 사적 공간인 동시에 타인에게 자신을 드러내는 공간이기도 하다. 개인은 과거 매스미디어를 통해서 충족시켰던 정보추구, 오락 등의 욕구를 이제 1인 미디어를 통해서도 충족할 수 있게 되었다. 특히, 방문자 수가 수백만 명인 파워블로거가 등장하는 등 1인 미디어 네트워크가 성장함으로서 1인 미디어의 힘은 날로 증가한다.

　이렇게 1인 미디어가 주목받게 된 가장 큰 이유는 그간 매스미디어의 전유물로 여겼던 정보생성 및 유통권한을 네티즌도 가지게 되었기 때문이다. 이제 블로그, 방송과 같은 1인 미디어를 통해 누구나 정보 발신자이자 수신자로 활동하는 다수 대 다수의 새로운 커뮤니케이션 모형이 구현되며 이러한 1인 미디어의 성장은 사회 여러 분야에서 변화를 일으킬 것이다. 광고와 브랜드 커뮤니케이션 담당자가 주목하는 가장 뜨거운 영역이 된 것이다.

2. 1인 미디어의 정의 What to say

1인 미디어란 블로그, 미니홈피 등 네티즌이 직접 꾸미고 참여해 자신만의 트렌드를 추구할 수 있는 채널을 말한다. 최근 〈마이 리틀 텔레비전〉 등 1인 미디어를 접목한 새로운 형식의 예능 프로그램의 인기가 뜨겁다. 1인 미디어의 힘은 '팬덤'(fandom)에서 시작되었다. 인기 있는 채널의 경우 수천만 명의 팬을 거느릴 정도이다.

현재 세계적으로 연간 10만 달러(1억 1, 400만 원 정도) 이상의 수익을 창출하는 유튜브 채널이 수천 개(2015. 5)에 이른다. 파웰(Dave Powell) 아시아태평양 유튜브 디렉터는 "밀레니엄 세대[1]는 기존 광고에 크게 영향을 받지 않는다. 자신이 호감을 갖거나 믿을 만한 곳의 정보만 찾기 때문에 유튜브가 인기"라고 말한다. 이런 이유 때문에 앞으로 기업과 1인 미디어의 협업이 활발해질 것이다.

1인 미디어 광고는 광고계에 큰 변화를 초래한다. 과거 매스 커뮤니케이션 중심의 사회에서 수동적 정보수용자였던 개인은 새로운 미디어 환경에서 정보의 송신자이자 전달자로서의 역할을 할 수 있다. 특히, 1인 미디어에 광고가 집행됨으로써 개인은 광고집행 과정에서 미디어로서 적극 참여할 수 있고 이를 통해 커뮤니케이션과 마케팅 환경에서 새로운 능동성을 확보할 수 있다.

---

1 Millennial Generation: 1978년 이후 출생한 세대를 가리킨다. 모바일 기기를 이용한 소통에 익숙한 사람이기도 하다.

표 13-1 2015 최고수익 유튜브 채널 TOP10

〈포브스〉 선정

1위	퓨디파이(PewDiePie)	137억 원	게임 실황 중계
2위	스모쉬(Smosh)	97억 원	2명이 함께 운영하는 코미디 동영상 채널
	파인 브라더스(Fine Brothers)	97억 원	형제가 운영하는 엔터테인먼트 채널
4위	린지 스털링(Lindsey Stirling)	68억 원	바이올린 연주 영상 제작
5위	레트 앤 링크(Rhett & Link)	51억 원	일상적인 대화 채널
	KSI	51억 원	게임 실황 중계
7위	미셸 판(Michelle Phan)	34억 원	뷰티 1인 BJ
8위	릴리 싱(Lilly Singh)	28억 원	코미디, 음악 동영상 제작
	로만 앳우드(Roman Atwood)	28억 원	장난 동영상, 몰래카메라 등 제작
	로산나 판시노(Rosanna Pansino)	28억 원	요리 영상 제작

주: 2015년 6월 환율 기준으로 계산함.
출처: 심성욱·김운한·신일기(2011).

3. 블로그 마케팅

기업(브랜드) 블로그가 변화한다. 자사의 콘텐츠와 소비자가 올린 콘텐츠를 병행해 고객과 우호적 관계를 유지하려거나 전문 리뷰 형식을 채택해 소비자와의 열린 소통을 지향한다. 상호작용적 운영이 훨씬 강화되는 것이다. 이를 위해 상호작용적 프로그램과 콘텐츠가 늘었고 고객의 참여와 관심도 커졌다. 그래서 최근 많은 기업이 홈페이지보다는 블로그를 운영하고 관리하는 데 더 많은 노력을 기울인다.

네이버의 경우 파워블로그 선정제도가 종료되었지만 파워블로거를 홍보대사로 임명하거나 블로거 체험단을 운영하기도 한다. 블로그는 트랙백과 댓글, 이용자 후기 등으로 대고객 커뮤니케이션을 원활히 할 수 있으며 고객과 고객 간의 커뮤니케이션, 즉 구전에도 긍정적 영향을 미칠 수 있기 때문이다.

블로그는 대표적인 1인 미디어로서 현대의 바이럴 마케팅에서 적극적으로 활용하는 중요한 커뮤니케이션 도구(혹은 미디어)이다. 바이럴 마케팅을 위한 커뮤니케이션은 고객이 마케팅 메시지를 확산하고 제품이나 서비스를 주위에 알리는 '자발적 대변인' 역할을 하도록 유도한다. 또한 소비자에게 신뢰를 주는 등 긍정적 관계를 구축하고 유지하는 데 중요한 역할을 한다. 소비자가 직접 생산한 정보라는 인식이 있기 때문에 소비자의 설득지식이 활성화되거나 사용될 가능성이 적어지기 때문이다. 한편 블로그를 통한 고객관계관리 전략을 'BR'(Blog Relation)로 표현하기도 한다.

1) 블로그 마케팅의 성공사례

초기 포털사이트 블로그는 검색 서비스의 콘텐츠 DB로 활용(검색이용자로 인한 외형적 성장)되었다가 후에 블로거의 콘텐츠 생산이 급속히 증가했다. 포털의 일반적인 개인블로그는 정체된 반면, 티스토리나 네이트온과 연계된 이글루스 등 자신의 개성을 표출하기 쉬운 전문블로그가 선호된다.

블로그 마케팅의 효과(태도, 구매의도)를 높이기 위해서는 파워블로거의 신뢰요소가 매우 중요하다. 특히, 블로그에 대한 신뢰를 높이기 위해서는 콘텐츠의 범위, 정확성, 유일성, 링크, 표기수준 등 콘텐츠의 품질 관련 측면이 중요하다.

한편 블로그의 콘텐츠 속성과 별개로 블로그의 정보원천, 즉 운영주체가 기업이냐 개인이냐에 따른 소비자의 반응에는 차이가 없다는 연구결과도 있다. 이는 일반적인 1인 미디어로서 개인의 영향력 못지않게 기업이 운영하는 블로그의 영향력도 무시할 수 없음을 시사한다.

(1) 나이키의 브랜드블로그

나이키는 전 세계적으로 브랜드블로그를 통해 다양한 관계 마케팅 활동을 펼친다. 별도의 홈페이지가 있지만 블로그의 콘텐츠에 대한 반응이 뜨겁다. 시의성 있는 다양한 테마로 운영하는데, 한국의 경우 런클럽서울(Run Club Seoul) 및 나이키 우먼 마라톤 등 나이키 행사와 관련한 소비자의 경험이 소개되었다. 일상생활에서 전문 러닝 프로그램을 경험할 수 있는 다양한 정보를 소개함으로써 고객과의 관계를 구축한다. 페이스북, 트위터, 드롭박스로 연결해 더 많은 자료를 보도록 했다.

그림 13-1 나이키의 브랜드블로그

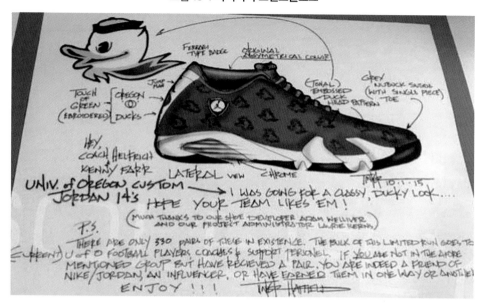

(2) DHL 브랜드블로그

많은 브랜드블로그처럼 브랜드블로그와 개인블로그를 동시에 운영, 관리하기도 한다. 이때, 브랜드블로그는 브랜드와 관련된 콘텐츠를 올릴 수 있는 '플랫폼'의 역할을 하며, 개인블로그는 개인 관심사 콘텐츠를 등록함으로써 소비자가 진정성 있는 정보를 나누고 얻어갈 수 있다. 브랜드블로그에 대한 이용자 유입을 늘리기 위해 상시 이벤트를 진행한다.

(3) 풀무원의 브랜드블로그

풀무원의 브랜드블로그 "'아주 사적인' 이야기"는 제품을 직접 홍보하지 않고 간접적으로 리뷰하는 형식으로 메뉴가 구성되었다는 점이 특징적이다. 브랜드블로그이지만 전문리뷰 블로그를 지향한다. 리뷰 등의 형식으로 글을 게재해 최대한 열린 소통을 추구하면서 간접적으로 제품을 홍보한다. 소비자의 상품평은 중요한 콘텐츠이자 브랜드와 소통하고 우호적 관계를 유지하는 미디어가 된다.

그림 13-2 풀무원의 브랜드블로그

2) 전문리뷰 블로그

스포츠, 자동차, 음악, 여행, 군사, 뷰티, 컴퓨터, 문화 콘텐츠 등 다양한 분야에서 전문블로그가 운영된다. 분야별로 다르지만 패션, 뷰티 부문 파워블로그에 선정된 블로거의 이웃 또는 구독자 수는 약 5천 명에서 8만여 명까지 이른다.

예를 들어, 음악 전문블로그 '그늘진 낙원'(http://bonik. me)은 회원 수는 적지만 음악에 관한 다양한 전문지식을 바탕으로 한 콘텐츠 파워가 뛰어나다. 전문지식을 바탕으로 하되 소비자의 시각에 맞춰 콘텐츠를 구성했다. 초보자를 위한 콘텐츠뿐만 아니라 전문가를 위한 심도 있는 콘텐츠로 다양한 구독자를 만족시키며 PV도 꾸준히 늘어난다.

전문블로그의 장점과 단점은 다음과 같다.

장점으로는 ① 진입장벽이 높은 만큼 차별화에 유리하다. ② 입소문 효과가 높다. ③ 구독자를 모을 수 있다. ④ 콘텐츠 파워를 바탕으로 브랜드 가치 창출이 쉽다.

그림 13-3 **미용정보서비스 '언니의 파우치'**

출처: www.unpa.me

단점으로는 ① 글의 주제에 제약을 받는다. ② 키워드가 한정적이기에 검색 유입이 힘들다. ③ 검색보다는 독자 위주로 운영된다. ④ 상업화로 영향력이 약화될 수 있다.

최근에는 블로그 홍보의 상업화와 파워블로그의 영향력 쏠림 현상이 심한 점 등과 같은 부작용도 있다. 이로 인해 리뷰 플랫폼을 모바일(앱)으로 끌어들이는 등 플랫폼 전략을 새롭게 하는 사례가 늘어난다. 이는 곧 소셜미디어의 기능을 확대하는 셈이다. 채널(미디어)에 대한 신뢰도를 높임으로써 커뮤니케이션의 진정성을 높이고 소비자의 신뢰를 얻는다는 전략이다.

화장품 사용자 사이에 인기 있는 '언니의 파우치'도 한 예이다. 화장품 사용자가 직접 쓰는 후기를 핵심으로 '좋아요' 단추나 태그 기능 등을 통해 즉각적 소통을 유도한다. 마치 페이스북 브랜드 페이지처럼 브랜드 페이지가 개설되었으며 잘 알려진 화장품 브랜드에 대해 브랜드 페이지를 구축하고 앱 내에서 회원을 대상으로 이벤트를 개최하는 등 이른바 버티컬(vertical) 플랫폼 전략을 구사한다(권혜미, 2015). 온라인과 모바일 앱 등으로 플랫폼을 확장해 콘텐츠에 대한 소비자의 신뢰도가 높다.

4. UCC

1) UCC의 개념 및 의미

UCC(*user created contents*)는 말 그대로 보통사람이 직접 콘텐츠의 생산활동에 참여하는 것으로 UGC라고도 한다.[2] 그동안 매체 수용자(이용자)에만 머물던 보통사람이 직접 제작자가 되어 주변에서 일어나는 일을 기록하고 인터넷에 올려 손쉽게 공유한다. UCC는 엄청난 파급력을 가졌다. 최근에는 블로그, 카페, SNS 등 개인적인 미디어가 보편화되면서 UCC를 퍼가는 일이 일상화되었고 퍼가는 속도도 무척 빠르다.

또한 UCC는 휴먼미디어이다. 우리 주변 이웃의 이야기이고 자신과 같은 관점에서 제작된 콘텐츠이기 때문에 기존의 매스미디어에서 상대적으로 느끼기 어려웠던 인간적인 면이 녹아들었다.

지금까지 매체를 통한 광고나 홍보는 주로 대기업의 전유물이었다고 해도 과언이 아니다. 그러나 이제 개인은 UCC를 통해 광고주로서 저렴한 비용으로 매체에 광고할 수 있다. 즉, 판매자 제작 콘텐츠(*seller created contents*·SCC)를 통해 자기가 파는 제품 또는 서비스를 알리는 콘텐츠를 직접 제작해 인터넷을 통해 홍보하기가 쉬워졌다. 재미있고 창의적으로 제작된 SCC는 인터넷 홈쇼핑 채널, 동영상 UCC 사이트, 카페, 블로그 등을 통해 순식간에 수많은 사람에게 전달된다.

2) 특성

디지털미디어 시대의 커뮤니케이션 환경에서는 기존 커뮤니케이션 패러다임에서의 미디어에 대한 개념을 수정하게 한다. 새로운 커뮤니케이션 환경에서는 개인이 블로그 등 1인 미디어를 운영한다. 개인은 이와 같은 미디어를 통해 본인이 생산한

---

2 "1) UCC의 개념 및 의미"와 "2) 특성"은 최민욱과 김운한(2013)의 책을 참고했다.

콘텐츠(UCC, UGC)를 올리거나 타인이 생산한 콘텐츠를 올리고 이렇게 올린 콘텐츠
는 블로그를 방문하는 다른 개인이 보고 이를 퍼가기도 한다.

이러한 1인 미디어는 콘텐츠의 확산속도와 그 파급력에서 엄청난 위력을 발휘한
다. 1인 미디어가 다루는 콘텐츠는 오락, 정치, 경제, 사회, 문화 등 모든 분야를 망
라한다. 상업적 커뮤니케이션 분야에서도 일반 소비자가 콘텐츠를 직접 제작하고 메
시지를 전달하는 미디어 역할을 한다.

한편 UCC, 블로그와 같은 미디어는 커뮤니케이션 과정에서 수용자의 참여의지를
확장시키면서 미디어를 '재현 매체'(representational media)에서 '표현 매체'(presen-
tational media)화한다. TV 등 전통매체는 재현매체의 성격이 강한 반면, SNS, 블로
그, UCC 등 미디어는 개인의 표현성을 극대화하는 기제를 갖춘 표현촉진적 서비스
라고 할 수 있다. 기존의 선형적이고 일방적 커뮤니케이션 환경에서 수동적 수신자
의 위치에 머물렀던 개인은 디지털미디어 환경에서 블로그 등 개인미디어를 통해 자
신이 생산한 콘텐츠를 전달한다.

3) 유형

(1) 공중파 방송 + 인터넷 1인 방송

인터넷 1인 방송은 카메라와 마이크 등 간단한 장비로 PC, 스마트폰, 태블릿 PC
등을 이용해 실시간 방송을 할 수 있는 대표적인 1인 미디어이다. 웹이나 모바일을
통해 실시간 스트리밍 혹은 주문형(VOD) 방식으로 동영상 서비스를 제공한다.

1인 BJ(broadcasting jockey · 크리에이터)는 아프리카 TV나 유튜브, 다음카카오, 네
이버, SNS 등을 통해 자신이 제작한 프로그램을 내는 한편, 대화창이 떠 실시간으로
대화를 주고받으며 쌍방향 방송을 할 수 있다. 먹방, 쿡방, 게임, 증권, 인생상담,
스포츠중계, 공부, 뷰티 등 방송 콘텐츠에 제한이 없다.

대표적 사례로 MBC의 〈마이 리틀 텔레비전〉, 네이버 TV 캐스트의 〈해피 투게
더〉가 있다. 〈마이 리틀 텔레비전〉의 경우, 전문가나 TV 스타가 출연해 각자 자신만

그림 13-4 〈마이 리틀 텔레비전〉의 자사 ID 광고

의 콘텐츠를 가지고 자신이 선택한 방에서 인터넷 방송(다음 tv팟)을 진행해 가장 높은 시청률을 기록한 출연자에게 우승자 배지를 부여한다. 우승자는 다음 생방송까지 우승자 벨트를 소유할 수 있다.

(2) UCC 자체

방송이 아닌 UCC 자체를 브랜드 광고나 홍보수단으로 활용하는 경우이다. 유명한 1인 BJ를 활용해 영상을 직접 제작하거나 해외광고를 더빙한다.

(3) 동영상(바이럴 영상)

기업이 UCC 형태의 동영상을 제작해 활용하는 경우를 말한다. 이른바 바이럴 영상이 이에 해당한다. 앞서 소개한 가수 현철이 등장하는 KDB 대우증권, 비락식혜 등 다양한 사례가 있다.

(4) 브랜드채널 개설 및 운영

SNS를 이용해 브랜드 담당자가 직접 지점 정보나 프로모션 배너 등을 관리할 수 있는 서비스를 말한다. 네이버, 카카오스토리(Kakao Story), 유튜브, 페이스북 등에서

그림 13-5 마몽드 유튜브 브랜드채널

동영상, 상품정보 등의 채널이 운영된다. 출처: youtube.com/mamonde

다양한 채널이 운영된다. 예컨대, 네이버의 경우 '네이버 지도'를 이용해 프랜차이즈 브랜드의 위치나 매장정보, 이벤트 등의 정보를 제공한다. 브랜드채널은 보통명사로 미국 뉴욕에 본사를 둔 브랜드 컨설팅 회사인 '인터브랜드'(Interbrand)에서 운영하는 브랜드채널(brandchannel.com)과는 차이가 있다.

(5) UCC ICF

ICF란 동영상 UCC 앞뒤 등에 걸리는 인터랙티브 영상광고(*interactive CF · ICF*)를 말한다. 온라인을 위한 별도의 CF로 제작 집행된다. 예를 들어, 곰TV의 경우 영화나 유료구매 콘텐츠, 즉 RMC(*ready made contents*)인 경우에 주로 사전 광고와 사후 광고를 삽입하고 다음 tv팟은 동영상 틀에 광고주의 로고를 노출하는 형태의 광고를 운영한다. 이벤트 자막이나 해당 사이트로의 이동을 유도하기도 한다.

5. 개인채널에서 네트워크로: MCN

1) MCN의 정의

MCN(*multi channel network*: 다중 채널 네트워크)이란 인터넷 1인 방송을 양성하고 지원, 관리해 이윤을 창출하는 사업 모델을 말한다. 개인 창작자(1인 BJ)가 많아지면서 이들에게 각종 교육 프로그램과 콘텐츠 전략, 광고영업 등의 서비스를 지원하는 'MCN'이라는 신생 비즈니스 모델이 생겨나 확산 중이다. 일종의 스타 1인 미디어를 위한 기획사이다. 개인을 네트워크로 엮어 더 큰 시너지효과를 내는 것이 목적이다. 현재 미국과 유럽 등에서 큰 관심을 받는 사업모델로 이미 수많은 업체가 성업 중이다. 경쟁력 있는 업체는 타임워너와 RTL그룹(RTL Group), 컴캐스트(Comcast) 등과 같은 전통적인 거대미디어로부터 거액을 투자받기도 했다.

국내의 경우 아프리카TV와 CJ E&M이 시장 선도자로 활동하며, 1인 BJ를 양성하고 영입한다. 2015년부터 '메이크어스', '트레저 헌터', '샌드박스 네트워크', '비디오빌리지' 등 다양한 색깔을 가진 MCN 스타트업이 가세하는 중이다. KBS도 자체 MCN인 예띠 스튜디오(Yettie Studio)를 설립해서 1인 BJ 육성에 노력을 기울이는 중이다. 결국 콘텐츠 산업의 주인은 콘텐츠를 만들어내는 1인 BJ이기 때문이다.

2) MCN의 장르

(1) 1인 인터넷 방송

1인 인터넷 방송은 1인 BJ가 게임, 먹방, 광고 등을 주제로 개인 콘텐츠를 방송하는 것을 말한다. 예를 들어, 〈마인크래프트〉라는 게임의 1인 BJ로 대도서관, 양띵, 악어 등이 유명하다. 이 외에도 다양한 분야에서 수많은 BJ가 활동한다. 1인 방송을 진행하는 수많은 BJ 가운데서도 허팝, 최군, 슈기, 김이브, 영국남자, 소프, 쿠쿠크루 등 유명 BJ가 존재하며, 이들의 경우 연간 수억 원의 수입을 올리기도 한다.

그림 13-6 〈마인크래프트〉 유명 BJ 대도서관

(2) 스낵컬처, 스낵비디오

스낵컬처(snack culture)란 시간과 장소에 구애받지 않고 즐길 수 있는 스낵(snack)처럼 출퇴근 시간이나 점심시간 등에 10~15분 내외로 간편하게 문화생활을 즐기는 문화 콘텐츠이다. 1인 콘텐츠 창작자가 제작한 스낵비디오가 대표적이며 10~20대층이 경험할 만한 연애 이야기 등을 유머, 공감코드로 제작한 작품이 많다.

그림 13-7 메이크어스가 제작한 스낵비디오

이와 관련해 인터넷 콘텐츠 플랫폼 피키캐스트(pikicast.com)는 다양한 관심사를 망라한 이미지, 영상, 짧은 글 등을 제공하는 앱을 내놓았다. 콘텐츠회사인 메이크어스가 제작한 '수능 D-100일, 만약 고3이 당신에게 안아달라고 한다면?'이라는 주제로 제작한 스낵비디오는 실제의 고3 수험생이 거리로 나가 모르는 사람에게 '힘든데 안아달라'고 요청한 후 벌어지는 풍경을 3분가량의 영상에 담았다.

(3) 72초 TV

스낵컬처의 한 형태이다. 단 72초 만에 기업의 제품이나 서비스를 홍보하는 영상으로 짧은 컷의 속도감 있는 연결과 긴박한 내레이션을 통해 빠르게 전개된다. 삼성전자, 네이버, CJ E&M 등의 기업이 이들 제작자와 협업하며 시청자에게 광고에 대한 거부감을 줄여준다는 점에서 마케팅에 활용하는 사례가 늘어난다. 다음 tv팟의 경우 tv팟에서 공개한 72초 드라마 외에도 삼성전자와의 협업으로 블루투스 헤드셋 홍보영상(〈레벨U〉)을 제작하기도 했다. 다음 tv팟, 카카오TV, 모바일 앱 피키캐스트, 페이스북 관련 페이지 등에서 공개한다.

그림 13-8 다음 tv팟에 상영된 한 72초 드라마

(4) 웹드라마

웹드라마, 웹소설, 웹툰 등은 앞서 소개한 스낵컬처의 대표적 유형이다. 웹드라마는 유튜브 채널을 통해 시간과 장소에 구애받지 않고 가볍게 볼 수 있는 SNS 형식의 드라마이다. 주로 광고나 홍보 등에 기반을 둔다. 이외에 웹툰이나 웹소설 형식의 콘텐츠가 있다. 웹과 모바일 기기의 대중화로 드라마, 영화와 같은 문화콘텐츠가 늘어나

그림 13-9 〈**취업전쟁**〉

그림 13-10 〈**출출한 여자**〉

면서 모바일을 통한 대용량 동영상 콘텐츠 이용도 크게 증가할 전망이다. 기업은 기업홍보 또는 간접광고를 목적으로 다양한 웹드라마를 제작한다. 웹드라마는 TV드라마보다 제작비용이 약 6분의 1 수준이다(권혜미, 2015). 제작비용이 적은 만큼 기업은 앞으로 웹드라마를 홍보 플랫폼으로 활용하는 데 더욱 적극적일 것이다.

예를 들어, 노량진에서 취업을 준비 중인 5명의 취업준비생을 다룬 이야기인〈취업전쟁〉(2014)은 TV캐스트, 유튜브, 페이스북 등에 공식채널이 있다. 또한 이별을 달래고 자신을 변화시키는 30대 싱글녀의 '먹방'을 다룬〈출출한 여자〉(2013)도 있다. 이들 콘텐츠는 꾸준한 인기에 힘입어 시리즈로 제작된다.

한편 웹소설은 주로 소설을 웹툰 방식으로 연재하는 것을 말한다. 작품은 대개 무협만화, 로맨스, 판타지 등 장르소설이다. 웹소설 플레이어는 네이버, 다음카카오를 비롯해 문피아 등 문학포털에 있다. 웹소설의 구성은 극 전개에 따라 삽화가 들어가고 등장인물의 대화에 해당 인물의 그림을 보여준다. 인기를 끌 경우 웹소설을 원작으로 2차 창작물이 생산된다. 현재까지는 수익성이 높지 않지만 스낵컬처의 소비문화에 맞춰 모바일 콘텐츠의 제작역량을 기르고 관련 유통 플랫폼을 앞서 확보하려는 목적에서 웹소설 제작을 지속한다.

6. 1인 미디어 · 영상 브랜디드 콘텐츠 기획

최근 기업 및 브랜드의 홍보영상물에 1인칭 시점의 영상기법이 자주 등장한다. 1인 방송과 같은 개인화된 미디어 경향에 따라 콘텐츠 화법도 개인화되는 듯하다. 크리에이티브 관점에서 보면 1인 미디어는 대부분 프레젠테이션 형식의 생방송이다. 직접적인 말 걸기를 통해 리얼리티를 전달하려는 것이다. 현장감과 화면의 영상미를 더하기 위해 로드무비 등의 구성방법을 취하기도 한다. 이외에 재미를 더하거나 상호작용 측면을 강조하기 위해 타임랩스 기법이나 텍스트, 카툰 등이 자유롭게 나열된 구성도 자주 이용한다. 영상제작 기술이 발달하면서 앱 등을 통해 화면을 간편하게 편집, 유통

할 수 있어 크리에이티브가 더욱 자유로워졌다.

마케팅 관점에서 1인 미디어의 기획 및 활용 방향은 무엇일까? 대표적 1인 미디어인 블로그의 속성과 운영경향을 토대로 가늠해 볼 수 있다.

첫째, 1인 미디어가 성공하기 위해서는 무엇보다 오락적 요소를 갖추어야 한다.

이를 위해, 카테고리 자체가 관심을 끌 수 있어야 하고 콘텐츠 구성과 진행이 매력적이어야 한다. 전통적 블로그가 주로 텍스트나 사진을 중심으로 구성된다면, 1인 미디어는 동영상을 기반으로 두기에 블로그보다 오락과 흥미 요소가 많아 주목을 끌기 유리하다. 오락적 속성을 적절히 활용함으로써 블로그보다 상대적으로 부족한 정보성 측면을 보완하거나 오히려 정보전달 효과를 높일 수도 있다.

둘째, 상업화의 배신감 리스크를 줄여야 한다.

협찬이나 PPL 시 크리에이터가 주체적으로 콘텐츠를 구성하거나 편집, 진행에 간섭받지 말아야 한다. 최근 '파워블로그' 제도가 폐지되는 등 전통적 블로그 마케팅의 영향력이 사라지는데 이는 1인 미디어의 제작운영에 유의미한 시사점이다. 파워블로거 중심의 상업적 운영방식을 버리고 1인 미디어의 장점이 유지되도록 노력해야 한다. 실제 1인 미디어 크리에이터의 경우 아직 상업화로 인한 배신감이 크지 않다. 상업적 요소(주로 광고)가 콘텐츠 밖(앞)에 존재해 콘텐츠 자체 오염이 적거나, 유명 크리에이터의 경우 콘텐츠 앞에 붙는 광고를 직접 선별하기도 한다. PPL의 경우도 있으나 크리에이터가 주체적으로 선택하거나 오락적 요소가 강하면 용서된다.

셋째, 팬덤 고객을 확보하고 팬덤 고객과의 소통을 중요시해야 한다.

이를 위해 충성고객의 요구를 잘 반영한 콘텐츠가 무엇보다 중요하다. 파워블로그의 고객은 주로 냉정한 검색이용자이기에 유사시 비판자로 돌아서기 쉽다. 반면, 1인 미디어의 경우, 이른바 팬덤(*fandom*: 열광적인 애호가를 뜻하는 *fan*과 세력을 뜻하는 *dom*의 합성어) 고객이 많다. 그만큼 콘텐츠 활성화는 물론 고객이 크리에이터의 든든한 후원자가 되기도 한다. 이는 일종의 CRM의 기본이다. 새로운 고객을 찾기보다 소수의 영향력 있는 충성고객 관리에 치중하는 것이 효율적이며 고객확보에도 더 효과적이다.

맥락과 장 이론

맥락은 광고메시지의 출현 전후의 프로그램이나 기사 등의 다른 구성요소를 말한다. 광고의 맥락효과란 광고가 노출되는 환경 속에서 발생하는 광고효과, 즉 광고에 대한 지각 내용이 광고가 제시되는 상황과 조건(즉, 맥락)을 처리하는 방향에 따라 달라짐을 말한다(Schumann & Thorson, 1990). 웹 환경에서 웹 콘텐츠는 광고가 집행되는 매체환경이 된다. 실무적으로, 소비자의 광고 주목도를 높이고 긍정적 태도를 강화하기 위해 크게 두 가지 측면에서의 메시지 전략이 시도된다. 하나는 온라인 광고의 리치미디어적 특성, 즉 동영상을 비롯해 자극의 현저성이 높은 광고표현을 사용하는 것이며, 다른 하나는 광고가 제시되는 상황적 특성, 즉 맥락 요소를 활용하는 것이다. 후자의 경우, 특히 노출형 광고에서 광고혼잡에 의한 회피를 감소시키고 광고효과를 증대하기 위해 광고 주변의 기사를 맥락으로 활용함으로써 소비자와의 '관련성'을 높이려는 방안이 대표적 예이다.

한편 장 의존도란 "정보를 지각하고 이해함에 정보를 둘러싼 지각적 또는 맥락적 장에 의해 영향을 받는 정도"를 말한다. 장 의존도는 시각적 자극을 지각하는 데 많은 영향을 준다. 개인이 사물을 분석함에 주변 장(*field*)의 영향을 크게 받지 않고 분석적이며 객관적으로 지각하는 것을 장 독립적이라 하고 주변 장의 영향을 많이 받으며 자극을 주관적이며 직관적, 충동적으로 지각하는 것을 장 의존적이라 한다.

특히, 현대 커뮤니케이션에서처럼 맥락적(*contextual*) 요소가 중요시되는 상황에서 장 의존성 · 독립성 개념은 커뮤니케이션의 핵심 메시지를 수용하고 반응하는 과정에 영향을 줄 수 있다. 예컨대 장 의존적 개인은 장 독립적 개인에 비해 배경으로부터 구체적인 요소를 식별해내기에 더 어려워하며 내적 기준이나 단서를 사용하는 능력도 부족하다.

반면, 장 독립적 개인은 배경의 간섭을 무시하고 인식영역 내의 특정 요소를 쉽게 식별해내며 내적 준거점이나 단서에 의존하려는 경향이 있다.

이를 온라인 광고에 적용하면 다음과 같다. 장 의존적 이용자의 경우 웹 콘텐츠뿐만 아니라 웹 콘텐츠를 둘러싼 외부환경에도 자발적 주의를 기울일 가능성이 커 웹 콘텐츠의 맥락적 요인의 영향을 상대적으로 많이 받는다. 반면, 장 독립적 이용자의 경우 맥락에 대해 상대적으로 주의를 적게 기울이거나 맥락 요인이 광고태도에 미치는 영향력이 적을 수 있다.

생각해 볼 문제

1. 유명 1인 BJ의 성공요인은 무엇이라 생각하는가?

_____

_____

_____

2. MBC의 〈마이 리틀 텔레비전〉은 인터넷 형식을 방송에 도입한 포맷으로 많은 인기를 끌었다. 이전 사례를 참고해 〈마이 리틀 텔레비전〉과 관련한 브랜드 커뮤니케이션 아이디어를 생각해 보자.

_____

_____

_____

3. 이른바 스낵컬처가 확산되는 이유를 설명해 보자.

_____

_____

_____

참고문헌

박유진 (2007). "1인 미디어 이용자들의 자기개념과 꾸미기 아이템 이용동기에 관한 연구". 〈한국심리학회지: 소비자·광고〉, 8권 2호, 259-281.
심성욱·김운한·신일기 (2011). 《인터랙티브 광고론》. 서울: 서울경제경영출판사.
최민욱·김운한 (2013). 《디지털미디어 시대의 기업 커뮤니케이션》. 서울: 서울경제경영.

www. bloter. net
https://www. unpa. me/
www. brandchannel. com
www. pikicast. com

제 14 장

모바일·SNS
브랜디드 콘텐츠

1. 커뮤니케이션의 시작, 모바일 플랫폼 〔Why to say〕

현대 커뮤니케이션의 힘은 모바일, 모바일의 힘은 스마트폰에서 나온다. 이제 스마트폰은 의료·군사·선거·교육 같은 전문분야와 쇼핑·외식·여행 등 일상의 영역에서도 영향을 미친다. 온·오프라인 연계(O2O) 서비스와 사물인터넷의 결합으로 최첨단 스마트 라이프를 누린다. 그 핵심 매개체가 바로 스마트폰이다.

현재 우리나라 스마트폰 이용자 수는 4천만 명을 넘는다. 국민의 약 77%가 스마트폰을 매일 1시간 이상 사용한다. 눈앞에 PC를 두고도 스마트폰으로 인터넷에 접속하는 시대가 되면서 스마트폰을 중심으로 하는 모바일광고 시장이 크게 성장했다. 전체 온라인(인터넷, 모바일) 광고시장은 전체 광고시장의 3분의 1, 약 32%인 3조 2,878억 원 규모로, 특히 모바일을 중심으로 하는 성장세가 지속되리라 전망한다. 2020년이 되면 전 세계 인구의 70%가 스마트폰을 사용할 것이라는 보고도 있다. 이처럼 모바일광고가 폭발적으로 성장하면서 광고업계와 기업 모두 이른바 '모바일 퍼스트'(mobile first), 나아가 '모바일 온리'(mobile only) 시대를 대비하기 바쁘다.

이처럼 사용자가 PC를 사용하기 전에 모바일을 먼저 사용하는 시대가 되면서 모바일 환경에 적합한 새로운 사용자 경험을 창출하는 것이 비즈니스의 성패를 결정한다. 스마트폰은 언제 어디서든 원하는 물건을 구입할 수 있는 나만의 쇼핑 공간이기도 하다. 한마디로 개인만을 위한 독립매장이다. 스마트폰을 이용한 모바일커머스를 중심으로 온라인 쇼핑 풍경이 바뀐다. 마케터의 관점에서 보면 스마트폰은 고객의 지문(指紋)과 같다. 개인의 취향이나 습관, 사회적 관계 등 개인의 정체성을 단적으로 보여주기 때문이다.

모바일미디어에 기반을 둔 광고 커뮤니케이션이 성장하기 위한 조건은 무엇일까? 무엇보다 콘텐츠의 양적 성장뿐 아니라 질적 성장이 전제되어야 한다. 이러한 점에서 향후 모바일 콘텐츠에 대한 전망은 긍정적이다. 예컨대 모바일에 최적화된, 이른바 스낵컬처인 웹툰이나 웹드라마 시장이 확대되고 모바일 동영상 등 콘텐츠가 활성화되기 때문이다.

기술에 기반을 둔 광고구매 방식의 변화도 모바일 광고시장을 성장시키는 주요 동력이다. 광고구매 방식은 인력에 의한 방식에서 벗어나 프로그램에 의한 RTB(real time-bidding) 방식으로 확대, 전환될 예정이다. 모바일광고 타기팅 기법의 고도화도 예상되는데 타기팅의 정확성이 높아지면서 모바일 타깃 광고가 더욱 확대될 전망이다. 참고로 모바일 타깃 광고의 단가는 기존 대비 10~20% 높은데 이는 사이트 타깃(site target)이 아닌 오디언스 타깃(audience target)을 지향해 광고효율이 높다. 특히, 최근 알고리즘에 기반을 둔 프로그래매틱 바잉(programatic buying) 방식으로 이용자 개개인에 맞춘 모바일 콘텐츠의 광고효율성이 더욱 증대될 전망이다.

앞으로 디지털미디어 환경을 앞서가기 위해서는 모바일 커뮤니케이션에 대한 이해가 필수적이다. 모바일 플랫폼과 광고 타기팅 등과 관련한 기술적 이해를 비롯해 모바일에 기반을 둔 브랜드 커뮤니케이션 콘텐츠, 즉 브랜디드 콘텐츠가 다각적으로 모색되어야 한다.

이 장에서는 브랜디드 콘텐츠를 두 가지 관점에서 살펴보고자 한다. 하나는 모바일 영역으로, 최근의 모바일 앱에서 전통적인 모바일광고 그리고 모바일커머스를 두루 다루고자 한다. 다른 하나는 SNS 영역으로 주요 SNS의 특성과 이용동기, SNS 마케팅 사례를 살펴보고자 한다.

2. 모바일 앱 환경으로 무게 이동 What to say

모바일 앱은 모바일 콘텐츠를 이용할 수 있도록 하는 소프트웨어이다. 디바이스에 따라 크게 네이티브 앱, 웹 앱, 하이브리드 앱 등으로 구분된다. 네이티브 앱(*native app*)은 각 디바이스에 최적화되어 제작된 앱이다. 모바일 운영체계에 맞춰 아이폰의 앱과 구글 안드로이드 앱 등이 있다. 현재 스마트폰 운영체제의 약 80%는 구글 안드로이드 폰의 앱이 차지한다. 웹 앱(*web app*)은 웹으로 구현되는 앱이다. 하이브리드 앱(*hybrid app*)은 네이티브 앱과 웹 앱을 섞어놓은 것으로 웹과 스마트폰에서 편리하게 다양한 앱을 사용할 수 있다.

전 세계 앱 마켓의 시장규모는 약 212억 달러이며 국내 앱 마켓의 비중은 세계 시장의 약 12.4%이다.[1] 전체 매출 중 구글 플레이와 애플 앱 스토어가 전체 앱 마켓의 79.6%를 차지한다. 두 업체 간 시장규모를 비교하면 2015년 현재 구글 플레이의 시장규모가 애플 앱스토어의 절반 수준이지만 구글 플레이의 매출이 꾸준히 증가하는 추세이다.[2] 한편 국내 앱 매출의 1 ~ 10위는 게임업체가 차지한다. 비게임업체로는 로엔엔터테인먼트(멜론)와 다음카카오(카카오톡, 카카오페이지, 카카오뮤직)가 10위 내에 포함되었다. 관련 자료에 따르면 앞으로 커뮤니케이션 앱이 게임, 모바일 결제, 음악 및 동영상 스트리밍 등 다양한 서비스를 통합 제공해 성장세가 지속될 전망이다. 현재 유형별 모바일 앱 이용시간을 보면 미디어/동영상이 47.5%로 가장 높았으며, 만화(45.5%), 소셜 콘텐츠(43.9%) 순으로 이어진다(〈월간APP〉, 2015. 12. 23).

한편, 공유경제에 힘입어 여행 및 교통 앱의 성장이 두드러진다. 차량공유 서비스 업체인 우버(Uber)나 전 세계 숙박공유 서비스 에어비앤비 앱이 대표적이다. 또한 전 세계 톱10 동영상 스트리밍 다운로드 수도 증가한다. 모바일 동영상 시청환경이

---

1 〈월간APP〉(www.appmento.com)의 〈2016. 05. 10 모바일 앱 환경으로 무게 이동하는 모바일 시장〉 자료를 네이버캐스트에서 재인용. URL: http://navercast.naver.com/magazine_contents
2 *Ibid.*

좋아진 데다 시장규모가 큰 중국에서 동영상 스트리밍 앱의 이용이 증가했기 때문으로 추정한다. [3]

3. 모바일광고의 주요 특성

모바일광고의 핵심은 현장구매 가능(즉시성)과 맞춤형 정보이다. 즉, 모바일광고의 장점으로 '광고를 보는 즉시 정보를 찾아볼 수 있다'는 점(즉시성)과 '맞춤형 광고가 제공되기 때문에 좀더 광고에 눈이 간다'는 점을 말한다. 모바일의 휴대성과 이동성이 이를 가능하게 한다. 소비자는 현장에서 필요한 정보를 즉시 얻을 수 있는 편리성을 중시하며 욕구에 따라 다양한 형태로 광고를 이용하고자 한다. 따라서 모바일 기반의 브랜디드 콘텐츠의 특성을 들면 다음과 같다.

- 시간과 공간의 제약이 없다.
- 지도와 연계하는 등의 상품정보와 쿠폰을 적시에 제공할 수 있다.
- 현장에서 직접 구매가 가능하다.
- TV, 신문, 잡지, OOH광고와 연계(QR코드, VR 등) 할 수 있다.
- 행동 타기팅이 쉽다. 즉, 고객 데이터베이스(예: 지역, 연령, 성별)와 당시 위치나 시간대에 맞춘 광고가 가능하다.

전체적으로 모바일 브랜디드 콘텐츠의 특성은 3가지로 요약된다. 첫째는 편재성(ubiquity)이다. 특정 개인을 타깃으로 선정하고 대인 매체 광고를 할 수 있다는 점이다. 둘째는 이동성(mobility)이다. 시공간의 한계를 극복할 수 있어 언제 어디서든 사용이 가능하다. 셋째는 즉시성(immediacy)이다. 상호작용성이 높아 메시지 전달과 피드백이 동시에 일어나며 크게 지체되지 않는다.

---

3 *Ibid.*

4. 모바일광고의 행동 타기팅

모바일 광고는 브랜드 앱, 타깃 마케팅 등 맞춤형 메시지를 기반으로 필요한 사람에게 커뮤니케이션하기 유리하다. 일반적인 푸시, 풀 개념처럼 모바일 광고도 푸시형 광고와 풀 형 광고로 나눌 수 있다.

푸시형 광고는 SMS(*short message service*)나 MMS(*multimedia messaging service*) 등을 통해 소비자의 의도와 무관하게 전송되는 광고를 말한다. 풀형 광고는 소비자가 스스로 능동적으로 이용하는 광고를 말한다. 푸시형 광고의 경우 국내의 경우 옵트아웃(*opt-out*) 방식을 채택하고 있다. 이 방식은 광고 메시지를 일단 받은 후 거부의사를 밝히는 방식으로, 고객 데이터베이스에 기반을 둔 타기팅이 가능하다.

반면 소비자의 거부감으로 광고효과가 떨어질 수 있다는 단점이 있다. 이로 인해 쿠폰을 내려 받을 수 있는 URL을 전송해 소비자가 2차로 참여하는 방식의 쌍방향적 광고가 주로 사용된다. 나아가 브랜드 앱 등 다양한 앱을 중심으로 하는 타깃 마케팅이 확산된다. 광고가 필요한 사람에게 광고를 보내는 것이다. 최근 주목받는 행동 타기팅(*behavior targeting*)이 그것이다.

행동 타기팅이란 온라인이나 모바일에서 사용자의 행동(어떤 웹사이트를 방문하고 어떤 키워드를 검색하는지 등)을 분석한 타기팅을 말한다. 스마트폰이 확산되면서 개인 정보 수집을 통한 행동 타기팅이 쉬워졌다. 예를 들어, 인터넷 라디오 AOD(*audio on demand*, 예: 판도라) 같은 앱을 무료로 설치한 후, 판도라 앱을 켜면 남편은 자신이 좋아하는 음악에 관련된 정보를, 아내는 화장품이나 가방에 관련된 정보를 각각 알려준다. 포털이 광고주 링크를 상단에 나열하지 않고 이용자가 올린 SNS 글을 토대로 연관된 광고를 보여주는 것도 일종의 행동 타기팅이다. 행동을 분석해 광고가 필요한 사람에게 광고한다는 의미이다.

이외 소비자의 참여를 유도하는 풀형 광고로는 배너광고, 이벤트 페이지, 게임 속 광고 등이 있다. 한편, 행동 타기팅은 소비자의 시간과 공간을 이용한다는 점에서 문맥광고를 가능하게 한다.

행동 타기팅 서비스의 주요 특징으로는 ① 데이터의 시효성이 중요하며, ② 잠재 고객군을 적극적으로 촉진 대상으로 삼으며, ③ 이용자의 행위강도가 매우 중요하며 그 강도에 근거해 누가 진정한 구매자인지 판단해낸다는 것이다(CCMedia·北京, 2008.7.22). 적절한 시간과 장소, 상황에 고객이 필요한 것을 찾아 제안함으로써 잠 재고객의 행동을 끌어낼 수 있다는 의미이다. 소비자가 정보에 반응하는 다양한 행 태는 누가 진정한 구매자인지를 알려주는 빅데이터 역할을 한다.

행동 타기팅은 모바일에 가장 적합한 개념이라 할 수 있다. QR(*quick response*) 코드는 지역광고나 온·오프라인을 연결함으로써 행동 타기팅 광고에 중요한 역할을 한다.

행동 타기팅은 다양한 소셜미디어 캠페인을 설명하는 핵심개념이기도 하다. 대표 적 사례로는 폭스바겐의 페이스북을 이용한 행동기반 광고, 삼성전자 세계 속 사진 공 모전, 나이키 재팬의 'Write the Future'의 체험확산 캠페인, 시합 전 응원문구를 트 위터로 미리 받아 실시간으로 보여주는 나이키의 'Nike Livestrong Foundation' 등이 있다. 이외에도 파파레서피의 홍보영상이나 SNS를 통해 영화 캐릭터의 인기투표를 실시한 카페베네의 SNS 캠페인 등도 특정 타깃을 겨냥한 행동 타기팅 사례이자 모바 일 SNS를 통한 구전이 이루어졌다는 점에서 주요 모바일 콘텐츠 사례라 할 수 있다.

5. 모바일광고의 콘텐츠 유형

일반적인 모바일광고 유형으로는 앱에 노출되는 인 앱 광고(*in app ad*), 초기 동영 상광고, 광고주의 왑(WAP) 광고, MMS를 이용한 푸시형 광고 등이 있다. 스마트폰 을 중심으로 앱 광고나 게임형 콘텐츠를 이용한 광고가 보편화되었다.[4]

우선 인 앱 광고는 스마트폰 앱 내에 인벤토리를 만들고 여기에 배너광고로 광고를 노출하는 광고를 말한다. 초기 동영상광고란 초기 화면(대기화면)을 열면 뜨는 동영

---

4 이하, 김운한·김현정(2012)의 연구를 참고했다.

상광고(mobile advertising · MoA)를 말한다. 광고를 감상한 후 광고주의 왑(wireless application protocol · WAP) 페이지에 접속된다. 왑은 인터넷상의 데이터를 휴대전화와 같은 무선 단말기에서 취급하기 쉽도록 변환하기 위한 프로토콜을 말한다. 왑은 광고주의 모바일 메인 페이지를 의미하며 광고주의 왑에 등장하는 광고 콘텐츠도 주요 광고 유형이라 할 수 있다.

그 외, 전통적 유형으로 MMS를 이용한 푸시형 광고가 있다. 푸시형 광고의 예로는 왑 또는 웹 화면에 노출되는 배너광고나 이벤트 페이지 등 텍스트형, 삽입형, 배너형 광고 등이 있다. 이외에도 전화를 걸었을 때 기업의 홍보 음원(광고, CM 등)을 들려주는 비즈링(biz ring), 기프트콘(모바일쿠폰 상품) 등이 있다.

이러한 일반적인 모바일광고 상품과 함께 스마트폰의 앱을 이용한 광고상품이 보편화된다. 이외에도 모바일에 내장된 GPS 기능을 이용한 위치기반 서비스 광고, 소비자의 TPO(time, place, occasion) 행동을 유도할 수 있는 양방향 형태의 광고 등이 앞으로 확대될 전망이다.

1) 앱

앱은 모바일광고의 핵심 기반이다. 특히, 킬러 앱(killer application)의 역할이 중요하다. 페이스북이나 트위터 같은 빅 킬러 앱은 말할 것도 없이 만화, 게임 등 엔터테인먼트 앱(사진),[5] 기타 지도 앱 등 위치기반 기술이 적용된 콘텐츠 앱은 모바일광고에서 중요한 플랫폼 역할을 한다. 최근 앱은 음성 인식기술과 결합해 편리한 서비스를 제공한다. 예를 들어, 구글 플랫폼의 갤럭시 노트에 '짜장면'이라고 하면 위치기반 서비스로 인근 지역 짜장면 집을 검색해준다.

---

5 카카오는 〈설국열차〉(Snowpiercer, 2013) 프리퀄(원작 작품 내용에 앞선 사건을 담은 속편) 웹툰(Webtoon)을 웹툰 앱에 연재하고 〈설국열차〉 예매권 증정이벤트를 갖기도 했다. 광고주(예를 들어, 배급사 CJ엔터테인먼트)의 관점에서는 직접적인 영화 홍보효과와 함께 페이스북 등 SNS와 연계된 서비스로 구전효과를 동시에 누렸다.

(1) 모바일 앱 광고시장: 구글, 앤모비

전 세계적으로 모바일 앱 광고를 가장 많이 운영하는 기업은 구글이다. 구글은 '애드몹'(AdMob)이라는 광고 플랫폼(또는 광고 네트워크)을 운영하는데 애드몹으로 5만여 개의 모바일 앱에 광고를 게재할 수 있다(구글 자체적으로도 광고를 운영한다). 해외와 국내 모바일 앱에 광고를 게재할 수 있다. 광고 수입은 구글과 앱 개발사가 나눠 갖는 구조이며 '무료 앱'이라도 광고가 게재되면 앱 개발자가 일정 액수의 수익을 거둔다. 글로벌 2위 업체는 인모비(Inmobi)로서, 〈월스트리트 저널〉, 영국 BBC 등 주요 언론에 광고를 게재한다. 국내의 SK플래닛(T애드)과 손잡고 모바일광고 서비스를 제공한다. 가상현실 기술을 이용해 스마트폰을 기울이거나 360도로 돌려보는 각도에 따라 내용이 다르게 보이는 광고도 인기이다.

(2) 스마트폰에서 구현되는 모바일 앱 사례

모바일 앱은 게임형, 거래, 주문형, 기능설명형, 공익형, 정보제공형 등이 있다.

첫째, 게임형 앱은 제품 상세정보를 제공하거나 게임, 음악 등 즐거움을 활용한 브랜드 앱을 말한다. 스마트폰에서만 적용 가능하며 이용이 간편하고 게임을 통해 흥미유발과 몰입이 쉬워 효율적인 커뮤니케이션이 가능하다. 게임은 별도의 장에서 다루기에 여기서는 대표적 활용사례만 살펴본다.

'Dumb ways to die'(어리석게 죽는 방법들)는 지하철에서의 사망 또는 부상 방지를 위한 호주 멜버른 교통청의 공익 캠페인으로 같은 주제의 영상광고 방영 후 게임 앱으로도 출시되었다. 캐릭터가 죽지 않기 위해 적절한 행동을 해야 하는 내용으로 구성되었다. 2013년 칸 라이언즈 PR, Film 등 5개 부문에서 그랑프리를 수상했다. 아이폰/아이패드 및 안드로이드 게임으로도 출시되었으며, 2012년 출시 이후 2014년 후속작인 〈Dumb Ways to Die 2〉를 출시했다.

치폴레(Chipotle)의 〈허수아비〉는 '진정성이 있는 식품'(Food with integrity)이라는 기업철학을 선과 악이 대립된 스토리텔링 방식으로 표현한 것으로 동영상광고(쇼트필름)에 기반을 둔 게임 앱이다. 아케이드형 어드벤처 모바일게임으로 출시되었으며[6] 식품의 출처를 알려주는 교육용 앱 성격을 띤다. iOS를 기반으로 둔 모바일용으로 제작되었으며 앱스토어 어드벤처 게임 부문 1위를 기록한 바 있다. 게임의 주인공이 가공식품이 지배되는 세상을 친환경적 세상으로 바꾸어나가는 스토리를 모바일게임으로 풀었으며 4단계를 통과하면 브리토 쿠폰이 지급된다.

마텔(Mattel)의 〈스크래블〉은 알파벳을 가로나 세로로 맞추어 단어를 만들면 점수를 얻는 방식의 낱말 맞추기 보드게임이다. 와이파이 이용이 불가한 장소에서 〈스크래블〉 게임을 통해 무료로 와이파이를 제공하는 형식이다. 점수가 높을수록 와이파이 이용시간이 길어진다.

그 밖에 고전적 사례로 코카콜라의 'Virtual Christmas Lights'의 경우 일반 사진을 네온사인처럼 반짝이는 크리스마스 버전으로 바꿀 수 있는 꾸미기 앱이다. 이렇게 브랜드를 홍보하는 것을 목적으로 하는 앱을 '애드버 앱'이라고도 한다. 광고와 앱이 합쳐진 말이다. 아이폰의 'Pepsi CAE BIEN' 게임은 화면에 떨어지는 글자들을 조합해 긍정적인 뜻의 단어를 만들면 그 열이나 행의 글자 전체가 사라지며 점수를 얻는다.

둘째, 거래, 주문형 앱은 음식 메뉴 검색에서 주문까지 해결할 수 있는 앱이다.

도미노 피자(Domino Pizza)의 나폴리프레쉬 앱은 실행하면 팝업창이 뜨고 아이폰으로 도미노 피자를 주문하면 일정 비율의 할인을 받는다. 또한 스타벅스 앱의 경우, 매장 위치 파악에서 주문까지 해결해줌으로써 브랜드를 알리고 고객충성도를 유지하게 한다. 주문형 앱은 모바일커머스가 확대되면서 가장 보편적으로 사용하는 유형이다. 이 밖에 배달의 민족 등 음식 주문배달 앱을 비롯해 숙박, 여행, 택시, 보험, 뱅킹과 주식거래 등 다양한 업종의 개별 앱과 카카오택시, 네이버 증권 등 플랫폼 기반의

---

6 아케이드형 게임에는 슈팅 게임, 액션 게임, 퍼즐 게임, 스포츠 게임 등이 있다. 비디오 게임방(video arcade), 오락실(amusement arcade)에서 흔히 접할 수 있어 아케이드란 이름이 붙었다. 게임 내용이 대체로 실제와는 다르게 구성되며 순발력과 민첩성, 물리적 숙달이 중요시된다. 이외의 게임 유형으로 논리적 사고력을 키우기 위한 논리 게임, 비행기나 자동차를 실제 조종하는 것과 같은 느낌을 주는 시뮬레이션 게임, 기본 줄거리는 있으나 자신의 판단과 결정에 따라 이야기가 달라지는 모험(어드벤처) 게임 등이 있다.

그림 14-1 호주 멜버른 교통청 공익 캠페인 〈Dumb ways to die〉

그림 14-2 마텔의 〈스크래블〉

그림 14-3 치폴레의 모바일게임 앱 〈허수아비〉

출처: http://www.scarecrowgame.com/game.html

앱이 경쟁하면서 '앱 혼잡' 현상이 증대되었다.

셋째, 기능설명형 앱은 제품의 기능과 사용법을 설명해주는 앱이다.

피아트의 'Fiat Street Evo' 앱의 경우, 피아트의 'Fiat Punto Evo' 모델 프로모션을 위해 출시된 것으로 스페인 내 다양한 교통표지판을 QR코드처럼 인식할 수 있다. 또한 특정 표지판을 스캔 시 아이패드 등 경품을 증정하거나 인근 딜러숍 방문 시 테스트 드라이빙을 시청할 수 있는 이벤트도 연다.

이 밖에도 싱가포르의 온라인 뮤직스토어 '스타허브'(Starhub)의 뮤지컬 피팅룸 (Musical Fitting Room) 프로모션도 있다. 이는 RFID 기술이 연계된 것으로 실제 의류 매장과 연계해 소비자가 피팅룸에서 옷을 갈아입으면 옷의 스타일에 따라 음악이 흘러나오고 음악에 관한 SMS를 전송해 온라인 뮤직스토어로 유도한다.

그림 14-4 게임 브랜디드 콘텐츠

코카콜라의 게임 브랜디드 콘텐츠 '버추얼 크리스마스 라이츠'(왼쪽). 초기 게임 앱의 경우 특정의 스토리라인을 가진 독립적 게임이 아닌 스마트폰을 장식하는 꾸미기 유형이 많이 소개됐다.

넷째, 공익형 앱이란 안전이나 환경보호 등 대중의 이익을 도모하고 교육하기 위한 앱을 말한다.

스포티파이(Spotify)의 세이퍼티파이(Safetify) 앱은 글로벌뮤직 스트리밍 서비스인 세이퍼티 앱이 제공하는 것으로 이어폰으로 음악을 들으며 횡단보도를 건너다 사망하는 사고를 줄이기 위해 거리를 걸으며 음악을 들을 때 편안하고 안전하게 들을 수 있도록 한다. 크리에이티브 포인트는 비콘을 활용한 앱 내의 사운드 조절기능에 있다. 전술한 공익적 기능성 게입 앱 사례가 이에 해당한다.

그 밖에도 정보제공형 미니 사이트(Mini site) 앱은 금융, 생활 등에 관한 정보를 제공하는 것으로 국민은행의 경우 정보제공을 위한 미니 사이트형 앱을 국민은행, 티월드(Tworld) 등에서 운영한다. 자신이 제공하는 서비스를 고객이 편리하게 이용하도록 만들어 CRM을 강화하려는 의도이다.

2) QR

QR(quick response: 빠른 응답)은 브랜드 앱이나 모바일을 활용한 이벤트 진행에 많이 사용되는 기술이며 온·오프라인 광고와 연계한 마케팅에도 자주 활용된다. 스마트폰이나 태블릿 PC 등의 QR코드 인식 애플리케이션을 사용해 QR코드를 읽으면 해당 상품의 인터넷 사이트에 접속해 추가정보를 확인할 수 있다.

QR코드는 바코드보다 많은 양의 데이터를 수록할 수 있으면서도 크기를 작게 유지할 수 있다는 장점이 있다. QR코드 중 컬러코드는 흑백 QR코드보다 진화된 솔루션으로 디자인과 인식 속도가 훨씬 뛰어나다. 미국에서 가장 먼저 선보였다.

대표적 사례로는 이마트(매출이 적게 일어나는 12시에서 1시에 태양과 그림자를 이용한 프로모션), 폭스바겐(실제 폭스바겐 차에 QR코드를 부착해 차가 주행함에 따라 인터넷 등에 관련자료가 검색됨), 빈폴, 기네스 맥주, 씨티은행의 QR코드 사례 등이 있다(최근에는 블루투스 비콘). 기반 위치정보나 사물인터넷 기술과 연계해 테마파크, 헬스케어, 문화재 및 전시 큐레이팅 등 다양한 영역에서 활용된다.

그림 14-5 QR코드

빈폴의 QR코드(왼쪽)는 감각적 디자인으로 신상품 알리샤 라인 백을 알린다.
기네스 맥주의 QR코드(오른쪽)는 흑맥주가 아닌 일반맥주가 담길 때는 스캔되지 않는다.

3) AR

AR(*augmented reality*: 증강현실)은 현실을 기반으로 가상의 정보를 실시간으로 결합해 보여주는 기술이다. AR기술이 각광받는 이유는 다음과 같다. ① 새로운 3D 기술 등에 힘입어 사용자의 흥미유발에 유리하다. ② 소비자의 적극적인 참여를 유도할 수 있다. ③ 상호작용적 특징을 활용해 단순히 멋진 3D영상이 아니라 자신이 조정하는 대로 움직일 수 있다(상호작용이 용이하다는 의미로 구글 지도에 기반을 둔 모바일 증강현실 게임 〈포켓몬 고〉가 좋은 예이다). ④ 대상에 대한 추가적 정보전달이 쉽다.

AR은 제품광고뿐 아니라, 온라인쇼핑 공간과 결합하거나 앰비언트(예: 공항 화물 레인을 활용한 피렐리 타이어), 디지털 사이니지(예: 펩시 맥스의 버스쉘터 광고), 게임 (예: AR.Gun), 보도(예: YTN 사이언스), 교육(예: 입체색칠놀이), 관광(예: 관광지 도), 정보자료(예: LG 스마트TV 매뉴얼 영상) 등에 다양하게 활용된다. 다양한 가상 현실 체험 기기와 게임기를 결합해 미래형 게임 형태가 대중화할 것이라는 전망도 있다(cyberith.com 참조). 이외에 선거 홍보를 위한 카탈로그 등 인쇄매체와 접목한 아이디어도 좋은 활용방안이다. 이와 함께 AR, QR코드가 복합된 포드 익스플로러 (Ford Explorer)의 잡지 캠페인도 재미있다.[7] 앱을 연 후 잡지 위 자동차에 스마트폰을 대면 잡지 광고 속 자동차가 움직인다.

그림 14-6 AR의 활용사례

이케아의 AR 카탈로그(2014, 위)는 전시된 가구를 비추어 자신의 방에 자유롭게 배치해볼 수 있다.
독일 텔레콤의 AR 이벤트(아래)는 스마트폰이나 태블릿을 통해 자신이 만든 크리스마스카드를 AR 속의 크리스마스트리 장신구에 넣을 수 있고 AR 내 장신구를 새총으로 맞출 수 있다.

그림 14-7
포드 익스플로러의 잡지 캠페인(2014)

QR코드와 스마트폰을 사용해 차량의 움직임을 종이 위에서 볼 수 있다.

---

7 참고: https://www.youtube.com. 더 많은 사례는 유튜브에 증강현실을 키워드로 검색할 수 있다(예: https://www.youtube.com/watch?).

4) VR

VR(*virtual reality*: 가상현실) 기술을 이용해 스마트폰을 기울이거나 터치해 360도로 돌리면 보는 각도에 따라 내용이 달리 보이는 광고가 인기이다. VR은 모바일 디바이스를 기반에 둔 기술로 화면 속의 장면을 실제로 경험하듯 현실감 있게 경험하게 하는 기술이다. 촬영 시 360도 기법을 이용해 제작하며 사용자는 화면을 회전하면서 상

그림 14-8 나이키와 듀오의 360도 VR광고

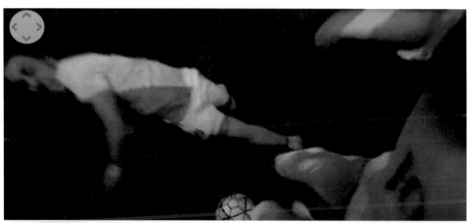

나이키의 하이퍼베놈 II 광고(위)는 축구선수 네이마르를 통해 양말처럼 발목을 감싸는 디자인의 뛰어난 착용감을 직접 느낄 수 있도록 제작했다. 듀오의 광고(2015, 아래)는 화면이 스마트폰을 터치하는 방향으로 보인다. 어딘가에 있을 내 연인을 궁금해 하는 스토리에 잘 어울리는 아이디어이다.

하좌우로 보고 싶은 지점을 선택해서 볼 수 있다. 영상 속 장면을 실제에 가깝게 경험할 수 있어 몰입도도 높다.

특히, 모바일 광고시장에서 영상 콘텐츠의 비중이 커졌다. KT는 모바일 IPTV 서비스인 '올레TV모바일'을 통해, LG유플러스는 LTE 비디오 포털을 통해 공연영상, 여행, 피트니스 등 VR콘텐츠를 제공한다. 광고홍보 분야의 주요 사례로는 360도 비디오 형식의 나이키의 하이퍼베놈Ⅱ(HypervenomⅡ) 광고를 비롯해 코카콜라(폴란드)가 제작한 산타클로스 체험영상, 〈뉴욕타임스〉의 〈난민〉(Displaced), 치즈회사 부르생(Boursin)의 냉장고 속 치즈여행 영상, 볼보의 테스트 드라이브 앱, 아웃도어 브랜드 머렐의 하이킹 체험 영상 등이 있다.

2015년 칸 국제광고제에서는 구글이 카드보드 VR로 모바일 부문 그랑프리를 수상하기도 했다. 국내의 결혼정보회사 듀오가 내놓은 360도 VR광고도 눈을 끈다. 광고 속 남자 주인공 주위를 이리저리 둘러보게 함으로써 '좋은 인연이 당신 곁을 맴돌고 있을지도 모른다'는 콘셉트를 잘 전달한다.

최근에는 실시간 동영상이 중요한 콘텐츠로 주목받는다. 유튜브와 페이스북은 실시간 중계 서비스를 제공하는 등 시장선점을 위해 노력한다. 예컨대 유튜브의 경우 미국 LA 록페스티벌의 일부 무대를 360도 영상으로 생중계했다. 공연, 스포츠 등의 영상을 PC의 상하좌우 화살표시 버튼을 이용하거나 휴대폰을 움직이면 그 방향으로 시점이 전환되며 현장감 있게 즐길 수 있다. 단순한 영상제공을 넘어 이용자에게 경험을 제공한다는 것이 장점이다.

VR은 2017년 1조 원의 신규시장 창출이 기대되는 분야이지만 아직 개발 초기이다 (송요한, 2016. 3. 4). VR은 소비자의 몰입과 경험, 즉 인게이지먼트를 높인다는 점에서 브랜디드 콘텐츠로 효용성이 높다. 이를 현실화하기 위해서는 플랫폼과 콘텐츠, 기기 분야의 기술이 뒷받침되어야 한다. 무엇보다 다양한 경험형 콘텐츠 개발을 위한 적극적인 투자가 필요하다.

5) SNS 연계 이벤트 프로모션

첫째는 SNS 단독으로 진행하는 경우이다. 콜게이트(Colgate)가 아비치의 트위터를 이용한 앨범홍보 'There's Something In Your Tweet' 등이 있다. 둘째는 온라인, 소셜에 연계된 유형을 기반으로 온라인 퀴즈 이벤트, 영상 콘텐츠, 오프라인 이벤트 등이 있다. 영국 적십자의 페이스북 연동 비디오 〈Witness〉 캠페인, 폭스바겐의 '펀이론' 캠페인 등이 이에 해당한다. 셋째는 게임 또는 온라인 경험 콘텐츠에 게임(놀이) 요소가 적용된 경우가 있다. 콘텐츠에 게이미피케이션을 적용한 것이다. 이외 주요 사례로는 워커스 크립스(Walkers Crisps) 캠페인 등이 있다.

워커스 크립스의 'Tweet to Eat'(2014)은 새로운 감자칩 워커스 크립스 출시에 맞춰 소비자의 일상에 재미를 주면서 홍보효과를 노렸다. 버스정류장에서 버스를 기다리는 사람을 대상으로 트위터를 이용해 소통하고자 했다. 영국 축구스타 리네커(Gary Lineker)가 투명 부스 안에 들어가 '과자를 먹고 싶으면 @Walker-busstop으로 트윗하라'는 메시지를 보내고 사람들이 트윗하면 현장에서 무료로 과자를 나눠주었다.

6) 모바일커머스

모바일커머스란 모바일을 이용한 제품의 구입과 판매 등의 상거래를 말한다. 대표적으로 누구나 쉽게 출품하거나 구입할 수 있고 새로운 상품과 만날 수 있는 기회를 제공하는 푸시형 모바일커머스(M-commerce: 이동전자상거래) 서비스가 있다. 이외에 그룹 구매, 선물하기, 마르쉐(도시형 장터: 생산자와 몰이 직접 계약을 맺고 소비자에게 판매하는 방식), 셀렉트숍(오프라인의 인기 셀렉트숍과 라인이 계약을 맺고 소비자가 라인몰에서 상품을 구입 가능하게 하는 서비스), 크리에이터즈(크리에이터와 공장을 연결, 핸드 메이드 제품을 제조할 수 있도록 지원) 등의 내용으로 구성되었다.

네이버의 경우 네이버 라인(Line)을 통해 '라인몰'을 선보였다. 무료통화 및 무료 메신저 앱인 라인을 기반으로 여러 사업모델(라인페이, 라인와우, 라인게임, 라인뮤직)

과 함께 모바일커머스 사업을 시작했다.

6. 소셜미디어와 광고 마케팅

1) 소셜미디어의 특성

소셜미디어는 "소셜 네트워크의 기반 위에서 개인의 의견이나 경험, 정보 등을 서로 공유하고 타인과의 관계를 생성 또는 확장시킬 수 있는 개방화된 온라인 플랫폼"을 의미한다. 특히, 스마트폰의 보편화에 따라 언제 어디서든 온라인상으로 사람들과 소통하며 지낼 수 있는 SNS가 생활방식의 한 모습으로 자리 잡았다. 적은 비용으로 다수의 소비자에게 다가가는 SNS 마케팅은, 특히 소규모 자영업자와 기업의 홍보수단 가운데 필수로 자리 잡는다.

블랙쇼와 나자로(Blackshaw & Nazzaro, 2004)는 소셜미디어를 마케팅 관점에서 보았다. 이들은 소셜미디어를 '제품과 브랜드와 서비스, 개성 그리고 이슈에 관해 서로를 교육하려는 의도로 소비자에 의해 생산되고, 주도되며, 유통되고, 사용되는 새로운 형태의 다양한 정보원'으로 보았다.

이러한 소셜미디어의 특성은 크게 참여, 공개, 대화, 커뮤니티, 연결 등을 들 수 있다. 참여란 소셜미디어는 관심 있는 모든 사람의 기여와 피드백을 촉진하며 미디어와 오디언스의 개념이 불명확해지는 것을 말한다. 공개(openness)는 대부분의 소셜미디어에서 피드백과 참여가 공개되었으며 콘텐츠 접근과 사용에 장벽이 없음을 의미한다. 또한 소셜미디어는 커뮤니티를 구성하게 하고 커뮤니티로 하여금 공통의 관심사에 대해 이야기하게 한다.

요약하면, 소셜미디어는 쌍방향적 커뮤니케이션 특성을 바탕으로 사람들이 자신의 의견이나 생각 또는 직접 제작한 콘텐츠 등을 다른 사람들과 공유하기 위해 사용하는 온라인 틀과 플랫폼을 말한다. 이 책에서는 소셜미디어 개념을 소비자에게 제

378

품 등의 정보원으로서 이용되는 측면으로 파악한다. 소셜미디어가 현대에서 수행하는 의사소통 및 인간관계 형성 등은 '소셜미디어의 본원적 기능'이라 할 수 있다. 특히, 소셜미디어는 최근 기술적으로 이용자 맞춤형 콘텐츠 제공 및 검색 기능 등이 강화됨에 따라 이용자 간의 상호작용성이 증대된다.

2) 소셜미디어의 유형과 종류

소셜미디어의 유형을 살펴보면, 소셜미디어의 카테고리를 사이트의 기능에 따라 블로그, 전문적이고 사회적 네트워크 사이트, 〈위키피디아〉, 팟캐스팅과 비디오캐스팅, 가상공간 서비스 사이트, 소셜 북마킹 등으로 분류할 수 있다. 또는 개별 사이트가 다루는 콘텐츠 형태나 내용 그리고 주된 기능을 중심으로 분류하기도 한다. 구체적으로 사회적 네트워킹 사이트, 정보 공표 사이트, 사진공유, 오디오, 비디오, 마이크로 블로그, 라이브캐스팅, 가상공간, 게임, 정보 집적 등의 영역으로 분류할 수 있다.

소셜미디어의 종류는 카카오스토리, 페이스북, 트위터, 인스타그램, 네이버 밴드 등이 있다. 그 외에도 다양한 블로그와 SNS, 메시지 보드(Message Board), 팟캐스트(Podcast), 위키스(Wikies), 비디오 블로그(*video blog*, 줄여서 Vlogger) 등이 있다 (양윤직·유종숙, 2014). 소셜미디어는 인터넷상에서 인간관계를 강화하거나 새로운 인맥을 형성함으로서 폭넓은 인적 네트워크를 형성해주는 미디어 서비스이다.

3) 소셜미디어 광고

소셜미디어를 이용한 광고를 소셜미디어 광고라 한다. 소셜미디어 광고는 줄여서 소셜 광고로도 부른다. 소셜미디어에 기반을 둔 광고 플랫폼으로 '소셜 게임'(혹은 소셜 네트워크 게임)도 각광받는다. 이외에 소셜미디어를 활용한 광고로는 소셜커머스 (쇼핑)나 직접 매체 광고유형 등이 있다. 직접 매체 광고유형이란 소셜미디어의 사용이 늘어남에 따라 기업이 자체적으로 제작·운영하는 소셜미디어 및 그 공간을 통해 집행되는 광고 메시지를 의미한다(이시훈, 2010).

소셜미디어 중 트위터(Twitter)는 2010년 4월 검색광고 서비스 'Promoted Tweets'를 시작으로 최근 위치 정보에 기반을 둔 광고 서비스 등을 실시한다. 최근 페이스북에도 동영상광고가 구현되는 등 소셜미디어를 광고매체로 활용하는 경향이 보편화되었다. 미국의 경우 소셜미디어 광고 마케팅 비용이 최근 수년 간 10∼18% 증가하며 미국 기업의 89%가 소셜미디어를 마케팅에 활용할 것이라 한다. 특히, 인스타그램의 성장과 그에 따른 마케팅 활용이 급격히 증대되는 것도 괄목할 만하다. 이처럼 소셜미디어 광고는 모바일광고와 함께 뉴미디어 광고시장의 향후 10년을 이끌 신성장 동력으로 주목받는다.

반면 국내 소셜미디어 광고시장은 스마트폰 보급 등의 요인으로 인해 미국 등 주요 선진국보다 상대적으로 늦게 시작되었으며 현재 주요 포털을 중심으로 SNS가 시작되면서 활성화된다. 예를 들어, 카카오스토리, 2014년 다음카카오의 '라이브스토리' 등의 SNS가 대거 등장하면서 SNS를 기반으로 둔 소셜미디어 광고에 대한 관심과 활용이 증대되었다.

소셜미디어 광고의 장점은 모바일광고의 장점과 어느 정도 겹친다. 광고주가 소비자와 일대일로 마주할 수 있으며 이용자가 서로 일정 수준의 지인이거나 암묵적으로 추천해주기에 신뢰를 줄 수 있고 지역 중심의 마케팅이 가능하다. 시간과 공간의 제약 없이 언제나 광고를 노출시킬 수 있다. 소비자의 참여를 유도할 수 있으며 바이럴 마케팅에 유리하다.

4) 소셜미디어 광고가 태도에 영향을 미치는 요인

소셜미디어 광고를 좋아하거나 싫어하는 이유는 무엇인가? 소셜미디어 광고에 대한 태도는 크게 두 가지 요인에 영향을 받는다.

첫째는 소셜미디어를 이용하는 이용자의 동기이다. 소비자가 인터넷을 이용하는 동기는 크게 정보탐색, 오락, 사회관계 형성, 단순 시간 보내기 등으로 나뉜다. 이러한 인터넷 이용동기는 인터넷 광고에 대한 태도 및 이용 정도에 유의미한 영향을 미치는 것으로 나타났다(Pavlou & Stewart, 2000).

둘째는 소셜미디어의 특성과 이용행태와 관련된 것이다. 소비자는 온라인(인터넷)과 모바일을 공용하는 소셜미디어를 통해 시간과 공간에 구애받지 않는 자유로운 커뮤니케이션이 가능하다. 기업의 관점에서 보면 이러한 소셜미디어는 고객과의 쌍방향적 마케팅을 구사하기에 적합한 매체일 것이다. 이미 모바일은 위치기반 서비스를 활용한 마케팅이 활발히 이루어진다. 따라서 위치기반 서비스 등의 특성을 바탕으로 효과적인 타깃 광고집행이 가능한 점 등을 고려할 때 소셜미디어는 인터랙티브, 개인화, 콘텐츠형 광고 특성을 갖는 광고매체로써 활용성이 높을 것이다.

5) 관계 마케팅 요소로서 브랜디드 콘텐츠

다양한 디지털 플랫폼의 등장으로 브랜디드 콘텐츠의 영향력이 갈수록 커진다. 또한 스마트폰을 중심으로 영상 콘텐츠의 제작공유가 자유로워졌다. 페이스북, 인스타그램 등 다양한 SNS의 파워가 주목받으면서 기업은 물론 공기관 등에서도 정책홍보 등 SNS 마케팅 활동에 적극적이다.

SNS 마케팅에서는 눈에 보이는 네트워크가 아니라 오랜 기간 상호 경험을 통한 경험의 결과물이 중요하다. 따라서 브랜디드 콘텐츠는 고객과의 관계구축에 필요한 유대감 형성이 중요하며 감동, 즐거움, 행복감 등 긍정적 감정을 줄 수 있는 요소가 필요하다. 아울러, 온라인상의 네트워크에 그치지 않고 오프라인에서의 만남이나 시간, 장소 등의 경험으로 이어지는 툴 개발이 효과적이다.

SNS 마케팅 전략적 방향을 제안하기 전에 먼저 국내 SNS의 현황과 특징을 간략히 살펴보고자 한다. 국내 소비자가 가장 많이 이용하는 SNS는 카카오스토리, 페이스북, 트위터, 인스타그램 등이다.

(1) 카카오스토리

카카오스토리는 대한민국 스마트폰 사용자 중 대다수가 사용하는 카카오톡에 연동되어 국내에서 운영하는 SNS 중 가장 높은 이용률을 가졌다. 상대적으로 중년층의 사용비율이 높으며 10대와 20대를 중심으로 점차 푸시 콘텐츠 이용률이 증가한다. 반면 연령별로 보면 10~20대에서는 페이스북, 인스타그램, 트위터 등 해외 SNS의 활용 비율이 상대적으로 높다.

최근 닐슨코리안 클릭의 자료는 시사하는 바가 크다. 10대, 20대 여성을 겨냥한 의류쇼핑몰 '프롬비기닝'의 경우 인스타그램과 페이스북을 동시 운영하는데 인스타그램 팔로위수가 7만 명인 데 비해 페이스북은 6천 명대라고 한다. 반면 20대, 30대 남성을 타깃으로 하는 가방 브랜드 '로우로우'는 페이스북 팔로워가 6만 명이 넘는 데 비해 인스타그램은 2천 명 정도라고 한다. 연령과 직업 등 기본적인 인구통계학적 데이터에 기반을 둔 SNS 활용전략 수립이 중요함을 시사하는 결과이다.

예를 들어, 페이스북은 절대 이용자 수가 많고 포스트 노출이 쉽기 때문에 블로그와 같은 다른 홍보 채널과 함께 사용하면 더 큰 효과를 볼 수 있다. 블로그는 연령대에 따라 고르기보다 방문자를 페이스북으로 유도하여 검색효과를 높이는 것이 효과적이다.

(2) 페이스북: 네트워킹을 통한 관계구축

페이스북은 약 15억 명의 이용자가 가입한 세계 최대의 SNS이다. 타임라인과 뉴스피드에 자신이 올린 글뿐만 아니라 친구들의 동정이 실시간으로 게시됨으로써 이용자 간의 상호작용을 촉진한다.

또한 자신과 친구를 맺은 사람들의 반응과 정서, 감정을 '좋아요'와 답글을 통해 공유함으로써 트위터보다 좀더 심도 있는 메시지를 전달할 수 있다. 페이스북은 글자수 제한이 없어 140자로 제한된(DM의 경우 제한 없음) 트위터보다 상대적으로 콘텐츠 표현이 자유롭다.

페이스북은 '페이지'라는 기업 홈페이지 개념을 정립하고 각 페이지 하단에 운영자 페이지를 배치하는 등 기업이 상품을 소개하고 소비자와 관계를 맺기에 적합하게 만들었다는 점에서 선두 이미지를 갖는다. 상호 허락에 의해 관계를 맺기 때문에 상대적으로 친밀하고 상호지속적 커뮤니케이션이 이루어져 깊은 네트워킹 구축이 쉽다.

광고 유형으로는 타임라인 내에 삽입되는 뉴스피드(newsfeed) 광고와 페이지 오른쪽에 노출되는 배너광고, 즉 RHS(*right hand side*) 광고가 대표적이다. 배너광고는 기존의 인터넷 배너 형태와 유사한 화면 1/4 크기의 배너광고와 이를 통해 연결되는 브랜드 홈페이지, 팬페이지, 앱페이지, 이벤트페이지의 광고 등이 있다. 또한 계정 시작 페이지에는 기존의 인터넷 광고와 유사한 형태의 텍스트 광고나 스폰서 링크형 광고도 존재하며 화면 상단의 검색광고도 활용된다(안대천·김상훈, 2012).

그림 14-9 페이스북 주요 광고

왼쪽 네모 안이 뉴스피드 광고, 오른쪽 네모 안이 RHS 광고이다.

(3) 유튜브

유튜브는 사용자가 자신의 동영상을 자유로이 공개하고 이를 누구나 열람, 공유할 수 있도록 하는 서비스로 사용자 스스로가 동영상 콘텐츠를 창조할 수 있고 흥미 있는 동영상을 공유할 수 있다는 점에서 그 활용도가 무궁무진해 소셜미디어 마케팅 측면에서는 페이스북과 함께 활용성이 뛰어난 툴로 인식된다. 특히, 중고등학생의 이용률이 높으며 다른 SNS보다 광고에 대한 태도는 높지 않고 콘텐츠 자체의 정보적 속성에 의해 민감하게 반응하는 것으로 나타났다(안대천·김상훈, 2012).

(4) 트위터

트위터는 초기 모바일과의 연동이 쉬운 점과 본인의 이야기를 구독하는 팔로워에게 전달가능하게 하는 RT(Retweet) 기능으로 인해 많은 인기를 끌었다. 게시물에 대한 실시간 전파력이 강하고 확산속도가 빨라 전파범위가 매우 넓은 편이다. 대체로 실시간 단문을 주고받는 트위터의 특성상 정보가 단편적일 뿐 아니라 일시적이고 순간적일 수 있다. 이러한 점에서 기업 마케팅에서 다른 매체와 연계가 필수적이다. 트위터 창립자인 비즈스톤이 이용자의 창의력을 높이려는 목적으로 글자 수를 140자로 제한했으나 사람들이 불편을 호소하면서 2015년 6월 글자 수 제한을 폐지했다.

기업 마케팅에서 소셜미디어를 활용할 경우 심도 있는 내용을 실시간으로 전개하기 쉬운 페이스북을 우선적으로 꼽기도 한다(김태욱, 2011). 그러나 소셜미디어에 따라 서로 다른 차이가 있으므로 이를 고려하거나 미디어별 장점을 적절히 활용하는 조합 방식이 효율적이다.

(5) 인스타그램

인스타그램은 이미지 중심의 커뮤니케이션 채널이다. 주 이용자는 20대 여성으로 감각적이고 세련된 비주얼 콘텐츠에 관심이 많다. 이미지 카탈로그 성격을 띠며 주로 해시태그(hashtag, #)를 이용해 콘텐츠가 검색되고 공유된다. 특히, 브랜드 커뮤니케이션에서 스토리텔링이 중요시되면서 인스타그램은 비주얼 스토리텔링 기반의 커뮤니케이션이 이루어지는 중요한 공간이다.

인스타그램 기반 브랜디드 콘텐츠 기획 시 추구해야 할 점은 다음과 같다.

첫째, 스토리를 담아야 한다. 브랜드를 경험한 생생한 스토리가 담길 때 공감과 경험 욕구는 증대된다. 텍스트보다 비주얼이 스토리를 상상하게 하는 힘이 강하다. 국내에서 최초로 인스타그램 마케팅을 시작한 이니스프리(Innisfree)는 제주 토박이 사진작가들의 사진을 게재함으로써 스토리성을 더한다.

둘째, 소통을 목표로 해야 한다. 인스타그램 역시 하나의 SNS이다. 소비자는 제품구입이 아닌 브랜드와의 소통을 원한다. 브랜드 페이지 제작 시 일방적 정보전달이 아닌 상호작용적 소통에 기여하는 콘텐츠여야 한다. 이용자가 함께 따라하고 즐기거나 유용한 정보를 나누는 커뮤니티 성격을 가져야 한다.

셋째, 문화와 라이프스타일을 제시해야 한다. 이는 곧 하나의 비주얼 정보 그 이상의

그림 14-10 파타고니아 인스타그램

자연친화적 표정과 행동을 담은 사진이 많다. 출처: 파타고니아 공식 인스타그램.

그림 14-11 오레오 인스타그램

각 이미지가 작품사진처럼 감각적이며 참신하다. 출처: 오레오 공식 인스타그램.

가치를 보여줄 수 있어야 한다는 의미이다. 이를 위해 문화와 라이프스타일을 반영하고 이끌어가는 콘텐츠 기획이 이루어져야 한다. 대표적 사례로 친환경 아웃도어 브랜드인 파타고니아(Patagonia)의 '환경'을 테마로 한 브랜드 페이지를 들 수 있다. 이 페이지에는 소비자가 직접 야외에서 경험한 것을 담은 사진이 가득하다. 소비자가 자발적으로 올리는 자연과 관련된 사진은 인간과 자연을 위한 친환경 브랜드 아이덴티티를 높여준다.

마지막으로 시각적 표현 완성도를 기본으로 가져야 한다. 비주얼과 동영상의 SNS인 만큼 시각적으로 완성도 높고 크리에이티브한 콘텐츠가 요구된다. 오레오(Oreo)의 SNS 채널에 수록된 이미지는 직관적인 아름다움을 느끼게 한다.

7. 브랜드 커뮤니케이션 사례와 시사점 How to say

SNS를 이용한 기업, 브랜드 커뮤니케이션 방법이 급증하며 방법도 다양하다. 대표적으로 최근 '1인 미디어'와 손을 잡고 SNS 스타를 내세우는 방식으로 전개되는 소셜미디어 광고 캠페인을 들 수 있다. 또한 사용자의 화제성 있는 스토리텔링, 유명인 SNS 활용하기, 미디어 결합을 통한 프로모션 이벤트, 관계 구축 콘텐츠 만들기 사례 등도 활발히 진행된다.

1) 1인 미디어 이용하기

페이스북 등 SNS 스타를 이용해 제품 관련 동영상 콘텐츠 게시하고 관련 제품을 링크, 구매할 수 있도록 한다. 또한 광고 제품 등을 이용한 콘텐츠를 1인 BJ와 제작하고 이벤트를 진행하기도 한다. 1인 BJ 는 아프리카 방송 또는 CJ E&M 등 대기업과 계약을 맺고 유튜브, 페이스북 등 SNS에 1인 방송 콘텐츠를 올리는 경우이다. '반도의 흔한 애견샵 알바생'의 피자헛 와우박스 홍보 등도 유명하다. 아프리카 BJ 대도서관은 CJ E&M에게 지분 20%를 주는 조건으로 투자를 받아 법인까지 설립했다.

그림 14-12 쿠쿠크루가 등장하는 콘텐츠

GS SHOP에서 제공한 음식으로 자취생을 위한 이벤트를 실시한 바 있다.

2) 사용자의 화제성 있는 이야기 올리기

동아오츠카의 포카리스웨트 광고를 패러디한 게시물이 화제가 되자 곧바로 이를 이용해 게시물을 올린다. 당사자와의 접촉을 통해 자사의 제품을 전달하고 이러한 과정 또한 페이스북에 업데이트해 주목받을 수 있다. 기업은 SNS사용자에게 주목받는 트렌드나 사건을 살피고 기업과 연관 지을 수 있는 연결고리를 찾으려 노력한다. 적절한 피드백도 중요하다.

3) 유명인 SNS 활용하기

유명인, 브랜드 모델의 SNS를 활용해 제품과 브랜드를 홍보하는 경우를 말한다. 탤런트 박수진을 모델로 한 입생로랑과 미니골드 사례, 방송인 김나영, 이민호를 활용한 홍보 이벤트 등 다양한 사례가 SNS를 통해 소개된다.

4) 생활결합형 콘텐츠 제공하기

소니보험(Sony Assurance)은 SNS와 모바일을 결합한 캠페인을 전개했다. 자동차 주행기록계(odometer)를 촬영해 페이스북에 업로드하면 주행기록계의 수치를 로또 번호로 등록하고 이를 추첨해 유튜브 및 페이스북에 발표한다. 운전자로 하여금 주행거리에 대해 관심을 갖도록 유도하는 한편 보험상품 인지도도 증가시켰다. 이외에, 종합쇼핑몰 AK몰이 운영한 기업 SNS 마케팅도 생활결합형 콘텐츠이다. 블로그, 카페, 트위터, 페이스북, 카카오스토리 등에 걸쳐 운영했고 순수 홍보효과가 연간 90억 이상인 것으로 보고되었다.

그림 14-13 **AK몰 인스타그램**

AK몰 인스타그램은 동물의 귀여운 모습이나 데일리 룩, 예쁜 풍경, 멋진 글귀 등 일상의 재미있는 콘텐츠를 업로드한다.
출처: AK몰 인스타그램 공식페이지.

388

5) 관계구축 콘텐츠 만들기

뱅크 오브 아메리카(Bank of America)의 경우 전문 트위터 센터를 구축하고 트위터와 연동해 고객들의 문의 및 CS를 1:1 실시간 대화를 통해 처리한다. 또한 미스터피자는 '미피타임'을 만들어 각종 이벤트를 진행하며 1년차 신입 여사원의 이야기를 들려주는 내용의 트윗으로 친근한 브랜드 이미지를 강화한다.

8. SNS 마케팅 효과를 높이기 위한 키워드

소셜미디어는 매력적인 매체이다. 광고주에게는 더욱 그렇다. 스마트폰을 중심으로 하는 소셜미디어는 24시간 인터랙티브 커뮤니케이션을 가능하게 하며 정확한 타기팅이 가능해 광고의 효율성에 대한 기대감을 높여주는 미디어이다. 그런 만큼 이용자로 하여금 긍정적 인식을 이끌어내기 위한 광고주의 노력이 더 늘어날 전망이다. 이미 주요 소셜미디어에서의 광고 도입이 보편화되면서 대부분의 SNS 플랫폼 사업자는 광고를 주요 수익모델로 삼는다. 트위터나 페이스북 전체 매출의 90% 이상이 광고매출이며, 특히 모바일 이용자가 증가하면서 모바일에서의 SNS 광고시장도 증가한다. 전망과 기대가 현실화된다는 뜻이다.

한편, 이러한 장점에도 불구하고 소셜미디어에서의 광고상황이 악화될 것이라는 전망이 드러난다. 이마케터(e maketer)에 따르면, 화면으로 밀려드는 부적절하고 성가시며 리소스까지 많이 소비하는 광고를 피하기 위해 광고 차단 프로그램을 사용자가 앞으로 더 늘 것이다. 소셜미디어에 대한 이용자의 근본적 인식은 쉽게 변하지 않는다. 즉, 소셜미디어가 태동하게 된 본원적 속성이 사회적 연결감 획득이나 관계 형성, 콘텐츠의 공유라고 할 때, 이용자 스스로 이러한 속성을 주요 이용동기로 여겼다. 이러한 관점에서 소비자의 이용동기를 충족시켜나가기 위해서는 무엇보다 커뮤니케이션 콘텐츠의 질적 보완이 필요하다. 스마트폰을 중심으로 하는 브랜드 커뮤니케이션이 성공하기 위해서는 3가지 키워드에 주목해야 한다.

1) 콘텐츠의 진정성

소셜미디어 환경에서는 소통 마케팅 활동이 중요하다. 업(業)의 특성을 반영한 전문 정보 큐레이팅으로 정보효율성이 높아진다. 서포터즈의 역할 확대와 고객참여형 영상 콘텐츠 활성화와 프로모션 다양화, 온·오프라인 및 미디어/콘텐츠 믹스 등의 활동이 증가한다. 소통의 핵심은 고객지향성에 있다. 최근 들어 기능성 앱 등 공익적 활동이 증가하는 등 광고 콘텐츠의 긍정적 역할에 대한 기대가 증가된다. 네이티브 광고처럼 광고가 하나의 유익한 정보 콘텐츠로 인식되는 추세이다.

이와 함께 광고를 콘텐츠 이용 대가로서 바라보는 인식이 늘 것으로 기대한다. 상품의 정보전달에 급급하거나 단기적 상업성과에 매몰되지 않은, 이용자가 원하는 콘텐츠를 통해 진정성 있는 커뮤니케이션을 지속적으로 전개할 때 소비자의 마음을 얻을 수 있다.

2) 콘텐츠, 콘텐츠형 광고의 확대

모바일이 PC 트래픽을 앞서면서 온라인 (PC) 광고시장은 2015년에 이어 2016년에도 역성장할 것이다. 온라인 시장은 네이버의 독주와 구글, 유튜브 등 글로벌 매체의 강세가 이어진다. 특히, 유튜브의 성장에서 알 수 있듯이 동영상 매체의 성장은 지속될 것으로 예상한다. 최근 지상파가 그들의 영상클립을 독점적으로 공급하는 국내 최초의 민영 미디어 렙 SMR(Smart Media Rep)을 설립하면서 계약에 승인한 네이버, 다음카카오에만 영상을 독점 공급할 것이라 한다. 인터넷과 모바일의 유튜브 독주에 어떤 영향이 있을지 귀추가 주목된다. 유튜브와 아프리카TV와 같은 동영상 업체는 지상파TV 콘텐츠 이외에도 비디오 블로거를 활용한 다양한 광고 방법을 모색할 것이다(양윤직·유종숙, 2014).

3) 커뮤니케이션 효과측정

SNS 마케팅의 핵심 동력은 과학적 접근이다. 모바일을 중심으로 하는 소셜미디어 광고가 긍정적 효과를 거두기 위해서는 무엇보다 과학적 분석이 전제되어야 한다. 소비자가 체감하는 효과지표(양적, 질적 측면)가 구체적으로 설정되어야 하며, 광고의 실행 측면(광고 면과 위치, 시간과 개수 등 노출량, 광고 성격)에 대한 분석이 뒷받침되어야 한다.

전통적 광고효과 항목에 더해 콘텐츠에 대한 신뢰도, 관계의 방향성, 브랜드와 소비자와의 감정교류 등 관계의 질적 측면 등을 살펴보아야 한다. 콘텐츠 속성 요인으로는 정보성, 오락성, 방해성, 신뢰성 등을 들 수 있다. 아울러, 다양한 미디어의 융합 또는 믹스에 따른 커뮤니케이션의 임팩트(확산성) 등도 고려되어야 한다. 예컨대 페이스북의 경우 평가항목과 이에 따른 측정기준은 관계 유형에 따라 개념적으로 다음과 같이 설정될 수 있다.

- 대중과 단방향성 관계: 정보전달 항목 중요. 이에 따라 평균 '좋아요' 수를 기준으로 평가 측정
- 대중과 양방향성 관계: 관계성(기업의 피드백, 답변, 불만 대응), 참여성(댓글 수 등), 행사 및 캠페인(수) 평가
- 미디어 간 관계: 주요 평가항목으로 소셜미디어 연계 활동(연계된 소셜미디어 개수)과 관련한 평가 측정

9. 소셜미디어를 이용한 브랜디드 콘텐츠 기획

브랜디드 콘텐츠 기획과정과 전통적인 광고 기획과정과의 차이는 기획대상이다. 소셜미디어를 활용한 광고의 기획단계는 일반적인 광고의 기획단계와 대체로 유사하다. ① 커뮤니케이션의 목표를 수립하고, ② 다양한 채널(전통적 미디어 개념)을 활용

해, ③ 콘텐츠(전통적 개념의 크리에이티브)를 전개해, ④ 커뮤니케이션 효과를 획득한다는 것이다. 그러나 실제 단계별 기획대상에는 적지 않은 차이가 있다.

첫째, 전통적 커뮤니케이션 목표, 예컨대 브랜드 인지도(회상, 재인), 행동촉구, 마케팅 성과, PR 측면 등을 지향하면서도, 호의적 정보제공을 통한 브랜드 인식정립을 중요한 커뮤니케이션 과제로 삼는다. 고객의 호의도 및 브랜드 친숙도에 크게 비중을 두는 점이 다소 다르다. 이는 소비자의 정보방어막 등을 통한 광고회피 현상이 증가하면서 생겨난 결과인 듯하다.

둘째, 커뮤니케이션 채널, 즉 미디어에서도 다소 차이가 있다. 4대 매체와 온라인 등 일반적인 지불매체(paid media)에서 출발해 홈페이지, 마이크로사이트 등 자사의 보유매체(owned media), 나아가 고객의 SNS나 동영상 채널 등 획득매체(earned media)로 나아가는 구조이다. 전통적인 4대 매체 중심에서 벗어나서 새로운 차원의 획득매체를 지향한다.

셋째, 메시지 전달 중심의 크리에이티브에서 벗어나 브랜드 호의도 및 고객관계관리를 위한 콘텐츠 개발에 초점을 둔다.

마지막으로 커뮤니케이션 효과에서도 일반적 효과요인에 더해 리타기팅 등을 통해 소비자와의 관계 및 인게이지먼트를 높이고 이를 활용하는 측면이 추가되었다. '리타기팅'(retargeting)이란 한 번 콘텐츠를 검색하거나 페이지를 방문한 소비자를 다시 겨냥해 커뮤니케이션하는 것을 말한다.

현대에 들어 소비자의 행동은 디지털미디어가 이끄는 브랜드 경험과 구매 경험에 의해 크게 영향을 받는다. 그래서 소비자에게 직·간접의 사전경험을 제공함이 중요하다. 이 과정에서 소비자에게 뜻밖의 즐거움을 주는 세렌디피티(serendipity) 성격의 콘텐츠는 소비자의 참여와 공유를 불러일으키는 중요한 역할을 한다. 인지에 앞서 선경험이 중요한 역할을 하기도 한다. 덴츠가 제안한 AISAS 모델(일본의 광고대행사 덴츠는 소비자의 새로운 구매행동 과정을 'attention-interest-search-action-share'라는 모델로 요약했다)은 이러한 과정을 개념적으로 잘 설명해준다. AISAS 모델의 핵심은 두 S, 즉 search(검색)와 sharing(공유)에 있다. 소비자는 친숙함을 느끼는 브랜드에 대해 먼저 검색하고 행동한 후, 그 경험을 SNS 채널 등을 통해 공유한다. 이 과정에 검색 엔진 마케팅의 역할이 커진다.

브랜디드 콘텐츠 기획과정과 전통적인 광고의 기획과정과 또 하나의 차이는 매체 운영 과정이다. 페이스북의 경우 미디어랩을 통하지 않고 광고주 또는 운영사가 직접 광고를 실행하는 특징이 있다. 페이지의 팬을 늘린다거나 뉴스피드의 도달률을 높이기 위해 타깃을 설정하고 매일 광고주가 지불하고 싶은 만큼의 금액을 설정해 해당 금액만큼의 광고가 집행된다. 이때 광고는 노출을 기준으로 할 것인지 클릭을 기준으로 할 것인지 정해야 하며 이에 따라 광고효과가 달라지기도 한다. 최근 유튜브의 동영상 집중을 막기 위해 페이스북과 트위터도 동영상 서비스를 강화했는데 이 역시 변수이다. 향후 동영상의 유튜브 의존도는 약해질 것으로 예상한다.

SNS에서의 검색이 활발해진 것도 주요 변화이다. SNS에서 검색이 많아진 만큼 해시태그(#)도 중요해졌다. 모바일 광고 중 앱 안의 광고는 대부분 앱을 다운받도록 활용된다. 예를 들어, 게임 앱에 광고를 넣어 광고를 클릭해 앱을 다운받을 경우 게임의 아이템을 지급하는 방식이다. 광고주가 특정 앱을 개발했을 경우 이 앱을 다운받도록 광고해야 하기에 요즘은 앱보다는 웹 형태를 선호한다.

소셜미디어 이용심리에 관한 연구

이용과 충족 이론(*uses and gratification theory*)은 커뮤니케이션 과정에서 수용자의 능동적 역할에 중점을 두는 이론이다. 이 이론은 1959년 카츠(E. Katz)에 의해 처음으로 제시되었으며 "미디어가 사람들에게 무엇을 하느냐?"라는 기존의 관점에서 탈피해 "사람이 미디어를 가지고 무엇을 하느냐?"라는 이용자의 관점에 개념적 기반을 둔다. 즉, 미디어 이용자가 미디어 내용을 어떻게 이용하며 미디어 내용으로부터 어떠한 충족을 얻는지를 고찰하는 데 사용되었다. 이용과 충족 이론의 기본 가정은 다음과 같다.

첫째, 이용자는 능동적 존재로서 미디어 이용은 대부분이 목적지향적이다. 대부분의 미디어 접촉유형이 미디어 내용에 대한 이용자의기대에 의해 결정된다.

둘째, 커뮤니케이션 과정에서 이용자가 욕구충족과 관련된 미디어 선택의 결정권을 갖는다.

셋째, 미디어는 욕구충족에 이용되는 다른 정보원과 경쟁한다. 이는 미디어가 이용자에게 유일한 욕구충족원이 아니므로 다른 여러 가지 기능적 대안이 고려되어야 한다.

넷째, 미디어는 이용자 자신에 의해 제공된 자료로부터 파생된 것일 수 있다. 즉, 이용자는 자신의 관심과 동기를 표현할 만큼 친숙한 언어로 표현할 수 있는 정보를 제공하며 거기서 추출된 자료는 이용자의 흥미나 동기를 불러일으킨다.

블럼러(Blumler, 1979)는 미디어의 이용동기를 이용과 충족 이론에 기반을 두고 인지적 동기, 오락적 동기, 개인적 정체성의 동기인 3가지로 분류해 제시했다. 카츠와 블럼러, 그리고 구레비치(Katz, Blumler, & Gurevitch, 1973)는 미디어 이용동기를 인지적 욕구, 감정적 욕구, 개인통합적 욕구, 사회통합적 욕구, 현실도피 욕구의 5가지로 분류했다.

① 인지적 욕구는 외부정보의 검색과 환경을 이해하기 위한 것이다.
② 감정적 욕구는 미의 추구와 오락 감정적 경험을 위한 것이다.
③ 개인통합적 욕구는 신뢰감, 자신감, 개인적 지위 등을 추구하는 것이다.
④ 사회통합적 욕구는 가족과 혈연이나 지연 집단에 교섭하는 것이다.
⑤ 현실도피 욕구는 현실도피, 긴장완화와 같은 스트레스를 해소하고자 하는 목적을 가진다.

모바일광고 수용예측과 합리적 행위이론

합리적 행동이론(*theory of reasoned action*)은 피시바인과 아젠(Fishbein & Ajzen, 1975)에 의해 제안된 이론으로 태도와 신념이 개인의 행동의도나 실제행동과 어떻게 관련되는지를 분석한 이론이다.

합리적 행동이론에 의하면 소비자가 자신의 행동을 인지하고 조절할 수 있다는 사실을 바탕으로 소비자의 행동을 예측할 수 있다는 것이다. 따라서 합리적 행동이론에 의하면 소비자의 실제행동을 예측하는 데 가장 중요한 개념은 행동의도이며, 이러한 행동의도는 행동에 대한 태도와 주관적 규범의 영향을 받는다는 것이다.

주관적 규범이란 사회적으로 영향력이 있는 주변인물이 특정 행위의 수행 여부에 대해 갖는 생각에 대한 개인의 인식으로 준거집단의 역할을 한다. 관련 연구들(안대천·김상훈, 2012; Zhang & Mao, 2008)에 의하면 주관적 규범이 모바일광고 수용을 예측할 수 있는 중요한 변인인 것으로 나타났다.

생각해 볼 문제

1. 본인이 자주 사용하는 SNS를 예로 들고 자주 이용하는 이유를 말해 보자.

2. 모바일은 소비자 접점에서 정보를 제공할 수 있다는 장점이 있지만, 상대적으로 좁은 공간으로 인해 광고혼잡도가 크게 느껴질 수 있다. 이 점을 생각하며 모바일광고기획 시 특히 유의해야 할 점은 무엇이 있는지 생각해 보자.

3. 이 장을 다시 읽고 추가되어야 할 항목을 생각해 보자.

4. 콘텐츠형 광고 유형이 어떻게 변화할지 생각해 보자.

_____

_____

_____

참고문헌

강진숙·김지연 (2013). "SNS 이용자의 정치참여에 대한 현상학적 연구". 〈한국언론정보학보〉, 통권 62호, 179-199.

김운한·김현정 (2012). "스마트미디어 환경에서 모바일 광고와 인터넷 광고 제작산업의 활성화 방안 연구". 〈광고PR실학연구〉, 5권 2호, 144-170.

송요한 (2016. 3. 4). '문화창조융합센터, 360도 VR 콘텐츠로 창작시설 소개 영상 선봬'. 〈ITDaily〉. URL: http://www.itdaily.kr/news/articleView.

심성욱·김운한 (2011). "대학생들의 소셜미디어 이용동기가 소셜미디어 광고 이용의향에 미치는 영향". 〈한국광고홍보학보〉, 13권 2호, 342-376.

심성욱·김운한·신일기 (2011). 《인터랙티브 광고론》. 서울: 서울경제경영출판사.

심성욱·변혜민·김운한 (2011). "수용자의 내적 특성과 이용 동기가 모바일 뉴스콘텐츠 태도에 미치는 영향에 관한 연구". 〈문화경제연구〉, 14권 2호, 75-98.

안대천·김상훈 (2012). "SNS유형별 광고속성 평가 및 태도에 관한 연구: 블로그, 트위터, 페이스북, 유튜브의 비교". 〈광고학연구〉, 23권 3호, 53-84.

양윤직·유종숙 (2014). "자기결정성이 SNS의 인게이지먼트와 구전효과에 미치는 영향 연구". 〈한국광고홍보학보〉, 16권 4호, 44-76.

〈월간APP〉 (2015. 12. 23). 모바일 앱 시장과 이용행태 동향보고서: ① 모바일 앱 시장. URL: http://withpress.co.kr/archives.

이시훈 (2010). "모바일 광고 연구경향과 이론화". 〈커뮤니케이션이론〉, 6권 1호, 6-49.

최민재 (2009). 〈소셜 미디어의 확산과 미디어 콘텐츠에 대한 수용자 인식연구〉. 2009년 한국언론정보학회 가을철 정기학술대회 특별세션: Social Communication Media의 의미와 영향, 5-31.

황장선·김은혜·조정식 (2006). "웹 사이트에 대한 태도에 영향을 미치는 요인으로서의 인지된 상호작용성, 인터넷 이용동기 및 관여도". 〈한국광고홍보학보〉, 8권 1호, 159-186.

CCMedia·北京 (2008. 7. 22). CCMedia가 처음 선보인 Behavior Targeting: 아이뤠이(艾瑞)의 신 마케팅 연회에서 스포트라이트를 받다. URL: http://behavioraltarget.tistory.com.

Blackshaw, P., & Nazzaro, M. (2004). Consumer-Generated Media (CGM) 101: Word-of-mouth in the age of the Web-fortified consumer. Retrieved July 25, 2008, from http://www.nielsenbuzzmetrics.com/whitepapers.

Blumler, J. G. (1979). The role of theory in uses and gratifications studies. *Communication Research*, 6(1), 9-36.

Fishbein, M., & Ajzen, I. (1975). *Belief, attitude, intention, and behavior: An introduction to theory and research*. Reading, Mass: Addison-Wesley Pub. Co.

Katz, E., Blumler, J. G., & Gurevitch, M. (1973). Uses and gratifications research. *The Public Opinion Quarterly*, 37(4), 509-523.

Newson, A., Houghton, D., & Patten, J. (2009). *Blogging and other social media: Exploiting the technology and protecting the enterprise*. Farnham: Gower.

Pavlou, P. A., & Stewart, D. W. (2000). Measuring the effects and effectiveness of interactive advertising: A research agenda. *Journal of Interactive Advertising*, 1(1), 61-77.

Safko, L., & Brake, D. (2009). *The social media bible: Tactics, tools, and strategies for business success*. NY: Wiley.

Shin, J. (2013). Utilizing mobile social game as a gamification advertising platform. *The Journal of the Korea Contents Association*, 13(4), 86-96.

Zhang, J., & Mao, E. (2008). Understanding the acceptance of mobile SMS advertising among young Chinese consumers. *Psychology & Marketing*, 25(8), 787-805.

http://blog.naver.com/stararapp
http://blog.naver.com/ceo_kimsajang/220497513286

스마트미디어 시대, 브랜디드 콘텐츠의 통합적 운용

지금 우리 광고업계는 1970년대 우리나라에서 광고대행업이 시작된 이후 가장 큰 변화의 시기를 맞았다. 미디어 플랫폼과 콘텐츠의 생산과 유통방식, 소통구조가 변화됐기 때문이다. 온라인과 오프라인이 결합되고 TV와 스마트폰으로 대별되는 방송과 통신이 융합되고 디지털 기술의 접목이 가속화됨에 따라 미디어의 쌍방향성과 편의성이 획기적으로 증대되었다. SNS, 유튜브 등 소셜미디어는 이미 보편적인 미디어 플랫폼으로 자리 잡았다. 매체환경의 변화가 가속화함에 따라 새로운 광고 커뮤니케이션 방안과 이를 운영하는 방식에도 변화가 끊이지 않는다. 상업적 콘텐츠와 비상업적 콘텐츠, 저널리즘과 브랜드의 결합, 온라인과 오프라인이 결합된 커머스 형태의 마케팅 활동이 전통적인 광고 커뮤니케이션의 정체성을 허문다.

그 중심에 디지털 기술이 있다. 현대 광고PR 산업의 새로운 변화가 미디어와 관련된 디지털 기술에서 비롯됨을 부인하기 어렵다. 한국방송광고진흥공사(KOBACO)가 발표한 2015년 방송통신 광고비 조사에 따르면 인터넷, 모바일, 소셜 네트워크 등 디지털 채널을 이용한 광고 시장이 여러 매체 중 가장 높은 성장률을 보인 것으로 나타났다. 전체 글로벌 광고시장이 부진할 것이라는 전망 속에서도 모바일과 인터넷을 포함한 디지털 광고시장은 전년 대비 3.4% 성장하는 등 향후에도 성장세를 지속할 전망이다. 모바일 기술 발달과 함께 이른바 핑거콘텐츠(*finger contents*)가 확대되고 바이럴 영상, 카드뉴스, 모션 그래픽, 웹툰 등 디지털 플랫폼이 증가함에 따라 광고는 물론 PR 커뮤니케이션이 디지털 중심으로 확대된다.

이처럼 미디어를 중심으로 광고의 산업구조가 재편됨에 따라 업계에서는 이에 대응하는 디지털 콘텐츠 생산에 많은 노력을 기울인다. 1인 방송 등 다양한 플랫폼과 디바이스에 맞춘 콘텐츠가 활발히 만들어지며 브랜드 저널리즘 또는 네이티브 광고 등 상업적 콘텐츠와 비상업적 콘텐츠가 혼합된 활동을 비롯해 미디어 간 콘텐츠를 변형하거나 이동시키는 노력이 가속화된다. 세계 유수의 광고대행사가 영상 등 브랜디드 콘텐츠를 이용한 커뮤니케이션 활동에 주력한다.

현재 디지털 기술의 결정체가 '스마트폰'이라고 해도 과언은 아닐 것이다. 특히, 스마트폰을 통해 소비자가 모여 자신이 원하는 가격을 결정하고 광고인지 정보인지 모를 다양한 콘텐츠가 24시간 소비자의 검색과 선택을 기다린다. 이른바 스마트미디어 시대인 것이다.

'스마트'나 '소셜'은 이제 우리 시대를 대변하는 키워드로 정착한다. 스마트 폰, 스마트 패드, 스마트 TV, 스마트 오피스, 스마트 카, 스마트 월드, 소셜 미디어, 소셜 네트워크, 소셜 커머스, 소셜 노믹스, 소셜 게임, 소셜 쇼핑, 소셜 광고 등 '스마트'나 '소셜'이라는 접두사가 붙은 신종 미디어 플랫폼에 익숙하지 않으면 이 시대를 제대로 살아갈 수 없을 것 같다는 강박관념이 들 정도이다. 트위터, 페이스북 등 다양한 소셜 네트워크 서비스의 위력이 커지면서 기업이나 공공기관, 단체는 SNS 마케팅에 관심을 가지고 도입을 서두른다.

스마트미디어는 완전히 학술적으로 정립된 개념은 아니다. 그러나 대체로 스마트폰과 스마트TV로 대표되는 디지털 디바이스의 확산에 기인한 개념으로 간주된다. 스마트미디어의 매체 특성은 상호작용을 바탕에 둔다. 스마트미디어를 이용한 광고 또는 브랜드 커뮤니케이션은 소비자의 선택권을 확장시키는 것을 주요 특징으로 하며 소비자가 원하는 상품정보와 콘텐츠를 찾고 즐길 수 있도록 한다.

광고 채널이 다양해지고 24시간 자유로운 검색이 가능해지며 스마트폰과 소셜미디어가 확대되는 스마트미디어 시대에는 수용자의 선택이 콘텐츠 중심으로 이루어질 것으로 예상되지만 가격 등 마케팅 요소의 영향력을 최대한 배제한 커뮤니케이션학 관점에서 언급한 것이다. 향후 미디어 산업은 시청자가 어떤 콘텐츠를 어떻게 이용하는가에 따라 재편될 것이다. 당연히 전통적 미디어 중심의 광고전략은 수정할 수밖에 없다. 수백 개의 채널과 소셜미디어를 앞에 두고 광고회사는 소비자의 개인화된 커뮤니케이션 욕구를 어떻게 충족시킬지 고민한다.

광고가 급속히 변하는 만큼 크리에이티브도 그에 맞게 변화해야 한다. 대표적인 개념적 방안이 바로 통합성이다. 시스템과 방식을 통합적으로 개편하는 '통합적 크리에이티브'(integrated creative)의 필요성에 직면했다(이현우·한상필·김운한, 2011). 광고 커뮤니케이션은 인접하는 예술장르와 미디어, 방송 콘텐츠, 문화산업 등의 트렌드를 적극적으로 수용하고 활용하지 않으면 후진성을 면할 수 없는 실정이다.

통합적 커뮤니케이션 시스템은 최근 인터랙티브 커뮤니케이션을 담당하는 광고회사 부서가 디자인 기능을 중시하는 현상과 관련이 있다. 예를 들면, 광고대행사 이노션의 커뮤니케이션 디자인 센터나 SK텔레콤 브랜드 전략실의 BX(브랜드 경험) 디자인 팀 등이 대표적이다. 종래의 메시지 중심의 커뮤니케이션에서 벗어나 경험을 창출하는 미디어 크리에이티브 등 커뮤니케이션 전반을 구조화하고 설계하는 관리적 측면이 강조되었다.

광고회사의 핵심 인력인 크리에이티브 디렉터의 역할과 기능, 작업 시스템도 이러한 외부환경의 변화에 맞게 수정하고 조정해야 한다. 크리에이티브 디렉터는 커뮤니케이션 리더이자 코디네이터로서 시대변화에 맞는 혁신적 리더십을 갖출 것을 요구받고 있다. 통합적 커뮤니케이션 환경에서는 광고주와 소비자, 매체가 요구하는 서비스 양식이 더욱 다양화되고 영역이 확장되기 때문이다.

이 책의 목적은 국내 미디어의 환경 변화에 따라 광고 크리에이티브 영역에서의 변화 양상을 브랜디드 콘텐츠 관점에서 파악하고 효과적 적용방안을 모색하는 것이다. 또한 새로운 시대의 통합적 크리에이티브 개념에 대한 인식을 파악하고 실무적 운영에 관한 통찰력을 이끌어내는 데 목적이 있다.

향후 브랜디드 콘텐츠 기반의 커뮤니케이션을 전개하는 데 실행적 차원에서 고려되어야 할 점은 무엇인가?

먼저 새로운 미디어 플랫폼을 이용한 다양한 크리에이티브 시스템을 하나의 큰 그림으로 파악하고 이를 '통합적 커뮤니케이션 디자인'으로 개념화해 전개해야 한다. 책의 후반에 소개된 각 미디어 플랫폼은 콘텐츠를 유통(커뮤니케이션)하는 수단(툴)이다. 각 툴에 대한 요인과 구조를 먼저 이해하고 각각의 효과변인을 반영해 이를 하나의 통합적 시각으로 구성하려는 노력이 필요하다. 즉, 스마트미디어 환경에서 커뮤니케이션을 효과적으로 운용하고 관리하는 통합적 차원의 전략이 뒤따라야 한다. 이를 위해 먼저 스마트미디어 환경에서의 커뮤니케이션 효과변인을 정리할 필요가 있다.

스마트미디어 환경에서의 커뮤니케이션 효과변인

이른바 스마트미디어 시대가 도래하면서 광고효과 연구에도 새로운 접근이 필요하다. 매체가 변화함에 따라 태도 등의 광고효과가 매체별로 차이가 나타날 수 있기 때문이다. 심성욱과 박종민(2004)은 광고에 대한 태도 등 효과에 관한 연구에서 매체의 효과를 '광고 관심도, 기억도, 이해도, 이미지 영향력, 호감도, 구매 영향력' 등으로 측정한 바 있다. 따라서 매체별 광고효과를 검토하기 위해서는 먼저 종속변인으로서 광고효과를 구성하는 하부 구성변인을 구체적으로 결정할 필요가 있다.

일반적으로 광고효과와 관련한 종속변인은 인지, 태도, 행동 등이 있다. 따라서 인지도 제고, 호감도 등의 태도변인, 이미지 평가, 구매 등 종속변인에 대한 매체 항목의 차이를 살펴보아야 한다.

이들 종속변인에 영향을 주는 디지털 광고의 효과변인으로는 광고관련 변인, 소비자관련 변인, 상황관련 변인, 그리고 매체관련 변인 등이 있다.

첫째, 광고관련 변인으로는 크기나 위치 등의 물리적 특성, 메시지 유형, 애니메이션 효과, 소구 유형 등 크리에이티브 요소를 들 수 있다. 이는 주로 전통적 연구에서 발견된다. 디스플레이 광고의 크기와 광고의 위치가 광고에 대한 소비자의 인식적 반응 및 클릭률 등 광고효과를 높이는 데 효과적이라는 연구(김재휘 · 김지호 · 김용환, 2002) 등이 있다.

둘째, 소비자관련 변인으로는 관여도, 제품지식, 몰입도 등을 들 수 있다. 대부분의 연구에서 소비자의 관여도는 디스플레이 광고의 클릭률에 긍정적인 영향을 미치는 것으로 나타났다. 이수범과 강미선(2008)은 수용자 특성에 따른 디지털미디어 광고태도 연구를 통해 수용자의 인구통계학적 특성의 일부가 휴대폰, DMB, 인터넷 광고태도에 영향을 미치며 수용자의 의견 선도력 요인이 DMB 광고태도에 유의미한 영향을 미치는 것을 실증했다.

셋째, 상황관련 변인으로는 상황적합성, 적시성 등을 들 수 있다. 이를테면 대부분의 연구자와 실무자가 웹사이트에서 제공하는 관련성 있는 제품의 디스플레이 광고가 그렇지 않은 광고보다 클릭률이 높으리라고 믿는 것으로 나타났다(Goldfarb, & Tucker, 2011).

넷째, 매체관련 변인으로는 메시지 중심에서 미디어 중심으로의 개편, 미디어 플랫폼의 폭발적 증가 등을 들 수 있다. 종래에는 광고미디어의 범위가 협소하고 제한적이었기 때문에 광고 크리에이티브에서 메시지를 보다 더 효과적으로 만드는 '메시지 크리에이티브'를 더 중요하게 여겼다. 그러나 스마트미디어 시대로 접어들면서 미디어의 영역이 급속도로 팽창하며 광고미디어의 영역도 획기적으로 다양해졌다. 이에 따라 광고 메시지 전달에서 미디어가 차지하는 역할이 대폭 강조되었다(한은경 · 임수현, 2012). 메시지를 전달하는 수단으로서 매체의 효과는 모바일, DMB, 인터넷 등 매체 유형에 따라 변화할 수 있다. 이를테면, 미디어 이용 목적 및 목표의 초점이 인지에 맞춰질 수도 있고 태도나 행동 — 이를 좀더 좁혀 행동적 측면 — 에 맞출 수 있다.

선행연구를 통해 실증된 효과변인을 이해하는 것은 실무적으로 새로운 크리에이티브 발상과 전개를 위한 기초 작업이라는 점에서도 유의미한 일이다. 선행연구에서 다룬 스마트미디어 시대의 광고에서 주요 효과변인은 다음과 같다.

- 광고관련 변인: 크기 및 게재위치(인터넷), 메시지 유형, 메시지 품질
- 소비자관련 변인: 관여도, 제품지식, 몰입도, 인지적 특성, 인지된 제품유형
- 효과관련 변인(종속변인)
  - 단기적 효과: 광고인지, 침입성, 광고태도, 클릭, 내비게이션, 기억
  - 장기적 효과: 브랜드 태도, 구매관련 행동
- 상황관련 변인: 적시성, 상황적합성
- 매체관련 변인: 메시지와 미디어 관련성, 미디어 플랫폼의 특성

통합적 크리에이티브 관점에서 콘텐츠 운용

스마트미디어 시대의 소비자는 TV를 시청하면서 광고를 선택하거나 상품정보를 추가적으로 요청하거나 프로모션에 참여할 수 있으며 직접 구입할 수도 있다. 커뮤니케이션은 온라인과 오프라인 플랫폼을 서로 공유하거나 복합적으로 운용되며 태도와 행동과 관련한 효과를 단기적으로나 장기적으로 유발한다. 커뮤니케이션은 시간과 장소에 구애 없이 발생하며 광고 이외의 여러 경험적 콘텐츠가 동시적으로 또는 복합적으로 운용되며 인지적·행동적 효과를 유발한다. 이를 통합적 콘텐츠 커뮤니케이션으로 부를 수 있는데 전통매체 광고와 디지털 광고, 신유형 광고, 온·오프라인 브랜디드 콘텐츠의 '크로스오버' 특성이 중시되는 개념이다.

이를 크리에이티브에 적용하면, 통합적 크리에이티브 전략은 방송과 통신을 아우르는 광고 콘텐츠를 하나의 전략 아래에서 운용해 효율성을 높이기 위한 것이다. 크리에이티브 콘텐츠의 조직(organization)과 관리(management) 측면이 중시되며 통합 마케팅 커뮤니케이션을 겨냥한 다양한 브랜디드 콘텐츠의 구현에 초점을 둔다. 종래의 IMC가 ATL과 BTL을 단순 병행해 집행하는 성격이 강했다면, 통합적 크리에이티브는 크리에이티브의 도구를 광고 이상의 콘텐츠와 디지털 플랫폼에 중점을 두고 전개하는 속성을 갖는다.

한편 '통합적 크리에이티브'란 디지털미디어를 중심으로 하는 미디어의 분화, 다양

화에 기반을 둔 개념이다. 일본의 덴츠가 사용하는 '홀리스틱(*holistic*) 크리에이티브'도 이와 유사한 개념이다. 통합적 크리에이티브란 '새로운 미디어 환경에서의 다양한 크리에이티브 실행요소를 커뮤니케이션 목적에 맞추어 통합하고 효율적으로 관리하는 전략적 개념'으로 정의된다. 이는 크리에이티브가 전체 시나리오를 고려해 전개되어야 하며 모바일을 비롯해 전문잡지, 웹사이트, SNS, 오프라인 이벤트 등 소비자와의 접점 포인트와 그 조합을 명확히 함으로써 가능하다.

이러한 통합적 크리에이티브의 구성요소를 이해하는 일은 새로운 미디어 환경에서의 크리에이티브에 관한 실행전략을 제안하기 위해 선결해야 할 문제이다. 그동안 인터넷을 비롯해 뉴미디어 광고의 크리에이티브 요소의 효과에 관해 많은 연구가 진행되었다. 그럼에도 크리에이티브한 것인지에 대해 여전히 명확한 정의가 없다.

일반적으로 어떤 대상이 얼마나 크리에이티브한지를 판단할 때 독창성(*originality*), 신선함(*novelty*), 새로움(*newness*), 적합성(*appropriateness*) 등을 기준으로 한다. 인터랙티브 광고에 관한 연구에서 주요 개념은 상호작용성과 개인맞춤성이다(Grigorovici & Constantin, 2004). 상호작용성의 개념은 인터랙티브 광고의 정의에서 파악할 수 있다. 상호작용성이란 광고활동의 진행, 판매의 시행, 수입 집계가 즉각적으로 이루어지는 미디어를 이용하는 것이다. 이때 소비자는 광고라는 정보를 적극적으로 탐색하고 통제할 수 있는 능동적 존재로 묘사된다.

즉, 스마트미디어 시대의 통합적 크리에이티브는 상호작용성을 기반으로 전개된다. 예를 들어, 디지털 TV 광고에서는 시청자가 원하는 광고를 선택할 수 있고 광고 내용을 탐색할 수 있다. 또한 특정 고객을 대상으로 언제 어디서든 실시간으로, 지속적으로 커뮤니케이션할 수 있다. 이는 스마트폰의 도입으로 유비쿼터스 환경이 실현된 데다 소비자 혹은 시청자의 정보에 기반을 둔 세분화된 커뮤니케이션 투입이 쉬워졌기 때문으로 볼 수 있다. 이외에도 광고가 구현되는 위치와 형태가 기존 광고와 다르다. 양방향 광고에서는 다양한 시간대와 경로를 통해서 시청자에게 접근한다. 또한 상업적, 비상업적 정보가 혼재되면서 콘텐츠 내에 존재하거나 콘텐츠 자체가 된다. 최근 일련의 미디어 환경 변화와 관련해 광고 커뮤니케이션학의 주요 연구과제는 다음과 같다.

첫째, 미디어 환경의 변화와 관련된 주제이다. 이는 방송의 디지털 전환 및 방송통신의 융합 현상에 따라 스마트폰과 소셜미디어는 어떻게 변화할 것이며 광고는 어떠한 양상으로 이들 미디어에 접목될 것인가 등에 초점을 둔다.

둘째, 콘텐츠 전략에 관한 주제이다. 소비자에 맞춘(personalization) 쌍방향적 커뮤니케이션의 필요성과 이용자의 브랜드 경험을 높이기 위한 미디어 운용전략, 광고비의 효율적 운용과 수익성 확보방안에 관해 연구할 필요가 있다.

셋째, 크리에이티브와 관련된 주제이다. 이는 구체적으로 소셜미디어를 위시한 디지털미디어를 서로 연동해 커뮤니케이션의 시너지를 유발할 실행전략은 무엇이며, 소비자의 공감과 참여를 극대화할 크리에이티브 콘텐츠는 어떤 속성을 가지며, 이를 창출할 수 있는 방안은 무엇인가에 관한 문제이다.

이 책의 목적은 새로운 광고 커뮤니케이션의 핵심동력이라 할 브랜디드 콘텐츠를 중심으로 새로운 디지털미디어 환경에 적용하고 활용하는 방안을 모색하기 위한 것이다. 디지털 기술 등 첨단기술이 광고산업에서의 성과로 이어지기 위해서는 먼저 기술에 담긴 콘텐츠의 창의성이 담보되어야 한다. 따라서 기술적 성장이 산업발전의 한 축이라 할 때 창의적 콘텐츠 개발은 광고PR산업을 질적, 양적으로 성장시키는 또 하나의 축이다. 이러한 점에서 향후에는 기술에서 배우는 콘텐츠 아이디어를 주요 주제로 살펴보고자 한다. 지금 광고산업에서 콘텐츠에 관한 논의는 시도되나 이를 기술적 관점에서 심도 있게 다룬 연구는 보기 어렵다.

그동안 현실적 요구에 대응하기 급급한 채, 새로운 디지털 패러다임에 대응하는 과학적 커뮤니케이션 전략과 크리에이티브 콘텐츠 개발, 효과측정 및 관련 활동에 대한 적정한 보상과 평가체계 등에 관한 객관적 논의가 매우 부족한 것이 사실이었다. 미디어, 콘텐츠, 기술 등 다학문적이고 융합적인 업(業)의 속성을 반영해 새로운 광고환경에서의 인재양성을 위한 융합적 교육 방향과 방안도 절실하다. 실무적 활동을 체계화하고 타당도를 높이는 논의가 더 필요하다.

이 책을 통해 미디어 플랫폼을 이해하고 콘텐츠 발상과 제작, 운영에 관한 지식을 공유함으로써 광고 커뮤니케이터의 경쟁력이 강해질 수 있기를 바란다. 현대는 지상파TV처럼 전통적 우등재로서의 광고매체가 지닌 힘이 약화되고, 매체집행이 미분화되는 '작은 광고' 시대이다. 소규모의 롱테일(*long-tail*) 광고가 성장하는 작은 광고 시대를 대비해, 작지만 효율적인 콘텐츠 기반의 마케팅 커뮤니케이션 전략과 실행 방안을 이 책에서 찾을 수 있기를 기대한다.

참고문헌

김재휘·김지호·김용환 (2002). "인터넷 검색 사이트의 키워드 광고효과 연구". 〈광고학연구〉, 13권 4호, 91-109.

심성욱·박종민 (2004). "라이프스타일과 다양한 매체의 광고 효과 인식에 관한 연구". 〈광고학연구〉, 15권 2호, 7-33.

이수범·강미선 (2008). "수용자 특성에 따른 디지털 미디어 광고 태도에 대한 연구". 〈광고학연구〉, 19권 5호, 97-122.

이현우·한상필·김운한 (2011). "스마트미디어 환경에서의 통합적 크리에이티브의 특성과 실행전략에 관한 연구-국내 광고회사 크리에이티브 디렉터의 인식 조사를 중심으로". 〈사회과학연구〉, 24권 1호, 155-188.

한은경·임수현 (2012). 소셜 미디어의 신뢰도가 광고 효과에 미치는 영향광고 신뢰도의 매개효과를 중심으로. 〈광고연구〉, 92호, 7-29.

Goldfarb, A., & Tucker, C. (2011). Online display advertising: Targeting and obtrusiveness. *Marketing Science*, 30(3), 389-404.

Grigorovici, D. M., & Constantin, C. D. (2004). Experiencing interactive advertising beyond rich media. *Journal of Interactive Advertising*, 5(1), 22-36.

기타